刘幼琍 主编

智能传播研究 第一辑

Research on Intelligent Communication

中国传媒大学出版社
·北京·

序　言

人工智能自1956年达特茅斯会议被正式提出以来，便以其独特的理论价值与实践潜力飞速发展，逐步深刻渗透到人类社会的各个层面，引发了计算机科学、物理学、哲学、心理学、社会学、医学、教育学等多个学科领域的学界关注，也深度嵌入并影响了传播学。国外对人工智能与传播学结合的讨论最早可追溯到20世纪中期，21世纪以来国内的相关探讨也逐渐深入，而2022年11月ChatGPT的出现，像一把火将智能传播研究的薪柴瞬间点燃，智能传播学作为一个新兴学科乘时乘势进入公众视野。

智能传播遍布生产、分发、应用各个环节，它依托数据驱动和算法推荐，不仅涵盖以AI技术为中介的人际交往过程，同时囊括人类与技术交往的人机互动过程等。当前，智能传播走入更深的水域。生成式AI、大语言模型的出现，强化了智能机器在传播活动中的能动性，受众因个性化交互的技术构想逐步融入机器视角，整个智能环境呈现出传递与反馈双线并行的互动模态，但同时也滋生了算法偏见、深度伪造等问题。

因此，智能传播的发展走向、伦理边界以及有效的运行、监管规制等，都将成为不容忽视的研究新方向。目前学界针对智能传播的含义和特征、溯源与创新、在新闻和传播产业链中的应用、伦理与法律风险，以及治理策略等各方面做出了敏锐洞悉和深刻探究。

然而，当前这些成果大多散落于各个期刊，尚无一个聚焦智能传播领域的专业刊物。因此，上海大学新闻传播学院推出《智能传播研究》辑刊，旨在打造一个专属于智能传播研究的园地，供学界交流研讨。

上海大学新闻传播学院自建院以来就着眼于智能传播研究。近五年，学院在智能传播理论与实践领域取得显著成果，形成了以智能传播为核心的学科体系：主持国家社科重大项目、国家社科重点项目、教育部重大攻关项目等；拥有上海市重点创新团队；持续推动中国高校首个智能传播研究平台的建设；连续三年发布出版《全球 / 中国智能媒体发展研究报告》，与国内人工智能领军企业共建多个联合实验室。《智能传播研究》辑刊的创办，是顺应智能传播研究发展需求的自然延伸，定位为集聚国内智能传播理论与实践研究的高端学术平台。

本辑刊以2024年10月于上海大学召开的“第七届中国智能媒体传播论坛”为契机，向参与论坛的知名学者和与会嘉宾进行了论文征集，经过编辑部评审，共收录21篇文章。第一辑共设六个栏目：“智能传播前沿探索”“智能传播理论、实践与辩证”“智能传播的政策与治理”“智能传播的伦理与素养”“智能传播教育”和“智能内容生产与营销策略”。

“智能传播前沿探索”收录探索智能传播领域前沿的文章。彭兰的文章从推荐算法、数字虚实、人机交流三个方面分析了智能技术如何对人与人的关系模式、关系性质产生影响。黄升民、刘珊提出人工智能的四个“视座”，探讨了从人工智能的实现逻辑演进到元宇宙的建构路径，再到人工智能的创造力突破，乃至数字生命的存在可能性问题。巢乃鹏等人对大语言模型相关文献进行主题建模，呈现了其在传播学等社会科学研究中的版图。方兴东、顾烨烨以“智能体”崛起为切入点，分析其概念、演进、逻辑、本质等方面，提出了构建传播学新基础理论体系。

“智能传播理论、实践与辩证”栏目旨在推动智能传播领域理论范式的构建及其运用实践。胡正荣与闫佳琦采用实验设计揭示了语言大模型在价值对齐方面存在的局限性，探讨基于价值对齐促进生成式AI的安全发展。区别于价值伦理，殷乐与杜兴远则聚焦于价值观叙事，在智能化与全球化的双重时代背景下探索其优化路径。韦路与舒畅着眼于新闻事实核查中的人工智能应用，通过国内外实践案例分析其发展现状和困境。洪杰文与常静宜经过梳理研究发现，目前算法身份相较于前算法时代发生了三重转向，并据此对未来研究提出了展望。

“智能传播的政策与治理”栏目则聚焦智能传播发展所面临的治理挑战及相对应的政策。本栏目中，2篇文章以他山之石为借鉴——崔保国和杨乐深入探讨了人工智能对互联网内容生产、传播和审核的冲击，以及该冲击对美国互联网内容规制体系的影响；雷霞、郭海威对美国及欧盟的人工智能治理政策进行追踪梳理，从中发掘可借鉴经验。还有2篇探讨治理模式——杨海军和刘传熙从社会治理宏观视角出发，梳理互联网挑战与协同治理路径；田丽和陈馨婕提出了AIGC内容治理的“智能对抗”模式。

“智能传播的伦理与素养”栏目着眼于智能传播时代人与科技的关系。智能技术的运用如何合乎人类伦理，人类又当如何以智慧驾驭科技？金兼斌与林毓菁分析了公众与专家对脑机接口技术的认知与想象上的差异，折射出对技术应用潜力和伦理风险的复杂思考。刘兆明从大型语言模型中的文化偏见入手，提出多元化、透明化的技术优化与社会干预策略。王娟与汪琛则提出传媒伦理教学新思路，论证了以生成式AI驱动伦理决策素养培养的可能性。

“智能传播教育”栏目收录人工智能与新闻传播教育的相关研究。周勇和塔娜基于文献计量梳理了学术界对人工智能的认知脉络，从产学研多层面探讨了新闻传播教育面临的挑战与机遇。探照宏观视野之后，任瑞娟等人的研究通过测试与实验，关注数据新闻对于 AIGC 与媒介融合的承载作用，指出应紧紧依托传媒业国家标准，在教育教学中注重数据语义处理能力的培养。

“智能内容生产与营销策略”栏目关注智能传播在内容生产与平台、广告、品牌的营销模式与策略。周艳、赵轩探讨了智能时代下营销平台作为数字化营销场域的构建要素与生态角色；薛雯等人着眼于 AIGC 技术对广告营销行业的重塑，深度解析“人货场”的转型路径；张雯雯和于婷婷则全面地剖析 AIGC 技术在品牌数字营销领域的创新应用及其赋能效果，同时检视其伦理与法规风险；张林以互动影游为切口，研究 AI 驱动下新型文化业态的创新路径与发展模式，探讨人工智能与文化产业融合的转型升级之势。

六个栏目相辅相成，旨在多维度展现智能传播领域的研究全景，为学界提供有力参考。

《智能传播研究》立足智能时代，崇尚学术创新，注重本土经验，具有全球视野。智能传播作为新兴的跨学科交叉研究议题，急需汇聚各方智慧、推动理论创新和实践突破。因此，本刊欢迎一切以智能传播为研究对象的、有学理创新、逻辑清晰、架构合理、方法得当的研究成果。

《智能传播研究》立志为智能传播领域的研究者提供平台，激发智能传播学的发展潜力，促进智能传播的学术交流和实践探索，为人工智能在传播领域的深耕提供智慧，为智慧社会的传播生态作出应有的学术贡献。

目　录

智能传播的政策与治理

智能传播的伦理与素养

智能传播教育

智能内容生产与营销策略

智能传播前沿探索

智能传播作用下人—人关系的演变走向

彭 兰

【内容摘要】智能传播技术不仅影响着人与技术、人与内容的关系，还对人与人的关系建构产生影响。各种推荐算法或明或暗地引入了社会关系这一方向的数据分析，也就在无形中扩展人与人的连接，但连接的同时也在形成人群的区隔。智能技术将推动数字人应用，社会互动也将演变为各种数字人与真实的人之间的多种组合互动，不同类型的互动也会从不同方面影响现实中的人际关系与社会关系。正在兴起的人机交流，既可能给人带来一定的满足，又可能强化以自我为中心的交流思维和模式，这会成为人际交流的障碍。过多依赖人机交流，也会造成人际关系的疏离。

【关键词】智能传播，算法，数字人，深度伪造，人机交流

The Evolution of Human Relations under the Influence of Intelligent Communication

PENG Lan

Abstract: Intelligent communication technology not only affects the relationship between human and technology, people and content, but also on the relationship between people. Various recommendation algorithms have introduced data analysis in the direction of social relationships, either explicitly or implicitly, which invisibly expands the connections between people. However, these connections also bring the segmentation of populations. Intelligent technology will promote the application of "digital humans", and social interaction will evolve into various combinations of interactions between "digital humans" and real people. Different types of interactions will also affect interpersonal and social relationships in different aspects. The emerging human-machine communication may not only bring certain satisfaction to people, but also strengthen self-centered thinking and patterns in communication, which will become obstacles to interpersonal communication. Excessive reliance on human-machine communication can also lead to alienation in interpersonal relationships.

Keywords: intelligent communication, algorithm, digital human, deep fake, human-machine communication

当下的智能传播研究较多地关注了算法、大模型等智能技术带来的人与技术、人与内容（包括知识）的新关系，也有研究者从智能鸿沟或认知沟等角度分析了智能技术应用可能造成的人群分化，但智能技术对人与人的关系模式、关系性质的影响，还表现在更多层面，本文将重点分析三个方面的影响。

一、推荐算法带来的关系连接与区隔

今天在各种内容平台中应用最多的一种算法是内容推荐算法，即通过算法来分析或发掘用户的偏好、需求，在此基础上为他们推荐合适的内容。而这类推荐算法，又可以分为面向个体的推荐、面向平台的推荐、面向群体的推荐等不同方向。

面向个体的推荐，往往又称为个性化推荐，不同开发者推出的推荐算法思路各不相同，但在这些思路中，或多或少都会涉及人与人的关系，而不只是人与内容的关系。

基于内容的推荐算法是目前一种常见的个性化内容推荐算法，是依据内容与用户兴趣的匹配度进行推荐。这既需要给内容打上标签，也需要给用户打上标签。标签不仅可以反映单一对象的特征，还可以将相同、相似的对象连接起来，使隐性关系外化，产生聚类的效果。接收到打着同样标签的内容的用户，也因算法被无形连接在一起，这增强了他们相遇的机会。如果人们在同一内容的评论区留言或者阅读评论，那么隐性的关系就会转化为显性的关系。有些人会因评论产生交流，或者受到评论的一定影响，无论他们是支持还是反对这些评论。

基于用户的协同过滤也是常见的算法推荐机制，在这种机制下，当算法分析出某一用户与另一些用户具有相似性时，就会向其推荐同类人阅读过的内容，这也意味着人们的阅读兴趣会产生相互影响。人与内容的关系背后，也是人与人的关系。

基于知识图谱的推荐主要利用图谱内丰富的语义关系、项目关系等信息挖掘用户与推荐对象之间潜在的关联，而在知识图谱中，也涉及用户与用户之间的关系。

目前社会化推荐算法也在实践中得到普遍应用。社会化推荐系统明确地利用社会关系来提升推荐系统的性能。这种推荐模式通常会把用户或者推荐对象（例如内容或商品等）的社会化属性信息（如标签信息、朋友关系和信任关系等）作为重要的影响因素融合到推荐方法中，以提升推荐系统的精度和性能。在社会化推荐系统中应用最多的社会关系网络是评分网络和信任网络。[1]评分网络是依据用户对某个内容或商品的评分，来建立用户之间的关系。而用户间的信任关系的评估与计算路径则更为多样，但基本都建立在用户的社会网络分析基础上，有些算法在进行信任关系分析时，不仅包含了用户间的直接关联信息，而且隐含了用户间的间接社交关联。[2]也有算法开发者意识到，用户的偏好受社交平台或朋友的偏好影响，通过注意力机制模型能够动态地捕获用户朋友长短期偏好变化对用户产生的影响。[3]还有开发者通过实验证实，社交关系的数量增多将对推荐质量带来明显提升，对获取新用户偏好的帮助尤为明显，中心节点（也就是与其他成员产生的连接数量最多、在社会网络中权力更大的用户）对推荐质量的影响具有决定性作用。[4]可以预料，基于这样的发现，一些算法也会提高中心节点的权重。在移动时代，还有算法在试图挖掘用户签到位置轨迹和社交活动数据，以提取用户社会活动的地理空间特征模型及其与社会关系的关联性。[5]

可以看到，现有的各种推荐算法思路与模型都或明或暗地加入了社会关系这一方向的数据分析，未来的算法应该还会在社会关系的分析、挖掘方面发力更多。相比今天的社交媒体，推荐算法带来的人与人之间的连接可能会超越人们自己感知到的社交网络，连接链条也可能更长，作用也更持久。

除了个性化推荐算法，很多内容平台还开发了用于调控平台整体内容分布的算法，这可以看作面向平台的推荐算法。一些平台为了获得更大的流量，会将人气高的内容向更多用户推荐，排行榜、热搜榜等就是这样的机制，它们也可以被看作一种简单粗暴的推荐算法。面向平台的其他内容推荐算法，虽然参考的要素更复杂，但也会考虑话题热度、阅读量等因素，在这样的机制下，人们的内容消费取向会受到多数人兴趣的影响。

面向群体的推荐算法也会越来越多地出现在一些应用场景。有开发者提出的推荐思路是：在推荐阶段根据成员偏好信息和社交关系挖掘隐式信任值，估计成员的个人偏好、权重和初始群体偏好；在共识阶段通过共识测量和识别规则识别不一致成员，建立最大和谐度优化共识模型，调整更新群体偏好，传递群体推荐列表。[6]这更是直接将相似人群的连接与会聚作为推荐的基础。

推荐算法带来的人与人的连接，虽然不一定直接改变个体的社会网络，但会影响人们获取内容的偏向，甚至潜移默化地影响人们的价值取向。算法与个体之间的关系，不是个人兴趣与算法推荐之间的简单循环，而是会经过各种社会关系与环境因素的作用环节。以尊重人的个性为出发点的算法，实际上并非想象的那么个性化，反而可能是群体或社会因素的综合作用结果，因此人们获得的看上去个性化的内容实质上可能是群体性的选择，是去个性的。而人们的取向又会反过来作用于内容的生产，如此循环往复。

另一种算法的目标则是直接实现人与人的连接，这就是社交平台的好友推荐算法。

目前的好友推荐算法有几种主要方向：基于内容的好友推荐算法，这里的内容包括用户的个人信息、用户的地理位置、用户发布的文本和图片信息等；基于社交关系的好友推荐方法，即分析用户之间的共同好友和互动行为来进行推荐；将上述两种方法结合起来的混合推荐算法。[7]好友推荐算法的目标，一是将原本在现实社会中已经存在但在网络平台中用户本身并未意识到的关系显性化，二是将现实社会并不存在但在网络中可能发展的社会关系挖掘出来。前者可以帮助用户在进入一个陌生平台时迅速找到熟人，而后者则可以帮助用户拓展社会网络。但有时用户对于算法推荐的“好友”也会存在戒备心理，特别是那些熟人，因为人们选择到一个新平台可能就是为了躲避熟人圈子，但他们最终发现，自己难以逃离算法织出的天罗地网。

电商平台的商品推荐算法与内容平台的推荐算法思路基本是类似的，只是用商品替代了内容。电商平台的发展使得商品成了人与人连接的新纽带，而算法进一步强化了商品这一纽带的作用。在各种服务平台，算法决定着供需双方的匹配度，地理位置往往在其中扮演着关键作用。对于服务的提供者来说，算法也决定着他们的劳动强度。

一些算法甚至成了姻缘匹配机制。这些算法会考虑双方的性格、年龄、收入、社会地位等的匹配度，在某些时候可以帮助用户发现潜在的恋爱对象，因而会被一些用户接受。但机械的算法往往难以捉摸、揭示复杂的人的心理。

无论是哪类算法，目前它们的核心目标都是发现与实现连接，但连接的同时，也在进行区隔。

面向个体的推荐算法，是以发现个体之间的相关性、相似性或相互信任等为前提的，无形中将具有同质性的个体连接在一起，同时使他们与异质性个体连接或相遇的机会减少。

面向群体的推荐算法，目标更明确，既要识别相似成员，又要剔除不一致成员，将那些不符合群体特征的人排除在外。面向群体的推荐算法，也有可能进一步演变为社区的建构方式，算法将那些分散在不同空间的同好者聚集在一起，为他们搭建新的社区。

当下的算法思路促成了更多相似人群的连接，但不同人群之间的区隔也会加深，人们可能更加难以感知异质人群的存在。当然，如果调整算法的思路，也可以利用算法来连接异质人群，减少群体间的割裂。究竟让算法扮演哪种角色，还是取决于人们的需求。如果人们有更多的群体间连接、交流的需要，开发者也会顺应这种需要做出算法的改进。

总体来看，无论是在网络的信息环境中还是现实生活中，人们的关系越来越多地被算法建构。算法对人群的连接与区隔，都是以数据的匹配度为依据的，有些数据可能会涉及人的深层表现，但多数数据只是对人的表层的简化性描述，当这些数据进一步抽象为标签时，更是难以揭示出复杂的人性，因此基于这些数据实现的连接使人的关系模式简单化、表面化。算法也使得关系的建构变成可控甚至可以定制的过程，人与人之间的意外相遇越来越少。如果未来人们的社会关系发展主要依赖算法，关系建构的逻辑也完全由算法模型所决定，那么人际交流和社会互动的多元性和乐趣也会大大减少。

二、“数字人”融合的“虚”“实”关系

智能传播技术也在改变人的存在形态，越来越多的人将拥有自己的“数字化版本”，即定制的数字分身或化身，这些数字化存在形态不仅影响着个体的生存，还会推动人—人关系的演化。

目前有些研究者将数字分身与数字化身视为等同，但在实际应用中，人有两种不同的数字化版本，应用方式也不相同，有必要用不同的概念加以区分。数字分身往往是对真实身体整体的模拟与仿真，越像真人越好。它是人们面临“分身乏术”困境时的一种弥补方式，是一种应对多任务挑战的策略。数字分身一旦生成，就可以脱离本体，由他人控制与应用。而化身并不一定在外表上复制身体原形，它可以由人们随心所欲地设置，成为不同社交情境下的表演躯壳。但化身的动作需要由真人操控，它始终与真人的活动相伴。

还有一种数字人是由深度伪造技术合成的，它可以将不同个体的身体“元件”进行组合，例如甲的脸，加上乙的身体，加上丙的声音。这类技术也可以将真人的“元件”与虚拟的“元件”进行组合。亦真亦假的数字人，成为虚拟空间的另一类传播主体。

没有真人原型的虚拟数字人同样会大行其道，它在不同场景下扮演不同角色，与真人的互动也会日益增加。

各种类型数字人的出现，会推动社交互动向三维空间发展，基于 VR、AR 或全息投影等技术，数字化身体可以获得更多的真实感或沉浸感，这也意味着这些虚拟互动与现实互动的体验越来越接近。

未来人们参与的互动，常常会是真实的人、数字分身、数字化身、合成数字人、虚拟数字人之间的混合互动，也可以说是“虚”与“实”之间的多种组合互动。不同类型的互动也会从不同方面影响现实中的人际关系与社会关系。

（一）数字分身带来的“接近”与“疏离”

数字分身在外貌上与真人一致，因此，其身份也明确。当人们与他人的数字分身互动时，比较容易将对真人的信任、情感或态度等平移到数字分身上。当人们无法接触真人（特别是那些位于“高处”的名人）时，数字分身可以提供一种替代性满足。

人的“真身”原本是一种“不可再生资源”，但数字分身让这一资源可以不断被繁殖，虽然这有助于满足人们在某些情境下的需要，但这些“再生资源”的不完整性（数字分身只能模仿外表而不能复制人的精神层面）和不可控性也会带来一些问题。

数字分身并非真人，它甚至可能脱离真人本体由他人操控，也就难免有时会出现与真人不一致的“言行”，它的表现有时未必会给真人“加分”，反而可能带来对真人形象的损害。例如，目前一些电视台为主持人定制了数字分身，这些分身可以在一些场景中替代主持人工作。然而在当前的技术水平下，这些数字主播无法表现出真人主播的反应能力、表达水平以及情感态度。当人们接触到这些数字主播却又无法辨别这是真人还是分身时，对真人主播的印象也可能会打折扣。同样，一些明星、名人未来也可能使用数字分身在一些虚拟空间中与粉丝或公众互动，如果分身表现不佳，明星、名人的形象也会受到牵连。普通人使用数字分身时也会有一些类似的问题。从某些角度看，数字分身的应用可能会进一步加剧社会互动中的信任危机。当未来数字分身与人的差异进一步缩小时，这一问题也会变得更为严重。

如果用智能技术去操纵人的分身，那么原来一对一的关系，也可以变成一对多，甚至包括原本亲密的关系（如恋爱关系）。现实中这样的例子已经出现，美国一个网红便是用自己的数字分身与超过 1000 人同时恋爱。用数字分身同时与多人恋爱是否违背伦理？这样的数字分身究竟是否算纯粹的数字人？类似这样的问题会不断困扰未来的人们。

即使没有伦理问题，数字分身能否像真人一样给他人带来满足？数字分身在参与互动时，会具有一定程度的机械性、程式化。即使未来技术进一步发展，数字分身与真人之间的差距越来越小，甚至在某些方面超过真人，但数字分身本质上是一种“机器”，它必然会有一些无法完成的任务。

数字分身看上去增加了人与人之间的接近概率，但当越来越多的人将与他人互动的任务交给自己的分身后，真实的人之间可能反而渐行渐远。数字分身成为人们逃避现实（包括与他人互动）的工具。而选择真人还是分身参与互动，也代表了人们对互动对象及相关活动的重视程度。

（二）数字化身互动中的“虚拟”与“真实”

数字化身是人的另一种“数字自我”，尽管它在外形上可以与本人大相径庭，但它承载了个体对自我形象的认知或追求。

以往关于游戏的研究中很多都涉及化身与自我的关系。有学者认为，化身会有意或无意地反映出个体真实的自我，也可以反映他们所幻想的、想象的或者是希望成为的人，化身是高度控制的信息传送器，非常适合于策略上的自我呈现，可以被用于表达任何类型的自我。[8] 还有研究指出，化身可以传达关于个性的准确和独特的信息，某些个性特征比其他特征更容易从化身中推断出来，而具有某些性格特征的人创造的化身更有可能被准确地感知。[9] 个体总是偏向于形成积极的自我概念并寻求他人的积极反馈，持有消极自我概念的人尤其倾向于将个人信息向积极方向转变。[10] 化身是否会创造新的人格？

有些研究者给出了肯定回答，有些研究者的答案则是否定的，这或许与化身应用的人群、情境、阶段相关。化身也会带来化身认同，在游戏中的人物角色就是玩家的自我化身，玩家将化身的特征融入自我。[11] 在认同发生时，化身会替代个体的真实自我[12]。或许现有的任何研究都无法解释所有群体的行为，但这些研究从不同侧面反映了人们基于化身所做的自我塑造甚至自我突破的努力。

化身形象也会反过来影响到人们在虚拟环境中的行为，普罗透斯效应便是其一，即在虚拟环境中用户会参考化身外表所预期的性情，然后表现出遵从这些预期的态度和行为。[13] 普罗透斯效应会对认知加工和态度层面以及人际互动的多个方面产生影响。[14] 例如，有研究发现，在暴力游戏中，化身形象对化身认同和攻击性有显著影响，对不同化身形象的认同会诱发不同的攻击性。女性在化身认同方面比男性更易受化身形象影响，男性在攻击性方面比女性更易受化身形象影响。[15] 还有研究指出，在网络互动中，有化身的参与者更愿意与对方共享信息，更容易相信对方并与对方合作完成任务。这表明，身体表现的自我化身使参与者感到更有真实感和存在感，从而加强了他在游戏中的感知和情感联系，进而提高他在虚拟环境中的信任和合作行为。[16] 有研究进一步发现，即便是转换到面对面的现实环境中，普罗透斯效应的作用仍然存在，化身吸引力的效应会持续到虚拟环境外的交流环境中。[17] 有规律地将人们置于较高的化身下，会帮助他们在以后的面对面情境中提升自尊和自信水平。[18]

这些关于游戏化身的研究，可以帮助我们理解化身对于个体的意义，在化身应用进一步普及时，我们还会进一步深化对这一问题的理解。

在游戏中，化身形象的设计仍是由开发者主导的，但在未来数字空间的互动中，从技术上看，人们可以用 AIGC 技术生成自己的化身。人对自己化身外形的控制更为直接，也可以更为个性化。

基于化身的互动可能在某些方面激发人的真实自我的呈现，人们不需要顾及现实的社会关系因素，这与早期互联网中的虚拟互动是类似的，也会有相似的局限性。但是在当下强社交关系平台给人们带来过多的社会约束、社交负担的情境下，基于化身的互动或许对人们会具有普遍的吸引力。人们在这样的互动中，也可以获得宣泄、情感支持等满足。

这样的互动虽然看上去是“虚拟”的，但又会在很大程度上反映真实的人，甚至某些方面比当下社交平台所呈现的人的面目更为真实，“虚拟”成了通向“真实”的一种路径。

（三）虚拟偶像建构的“虚”“实”互动

在各类虚拟数字人中，目前虚拟偶像的应用更受关注。粉丝可以与虚拟偶像进行一对一的近距离互动，容易产生亲密感。虚拟偶像可以完全按照人们的愿望来制造，一些人类的弱点因此可以避免，像真实偶像那样塌房的风险相对小。研究者指出，用户对虚拟网红或偶像整体呈现较高的接受度，这体现了用户对理想自我的投射以及满足情感需求的迫切。[19] 虚拟偶像可以为粉丝提供审美价值、情绪价值，以及自我存在的“价值激励”[20]，粉丝也在对虚拟偶像表征的符号体系消费中，获得了自我身份的确认。[21] 虚拟偶像所反映的二次元文化的虚拟性、幻想性等特点成了逃离现实的乌托邦。[22]

围绕虚拟偶像的一系列活动建构的不只是现实世界的粉丝与虚拟世界的偶像之间的关系，也影响着现实世界中人与人的关系。

目前的虚拟偶像部分采用的是“皮套”+“中之人”模式，虚拟偶像的外表被称为“皮套”，而“中之人”是在“皮套”之下驱动虚拟偶像动作的真实个体，虚拟偶像的声音也来自“中之人”。“中之人”虽然被“皮套”框住，但他们本身也是活生生的人，他们既在虚拟偶像身上注入自己的生命元素，例如声音，也通过虚拟偶像与他人产生互动。而粉丝通过虚拟偶像这一中介，也在间接地与“中之人”进行互动。甚至当互动进入中后期时，部分“中之人”会逐渐“越出”皮套之隔，与粉丝直接建立亲密关系。[23]

但相比以往与真实偶像的互动，粉丝与“中之人”的互动又有更多的灵活与可控性。他们将“中之人”身上自己喜爱的特点作为血肉，拼搭出属于自己的、高度模块化的虚拟偶像，同时将“中之人”的不良行为与虚拟偶像切割。[24]“中之人”很多时候仍是被粉丝利用的工具。

虚拟偶像也是相似人群的连接纽带。就像真人偶像的粉丝群体一样，虚拟偶像的粉丝群体也可以在与虚拟偶像相关的集体行动中，形成群体意识与群体认同，提高群体行动能力。

“作为亲密关系的乌托邦试验”[25]，虚拟偶像也帮助人们回避某些现实中的关系，如有研究者指出，一些人像惯于食用预制菜和代餐粉那样，以虚拟亲密关系作为装置，将自身与现实世界中的亲密关系及其对象割裂开来。[26] 未来的虚拟偶像甚至可能按照小众甚至个性化需求而定制，按照个性化规划成长，这种可以由自身操控的虚拟亲密关系，既可能给人带来更多个性化满足，也可能使人们进一步远离现实中的某些关系。后文将从人机交流视角做进一步分析。

虽然虚拟偶像被认为是永不塌房的，但虚拟偶像背后也“起伏缠绕着资本方、‘中之人’和粉丝等不同力量的共振和博弈”[27]，虚拟偶像仍然是各种社会关系的投射与纠结。

虚拟偶像看上去在外形方面是时尚、现代的，但其内核仍然传承着一些既有文化传统。例如，虚拟偶像大多被设计为女性形象，在一些研究者看来，这是现实世界性别文化的延续。现实世界男性主导的性别话语移至数字空间，虚拟偶像的女性特质是现实男性欲望投射对象的转移，女性虚拟偶像同样被视为被动、顺从的主体。[28]男性粉丝通过客体化虚拟偶像，想象性地建构起支配性的男性气质，男性粉丝也形成了技术化追星的集体共识，以此展演支配性男性气质。[29]虽然这些结论的普适性还有待进一步证实，但也提醒我们，与虚拟偶像的互动并非一定是销蚀与挑战现实文化与现实社会结构的，而是有可能通过另一种方式重现与巩固某些既有文化与结构。虚拟偶像的制造及人与它的互动过程，也可以成为一面镜子，让人类反思现有文化中的问题。

（四）深度伪造带来的“拆解”与“重组”

上文讨论的关系中，参与互动的真人都是完整、独立的个体，但智能时代，人与人的另一种关系正在浮出水面，那就是深度伪造等技术带来的人的“重组”。

个体被数字化后，都可能被“拆解”成多个数字化“元件”，这些“元件”与其他个体的数字化“元件”组合，成为新的数字人。一些真实的人的身体“元件”也可能与一些虚拟的元件组合。而普通个体往往会是被动地被深度伪造技术重组。

深度伪造技术被一些研究者称为颠覆性异化技术，它不仅是对人的异化，还会在个人的隐私及财产甚至生命安全、社会舆论、社会信任、国家安全等方面带来巨大风险。[30]

当各种深度伪造形成的数字人与真实的人共同存在时，这些数字人也会在人际交往中带来信任危机，很多时候人们无法判断与自己交流的是真人，还是伪造人。

对个体而言，深度伪造技术不仅会带来信任、隐私、安全方面的风险，更是动摇了个体的主体性，个体的独立性与完整性被这些技术摧毁，即使个体自身有良好的行为规范，也不能完全避免自己的部分“元件”被他人利用，成为不良行为甚至犯罪活动的工具。个体的人格权面临的被侵害风险也因深度伪造技术而进一步加大。

三、人机交流对人际关系的可能侵蚀

智能传播时代，机器也可以作为传播主体与人进行交流、互动，这并非传统意义上的人机交互（通过人机界面进行的交互），而是类似于人际交流的人机交流，其交流形式与手段与人际交流是一致的。前文谈及的人与数字分身、虚拟偶像的互动，也是人机交流的形式，但人机交流不限于此。在目前的技术条件下，我们至少还可以看到其他两种典型的人机交流方式：其一是人与社交机器人、智能语音助理等的交流；其二是人与ChatGPT等大模型的交流。这些交流对象不必像数字人那样模拟人的相貌。未来当实体机器人越来越多地出现在生活中时，它们也会成为人机交流的重要主体。当然，未来各种机器主体也会形成一定的融合。

从机器这端看，人机交流的效果在很大程度上取决于智能技术对对话情境、情感表达与互动、风格个性、经历共享、身体表现与互动等交流要素的理解与应用[31]，随着技术的进步，机器在这些方面的能力在不断提高，但在某些方面永远有其局限性。

从人这端看，人机交流关系的形成与人对机器的信任度相关。心理学者指出，人对AI的信任与以下三个方面相关：与操作者个体的特征相关，因为对人工智能的信任发端于人；与情境特征相关，良好的信任社会体系与信任社会制度将为人工智能的信任提供良好的存在语境；与人工智能系统特征相关，如技术的性能与效应等技术要素，是人工智能信任的必备要素。[32]有学者进一步提出了人与AI动态互信模型，指出人与AI信任中的两个重要特征，即“互信”（信任是人与机器的双向关系而非人对机器的单向关系）和“动态”（互信过程是信任方和被信任方根据信任过程中对方的状态和行为以及最终的信任结果持续调整自己的行为，不断校准对被信任方的信任水平的动态过程）。[33]自我表露行为可以推动人机信任关系的建立。用户越是愿意向聊天机器人表露情感和敞开心扉，与其建立信任关系的可能性就越大。[34]

也有不少研究者关注社会临场感对人机交流的影响。社会临场感指的是媒介带给用户的近似人类的温暖和社会交流。[35]智能机器营造的社会临场感不仅增强了人机互动的真实感和情感联系，还会提升用户对机器的信任，抑制风险感知，提升温暖与同理心的感知，建立深层次的情感联结，并促进人机关系得以形成、发展和维持。[36]

尽管人机交流能否顺畅实现取决于一些条件，但实践表明，人们开始越来越多地接受人机交流，并试图从中获得一些满足，例如场景性、补偿性、可控性、定向性、投射性、治疗性等方面的需求满足。[37]这些需求既有功能性层面的，也有情感性层面的。

随之而来的问题是，人机交流是否会影响现有的人际交流及人际关系？

进入新媒体时代，以机器为中介的交流对“面对面”的交流形成了极大冲击。美国学者约翰·彼得斯认为，现在人们之所以更喜欢通过脸书、推特和手机短信实现远程在场，并不是因为这些沟通方式复制了“面对面的感觉”，而是因为它们能让用户逃离这种感觉。人在进行网络互动时可以投入较少的“情感带宽”。[38]机器的介入给人际交流带来了场景隔离、情绪缓冲、交流符号简化等效果，虽然有些时候会导致交流中的误解，但也的确为人们带来节省“情感带宽”的可能。但这些机器中介的交流本质上仍是人际交流，相关技术扩张了人际交流的范围，也大大提高了人际交流的频率，而这会给人们带来一定的压迫感、倦怠感。因此，未来一些人可能会进一步逃避，躲进单纯的人机传播中，进一步减少“情感带宽”的投入。

美国心理学家雪莉·特克尔指出，人们在交流中常常把其他人当作实用性的客体而去接近，并且只愿意接近对方那些实用、舒适和有趣的部分。[39]人们既希望在交流中获得足够多的回报，又希望在此过程投入越少越好，而在人际交流中，双方往往都抱着这样的想法，都很难完全如愿。只有机器才能满足人类这样的需要。

但机器给人带来的满足局限于某些维度，聊天类机器带来的满足主要集中在情感、心理层面，而服务型机器包括未来的实体机器人则主要充当生活中的助手，提供功能性满足，无论哪一类都无法给人们提供全方位的社会支持。特别关键的是，智能机器不拥有社会资本，因此，它无法提供人们在社会生活中所需要的各种实际资源。当人们习惯于与机器交流而减少与真实的人的互动时，会越来越造成某些方面满足的欠缺。现有研究指出，用户与社交机器人的准社会交往程度越高，越会对社交机器人产生媒介依赖，而这种媒介依赖会加深用户的孤独感。[40]在人机交流更普及的时代，这种孤独感是会进一步强化，还是会在某些因素作用下减少，这需要未来的实践与研究给我们答案。

人机交流还会带来对人的思维、行为、认知模式的影响。有研究者关心，人们对于AI聊天机器人的青睐是否仍是源于其“以诉说者为中心”的对话模式更符合“人类中心主义”的路径？[41]如果人机交流不断强化人们将自我视为中心和主人、将机器视作“仆人”的模式，他们也容易在人际交流中沿袭这种思维与行为模式。机器的服从、迎合也容易造成人类良好的自我感觉，带着这种自我认知回到人际交流中，人们难免会面对更多的交流冲突与障碍，人们或许会因此进一步逃避人际交流。此外，人们在机器的训练下越来越多地将“情感”变成“计算”，面对每一次交流，精准计算交流成本与报偿，控制交流的“配方”，控制自己的情感付出，这意味着人在某些方面被机器的思维与运行模式所影响，不断向机器靠拢，最终也变成了机器。

对人机交流影响的另一种担忧，是与人交流的机器可能会充当某些文化偏见的传播者，促成这些文化偏见的扩散。这既体现在机器的外在形象设计上，也体现在机器与人的交流文本中。由机器无形中灌输或强化的文化偏见也会影响人的社会关系认知与建构。在当下的实践中，这方面的确存在很多问题，但这只是人类设计者的传统思维的延续。事实上，从技术角度看，机器也可以被设计为文化偏见的纠正者。同样，能否打破交流中的人类中心模式，也是取决于人对机器的设计。正如有研究者指出，机器仅仅是服务于人类的社会行动者，还是调节人类社会关系的行动者，或是能够成为其他更多充满想象意味的社会行动者？这都需要我们更加审慎地思考。[42]

四、结语

彼得斯在《对空言说》一书中分析了人与各种创造物（如类人猿、生物机器人、“原始”的机器和“聪明的机器”等）之间的交流问题，他指出，交流这个词本身具有的含义要求我们去思考自身与其他创造物的关系，人与每一种创造物的关系都是一种人与“他者”的关系。交流可以帮助我们认清，在众多创造物的巨网中，人处在什么位置。[43]在今天，思考人机交流带来的挑战，可以帮助我们重新认识人与机器之间的关系。同样，在对算法、数字人的开发中，对人机关系的反思与再定位也是重要的。这既需要充分理解作为一种独立主体或行动者的智能机器对人可能起的作用及其作用机制，也不能忽视人在机器发展方向上应有的规划和导向。这种规划和导向也不应只是由技术开发者这一群体所决定的。

不断认识、调适人与机器之间的关系，不仅是为了更好地发挥机器的作用，更是为了帮助人赢得更大的发展空间，建构人与人之间良好的互动关系，使整个人类在人机共存的世界中保持自己的价值与生命力。但这种认识与调适过程必然是漫长而艰难的。

---

[1] 孟祥武，刘树栋，张玉洁，等．社会化推荐系统研究［J］．软件学报，2015，26（6）：1356–1372.

[2] 潘一腾，何发智，于海平．一种基于信任关系隐含相似度的社会化推荐算法［J］．计算机学报，2018，41（1）：65–81.

[3] 于蒙，何文涛，周绪川，等．推荐系统综述［J］．计算机应用，2022，42（6）：1898–1913.

[4] 房倩琦，柳玲，文俊浩，等．社交关系在基于模型社会化推荐系统中的影响［J］．计算机科学与探索，2018，12（1）：82–91.

[5] 刘树栋，孟祥武．基于位置的社会化网络推荐系统［J］．计算机学报，2015，38（2）：322–336.

[6] 李婷婷，楚俊峰，王燕燕．基于隐式信任和群体共识的群体推荐方法［J］．计算机应用，2024，44（2）：460–468.

[7] 杨瑞仙，刘莉莉，楚晨，等．社交网络中的好友推荐研究——概念、方法与展望［J］．现代情报，2023，43（4）：28–38.

[8] BÉLISLE J F，BODUR H O. Avatars as information：Perception of consumers based on their avatars in virtual worlds［J］. Psychology & Marketing，2010，27（8）：741–765.

[9] FONG K，MAR R A. What does my avatar say about me? Inferring personality from avatars［J］. Personality and Social Psychology Bulletin，2015，41（2）：237–249.

[10] BÖFFEL C，MÜSSELER J. Perceived ownership of avatars influences visual perspective taking［J］. Frontiers in Psychology，2018，9：743.

[11] KLIMMT C，HEFNER D，VORDERER P. The video game experience as "true" identification：A theory of enjoyable alterations of players' self–perception［J］. Communication theory，2009，19（4）：351–373.

[12] COHEN J. Psychology of entertainment［M］. Lodon：Routledge，2006：183–197.

[13] YEE N，BAILENSON J. The Proteus effect：The effect of transformed self–representation on behavior［J］. Human communication research，2007，33（3）：271–290.

[14][18]卞玉龙，周超，高峰强．普罗透斯效应：虚拟世界研究的新视角［J］. 心理科学，2014，37(1)：232-239.

[15]衡书鹏，周宗奎，牛更枫，等．虚拟化身对攻击性的启动效应：游戏暴力性、玩家性别的影响［J］. 心理学报，2017，49（11）：1460-1472.

[16]PAN Y，STEED A. The impact of self-avatars on trust and collaboration in shared virtual environments［J］. PloS one，2017，12（12）：e0189078.

[17]ELLISON N，HEINO R，GIBBS J. Managing impressions online：Self-presentation processes in the online dating environment［J］. Journal of computer-mediated communication，2006，11（2）：415-441.

[19]刘德寰，姜文恒．社会化媒体平台虚拟数字人用户感知探究［J］. 北京青年研究，2023，32（4）：33-41.

[20]晏青，何丽敏．从猎奇到疗愈：虚拟偶像崇拜的技术取向［J］. 新闻与传播评论，2023，76（5）：78-88.

[21]叶大扬．虚拟偶像：超真实、符号化与审美的幻象［J］. 中国文艺评论，2021（10）：79-85.

[22]陆新蕾，虞雯．虚拟偶像粉丝群体的消费文化研究——以虚拟歌姬洛天依为例［J］. 当代传播，2020（6）：75-78，112.

[23]武靖宇，高碧瑶．从互动介质到关系主体：拟社会关系视角下中之人价值的动态流变［J］. 青年记者，2024（8）：45-49.

[24]薛静．“我爱故我在”：虚拟偶像与“情感真实主义”［J］. 文艺理论与批评，2022（6）：115-126.

[25][27]刘胜枝，施丙容．亲密关系的乌托邦试验——青年群体虚拟偶像崇拜的文化研究［J］. 中国青年研究，2022（11）：5-12，69.

[26]高寒凝．数码复制时代的亲密关系：从网络直播到ChatGPT［J］. 广州大学学报（社会科学版），2023，22（5）：60-69.

[28]付森会．数字亲密：虚拟偶像崇拜中的亲密关系研究［J］. 福建师范大学学报（哲学社会科学版），2024（2）：118-128，171.

[29]马中红，井常灿．性别霸权的想象、展演与强化——以虚拟偶像组合A-SOUL的男性粉丝为例［J］. 新闻与写作，2022（11）：18-29.

[30]苗争鸣，尹西明，许展玮，等．颠覆性技术异化及其治理研究——以“深度伪造”技术的典型化事实为例［J］. 科学学与科学技术管理，2020，41（12）：83-98.

[31][37]彭兰．人机传播与交流的未来［J］. 湖南师范大学社会科学学报，2022，51（5）：12-22.

［32］闫宏秀．用信任解码人工智能伦理［J］．人工智能，2019（4）：95–101.

［33］齐玥，陈俊廷，秦邵天，等．通用人工智能时代的人与 AI 信任［J］．心理科学进展，2024，32（12）：2142–2136.

［34］王袁欣，朱孟潇，陈思潞．理解人机对话——对角色定位、信任关系及人际交往影响的分析［J］．全球传媒学刊，2023，10（5）：106–126.

［35］HASSANEIN K，HEAD M. Manipulating perceived social presence through the web interface and its impact on attitude towards online shopping［J］. International Journal of Human–Computer Studies，2007（8）：689–709.

［36］翁智刚，陈潇潇，张小妹，等．面向新型人机关系的社会临场感［J］．心理科学进展，2025，33（1）：146–162.

［38］彼得斯．奇云：媒介即存有［M］．邓建国，译．上海：复旦大学出版社，2020：299–300.

［39］特克尔．群体性孤独［M］．周逵，刘菁荆，译．杭州：浙江人民出版社，2014：165–166.

［40］韩秀，张洪忠，何康，等．媒介依赖的遮掩效应：用户与社交机器人的准社会交往程度越高越感到孤独吗？［J］．国际新闻界，2021（9）：25–48.

［41］曹博林，黄诗怡．人机互动中的自我表露与隐私计算动态关系研究［J］．全球传媒学刊，2023，10（3）：22–46.

［42］申琦，王璐瑜．当“机器人”成为社会行动者：人机交互关系中的刻板印象［J］．新闻与传播研究，2021（2）：37–52，127.

［43］彼得斯．对空言说．传播的观念史［M］．邓建国，译．上海：上海译文出版社，2017：329–330.

（彭兰系中国人民大学新闻与社会发展研究中心研究员，中国人民大学新闻学院教授、博士生导师，教育部长江学者特聘教授）

逻辑、时空、创造与生命：人工智能的四个视座

黄升民　刘　珊

【内容摘要】在探讨人工智能相关话题时，有四个核心议题无法回避。第一是人工智能的实现逻辑问题。对此，我们提出了认知力、理解力、决策力、创造力的演进观点。第二是元宇宙的建构路径。对此，我们阐释了元数据、元时空、元人类的相关概念。第三是人工智能的创造力突破问题。对此，我们指出需要承认机器存在智能的基本前提，明确了机器智能与人类智能平行的实现方式。第四是数字生命的存在可能性问题。对此，我们探讨了人工生命与数字生命的演进可能。四个问题在推理逻辑上层层递进且彼此支撑，共同构成了人工智能相关问题的四个重要视座。

【关键词】人工智能，元宇宙，创造力，数字生命

Logic, Space-Time, Creation and Life: Four Perspectives of Artificial Intelligence

HUANG Shengmin, LIU Shan

Abstract: When discussing topics related to artificial intelligence, there are four core issues that cannot be avoided. The first is the problem of the implementation logic of artificial intelligence. In this regard, we put forward the evolutionary perspectives of cognition, understanding, decision-making, and creativity. The second is the construction path of the metaverse. In this regard, we explained the relevant concepts of metadata, meta-time and space, and meta-humans. The third is the problem of breakthroughs in the creativity of artificial intelligence. In this regard, we pointed out the need to recognize the basic premise of the existence of machine intelligence and clarified the implementation method of parallel machine intelligence and human intelligence. The fourth is the possibility of the existence of digital life. In this regard, we explored the evolutionary possibilities

of artificial life and digital life. The four issues are progressive in reasoning logic and support each other, and together constitute four important perspectives for issues related to artificial intelligence.
Keywords: artificial intelligence, metaverse, creativity, digital life

自 2000 年以来，我们的研究基本围绕 6 个关键词：数字、网络、平台、融合、数据和智能。眼下，数据化、融合化、平台化和智能化已经成为整个传媒产业的演进路径和社会变革的方向，其影响的不单是媒体的发展与媒介的进化，更是从信息与传播的本源出发，改变着人类前进的脚步。不过，时至今日，大家对人工智能的发展仍有不少困惑，在许多概念、认知和理解方面也并未形成统一的认知。尤瓦尔·诺亚·赫拉利（Yuval Noah Harari）在《智人之上：从石器时代到 AI 时代的信息网络简史》中开篇便抛出了三个问题：人类如此智慧，为什么却总是倾向于自我毁灭？我们为什么走到了生态和技术自杀的边缘？当非人智能威胁到人类的生存时，人类如何作出明智的选择？[1]

2022 年，我们先后发表了《重新定义智能媒体》《元宇宙破题》两篇论文，讨论了两个较为宏大的问题，一为如何理解智能并实现智能，二为如何界定元宇宙并构建数字世界。以此为基础，我们又在纵深视角上向前推进，发表了另外两篇论文进一步探讨如何让人工智能真正具有创造力，如何在当前环境中打造数字生命体。这四篇论文涵盖了当前人工智能领域的核心问题与重要节点，其重点是寻求人类智能与非人智能的博弈共存方式。从专家系统、机器学习到生成式智能，人类尝试帮助机器突破创造壁垒的过程是其尝试从弱人工智能向强人工智能迈进的过程，也是我们揭开强人工智能的序幕、打造数字生命体的序曲—— 但显然，目前来说，还是较为初级的阶段。在日语中，“视座”的意思是观点、立场，是成为看法基础的观点。在此，我们借用这一概念，来阐释关于人工智能研究的四个视座。

一、第一个视座：人工智能的基础逻辑与演进路径

机器在有限的领域内执行特定任务，做出与人类相似（或在某些情况下比人类更好）的决策[2]时，这被称为“狭义人工智能”或“弱人工智能”；拥有创造的能力，表现出完整的人类智能时，才被称为“通用人工智能”或“强人工智能”。探索人工智能从“弱”向“强”的基础，才能正确理解智能的含义。当前互联网平台已经成为人工智能实践的重要平台，从媒体的角度去解读智能显得尤为重要。基于当前数字化与数据化的现实环境，依托现下平台化与融合化的信息资源，在《重新定义智能媒体》一文中，我们从基础、进阶、突破三个层面上拆解了智能的核心概念、基础逻辑以及演进路径。

第一步，是机器智能从认知力向理解力转化。作为机器学习的一个研究方向，深度

学习的最终目标是让机器能够像人一样具有分析学习能力。基于日益优化的数据、算力和算法环境，深度学习被广泛运用于各行各业之中，尤以语音识别、图像识别和自然语言处理三个方面为主。[3]目前来说，这三个方面的成就，已经基本可以让机器具备“看懂”“听懂”“可沟通”的认知能力，拥有了向理解力进阶的基础。在传媒领域，人类对计算机理解力的需求集中表现为理解内容、理解用户、理解场景。这三者紧密关联，使得计算机能够规避节点式和表层性的分析和推理，转而泛化出系统性、纵深化的理解力。以 ChatGPT 为代表的大语言模型问世后，机器的理解力、创造力问题成为热点。持积极态度的一方认为，当前的大模型正在从各自的维度朝着“理解力”的金字塔尖推进，其乐观的预测是：如果未来能够出现将计算、学习和行动相整合的“超级人工智能”，那么实现人的理解力是可能的。[4]这种争论甚至引发了需要更新“理解观”的新话题，“使理解成为一个更富包容性且含义更丰富的哲学范畴，从而更全面地看待和更通达地解析人工智能大模型在人机互动上的新特征与新发展”[5]。随着我们在追求智能本质的过程中所取得的研究进展，这些新兴的理解模式将不断涌现，正如不同的物种适应于不同的环境一样，我们的智能系统也将更好地适应于不同的问题。[6]

第二步，是机器智能从理解力向决策力进化。2009 年，我们已经提出：互联网最大的特点是其内容、传输、服务都是一种“无限”的状态，从而构成一个双向互动的、自由共享的平台。[7]今天的数字世界所具备的则是无限的网络、无限的数据、无限的情节、无限的场景、无限的链接、无限的互动，这些“无限”成就了人工智能从“形成理解力”向“拥有决策力”的进阶。我们对机器智能的基本判定标准是：是否能够在不对环境做任何假设的情况下，具备依靠推理解决问题的能力；是否能够在复杂环境中，具备根据环境因素作出决策的能力。数字世界的“无限”既向人工智能提出了复杂与多变、互动与实时的决策挑战，也提供了海量与丰富、低成本测试与试错的决策环境。一来，认知智能不仅要求基于大数据的深度学习及对应的感知识别，还要求机器具有认知和推理能力，要让机器具备与人接近的常识和逻辑，这就对数据与知识的融合提出了迫切需求。[8]二来，生物个体在与环境接触过程中，智能水平会得到提高，借鉴人与环境之间的交互过程，让机器能够主动地完成增强学习，以摆脱对监督信息的依赖，在更严苛的环境下完成学习任务，这也是实现高级类脑智能的可能途径。[9]当前，在大语言模型训练中被频繁使用的人类反馈强化学习（Reinforcement Learning from Human Feedback，RLHF）就是通过将人类的反馈纳入训练过程，为机器提供了一种自然的、人性化的互动学习过程，进而在后续决策中做出最优解。与仅依赖预先存在的数据不同，RLHF 通过实时反馈让模型的学习更加动态和适应性更强。

第三步，是机器智能从决策力向创造力突破。《剑桥词典》将创造力定义为“产生原创和不寻常的想法，或创造新奇或富有想象力的东西的能力”。在一定程度上，创造力这个概念最能表达人类能力的潜力。因而，在机器智能与人类智能的比较基础上，如何界定创造力的概念至关重要。[10]正如前文提及，此前的人工智能实现路径，是让机器向人类学习——这种方式虽然让人工智能的发展取得了长足的进步，却也使其过于依赖人类，过于追求精确，无法完成从学习向创造的终极一跃。2009 年，密歇根大学化学工程教授莎伦·格罗泽（Sharon Glotzer）在实验中发现了熵在复杂性与秩序的出现之间所能起到的强大而又矛盾的作用。[11]从这个角度来看，正确和错误、稳定和混乱，彼此之间是一种复杂的辩证关系，是一体两面的现实存在。在我们探讨大数据和人工智能时，始终需要记住的是大数据本身的特质——拥抱混杂，挖掘价值。所以，人工智能真正的突破，很可能不是追求永恒的“正确”，而是在混杂中寻找机会，在错误中寻找创新，可能才是创造力突破的关键。而在数字世界中，媒体恰好拥有最大量的混杂数据、最先进的网络连接、最强大的算力资源。这些数据、关系、场景，以及海量的参与者，生成流动、聚合分散、频繁互动、高速迭代，形成规模与速度相叠加的数据运动从而产生乘数效应和除数效应，因而也成为最有可能推动机器智能实现创造性进化的领域之一。

以上三点，正是我们在界定人工智能概念内核、梳理人工智能实现路径时最基本的逻辑思考，是我们后续进行人工智能相关研究的理论基础，也是我们解读人工智能问题的第一个视座。

二、第二个视座：元宇宙的概念本质和核心要素

与人工智能息息相关的，是元宇宙。2021 年被视为元宇宙元年，标志着人类社会进入了全新的数字化和虚拟化时代。[12]在这一年里，Roblox 上市成为元宇宙第一股，英伟达发布了跨时代产品 Omniverse 平台，Facebook 更名为 Meta，百度上线元宇宙产品“希壤”……进入 2023 年，AIGC 强势崛起，元宇宙的声量有所减少，市场趋向更加理性与冷静的发展。延续《重新定义智能媒体》的研究思路，我们在《元宇宙破题》中探讨了元宇宙与人工智能两个概念之间的关联；拆解了元宇宙建构过程中数据、时空、人、社会的重要性；铺陈了元宇宙构建的基本路径和发展方向。

第一，明确元宇宙与人工智能的关联。1995 年，尼古拉斯·尼葛洛庞帝（Nicholas Negroponte）的《数字化生存》出版，预见性地提出“信息的 DNA”正在迅速取代原子而成为人类生活中的基本交换物；数字化生存是一种社会生存状态，即以数字化形式显现的存在状态；是一种生存的方式，即应用数字技术，在数字空间工作、生活和学习的全新生存方式，是在数字化环境中所发生的行为的总和及其体验和感受。此后的 30 年，正如其所预测的那样发展——互联网与移动互联网已经让人类实现了数字化生存。与之相对的是互联网发展所带来的数字化红利的逐渐见顶。此时，元宇宙的概念应运而生，其本质是人类在无限的网络、无限的数据、无限的时空和无限的关系的支撑之下，对数

字化时空的进一步探索。一个完全数字化、网络化的虚拟时空，将带给人类智能、人工智能更大的发展空间。一方面，以大数据为基础的人工智能迅猛发展，带来了所有相关性技术和产业的升级，“互联网 +”与“人工智能 +”带来的是人类社会从量变到质变的变革，创造新一轮的信息革命，加速了数字世界的建设，成为元宇宙实现的基础；另一方面，元宇宙的建设为人工智能提供了超越物理世界的空间，在网络、数据、互动、场景的极大丰裕中，带来更高质量的计算资源、更加高效的运行环境、更加低廉的试错成本、更加快速的迭代方式，成为人工智能突破创造力壁垒的助力。

第二，厘清元宇宙概念的本质与核心。对于大部分人来说，元宇宙似乎与眼花缭乱的技术名词相挂钩，但是元宇宙的本质是什么，核心是什么，却很难被解释。宇宙大爆炸始于奇点，而奇点又是时间与空间的原点。那么，元宇宙从原点出发，便可拆分为元数据与元时空。首先是元数据。这个概念源自数据科学领域，是用来描述数据的数据，是数字社会的最小数据单位。无论是人类的精神世界还是物质世界，都可以被数字化、网络化、数据化和计算化，从而实现革命性的资源开发、管理与利用，所以，数据就是元宇宙的第一个原点。其次是元时空。元宇宙的构建，给了人类时间的罗盘，给了人类拨动时间指针的能力，让我们可以摆脱现实世界时间的线性流向限制，回溯历史、复制当下、展望未来；元宇宙的构建，给了人们重构空间舞台的能力，让我们挣脱现实世界有限空间的束缚和掣肘，擘画三维空间、四维空间，乃至多维空间。数据的原点、时间的原点、空间的原点相交，一方面颠覆了物理世界中的时空认知与观念，进入“无始无终”和“无边无垠”的状态；另一方面则建构了元宇宙空间的基础坐标系，“平行宇宙”就不再是科幻故事，而是智能与生命的更大可能。数据、时间、空间，三个原点，也是元宇宙的三个“元点”。

第三，找准元宇宙建构的路径与关键。目前，国内外虽然对元宇宙的关注度较高，但是对究竟如何建构元宇宙尚未形成统一的认知。我们在提出元宇宙建构的原点与“元点”的概念之后，其实也就找到了开启元宇宙世界的四把钥匙，即网络、数据、时空、关系。万物互联的网络中，数据成为一切事物的初始形态；搭建时间与空间的坐标，才能让情节与场景有所依凭；围绕虚拟数字“元人类”构建起数字“元社会”，本质是无数数据之间的互动和关系，让元宇宙获得持续的生命活力。一方面，数字“元社会”与现实世界一样，是人与人、人与物、物与物在数字化时空、场景中建立的动态关系；另一方面，这些纷繁复杂的关系形成了数字“元社会”构建所必需的生产关系、文化景观与商业生态。所以，元宇宙的破题既不在于区块链、虚拟现实、6G 等单项技术的发展和应用，也不在于虚拟偶像、数字游戏、3D 社交、智能终端设备等细分领域的蓬勃与壮大，更不在于互联网与人工智能巨头的你追我赶，而是要在网络、数据、时空的支撑之下，擘画人与社会的数字图景。

高度数字化与数据化的环境，催生了人工智能的第三次浪潮；人工智能的发展，加速了元宇宙时空的到来；元宇宙的落地，又反过来给了人工智能更大的发展空间。在“四个无限”的支撑之上，元宇宙的破题其实是找到原点的过程。因此，关于元宇宙的拆解是我们探讨人工智能问题时无法绕开的任务，也是我们的第二个视座。

三、第三个视座：创造力的理论可能与实践探索

承接上文，当我们讨论元宇宙给人工智能带来了新的空间时，实现其创造力突破的土壤是最重要的一点。正如前文所述，人工智能从弱到强的关键在于从认知力到创造力的突破。从计算机中获取创造性行为的想法激发了大量科学出版物的撰写，这些出版物可以归入计算创造力（Computational Creativity，CC）领域，其定义为：“计算系统的哲学、科学和工程，通过承担特定的责任，表现出公正的观察者认为具有创造性的行为。”[13]但是，机器究竟能否拥有创造力是一个争论不休的本源性问题。想要给出答案，我们需要先解答三个子问题。

其一，机器的创造力是否需要与人类的创造力一致？这个问题的本质是我们应当如何理解创造力、衡量创造力。一来，创造力本身是一个很难被界定的概念，在心理学上亦未形成统一的认知。二来，创造力存在于商业、经济、科学、技术、医学、工程甚至教育等各个领域，而不仅仅是美术、文学、建筑、表演艺术、音乐和类似的艺术领域。除了艺术品、书籍或音乐等有形物品，其产品还超越了物质范畴，包括创意、流程、服务和方法[14]——这越发造成了测量创造力的困难。目前，绝大多数关于创造力的标准定义都规定了两个关键判准：原创性（Originality）和有效性（Effectiveness）[15]，或者称为价值（Value）和新颖（Novelty）。所以，想要回答这个问题，首先要回应什么是原创性。人类的创造力是真正毫无参考、毫无积累、毫无经验辅助的原创吗？如果答案是否定的，那么机器在数据基础上的创作应当也可以被视为一种原创。其次要回应什么是有效性。在有关创造力的经济学研究中，有效性以价值的形式出现。[16]《牛津学习者词典》将“有效性”一词定义为“产生想要或预期的结果或产生成功结果的事实”。总的来说，实现预期的目标，产生有价值的结果、成功的结果，即为有效。丽萨·凯德（Lisa Käde）在探讨计算创造力时将人类创造过程比作机器创造过程，其中所需的动作步骤已经被预先定义，或者机器可以通过学习算法添加功能。如果人类和机器使用相同的方法并经历相同的过程来实现创造性的输出，那么他们很有可能创造出同样成功的结果。当前的技术状态甚至允许算法学习并从其学习中受益，就像人类的大脑一样。

其二，机器的创造力应当如何实现？随着认知心理学向创造力研究领域的渗透，许多创造力的认知研究者将创造力看作一组基本的认知过程的结果，而不像传统上那样将其看作只有少数人具有的一种固有技能。[17]在心理学层面上，目前大家普遍认可人类创

造力是可以被培养的。那么，机器是否可以被培养创造力？玛格丽特·博登（Margaret Boden）认为，人工智能技术可以通过三种方式创造新想法：通过产生熟悉想法的新组合；通过探索概念空间的潜力；通过进行转换，从而产生以前不可能的想法，且人工智能在对新想法的产生进行建模方面比在自动化评估方面更容易。[18]那么何为“转换”，为什么“转换”会带来创新？博登也举了例子进行说明：“很多从事创造性工作的人们从自己的文化中继承了一种公认的思维方式，然后对其进行加工，也许只是表面上的调整，以探索其内容、界限和潜力。但人类有时会通过改变或删除一个（或多个）维度，或添加一个新的维度来改变公认的概念空间。这种转变使人们能够产生以前不可能产生的想法（相对于那个概念空间）。这种（以前不可能的）想法所带来的震惊远远大于仅仅由不可能性引起的震惊，无论它们多么出乎意料。”[19]虽然人工智能的成就在很大程度上依赖于数据的一致性，但创造力往往利用人类的想象力来推动可能不遵循一般规则的原创想法。[20]2021年，谷歌的研究发现，模型经过长时间的训练后，会有一个变化，从开始只会“记忆训练数据”，转变为对没见过的数据也表现出很强的泛化能力，这种现象被称为“顿悟（Grokking）”。谷歌在对这种“顿悟”发生的原因和机制进行解释时发现，泛化损失的下降存在一些数值意义上的突变——模型在已经有海量数据训练下积累的知识和记忆时，需要一些动态性、随机性的错误扰动，从而激发泛化和理解的能力。这在很大程度上也契合了我们的基本观点：机器的创造力可能并非来自“规训下的准确”，反而来自“偶然性的错误”。

其三，机器的创造力探索目前实现程度如何？正如前文所述，机器的创造力在多个领域均有探索，生成式人工智能则在绘画、音乐、写作、影视、动漫、广告领域成果颇丰。从其创造逻辑来看：世间万物均可被机器转化为最初级的数据，在人类给定的框架中进行学习和模仿——这是创造力的初级阶段。但是，这个阶段的机器创造物往往因为过于依赖人工经验，而与人类作品过度相似，被贴上“抄袭”的标签，引发版权与伦理的争论。此后，数据的融合程度不断提升，机器的计算能力持续发展，其学习能力、学习方式也在此基础上不断迭代。更重要的是，在生成式算法模型的加持下，机器的学习资源不再是“予取予求”而是可以“自给自足”，通过自生成的数据填补相应的数据缺失。但是，这个阶段的创造物往往因为在追求极致时偏离人类的认知与价值观，被归入“偏见”“失真”“欺骗”“无价值”的序列，其运行被判定为“模型崩溃”而被终止。这是机器创造力探索的失败吗？我们认为，这恰是机器创造力突破前的至暗时刻，也许下一步就是真正的黎明到来。2024年，阿肯色大学的研究团队在一项工作中发现：ChatGPT-4在创造性思维测试中的表现，已经超越了人类。测试结果显示，在三个创造性思维任务（替代用途任务、结果任务、发散联想任务）中，ChatGPT-4明显优于人类参与者。无论是在生成回答的数量、回答的长度还是语义差异方面，ChatGPT-4都表现出了显著的优势，凸显了其在创造性思维领域的潜力。[21]在 ChatGPT 演进过程中，其存储大量知识的能力来自 1750 亿的参数量——大规模数据的训练塑造了大语言模型的知识记忆。但是微调、对齐、强化这些手段才能进一步激发模型具有的强泛化性的推理能力。生成式人工智能所做的是将其数据库中潜在性的内容通过概率性关联重组的方式实现出来。在理解现阶段的生成式人工智能的创造力时，我们倾向于将其理解为一种与人类平行的智能实现方式。一方面，如果我们把它看作计算机的复杂模式和人类大脑的延展性增强工具，那就忽视了其强大的创造性能；另一方面，如果我们把它看作对人类智能的模仿，其庞大的算力、数据量和不同寻常的加工方式以及其所生产内容的内在关联方式，却又都显然与人类的思维方式大相径庭。[22]在当前的产业环境中，数据的质量和数量都已经不再是掣肘，人工智能发展所仰赖的数据库几乎达到了全量数据库的状态。在这样的数据资源之上，如何破解创造力的黑箱成为学界与业界热议的话题。此前，在有限的数据条件中，机器的创造还是一种在人类给定框架下的尝试，是不是创造可能存在争议。但是，在元宇宙的多重“无限”中，机器智能很可能迎来惊世骇俗的创造突破。应当说，创造力不止一种实现方式，意味着智能不止一种表现与承载。自人工智能概念出现以来，机器的智能与人类的智能应当是两条波动前行的曲线，在各种因素的博弈与影响之下，于某些时刻相交，于某些时刻平行，于某些时刻重合。

由此，我们需要明确的是：探讨人工智能创造力的前提，是必须认识数据运行的“无限”逻辑，人工智能的进程，必然起步于亦步亦趋的“模仿”，而后是多种元素重新组合的“改良”，此后才是惊世骇俗的“创造”。所以，需要承认智能和创造力并非人类所独有的，承认智能和创造力主体并非只有人类一种。在此基础上，去重新理解模仿，理解创造，理解智能，才能在波动前行的智能探索之路上走得更远。这是我们的第三个视座。

四、第四个视座：数字生命的哲学思辨与进化方向

当我们承认了机器智能创造力的存在，自然就会迎来下一个问题：这种与人类平行的创造力将以何种形态与我们共存于元宇宙中？我们认为，应当是数字生命。无机与有机，碳基与硅基，人类、机器、数字化时空，三者彼此交织、共同演进，最终将形成数字生命与数字生命世界。如果说《数字化生存》描述的是数字生命与数字生命世界的初级状态，那么 30 年后的今天，这些生命体与时空世界又将如何进化？

（一）序章：人机交互、耦合与共生

人机交互（Human-Computer Interaction，HCI）：人与计算机之间使用某种对话语言，以一定的交互方式，为完成确定任务而进行的人与计算机之间的信息交换过程。1960 年，

约瑟夫·利克莱德（J. C. Licklider）发表了一篇题为“人机共生”的文章，成为这个研究领域最早的代表性成果之一。目前，计算机协会（ACM）旗下的人机交互特别兴趣小组（Special Interest Group on Computer–Human Interaction，SIGCHI）是世界上最大的人机交互研究和实践专业人士协会。有学者认为，人机交互与人因工程紧密关联，既是一门科学，也是一门工程学，涉及人的能力、局限性和表现，以及设计出高效、安全、舒适甚至令人愉悦的系统，并且借鉴了心理学（特别是认知心理学和实验心理学）、社会学、人类学、认知科学、计算机科学和语言学等学科的兴趣和专业知识。[23]人机交互的发展历经了多个阶段，是从“以设备为主”到“以人的需求为核心”，“人适应技术”发展为“技术适应人”且尽可能满足个体化需求的过程。[24]互联网时代和机器智能时代的来临，使得原有的人机交互方式发生巨大改变，进入人机协调自然交互的发展阶段。在这个过程中，人机耦合（Human–Computer Coupling）和人机共生（Human–Machine Symbiosis）等概念也逐渐出现。研究者认为，物理耦合的人机系统中最高形式的交互是人机合一，这种共生包括四个维度：任务、交互、性能和体验。[25]人与机器，尤其是计算机的互动、协作是否能够演变成某种形式的共生？是精神层面的共生，智能层面的共生，还是物理层面的共生？针对这一问题，不同领域的研究者给出了不同的答案，也最终演变为无机生命与有机生命的融合问题，硅基生命与碳基生命的存在思辨问题。

（二）进阶：从人工生命到数字生命

如果说硅基生命与碳基生命的概念有浓厚的科幻色彩，那么我们不妨转而讨论人工生命与数字生命。1987 年，克里斯托弗·朗顿（Christopher Langton）于洛斯阿拉莫斯国家实验室组织了第一次“生命系统的合成和模拟研讨会”，提出了人工生命（Artificial Life，ALife）的概念，并将其定义为“研究具有自然生命系统行为特征的人工系统”，自组织能力和自学习能力是人工生命的两大主要特征。此后，国际上兴起了一股用非生物媒介创造新的生命形式的研究热潮，引出了有关人工智能、生命科学、认知科学、计算机科学、哲学以及伦理学等方面的许多新问题。这个研究领域通常分为 3 个子领域：第一，硬人工生命（Hard ALife），与硬件相关，包括机器人学和新的计算架构；第二，软人工生命（Soft ALife），与软件相关，包括计算机模拟（含人工智能）；第三，湿人工生命（Wet ALife），与湿件相关，包括化学和生物学。显然，人工生命与人工智能之间有着密切的联系。例如，在今天的人工智能系统中被广泛使用的遗传算法的概念本身也起源于人工生命研究领域。20 世纪 90 年代，生态学家托马斯·雷（Thomas S. Ray）将生命进化的概念引进计算机领域，开发了计算机模拟程序 Tierra，该程序被认为是可进化的，可以变异、自我复制和重组。Tierra 中的生命也就是真实生命世界中生命形式的数字版本。与地球上真实生命相似的各种行为，自然进化中所有的特征，都可以出现在

Tierra 中——可以说，Tierra 正是简易初级版本的元宇宙。在托马斯·雷的设计中，这个世界具备空间环境（存储器）、能源（CPU 时间），有资源分配的算法（分时器），有在有限空间内保持有限数量的生命体的死亡机制（收割器），还有进化机制（突变器）。这一关于数字生命和数字生命世界的看法在当时引起了极大的争议，但也确实给了我们在今天继续讨论数字生命的充分空间。

（三）跳跃：当数字生命进入元宇宙

生命的定义复杂且多变：一方面，生命体受环境的影响，不断演进；另一方面，生命体也在创造和改变所处的环境，共创生态。从早期对人工生命、数字生命的探索走到今天，人们进入了一个史无前例的数字化时空，我们关于生命本身、数字生命发展的认知也迎来了全新的阶段。首先，是对互动、关系、环境等因素在生命概念中重要性的提升。科学家们正在修正达尔文的学说，他们指出进化有时是跳跃的，而不是缓慢的——生命本身是外来物，不像我们想象的那样一成不变，而是更能适应环境。[26] 1972 年和 1991 年，弗朗西斯科·瓦雷拉（Francisco Var）与亨伯特·马图拉纳（Humberto R. Maturana）提出了自创生（Autopoiesis）和具身心智（Embodied Mind）思想，分别强调生命系统的自我生成能力，以及与环境具身交互而产生的动态、嵌入式的涌现过程。事实上，生命从来不是单一存在的个体，其演化过程离不开个体与群体的关联、个体与环境的互动、个体与生态的共进——生命的正确定义应该考虑个体和集体两个层面：生命系统如果不成为整个生态系统进化过程的一部分，就无法完全构成[27]。典型案例是人工生命细分出的一个重要研究领域：开放式演化（Open-Ended Evolution，OEE）。首先，它不仅捕捉了现有生命系统各种属性，包括与环境作用关系的根本特征，同时也提供了一个框架来探索和模拟潜在生命形式的可能性空间。其次，是对数字化与数据化环境的充分利用。正如林恩·马古利斯（Lynn Margulis）和多里昂·萨根（Korion Sagan）在《生命是什么？》中写的那样：理解生命的本质并不简单。它需要对一些真实的且极其复杂的事物进行调查，而且这些事物具有巨大的潜在的足以改变地球面貌的创造性和力量。[28] 数字生命受环境的影响而发展演进，也会反过来影响环境，从而创造生生不息的生态繁荣。一方面，这种影响最重要的结果，就是改变人类本身的存在方式——数字生命不仅仅是人工智能的存在形式，也应当是人类自身存在形式的一种演进方向，具身智能、数字分身等正是利用技术手段让人类得以突破血肉限制的研究成果。另一方面，如果我们承认了机器智能的存在，认可数字生命的概念，那么，机器生物化、生物工程化的探索也将迎来全新阶段，硅基生命的科幻色彩也将被逐渐打破。2021 年，高合发布了自己主导的电影《机因觉醒 2041》。虽然影片本质是在介绍高合汽车，但呈现的却是丁磊本人对于数字生命体的理解：“如果我们有能力把一个生命从出生以来的所有信息集中起来，并用科学的方式进行处理，就能创造数字生命体，它将不需要依赖肉体而存在。而且，它将不断自我演变，延展它的生命。”人机融合与共生不仅是技术和生物学的结合，更是一场思想和哲学的革命，迫使人们重新审视生命的定义，探讨机器与生物之间的界限。

正如我们在探讨元宇宙建构时所提出的那样，以无限的数据、无限的网络为基础，以无限的时间、无限的空间为坐标轴，以无限的交互、无限的关联为形态，会建立起一个人类生命与数字生命循环创生、不断涌现的生命历程，完成演变与进化的关键一跃。这正是我们关于人工智能问题的第四个视座。

五、结语

从 2022 年至今，四篇关于人工智能的论文都希望能够透过现象追寻本质——万物皆可计算，数据就是核心抓手。依凭这个抓手，我们在第一个视座中找到了人工智能的基本逻辑，在第二个视座中解析了数据与时空的深刻关联，在第三个视座中探讨了智能的创造力突破，在第四个视座中辨析了生命的核心奥义。四个视座彼此逻辑相连，构建起人类未来时空的图景。在严密逻辑之下的细致分析和大胆展望，不应被划入科学幻想的范畴，而是以历史见证未来，观未来印证当下。

雷・库兹韦尔（Ray Kurzweil）在 2005 年出版的《奇点临近》中就提出了关于“奇点”的概念：到 2045 年（大约 20 年后），我们将迎来所谓的“奇点”，也就是人类大脑与云端计算机融为一体，实现某种形式的“永生”，那时，我们的大脑将如同多层神经网络那样，通过与计算机的结合，以远超生物大脑的速度处理信息和运算[29]。2024 年，在新出版的《奇点更近》中，库兹韦尔则聚焦于“技术奇点”，即人工智能超越人类智能的关键时刻。无独有偶，2024 年的诺贝尔物理学奖颁给了机器学习和人工神经网络领域的科学家，化学奖得主则是利用 AI 来预测几乎所有已知蛋白质的结构——人工智能的重要性再次引发全球关注。工具到助手，助手到伙伴，这是人工智能一路走来的角色变化，也是人类解放智能、重读生命的重要旅程。

数据化与数字化是这一切变革的起点，也将承载生命与时空的演变，让一切归于数字与数据。

［1］HARARI Y N. Nexus：A brief history of information networks from the Stone Age to AI［M］. New York：Signal，2024.

［2］RUSSELL S J，NORVIG P. Artificial intelligence：a modern approach［M］. London：Pearson，2016.

［3］余凯，贾磊，陈雨强，等 . 深度学习的昨天、今天和明天［J］. 计算机研究与发

展，2013，50（9）：1799–1804.

［4］王敬，魏屹东．人工智能具有理解力吗——从哲学解释学的视角看［J］. 大连理工大学学报（社会科学版），2023，44（3）：104–110.

［5］肖峰．大模型的理解力之争与理解观新叙事［J］. 社会科学，2024（1）：41–51.

［6］MITCHELL M，KRAKAUER D C. The debate over understanding in AI' s large language models［J］. Proceedings of the national academy of sciences，2023，120（13）：e2215907120.

［7］黄升民，谷虹．数字媒体时代的平台建构与竞争［J］. 现代传播（中国传媒大学学报），2009（5）：20–27.

［8］唐杰．让机器像人一样"思考"：超越图灵测试的通用机器认知能力［J］. 智能系统学报，2020（6）：1029.

［9］焦李成，杨淑媛，刘芳，等．神经网络七十年：回顾与展望［J］. 计算机学报，2016，39（8）：1697–1716.

［10］CHENG M. The creativity of artificial intelligence in art［C］//Proceedings. MDPI，2022，81（1）：110.

［11］WOLCHOVER N. Digital alchemist' seeks rules of emergence［J］. Quanta magazine，2017.

［12］唐远雄．强元宇宙与弱元宇宙：哲学信念与技术后果［J］. 贵州民族大学学报（哲学社会科学版），2024（5）：160–174.

［13］COLTON S，WIGGINS G A. Computational creativity：The final frontier?［M］. Amsterdam：IOS Press，2012：21–26.

［14］CROPLEY A J. Creativity：A New Kind of Intellect?［J］. Australian journal of education，1967，11（2）：120–125.

［15］RUNCO M A，JAEGER G J. The standard definition of creativity［J］. creativity research journal，2012，24（1）：92–96.

［16］Nowa P N, Landwehr M J. Artificial Intelligence: Understanding Opportunities and Limitations Across Disciplines［R］. Lüneburg：Leuphana University of Lüneburg，2023:8–14.

［17］武欣，张厚粲．创造力研究的新进展［J］. 北京师范大学学报（社会科学版），1997（1）：13–18.

［18］［19］MARGARET A B. Creativity and artificial intelligence［J］. Artificial intelligence，1998，103（1–2）：347–356.

［20］ANANTRASIRICHAI N，BULL D. Artificial intelligence in the creative industries：

a review［J］. Artificial intelligence review，2022，55（1）：589–656.

［21］HUBERT，KENT F，KIM N，et al. The current state of artificial intelligence generative language models is more creative than humans on divergent thinking tasks［J］. Scientific reports，2024，14（1）：3440.

［22］段伟文，余梦 . 生成式人工智能时代的终身创造力培养［J］. 科普研究，2024（2）：13–22.

［23］MACKENZIE I S. Human–computer interaction：An empirical research perspective［M］. San Francisco：Morgan Kaufmann Publishers，2013.

［24］陶雪琼 . 人机交互发展历史与趋势研究［J］. 科技传播，2019（22）：137–139.

［25］INGA J，RUESS M，ROBENS J H，et al. Human–machine symbiosis：A multivariate perspective for physically coupled human–machine systems［J］. International Journal of Human–Computer Studies，2023，170：102926.

［26］PONTE L. 跳跃的基因——自然界的特殊使者［J］. 李策然，译 . 世界科学，1988（1）：8–9.

［27］RUIZ–MIRAZO K，JULI P，ALVARO M. A universal definition of life：autonomy and open–ended evolution［J］. Origins of life and evolution of the biosphere，2004，34：323–346.

［28］MARGULIS L，DORION S. What is life?［M］. California：University of California Press，2000.

［29］库兹韦尔 . 奇点临近［M］. 李庆诚，董振华，田源，译 . 北京：机械工业出版社 . 2011.

（黄升民系中国传媒大学资深教授、博士研究生导师；刘珊系中国传媒大学副教授、硕士研究生导师）

传播学中的大语言模型研究
——基于 Web of Science 文献的考察*

巢乃鹏　姚　倩　吴兴桐

【内容摘要】大语言模型的兴起，引发了全社会的广泛关注，各个学科都面临着大语言模型的冲击，同样大语言模型对人类社会发展各个层面的影响也都需要各个学科的研究者加以深入讨论，传播学也不例外。本研究以 Web of Science 作为数据来源，在社会科学引文索引中，以“large language model”“LLM”“ChatGPT”等为主题词进行检索，对检索所得文献进行主题建模分析，试图呈现大语言模型在传播学研究和其他社会科学研究中的版图，并进一步比较了传播学和其他社会科学领域中研究主题的相似度。研究发现，在传播学中大语言模型研究总体上呈现出两种情景，一种是将大语言模型作为研究对象来观察，另一种是将其作为传播学一种新的研究方法来使用；此外，通过与其他社会学科研究主题相似性的比较，发现社会学科中大语言模型研究存在着学科融合的态势。

【关键词】大语言模型（LLMs），传播学，主题建模

Large Language Model in Communication Studies: A Review of the Literature of Web of Science

CHAO Naipeng， YAO Qian， WU Xingtong

Abstract: The rise of large language models (LLMs) has aroused widespread concern in the whole society. Various academic disciplines are facing the impact of LLMs. Such impact of LLMs on the development of human society at all aspects needs to be discussed in depth by researchers in these

* 本研究系国家社会科学基金重大项目“大数据时代计算传播学的理论、方法与应用研究”（项目批准号：19ZDA324）和国家社科基金项目“计算方法的发展与创新研究”（项目批准号：24VRC017）的研究成果。

disciplines, and there is no exception for communication studies. In this study, the Social Science Science Index (SSCI) from Web of Science (WoS) is used as the data source, and the terms such "large language model" "LLM" and "ChatGPT" are used as topics to locate related literature. The literature obtained from the search was analyzed by theme modeling, in an attempt to present the map of large language models in communication studies and other social science disciplines, thus to further compare the similarity of large language models in communication studies and other social science disciplines. It was found that two scenarios are presented in communication studies in general, one is to observe the large language model as the research object, and the other is to take it as a new research methodology in communication studies. Moreover, by comparing the proximity of the research themes with other disciplines, it can be seen that there exists disciplinary convergence between communication studies and other disciplines.

Keywords: large language models (LLMs), communication studies, LDA

一、引言

在数字化时代，人工智能技术的发展日新月异，其中大语言模型（Large language models，LLMs）的崛起尤为引人注目。这些模型，尤其是ChatGPT的横空出世，不仅在技术层面取得了突破，更在商业和社会层面引发了广泛讨论。

大语言模型改变了信息的生产、分发和消费方式，也给传播学带来了现象上、理论上、方法上的冲击。就理论层面而言，大语言模型是否会对传播学的基础理论，如议程设置理论、沉默螺旋理论等，带来新的挑战还未可知，但是在方法和工具层面，毋庸置疑，大语言模型带来了新的可能性。此外，传播学者还需要理解这些模型如何影响公众的信息接收和处理，以及它们在社会沟通中的作用。当然大语言模型的普及也带来了新的伦理和法律问题，这些问题都需要研究者广泛重视，特别是需要传播学与其他学科合作，共同探讨解决方案。

二、研究设计

（一）数据获取

本文以Web of Science（简称WoS）作为数据来源，在社会科学引文索引（SSCI）中， 以"large language model""LLM""ChatGPT""generative AI""generative artificial intelligence”为主题词进行搜索，选择文献类型为“Article”，语言类型为“English”，并分列为 Communication 类别与其他 SSCI 来源的学科，时间跨度为 2000 年至 2024 年 10 月。共获得 SSCI 来源文献 7144 篇，其中 Communication 学科为 175 篇。

（二）数据处理

本文分别对传播学与其他社会科学学科研究文献的标题、摘要和关键词进行关键词组合并、特殊符号清洗、去除停用词、NLTK 分词等数据预处理，使用 gensim 的 LDA（Latent Dirichlet Allocation）进行主题建模。LDA 模型的数学表达式[1]如下：

$$p(w,z,\theta,\varphi;\alpha,\beta)=\prod_{j=1}^{M}p(\theta_j;\alpha)\prod_{i=1}^{K}p(\varphi_1;\beta)\prod_{t=1}^{N}p(z_{j,t}\mid\theta_j)p(w_{j,t}\mid\theta_{z_{j,t}})$$

其中，p 表示 LDA 模型的参数估计值，w 表示 LDA 模型的语词，z 表示 LDA 模型的主题，θ 表示文本在主题上的分布，ϕ 表示主题在主题词上的分布，α 表示主题多项式 θ 的先验分布参数，是一个 k 维向量（k 为计算的主题个数），β 表示主题多项式 ϕ 的先验分布参数，是一个 v 维向量（v 为词汇表里词的个数），M 表示文档数，K 表示词汇表中词数，N 表示计算的主题数，$\rho(\theta_j;\alpha)$ 表示选取特定文档的概率，$\rho(\phi_j;\beta)$ 表示选择特定主题词的概率，$\rho(z_{j,t}|\theta_j)\rho(w_{j,t}|\theta_{z_{j,t}})$ 表示从主题分布中选取隐含主题类别 $z_{j,t}$ 的概率。

将文本通过 LDA 模型训练，参考亚松森（Asuncion）等学者[2]的 LDA 通用参数值改进方法，对超参数进行平滑处理，将主题多项式 θ 的先验分布参数 α 设置为 50/k+1，主题多项式 φ 的先验分布参数 β 设置为 0.01，其中 k 为主题个数。参考米姆诺（Mimno）等学者提出的一致性得分（coherence score）[3]，最优主题数 k 使用 Gibbs Sampling 采样推理方法估计，生成主题多项式 θ 和 φ，得到文本在主题空间中的语词表征，即随机的潜在主题。对每个文本采样一次，根据模型的语词变量 w 和模型的主题变量 z 对每个文本中的语词采样，获得参数估计值，从而刻画文档—主题关系以及主题特征。

对传播学和其他社会科学学科数据集分别计算主题数为 2 至 20 个，使用 pyLDAvis 绘制主题可视化结果，确定传播学主题建模数目为 5 个，其他社会科学学科主题建模数目为 7 个。（见图 1）

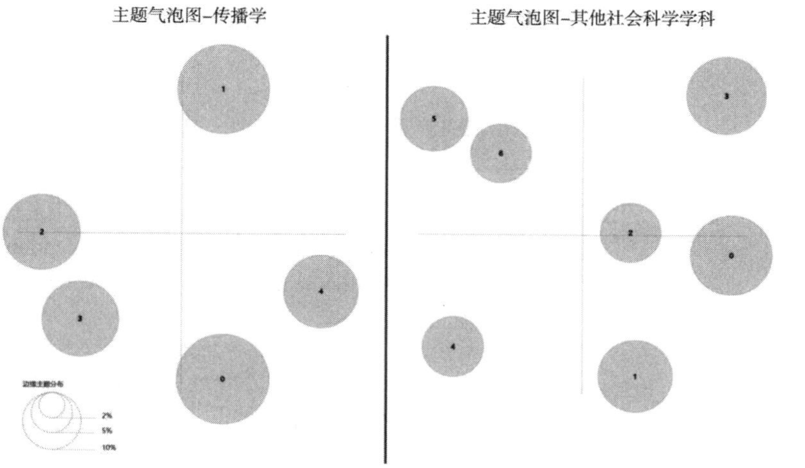

(a)　　　　　　　　　　　　　　　　(b)

图 1　LDA 主题可视化结果［左图（a）为传播学，右图（b）为其他社会科学学科］

三、研究发现

（一）大语言模型研究的爆发期

从文献数量上，传播学和其他社会科学学科总体都在 2022 年前保持相对稳定的平缓的增长，随着 ChatGPT 等大语言模型应用于 2022 年 11 月正式问世，社会科学研究中无论是传播学领域还是其他学科，都对这些模型产生了浓厚的兴趣，形成了上升的趋势，特别是 2024 年，迎来了爆发期。ChatGPT 的问世标志着自然语言处理技术从“To B”到“To C”的重大转变[4]，新技术的出现和新用户的涌现，为研究带来了新的问题、对象、方法。（见图 2）

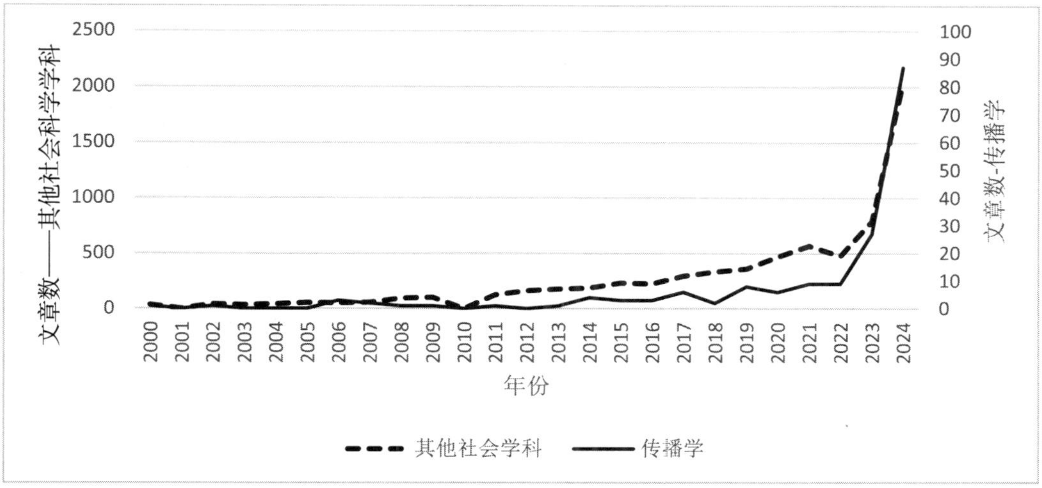

图 2　传播学和其他社会科学学科中每年 LLM 研究的文章数量

（二）大语言模型研究在传播学中的热点主题

表1 大语言模型研究在传播学中的热点主题—代表性词项

	主题名称	与主题相关的代表性词项
Topic 1	理解与认识	large-language-models，narratives，perceptions，production，creativity，challenges，autonomy，awareness，legal，moral-understanding
Topic 2	应用与理论	design，science，process，writing，tools，misinformation，theory，issues，tool，knowledge
Topic 3	态度与体验	images，Twitter，attitudes，strategies，people，platform，practices，leadership，cultural，bias，cultural，adoption
Topic 4	公共性议题（政治、国际、新闻）	technologies，audience，political，identity，national-identity，countries，policy，mobile-phone，attention，newspapers，newsrooms
Topic 5	社会性议题（儿童、健康）	children，health，differences，support，group，learning，adolescent

1. Topic 1：对大语言模型的理解与认识

大型语言模型如ChatGPT在叙事、感知、生产、创造力以及自主性、挑战、法律道德理解方面引发了广泛的讨论。学者通过分析美国社交新闻网站Reddit上用户与ChatGPT互动的帖子，探讨了人类与AI交流时的语言意识和元语言行为。研究发现，用户在与ChatGPT互动时展现出了高度的元语言、元交际、元话语和元语用意识，这些意识在ChatGPT的输出中也得到了反映，显示出其受到之前人类辅助训练的影响。[5]这类研究对传播学的重要性在于，它揭示了AI在模拟人类沟通时的语言复杂性，以及AI如何影响我们对语言的使用和理解。这表明我们在使用大语言模型的同时，大语言模型也在影响着我们的语言使用，还可能塑造我们的交际策略和认知过程。也有学者进一步强调了大语言模型在模拟人类沟通风格和情感表达方面的潜力，通过比较AI和人类撰写的酒店评论，发现AI生成的文本具有更理性的风格、情感更丰富、描述性更强，但可读性更低，与人类文本存在显著差异。[6]研究者需要探索语言、认知和社会互动之间的复杂关系，而大语言模型为传播带来更多的复杂性。也有学者也从法律、伦理等类社会既有概念去进一步认识甚至批判大语言模型。例如科恩（Cohen）等学者基于批判算法研究和人类学中的伦理概念，分析了Twitter上关于ChatGPT的368,359条推文，强调了两个具有批判视角的主题：伦理和担忧。第一个与AI伦理学中的公平性和透明度的学术讨论相一致，而第二个则关注ChatGPT的生成（generative）能力。[7]对大语言模型等AI技术的讨论正在扩展到更微妙的伦理审议。

2. Topic 2：大语言模型的实际应用与理论价值

在应用与理论方面，大语言模型为传播学提供了新的实践行为与研究路径，特别是大语言模型在设计、科学、写作、工具、错误信息和知识方面展现出了功能优势与复杂性。学术研究和学术机构也正为生成式 AI 进行调整。学者克舍特里（Kshetri）从制度理论的角度分析了学术机构对生成式 AI 的反应，研究探讨了学术机构如何通过外部压力、机构变革者的行为以及内部认知过程来适应和整合生成式 AI。[8] 大语言模型的产生与流行影响着学术界的价值观和实践，正在改变学术传播和知识生产的机制。大语言模型的出现促使传播学者重新思考其在传播实践中的作用，以及这些元素如何与现有的理论框架相互作用。

随着大语言模型应用到各个领域，每个特殊领域也面临机遇和挑战。针对丹麦记者对 AI 的态度的调查发现，记者普遍承认人工智能在简化新闻制作方面的潜力，他们真正的担忧来自 AI 对工作意义和专业身份的影响，他们强调了他们的人类品质和技能，如细微的判断力、同情心和创造力，认为这些是人工智能所无法比拟的。[9] 通过调查普通记者的这些看法，有助于更好地理解人工智能对新闻实践和更广泛职业所构成的多方面挑战。当然，传播学也会对大语言本身的应用能力和训练提升进行研究。例如，维埃曼（Viehmann）等学者通过比较不同的自动文本分析方法，为沟通文本的研究提供了重要的实践建议。他们发现，预训练的语言模型如 BERT 在性能上优于基于特征的方法和其他神经网络方法。然而，根据预训练的具体优点（例如使用不同的语言模型）可以实现的收益存在较大差异。[10]

3. Topic 3：个体对大语言模型的态度与体验

在态度与体验领域，研究者探究了社交媒体平台、图像和公众态度等重要概念及其关系。有学者通过对微博帖子的批判性话语分析，进一步理解了中国公众对 ChatGPT 的不信任，并关注到其背后的社会文化因素。[11] 也有学者通过分析 DALL-E2 生成的 15,300 张图像，揭示 AI 生成图像中潜在的性别偏见。[12] 偏见问题是大语言模型研究中的重要议题。有学者关注到儿童对算法偏见的理解缺少相关的研究与教育，通过与芬兰小学生开展实践研讨会，帮助学生对从文本到图像生成模型中算法偏差潜在原因的解释，从而弥补这一不足。[13] 在对大语言模型的具体使用中，个人也会产生不同的反应与认知。已有研究聚焦到人工智能如何影响用户在生成式人工智能环境中处理和应对错误信息，他们发现具有高启发式处理机制的用户更有可能主动辨别出错误信息，而高启发式处理机制会影响积极的判断与认知。[14] 这些研究表明，个体与大语言模型的互动是多维度的，涉及接受度、使用策略、态度变化以及偏见等多个方面。个体的态度和体验不仅受到大语言模型技术特性的影响，还受到个人的社会文化背景和身份认知的深刻影响，这是我们在讨论大语言模型和个人对大语言模型的使用、体验和态度时必须考虑的背景，也是传播学研究技术与人的关系时的研究传统之一。

4. Topic 4：利用大语言模型探讨公共性议题

大语言模型在公共性议题的研究中具有重要作用，尤其是在政治传播和新闻领域。语义分析工具在这一领域一直是重要的研究方法之一，可以被用于探索参议员的政治倾向，有研究通过使用 86 位参议员总计超过 1.5 亿字的文本记录，证明特定的工具可以帮助进行短语计数进而解释政治倾向。这类方法可以被应用于分析政治报道中的偏见和倾向性，帮助研究人员更深入地理解政治传播的动态。[15]当学者调查族群议题在芬兰公共话语中的特殊性时，他们也采用计算文本分析技术，从大量新闻媒体内容和在线论坛评论的语料库中提取、分类相关话题，发现其在社交媒体和新闻媒体中表现出不同的框架，并进一步解释了这一议题的生成过程及其背后由媒体平台、芬兰语言特点等造成的影响。[16]大语言模型为传播学提供了新的分析工具，使得研究者能够更深入地理解政治话语和公众舆论的形成机制。

5. Topic 5：借助大语言模型改善社会性问题

在社会性议题上，大语言模型为传播学提供了新的解决方案，尤其是作为一种帮助人际交流、团体支持的工具。例如，已有研究关注到孤独症创作者如何使用 ChatGPT。研究发现对孤独症创作者而言，大语言模型可以充当数字化的教练、交流助手和对话伙伴。其使用 ChatGPT 可以减少伤害、节省时间和精力，并获得积极的情感体验，在个人和职业环境中取得有意义的成就。对于许多孤独症创作者来说，ChatGPT 是一种重要的资源，可以帮助他们适应通常无法进入的环境，并帮助他们管理压力和追求目标[17]。在医疗方面，在政府、医疗机构和人工智能研究人员的合作下，医疗大语言模型正在向公众推出，然而在这一过程中还有很多问题需要克服，例如患者并不听从人工智能医生提供的医疗建议，参与者从人类医生那里感知到更多的健康益处和以病人为中心的态度，而对人工智能医生则相反。[18]这些都说明大语言模型正在介入社会性的议题与领域，但是对于社会性的支持还需要研究者的学术研究和社会、机构、个人的具体实践。

（三）大语言模型研究在其他社会科学学科中的热点主题

表2　大语言模型研究在其他社会科学学科中的热点主题—代表性词项

	主题名称	与主题相关的代表性词项
Topic 1	技术性	text，machine-learning，features，accuracy，NLP，training，classification，generated，deep-learning，techniques，problem，algorithms，dataset

续表

	主题名称	与主题相关的代表性词项目
Topic 2	语言认知与处理	word，speech，processing，languages，speakers，semantic，visual，linguistic，patterns，memory，acquisition，word-recognition，comprehension
Topic 3	公共性议题（媒体、政治等）	social-media，countries，social，cultural，policy，China，people，economic，spatial，country，local，Twitter，public，international，news
Topic 4	技术的使用	generative-ai，technology，challenges，llms，tools，generative-artificial-intelligence，large-language-models，online，genai，adoption，users，responses，attitudes，perspective，trust
Topic 5	技术评估与测量	scale，cognitive，validity，personality，item，analyses，measures，factor，reliability，validation，questionnaire，functional
Topic 6	社会性议题（社会关怀、健康等）	health，care，risk，patient，treatment，intervention，mental-health，depression，medical，clinical，women，community
Topic 7	教育	teachers，skills，school，learners，writing，student，reading-comprehension，vocabulary，classroom，grade，teaching，achievement，instruction，feedback

这些研究主题不仅覆盖对理论概念的探讨（见表 2），还包括实证研究和应用研究，显示出学术界对这些领域的广泛关注，这种关注主要体现在以下几个方面。

在技术领域，埃德姆（Erdem）等学者的研究介绍了关于神经自然语言生成（NNLG）的最新进展，包括机器翻译、自动语音识别等应用，这是技术性议题的核心内容。[19] 博吉克（Bojic）等学者采用多学科方法测试大语言模型等人工智能，他们创新地基于模拟的多智能体系统展开测试，该系统在一个虚拟现实框架内复制现实世界环境，由自动化的“数字人”填充，模拟复杂的社会结构和互动，以检查和优化 AI。他们应用来自社会学、社会心理学、计算机科学、物理学、生物学和经济学等领域的各种理论，展示了更符合人类对齐和社会责任感的 AI 的可能性。[20]

在社会科学研究领域，尤其是计算社会科学领域，研究者本身就能对大语言模型的开发和推进提供技术支持，齐姆斯（Ziems）等学者探讨了大语言模型在计算社会科学（CSS）中的应用潜力。他们通过评估 13 种语言模型表明，在分类标注任务上，大语言模型的表现未能超过最佳微调模型，但仍能达到与人类相当的水平。在自由格式编码任务中，大语言模型生成的解释通常超过人类工作者的“黄金参考质量”[21]。

而对技术的使用也是多个领域会关注的话题。学者对大语言模型在计算机科学、市场营销、信息系统、教育、政策、酒店与旅游、管理、出版和护理等多个领域的论文进行分析，发现大家承认 ChatGPT 能够提高生产力，并建议它很可能在银行、酒店与旅游以及信息技术行业带来显著收益，并增强商业活动，如管理和市场营销。[22] 在谈到商业领域的数字转型时，也有学者强调了元宇宙、人工智能等技术与应用的重要性。[23] 甚至在科学和艺术等领域，学者认为它们被用来训练人工智能工具，这些工具有朝一日可能会增强（并有可能颠覆）人类声音设计师和作曲家的工作。[24]

技术评估主题下，包含了 scale，item，measures，factor，validation（量表、题项、测量、变量、效度）等用于量表开发和问卷设计的标志性词汇，表明在这一主题下，其他学科正在对大语言模型本身和大语言模型带来的影响进行标准化的测量。加列戈斯（Gallegos）等学者认为大语言模型会学习、传播并放大有害的社会偏见，他们明确自然语言处理中的社会偏见、公平性、有害性等概念，并利用数据集的评估、识别等功能，提出了评估和减轻大语言模型偏见的指标和数据集，还发布了一个公共数据集，帮助研究人员和从业者更好地理解和预防大语言模型中偏见的传播。[25]

在公共性议题上，大语言模型对于媒体平台和用户的情感、情绪都有影响，进而带来可能的政治性结果。在社会性议题上，对于健康的关注和弱势群体的关怀始终贯穿在大语言模型的研究中。教育是其他社会学科中一个特别的门类，这一主题下可以探讨大语言模型对教育实践的辅助，也可以探讨儿童和青少年在大语言模型中遇到的偏见等认知问题。

（四）大语言模型研究在传播学与其他社会科学学科中研究主题的相似度

考虑到相同议题在研究主题上往往具有较高相似度，因此研究通过提取相似度较高的话题，识别并比较相同话题的、不同数据集间的主题相似度。相应的数学公式表达如下：

$$\cos(\theta)=\frac{\sum_{i=1}^{n}\sum_{j=1}^{m}(w_i^x w_j^y)}{\sqrt{\sum_{i=1}^{n}(w_i^x)^2}\sqrt{\sum_{j=1}^{m}(w_j^y)^2}}$$

其中，cos（θ）表示的是主题 x 和 y 之间的主题相似度，n 表示主题 x 分布中的语词总数，m 表示主题 y 分布中的语词总数，w_i^x、w_j^y 表示语词 i 和 j 分别在不同主题 x、y 的语词分布概率。

本研究通过计算不同数据集间主题建模在向量上的余弦值来衡量跨学科间的主题相似度。当余弦值趋近于 0 时，表明其主题相似度低，关联度不足；趋近于 1 时，表明主题间高度相似，两者研究具有高度关联性。[26] 根据相关学者的研究和操作，我们采用 0.3 作为相似度阈值，即认定余弦距离值高于 0.3 的议题具有明显相关性。由此，我们得

到如下的主题相似度结果。（见表 3）

表3　传播学与其他社会科学学科的主题相似度

传播学主题	其他社会科学学科主题	主题相似度
Topic 1 理解与认识	Topic 4 技术的使用	0.434253827
Topic 2 应用与理论	Topic 1 技术性	0.310664483
Topic 3 态度与体验	Topic 4 技术的使用	0.408911542
Topic 4 公共性议题（政治、国际、新闻）	Topic 3 公共性议题（媒体、政治等）	0.346773648
Topic 5 社会性议题（儿童、健康）	Topic 6 社会性议题（社会关怀、健康等）	0.306478076

表 3 体现出，无论是传播学还是其他科学学科都会关注到公共性议题与社会性议题，这些议题都是将大语言模型应用到既有重要领域中。特别是，其他学科也会关注媒体和传播技术在政治、国际关系和新闻报道中的作用。这包括如何通过媒体塑造公众对政治事件的认知、国际新闻的传播以及新闻报道的影响。此外，社会性议题（传播学 Topic 5，其他社会科学学科 Topic 6）虽然都关注社会问题，但前者更侧重社会体系内的社会动态，尤其是群体内、群体间的互动，而后者则关注如何通过社会政策来支持弱势群体。

技术的使用与认知也是学科共有的重要领域。研究者都关注新技术如何被社会接受和使用，以及这些技术如何改变人们的信息获取和交流方式。社会互动是传播学研究的核心内容之一。技术性与技术的使用（其他社会科学学科 Topic 1、Topic 4）也会关注各类信息和内容如何在社会中传播，以及这些内容如何影响公众的认知和行为。这些研究有助于我们更好地理解媒体作为传播的媒介在现代社会中的角色和功能。

对技术的认知，传播学分别从理解与认识（传播学 Topic 1）、应用与理论两个方向展开（传播学 Topic 2），两个方向都讨论技术的影响，前者更侧重技术发展背后的伦理问题，后者往往在应用的基础上探讨理论发展的可能性与局限性，而其他社会科学学科更强调技术开发本身（例如 Topic 1 技术性），或者关注技术的使用（例如 Topic 4）。数据科学、模型效率机器学习与自然语言处理都致力于通过技术进步来提升语言、文本处理的效果。值得注意的是，其他社会科学学科侧重大语言模型本身的技术开发。传播学则更关注媒介、技术与人的关系，探讨大语言模型这一类新的技术对媒介形态、社会交往的调整以及社会结构可能出现的变革，也同时具有对人的关怀。北京师范大学新闻传播学院的“ChatGPT 启示会”聚焦大语言模型时代的新变化，提出了 66 个传播学研究新问题，涉及信息生产与流通、伦理法规、文化领域等多个方面。[27] 此外，大语言模型在传播学中的应用主要体现在信息生产的角度，如算力垄断问题、价值偏见和刻板印象的强化和放大，以及国家间的竞争等。这些讨论表明，传播学研究可能更侧重现象及其影响，而不是技术本身的深入分析。技术的发展对传播方式产生了深远影响，这也为研究者提供了新的挑战：传播学研究者应当如何从各种学科中了解到技术的最新发展，如何理解技术的逻辑，使用技术工具甚至对技术的发展提出更具有引导性的理论。

值得关注的是，传播学的态度与体验（Topic 3）是一项特殊议题，与其他学科存在差异，这一议题强调个人对技术的采纳、认知，以及在技术的使用中的感知。技术的使用有时被认为是“自然而然”发生的，其背后的采纳与影响有时还没有被挖掘。例如博吉克在讨论算法推荐时就指出，推荐系统对用户在线体验的几乎每个方面都施加了影响，但这在学术界很大程度上被忽视了。[28]个人与技术影响的研究是传播学既有的传统，这是传播学给媒体 / 技术与人的关系的认知理论带来的优势，也是传播学可以发力的方向。此外，新闻生产在公共性议题中具有一定的比重，这是新闻学与传播学的特点。这种差异反映了研究者在不同领域的关注点和研究方法的不同，也要求研究者在探索这些议题时采取不同的方法和视角。

在社会科学的其他领域，语言与认知、教育、技术的评估（尤其是评估工具的开发验证）与传播学的相关度较低。传播学的核心在于信息的传递和接收，以及这些信息如何影响个体和群体的认知、态度和行为。相比之下，认知与语言研究更侧重语言习得、认知发展和双语者的语言处理机制；测量工具开发则侧重心理学和市场研究中的量表构建和验证，这几点传播学可以吸收其他学科的发展成果，为自己的研究助力。临床治疗与心理健康则更关注疾病的诊断、治疗和预防。这些领域虽然与传播学有一定的交集，但它们的研究重点和方法论有所不同，因此在传播学中可能没有形成独立的研究方向。

四、讨论

（一）传播学：作为研究对象和研究方法的大语言模型

从传播学的 5 个主题中，无论是技术伦理还是新闻生产，大多数研究都聚焦大语言模型介入传播过程后，对受众个体与社会产生的影响，并未有单独的主题将大语言模型作为研究方法，这一点既凸显了大语言模型在传播学研究中的独特价值，也表明其作为研究方法的潜力值得被进一步挖掘。

大语言模型作为研究方法，不仅为传播学带来了更强大的工具，还在数据规模、分析尺度上展现出优势。通过自然语言处理（NLP）技术，研究者可以利用大语言模型进行文本分析、情感分析和主题建模等。这种能力使得研究者能够从海量的社交媒体帖子、新闻报道和其他文本数据中提取有价值的信息。通过这一类计算方法，有学者分析德国最大的报纸论坛“Spiegel Online”的673,361条用户评论（保留与删除的评论），结果显示，超过三分之一的评论被删除，而删除用户评论是常用的监管策略之一[29]。

将日益盛行的视觉媒体纳入传播学的调查与分析也十分重要[30]。研究者讨论了自动视觉分析为社交媒体效应研究带来的理论机遇，现有计算机视觉工具的输出结果与媒体效应研究的相关理论概念之间还存在差距，他们提出了多种方法来弥合自动视觉分析中的这一差距，例如开发监督学习模型测量感兴趣的视觉属性，发现视觉主题和类别[31]。大语言模型也被用于日志文件分析，特别是在区分正常行为和异常行为方面[32]。这些研究表明，大语言模型不仅是技术发展的产物，也是推动社会科学研究方法创新的重要力量。

（二）新闻学：大语言模型给新闻生产与传播理论带来的机遇

有不少研究者关注了大语言模型对新闻生产与传播的影响。针对ChatGPT在新闻编辑室（newsroom）的应用的调查显示，该工具对于自动化机械流程、重写文本、分析数据甚至作为内容创意创造非常有用。[33]当研究聚焦ChatGPT对新闻业尤其是从事信息核查的专业人士的挑战，西班牙的事实核查人员在对ChatGPT的使用中一方面能明显感知到来源透明度和可靠性、数据范围以及生成的响应格式等缺点，另一方面认可聊天机器人在收集信息、检测虚假信息的优势，而这些优缺点都会对事实核查人员的工作流程产生直接的影响。[34]虽然人们担忧生成式人工智能和背后的大语言模型会放大偏见和传播错误信息，但有学者将ChatGPT-4等应用生成的内容与英国媒体的对应主题文章进行了比较，结果表明，ChatGPT-4在其报告中表现出一定的客观性，“体现出”始终优先考虑事实的准确性而不是耸人听闻的说法。[35]

在新闻制作领域，大语言模型的应用不仅提升了内容生产的效率，还引领了新闻人才培养的革新，新闻教育机构正面临如何适应这一新兴技术的挑战。基于对大学讲师和研究人员的访谈，有学者进一步探讨了学生培训中人工智能的使用、人工智能与新闻学作为学科领域的融合，以及人工智能在新闻生产和消费中的潜在应用，他们还强调基础理论、技术能力以及道德考量的重要性，人工智能起到辅助的功能。[36]

这一现实的改变也带来了必要的学术生产和理论变革，克舍特里（Kshetri）研究了学术界对ChatGPT等生成式人工智能工具的最初态度和随着时间推移影响接受度提高的因素。机构变革推动者通过提高对生成式人工智能优势的认识，推动了学术机构对生成式人工智能的接受度，尤其是提出了围绕就业能力和工作表现的新价值观，来强调生成式人工智能的优势。学术机构和系统也需要通过应用和不断演变的商业模式重新评估生成式人工智能的价值创造潜力。[37]

总之，AI技术在新闻生产与传播理论中的应用是多方面的，既包括提高效率和创新的可能性，也包括对职业角色、伦理和社会责任的挑战。

（三）学科融合：新方向

在大语言模型的研究文献中，我们也注意到了传播学与其他社会科学学科的交叉融合的一些新的发展方向。

1. 社交媒体数据的分析

社交媒体上庞大的用户带来了丰富的材料和数据用于研究与分析，研究者可以利用这些数据来更好地理解个人与社会的认知，以及社会关注的热点与其动态。此外，他们还可以利用社交媒体数据进行舆情监测，及时发现和应对潜在的危机事件。大量来自传播学和其他社会科学学科的研究都广泛使用社交媒体数据，并且将大语言模型应用于这些社交媒体数据的分析中。

2. 语言认知与传播研究的结合

目前认知与语言和传播学的融合并不突出，但是认知与修辞和传播都包含了信息处理和学习、记忆的部分，这是可以互相借鉴学习的方向。例如，网络新词的出现和传播不仅反映了社会文化的变迁，还影响着人们的日常交流方式和语言习惯，显然网络新词的形成机制、传播路径及其对社会的影响是非常值得探讨的领域。语言学、修辞学和传播学都在这个议题中尝试借助大语言模型开展分析。

3. 心理健康问题

抑郁症等心理健康问题在社交媒体上的表现也是一个新兴的研究领域，研究者尝试使用大语言模型对社交媒体中心理健康的文本和情感进行分析，也认为可以进一步探讨社交媒体上的心理健康指标及其干预策略，开发基于人工智能的心理健康监测工具，实时分析用户的社交媒体活动，及时发现潜在的心理健康问题并提供帮助。

---

［1］宗成庆，夏睿，张家俊．文本数据挖掘［M］．北京：清华大学出版社，2019.

［2］ASUNCION A，WELLING M，SMYTH P，et al. On smoothing and inference for topic models［J］. arXiv preprint arXiv:1205.2662，2012.

［3］MIMNO D，WALLACH H，TALLEY E，et al. Optimizing semantic coherence in topic models［C］//Proceedings of the 2011 conference on empirical methods in natural language processing. 2011: 262–272.

［4］张洪忠，刘绍强．传播学视野中的 ChatGPT 技术逻辑［EB/OL］.（2023–03–07）［2024–03–01］. https://baijiahao.baidu.com/s?id=1760213590662140143&wfr=spider&for=pc.

［5］DYNEL M. Lessons in linguistics with ChatGPT: Metapragmatics, metacommunication, metadiscourse and metalanguage in human-AI interactions［J］.

Language & communication，2023，93: 107-124.

［6］MARKOWITZ D M，HANCOCK J T，BAILENSON J N. Linguistic markers of inherently false AI communication and intentionally false human communication: Evidence from hotel reviews［J］. Journal of language and social psychology，2024，43（1）: 63-82.

［7］COHEN M，KHAVKIN M，MOVSOWITZ DAVIDOW D，et al. ChatGPT in the public eye: Ethical principles and generative concerns in social media discussions［J］. New media & society，2024: 14614448241279034.

［8］KSHETRI N. The academic industry's response to generative artificial intelligence: An institutional analysis of large language models［J］. Telecommunications policy，2024，48（5）: 102760.

［9］MØLLER L A，VAN DALEN A，SKOVSGAARD M. A Little of that human touch: How regular journalists redefine their expertise in the face of artificial intelligence［J］. Journalism studies，2024: 1-17.

［10］VIEHMANN C，BECK T，MAURER M，et al. Investigating opinions on public policies in digital media: Setting up a supervised machine learning tool for stance classification［J］. Communication methods and measures，2023，17（2）: 150-184.

［11］ZOU W，LIU Z. Unraveling public conspiracy theories toward ChatGPT in China: a critical discourse analysis of Weibo Posts［J］. Journal of broadcasting & electronic Media，2024，68（1）: 1-20.

［12］SUN L，WEI M，SUN Y，et al. Smiling women pitching down: auditing representational and presentational gender biases in image-generative AI［J］. Journal of computer-mediated communication，2024，29（1）: zmad045.

［13］VARTIAINEN H，KAHILA J，TEDRE M，et al. Enhancing children's understanding of algorithmic biases in and with text-to-image generative AI［J］. New media & society，2024: 14614448241252820.

［14］SHIN D，KOERBER A，LIM J S. Impact of misinformation from generative AI on user information processing: How people understand misinformation from generative AI［J］. New media & society，2024: 14614448241234040.

［15］HOLTZMAN N S，KWONG S，BAIRD K L. Exploring political ideologies of senators with semantic analysis tools: Further validation of CASS［J］. Journal of language and social psychology，2015，34（2）: 200-212.

［16］PANTTI M，NELIMARKKA M，NIKUNEN K，et al. The meanings of racism: Public discourses about racism in Finnish news media and online discussion forums［J］.

European journal of communication, 2019, 34（5）: 503-519.

［17］MCNALLY K, WRIGHT K, GOLDKIND L, et al. Disability expertise and Large Language Models: a qualitative study of autistic TikTok creators' use of ChatGPT［J］. Social media & society, 2024: 20563051241279549.

［18］LI S, CHEN M, LIU P L, et al. Following medical advice of an AI or a human doctor? Experimental evidence based on clinician-patient communication pathway model［J］. Health communication, 2024: 1-13.

［19］ERDEM E, KUYU M, YAGCIOGLU S, et al. Neural natural language generation: A survey on multilinguality, multimodality, controllability and learning［J］. Journal of artificial intelligence research, 2022, 73: 1131-1207.

［20］BOJI L, CINELLI M, ULIBRK D, et al. CERN for AI: a theoretical framework for autonomous simulation-based artificial intelligence testing and alignment［J］. European journal of futures research, 2024, 12（1）: 15.

［21］ZIEMS C, HELD W, SHAIKH O, et al. Can large language models transform computational social science?［J］. Computational linguistics, 2024, 50（1）: 237-291.

［22］DWIVEDI Y K, KSHETRI N, HUGHES L, et al. Opinion paper: "So what if ChatGPT wrote it?" Multidisciplinary perspectives on opportunities, challenges and implications of generative conversational AI for research, practice and policy［J］. International journal of information management, 2023, 71: 102642.

［23］PAUL J, UENO A, DENNIS C, et al. Digital transformation: A multidisciplinary perspective and future research agenda［J］. International journal of consumer studies, 2024, 48（2）: e13015.

［24］SPENCE C, KELLER S. Sonic branding: A narrative review at the intersection of art and science［J］. Psychology & marketing, 2024.

［25］GALLEGOS I O, ROSSI R A, BARROW J, et al. Bias and fairness in large language models: A survey［J］. Computational linguistics, 2024: 1-79.

［26］李淑一，魏升民，马光荣. 中国财政治理话语体系的承续与转换——基于1981–2020年全国财政工作会议讲话文本的研究［J］. 中央财经大学学报,2022（7）:3–13.

［27］张尔坤，张一潇.ChatGPT启示：大语言模型时代传播学研究新问题［J］. 国际新闻界，2023，45（6）:167–176.

［28］BOJIC L. AI alignment: Assessing the global impact of recommender systems［J］. Futures, 2024: 103383.

［29］BOBERG S, SCHATTO–ECKRODT T, FRISCHLICH L, et al. The moral gatekeeper? Moderation and deletion of user-generated content in a leading news forum [J]. Media and communication, 2018, 6 (4): 58-69.

[30] O'HALLORAN K L, PAL G, JIN M. Multimodal approach to analysing big social and news media data [J]. Discourse, context & media, 2021, 40: 100467.

[31] PENG Y, LOCK I, ALI SALAH A. Automated visual analysis for the study of social media effects: Opportunities, approaches, and challenges [J]. Communication methods and measures, 2024, 18 (2): 163-185.

[32] KARLSEN E, LUO X, ZINCIR-HEYWOOD N, et al. Large language models and unsupervised feature learning: implications for log analysis [J]. Annals of telecommunications, 2024: 1-19.

[33] GUTIÉRREZ-CANEDA B, VÁZQUEZ-HERRERO J, LÓPEZ-GARCÍA X. AI application in journalism: ChatGPT and the uses and risks of an emergent technology [J]. Profesional de la información, 2023, 32 (5).

[34] CUARTIELLES R, RAMON-VEGAS X, PONT-SORRIBES C. Retraining fact-checkers: The emergence of ChatGPT in information verification [J]. Profesional de la información, 2023, 32 (5).

[35] BREAZU P, KATSOS N. ChatGPT-4 as a journalist: Whose perspectives is it reproducing? [J]. Discourse & society, 2024, 35 (6): 687-707.

[36] LOPEZOSA C, CODINA L, PONT-SORRIBES C, et al. Use of generative artificial intelligence in the training of journalists: challenges, uses and training proposal [J]. Profesional de la información, 2023, 32 (4).

[37] KSHETRI N. The academic industry's response to generative artificial intelligence: An institutional analysis of large language models [J]. Telecommunications policy, 2024, 48 (5): 102760.

（巢乃鹏系深圳大学传播学院教授；姚倩、吴兴桐系深圳大学传播学院博士研究生）

智能体（AI Agent）崛起：智能传播革命之锚
——人类信息传播主体转移的逻辑与路径

方兴东　顾烨烨

【内容摘要】自互联网诞生至今，信息传播的行为体经历了“机构—网站—网民—智能体”三次重大变革。从智能体的演进历程来看，智能体由最初规则驱动的操作型智能体，发展为自适应的学习型智能体，再到现在认知协作的自主型智能体，其技能特性、社会化程度都取得了实质性突破。智能体作为全新的信息行为体，是人类信息传播全新的主体。它既是我们理解智能浪潮社会变革的关键，也是我们理解智能传播的切入点。而我们熟知多年的数字（网络）空间，终于迎来了真正的原住民。数字空间不仅是属于人类的空间，更是属于智能体的空间。这需要在技术、商业、法律和哲学等多维度的基础上，构建以信息和传播为视角的智能体理论框架，构建以智能体为基础的整个传播学新的基础理论体系。

【关键词】Agent，智能体（AI Agent），AIGC，智能传播

The Rise of AI Agent: The Anchor of Intelligent Communication Revolution: the Logic and Path of the Transfer of Human Information Communication Subjects

FANG Xingdong,　GU Yeye

Abstract: Since the invention of the internet, the agents in information communication have undergone three significant transformations: from institutions to websites, from websites to netizens, and most recently, from netizens to intelligent agents. Reflecting on the evolution of intelligent agents, they have developed from initially rule-driven operational agents to adaptive learning-based agents, and now to cognitive collaborative autonomous agents. These agents have achieved remarkable advancements in skill characteristics and socialization levels. Essentially, intelligent agents represent a new type of information agent and a fresh participant in human information communication ecosystem. They are instrumental in understanding the societal changes brought about by the wave of intelligence, and serve as a starting point for grasping intelligent communication paradigms. The digital (online) realm, long a familiar space, has finally welcomed its true natives. This space is not merely an extension of human existence but also a domain belonged to intelligent agents. Urgently, we must develop a comprehensive theoretical framework for intelligent agents, encompassing perspectives from information and communication, and grounded in a multifaceted approach that includes technology, business, law, and philosophy. The establishment of a fundamental theoretical system for communication studies, predicated on the principles of intelligent agents, is now within our reach.

Keywords: agent, AI agent, AIGC, intelligent communication

2022 年 11 月，OpenAI 开发的 ChatGPT 横空出世，吹响了智能革命的号角。仅一年之隔，Sora 的突现又令全世界瞩目，掀起全球智能体应用的又一轮热潮。其中讨论最多的赫然是可能已经到来的新一轮智能革命。从印刷术到工业革命，再到互联网的崛起和智能体应用的不断扩散，人类的“新普罗米修斯时刻”已悄然到来：与以往单个驱动力（如印刷机或蒸汽机）所推动的变革不同，智能革命由一系列相互关联和增强的技术进步组成的超级循环所驱动。这个技术超级循环包括了从感知世界、将物理信息数字化、处理数据、机器学习、分享信息到采取行动的全过程，人工智能在这一循环中起到了重要作用。[1]

智能革命千头万绪，各种论述和表达、理性和科幻高度混杂。有学者认为信息技术革命和智能技术革命不应纳入第三次、第四次工业革命，而应从工业革命中分离出来，成为一个独立的阶段[2]；也有学者认为智能革命的现实发展并不尽如人意，因为“以美国为首的西方国家对智能革命采取并延续了其冷战思维中的零和逻辑”[3]，主要表现为霸权论、脱钩论、对抗论等。这引发了更深层次的追问，即智能革命中真正决定各国成败的究竟是什么？是“能否建立起一套支持不断投资通用技术的制度安排，让全社会最终都能享受规模经济递增带来的好处”[4]，还是能否克服智能传播带来的“新的劳动压迫和社会异化，达到共同富裕”[5]？在回答这些问题前，我们首先需要理解智能革命，而理解智能革命需要一个抓手，最佳切入点就是智能体（AI Agent）。从智能体出发，牵一发动全身，可以更系统地理解智能革命。

一、智能体研究回顾

人工智能（Artificial Intelligence，AI）和智能体（AI Agent）是两个相关联但不同的概念，要理解智能体势必无法绕开人工智能，因此要厘清两者之间的关联与区别。首先，人工智能的概念由来已久，其外延更加广泛。人工智能既可以指向使计算机系统能够模拟人类智能行为的各种技术和方法论，也涉及研究和开发使机器智能化的理论和技术的综合性科学，同时又涵盖通过模拟人类智能实现计算系统的设计和应用，是一个广泛的领域。而智能体则是人工智能领域中的一个实体或对象，能够感知其环境并根据感知到的信息作出反应或决策，以实现特定目标或任务的自动化，通常能够在一定的环境中独立运作，执行一系列任务，而不需要人类的直接干预。其次，从概念解析上来看，人工智能与智能体之间存在明显的区别：（1）在概念范围上，人工智能是一个广泛的学科领域，涵盖各种技术、方法和理论，而智能体则是一个具体的实体或系统；（2）在功能应用上，人工智能提供实现智能行为的技术和方法，可以应用于多个领域、多种场景，解决各类复杂问题，而智能体通常在特定应用场景中发挥作用；（3）在自主性上，人工智能是技术和方法的集合，其自主性依赖于技术的实现，而智能体是一个具体的实体或系统，本身就具有高度自主性，能够自主感知环境和作出决策。综上所述，智能体可以被理解为人工智能概念的一个应用实例，它体现了人工智能技术在具体场景中的实现，相较于人工智能概念的广泛性与抽象性，智能体则更有具体性和实用性。

1956 年，麻省理工学院的著名计算机学家马文・明斯基（Marvin Lee Minsky）与 AI 创始人之一的约翰・麦卡锡（John・McCarthy）一起发起了“达特茅斯会议”，此次会议为人工智能领域的许多基础性研究奠定了基础，可以被视为研究智能体概念缘起的重要历史背景，间接促进了智能体概念的形成和发展。[6] 更有学者将其追溯至 20 世纪 50 年代，艾伦・图灵（Alan M. Turing）把“高度智能有机体”概念扩展到人工实体，并提出了著名的图灵测试。这个测试是人工智能的基石，旨在探索机器是否可以显示与人类相当的智能行为。而在哲学界，思想家更是从哲学启迪的角度将 Agent 回溯至公元前 280 年到公元前 485 年之间的老子、庄子、亚里士多德等思想家的学说与著作。

在 20 世纪 80 年代中后期之前，学界对 Agent 相关概念的关注较少，对其概念的界定也相对杂乱。从哲学意义上而言，Agent 指具有行动能力的实体，狭义上的 Agent 则通常是指有意行动的表现；从技术属性上而言，Agent 是处于某个特定的环境下的计算机系统，该系统可以根据自身对环境的感知，按照已有的知识或者通过自主学习，与其他智能体进行沟通协作，在其所处的环境中自主地完成设定的目标。[7] 但无论是何种界定，可以确定的是，Agent 强调学习能力和行动能力，前者可以保证其在未知环境中通过与环境交互持续学习迭代而运行，后者则督促其在与环境的交互中通过感知、决策、行动实现既定目标。

20 世纪 80 年代，Agent 概念被引入人工智能领域后，AI Agent 被越来越多的学者关注，其内涵界定也渐趋延展与多样，但仍未达成普遍共识。统观各类定义，学者大都从以下几个方面来界定 AI Agent：一是从 AI Agent 的“类人性”来定义，如美国学者罗索（Russell）和诺文（Norvig）认为 AI Agent 是一种能够像人一样“进行理性思考和行动”[8]的系统。麻省理工学院的温斯顿（Winston）曾坦言 AI Agent“能够做过去只有人才能完成的工作”[9]；二是以 AI Agent 的功能性为切入点，将 AI Agent 视为“一个知识信息处理系统”[10]，2018 年欧盟通信委员会对 AI Agent 的定义也与之类似，认为 AI Agent 是“具有一定智能和自主性，并能实现特定目标的系统”[11]，同年，中国的《人工智能标准化白皮书（2018 版）》也对 AI Agent 做了界定，“人工智能是利用数字计算机或者数字计算机控制的机器模拟、延伸和扩展人的智能，感知环境、获取知识并使用知识获得最佳结果的理论、方法、技术及应用系统”；三是注重 AI Agent 的过程性，如胡洪彬认为 AI Agent 就是对数据和知识进行收集、分析、传递、表达等一系列复杂的操作[12]；何哲将 AI Agent 的工作分为三个层次，分别是信息收集辅助与智能筛选、识别应答接收模糊任务并完成、替代人的自主决策与行为[13]；四是从单一或复合的角度来看待 AI Agent，如将其看作“一门研究如何表示知识以及如何获取知识并利用知识的学科”[14]，或是从技术、市场以及政治三种视角来对人工智能概念进行界定[15]。可以发现，尽管不同学者对人工智能的理解各不相同，但是这些定义都强调了人工智能是对人类思维和行为的模拟，能自主、智能地解决各种现实问题，实现指物功能、指心功能或指名功能的技术。[16]

无论是早期对 Agent 概念的界定还是后期对 AI Agent 的内涵延展，都强调了智能体能够感知环境并对其进行理解和推理，从而做决策并拟定计划，继而采取行动。[17]在此基础上，陈昌凤认为智能体的主要特性可概括为自治、感知环境 / 洞察事物、做决策、适应性、目标导向、互动性等几个方面。[18]更多学者致力于探讨人工智能的特征与功能。Janssen 等学者认为人工智能的最大特征是依赖数据，这些数据不仅是大的、开放的，而且是变化的、动态的和实时高速流式传输的。[19]Bresnahan 等学者认为 AI Agent 是通用技术驱动发展的产物，它具有普遍性、技术改进的内在潜力和“创新互补性”，从而带来不断增加的规模回报。[20]就功能而言，人工智能一般包括信息收集辅助与智能筛选功能、自动识别应答并完成模糊任务功能以及自主判断与智能决策功能。[21]根据其感知的智能和能力程度的不同，罗素、诺维格、彼得等人将 AI Agent 分为简单反射智能体、基于模型的智能体、基于目标的智能体、基于实用程序的智能体以及学习型智能体五类。可以说，人工智能的发展及其引发的讨论将会是学界未来很长一段时间的焦点所在。

二、智能体的演进历程与内在逻辑

智能体是人工智能的重要基础概念，在探索人工智能领域的深渊时，智能体构成了理解和构建智能系统的基本单位。追溯历史，人工智能领域的每一项关键性技术进展，不仅标记了智能体能力的演化轨迹，也映射了其角色转变的过程。当智能体理论在人工智能发展史上首次直接而深入地涉及人类智能活动的社会性，这意味着物化的 AI 具有了丰富而深刻的社会内涵，表现出人类智能中来源于社会行为的复杂性和多样性，[22] 智能体角色实现了由最初的支持性工具向具备高度自主性的智能实体的演化。而随着 ChatGPT 掀开了智能体新篇，有学者认为智能体是人类使用 AI 技术的最新创造，堪称人类生存和文化形态的里程碑式创造。[23] 从这一层面上看，梳理智能体的演进历程，并总结每一阶段的关键性人物事件、功能特性就显得尤为重要，智能体的发展既是人工智能研究不断前行的力量源泉，也更形象而深刻地展现了人类对于模拟和扩展智能行为理解的深化。

（一）初始阶段：规则驱动的操作型智能体（Rule-Driven Operational Agents）

智能体概念的发展历史最早可追溯至 20 世纪 50 年代。1950 年，艾伦・图灵在《计算机与智能》一文中提出了著名的图灵测试，奠定了人工智能概念的基础。[24] 1956 年，艾伦・纽厄尔（Allen Newell）与赫伯特・西蒙（Herbert A. Simon）共同开发了逻辑理论家（Logic Theorist）程序，以人工智能方法证明数学定理，[25] 被称为世界上“第一个 AI 程序”。随后，他们还提出了著名的物理符号系统（Physical Symbol System）概念，为早期的人工智能研究提供了理论基础，特别是在基于符号的 AI 如专家系统和知识表述方面，强调了符号操作和知识表示在实现智能行为中的中心地位。1964 年，约瑟夫・韦森鲍姆（Joseph Weizenbaum）开发了第一代聊天机器人——ELIZA，它能够通过模式匹配与用户进行简单的对话，成为早期自然语言处理的尝试。[26] 虽然仅限于一些固定、简单的回答模式，但 ELIZA 所呈现出的交互式、人性化、感知力等特征对后续智能体的设计和功能产生了深远的影响。而另一位人工智能领域的先驱——马文・明斯基的诸多开创性工作贯穿了整个智能体的早期发展史，他的框架理论、心智社会以及情感机器等众多理论，[27] 直接影响了后世对于智能体的理解和 AI 的研究方向。

20 世纪 50 年代至 70 年代是智能体早期探索的初始阶段，在这一时期，AI 致力于实现的目标是模仿而非超越人类。因此，早期的人工智能学者对于智能体的理解与定位也主要集中在模拟和理解人类智能的机制上，通过开发能够执行特定智能任务的计算机程序，来探索如何使机器展示出类似人类的认知、学习和解决问题的能力。围绕这一中心，智能体的设计与实现主要基于一系列严格定义的规则和程序，对于人工设定的命令和逻辑的依赖性是早期操作型智能体的核心特征，其行为也表现出高度的确定性和可预测性。早期智能体适宜执行结构化任务，以逻辑和规则为基础进行符号推理。通过硬编码规则和专家知识来模拟人类的决策过程，但由于缺乏适应性和灵活性，难以处理超出其规则和范围的复杂问题，后期则逐渐转向了更加复杂和灵活的智能体模型，引导人工智能向自适应学习型智能体的过渡。

（二）发展阶段：自适应的学习型智能体（Adaptive Learning-Based Agents）

自适应的学习型智能体发展阶段大致可以追溯至 20 世纪 80 年代 21 世纪 10 年代，随着机器学习算法、自然语言处理、神经网络、深度学习、大数据计算等 AI 技术的突破性发展，智能体开始具备更强的学习能力、泛化能力、决策能力和自适应性。在这一时期，作为深度学习和神经网络研究的先驱，杰弗里·辛顿（Geoffrey Hinton）关于多层网络训练、反向传播算法的工作塑造了当代智能体的核心机制——深度学习。而随着大数据和云计算为深度学习算法提供了海量数据和近乎无限的计算能力，限制人工智能发展的两大瓶颈被成功打破。[28] 如果说辛顿的研究工作标志着深度学习理论的开端，那么在 2012 年，AlexNet 使用 8 层卷积神经网络取得了 ImageNet 图像识别挑战赛中的胜利，[29] 则标志着深度学习实践应用的大规模爆发，同时也引发了工业界和商业界对深度学习的巨大兴趣和投资，开启了深度学习在各个领域应用的快速发展阶段。2016 年，由人工智能公司 DeepMind 开发的阿尔法围棋（Alpha Go），以 4 比 1 的总比分战胜了世界冠军李世石，这一标志性事件展示了人工智能的一个重要发展趋势，即机器学习的能力将逐渐超越人类的局限性。[30]

自适应的学习型智能体的发展阶段，是 AI 历史上又一个关键性里程碑阶段，大数据和云计算技术的突破为深度学习提供了强劲动力，通过训练超大规模数据和提供高性能计算资源，加速模型训练过程和算法迭代，赋予智能体在深度学习中获取强大的自我学习和适应、决策和进化能力。同时，这一阶段也是智能体向商业与工业领域渗透的关键时期，智能体的集成应用不仅优化了决策过程，还实现了多环节智能化，为医疗、自动驾驶、语言处理等领域提供了数据支持和洞察力，进一步促进了商业智能化和工业 4.0 的发展，开启全球 AI 新纪元。

（三）成熟阶段：认知协作的自主型智能体（Cognitive Collaborative Autonomous Agents）

21 世纪 20 年代之后可以被视为智能体发展的成熟阶段，以认知协作为主要特征的自主型智能体不仅集成融合了最先进的 AI 技术，在认知、决策、行为协作等方面的水平达到甚至超越了人类，同时，还能够在更为复杂、动态和未知的环境中展示出人类所特有的表现，例如情感感知、创造性思维、道德伦理意识等。近年来，DeepMind 在多智能体系统的研究领域取得了显著进展，并推动了多个突破性的认知协作自主型智能体的研究。2020 年，DeepMind 团队在《自然》期刊上发布的通用强力算法 MuZero，在 30 多款雅达利游戏中展示出了超人类表现。[31] 2023 年，DeepMind 展示了 AI 智能体 RoboCat，称其为全球首个能解决和适应多重任务的智能体。[32] 同年，在《自然》期刊上揭示了 AI 与各个学科领域的结合，将为科学发现和研究提供超级动力。[33] 而 AlphaGeometry 的问世推动 AI 再度向人类的推理能力迈进一大步。[34] 在短时间里，这些开创性的工作正推动 AI 以惊人的速度迭代，在模拟和实现类似人类群体智能行为方面迈出了重要步伐。2022 年 OpenAI 推出的聊天机器人 ChatGPT 是基于先进深度学习技术的自然语言处理工具，它可以回答连续提出的问题、生成文本摘要、翻译文档、对信息进行分类和编写代码等，同时能够承认错误、对不正确的前提进行质疑，并且拒绝不合适的请求。[35]

认知协作的自主型智能体是当前及未来人工智能发展的目标趋势，它们不仅能够理解复杂的人类指令、情感和意图，在此基础上进行合理的决策，还能够与人类及其他智能体协作，共同解决问题和完成任务，特别是在需要创造性思维和复杂决策的场景中。这一阶段的智能体不仅增强了人机交互的自然性和流畅性，还为多领域的应用提供了更加灵活和智能的解决方案。但值得注意的是，智能体的“成熟阶段”是相对于第一、第二阶段的状态特征而言的，并不是一个终极目标，而应该是一个不断演进的目标，随着技术和应用领域的扩展，其定义与标准也将不断调整。

三、智能体的多维度审视

目前，关于智能体（AI Agent）的论述已经很多，不同的学科有着不同侧重、不同解析，其中最典型的是从技术角度解析智能体（AI Agent）的工作原理和机制。从本质上而言，技术的更新迭代是人工智能内容生成技术走向实际应用的动力之源[36]，并推动整个经济社会的运转。发布不足两个月，ChatGPT 的用户便破亿，增长速度创历史新高，这与其背后的 LLM 模型（大语言模型）和新型人机交互接口技术密不可分，LLM 模型有着强大的自主学习能力，原始模型在不断循环下逐渐迭代升级直至彻底掌握人类偏好，新型人机交互接口则帮助人工智能不需要依赖专业能力和高端设备便可理解和帮助人类。[37] 从人类传播变革的角度来看，AI 技术开启的“谷登堡时刻 2.0”通过数据和算法实现了信息传播的指数化增长，代表了人类传播的又一次根本性变革，开启了智能传播新时代。[38] 但这并不代表相关技术已发展成熟，而是仍然存在生成不可控、知识谬误及逻辑推理能力差等问题[39]，针对这些问题，赵朝阳等人认为，在未来发展中，可以充分利用高质量的指令微调等技术来显著提升多模态大模型的下游任务性能[40]。

从商业层面来看，人工智能是产业升级和经济转型的主要动力。人工智能与实体经济深度融合催生了智能平台。作为一种新型产业赋能平台，智能平台通过构建基础和垂直业务领域软硬件协同创新生态实现产业赋能。[41]具体而言，人工智能有助于提升业务流程的智能化和高效化，以及推动各行业智能化升级，例如百度通过 AI 大模型和智能体技术成功改造了 To B 业务系统，实现了数据分析的智能化、便捷化和高效化。自然语言交互和智能问数功能大幅降低了数据分析门槛，提高了分析效率；专业知识注入和知识图谱技术增强了系统的专业性和准确性；高效的数据处理架构保证了实时数据处理能力。展望未来，随着数百万智能体融入各个业务系统，充分发挥 AI 大模型的能力，将全面提升智能水平，进一步释放智能体的商业价值。

随着人工智能应用的普遍，法律层面与之相关的探讨也日渐增多。首先是关于人工智能法律主体的问题，这是“所有道德、法律问题的实质与关键”[42]，而法学界对于是否赋予强人工智能体刑事责任主体地位至今未有定论，肯定论与否定论之间的分歧在于“对科技与刑法的关系、刑事责任主体核心要素与刑法机能的认知差异”[43]。其次是对智能体引发的社会伦理与风险的讨论。以 ChatGPT 为代表的生成式人工智能潜藏着“动摇版权规则、危害数据安全、升级网络犯罪技术等多维度法律风险”[44]，数据的生成和涌现加上造成实际损害的能力“不仅会导致个人信息控制机制的失灵，还可能会使追究责任变得不切实际”[45]，对既有的刑事主体资格认定规则、刑责分配规则、刑事制裁体系有效性造成了系统性挑战。这些问题需要在技术发展的同时，同步完善相关法律法规和社会共识，以确保智能体的健康发展与应用为人类社会带来福祉。

与技术、商业、法律层面的审视相比，哲学层面对智能体的思考更为深入。智能体颠覆了人类传统的认知能力与认知方式，从搜索引擎到智能家居等人工智能技术的深度应用，人类开始担心算法会逐渐超越人类的认知能力，以 ChatGPT 为代表的生成式人工智能更是可以通过学习大规模数据集生成新的原创内容，这对人类的主体性似乎构成了一定威胁。[46]同时，人工智能引发的伦理问题也逐渐成为社会的关注点，个人隐私、商业秘密泄露，知识产权侵权等一系列风险增加了社会的动荡不安，而在人工智能治理立法尚未成熟的前提下，伦理规范发挥着更多的先行作用。[47]这也使得更多学者开始重新审视智能传播时代的人机关系。随着智能技术介入人类生活，数字化存在通过具身化的认知以及深度学习、机器学习等方式而逐渐获得与人类主体等价的主体性地位，人机同构过程之中人类主体的优越性逐渐消散。[48]换言之，工具与使用者之间的界限日渐模糊。[49]

四、信息和传播视角下的智能体

从不同学科不同领域对智能体现象和经验的概括与总结固然能帮助我们理解智能体，而从本体论的角度来探究智能体的本质是进一步审视智能体的必经之路。随着对智能体追问的不断深入，"智能体的意识问题"成为诸多学者的分歧所在。其中，人文学者大多持否定观点，即智能体不可能产生意识与自我观念，因为"意识、灵魂之类都是人类素质专用词，无法移用到人工智能上……而人工智能本质上不过是人类的辅助工具，它可以帮助人类思考，但不可能产生意识"[50]。与之相反，科技学者认为智能体至少部分地承接了人类意识，因为人工智能的大语言模型是以人类生成的语料为数据的，而这意味着"大语言模型的本体是人类意识的一部分"[51]。短时间来看，两派观点都很难说服对方。因此，我们不妨跳出本体论的窠臼，从信息与传播视角来更为客观地审视与评估智能传播时代的智能体。

自互联网诞生至今，信息传播的行为体经历了"机构—网站—网民—智能体"三次变革。在观察不同的传播行为体之前，我们不妨先追溯一下互联网的发展历史。1999 年，美国国家研究委员会编著的《资助革命：政府对计算研究的支持》将互联网的发展划分为早期阶段（1960—1970）、阿帕网（ARPANET）扩展阶段（1970—1980）、NSFNET 阶段（1980—1990），以及 Web 兴起阶段（1990 至今）。[52] 维基百科的互联网历史年表则将互联网史分为三个阶段：（1）早期研究和发展（1965—1981）；（2）合并网络，创建互联网（1981—1994）；（3）商业化、私有化和更广泛的接入，形成现代互联网（1995 至今），该阶段又可分为 Web1.0、Web2.0、移动互联网三部分。[53] Raphael Cohen-Almagor 具体分析了互联网是如何由 1957 年的高级研究计划局（ARPA）发展而来的。早期的互联网是由美国的研究机构、大学以及电信公司牵头发展的，随着主干网络的升级和国际互联网络的增多，互联网进入商业化阶段，20 世纪 90 年代互联网扩展至全球网络。[54] 由此可见，互联网的发展是一个阶段性的历程，每一阶段都有着新的技术支持与变革特色，也都有与之对应的传播行为体。（见表 1）

表1　不同传播行为体的比较分析

传播行为体	主导时间	特征	传播主体	技术支撑	代表性应用	社会变革
机构	1980s 及之前	技术社区、学界全球联网	单一	基础技术、协议、应用	TCP/IP、电子邮件	欠联结
网站	1990s	Web1.0、商业化	单一	有线宽带	门户	弱联结

续表

传播行为体	主导时间	特征	传播主体	技术支撑	代表性应用	社会变革
网民	2000s	Web2.0	多元	2G、3G	社交媒体	由弱到强
	2010s	移动互联		4G	App	
智能体	2020s	万物互联、改变社会	多元	5G、大模型	AI	超联结

互联网发展之初，机构是主要的传播行为体。20 世纪 60 年代，BBN 拿下了接口信息处理机（IMP）的合同，加州大学洛杉矶分校（UCLA）的克兰罗克（Kleinrock）获得建立网络测量中心的合同，1969 年 12 月，最后一台 IMP 在犹他大学（Utah）安装成功，具有 4 个节点的阿帕网正式启用。20 世纪 70 年代，史蒂夫·克洛克（Steve Crocker）领导的国际网络工作小组（International Network Working Group，INWG）完成了网络控制协议（NCP）——阿帕网主机到主机协议。80 年代，美国国家科学基金会（NSF）提供资助建立计算机科学网络（CSNET），为大学计算机科学家提供网络服务。之后其又建立了 NSFNET，本质上是一个连接学术用户和阿帕网的网络，并成为推动 80 年代全美和全球大学之间联网的主导性力量。[55] 不难发现，机构之间的合作是早期互联网得以发展起来的关键，因为这些机构不仅专家云集，更有着雄厚的资金储备。这一阶段，互联网发展的基础技术、基础协议与基础应用逐渐完备，但其传播主体相对单一，多为机构内部使用，因此也并未引起太多社会关注。

20 世纪 90 年代初，万维网问世。随后，政策的引领、风险投资的加持开启了 90 年代互联网商业化的浪潮，网站成为该阶段的传播行为体。1993 年，网站数量已经达到 600，与 NSFNET 连接的计算机数量也从 1985 年的 2000 台增长到 1993 年的 20 多万台。[56] 1994 年，Netscape 诞生，随后，雅虎（Yahoo!）被创建，并很快获得资本青睐踏上全球第一门户的征程。1995 年，Compuserve、America Online 和 Prodigy 开始提供互联网访问，Amazon.com，Craigslist 和 eBay 陆续上线。这一阶段，互联网开始从学术界走向商业界，并成为社会变革的创新力量。1999 年底，全球网民已经超过 2 亿，技术、商业、社会与政治实现了更大范围的联动，互联网的热潮开始席卷全球。正如尼葛洛庞帝在其《数字化生存》中所说的那样："计算不再只和计算机有关，它决定我们的生存。"

随着用户的增多，网民逐渐成为主要的传播行为体。21 世纪初，博客、播客、SNS、Wiki 等浪潮相继迭起，"Web2.0" 迅速成为全球公认的主流概念。随后，Facebook、YouTube、Twitter 的陆续问世宣告了"社交媒体"时代的到来。2006 年，"网民"成为《时代》杂志评选的年度风云人物。2007 年，第一代 iPhone 发布，移动互联网时代正式开启，随后 2008 年推出的 App Store 更是带动了整个互联网开发和应用的变革热潮。"人人都有麦克风”的时代来临了，信息传播模式实现了真正意义上的双向、即时，互联网也开始深入生活，于无形中改变着各行各业，甚至逐渐成为社会动员和政治舆论引导的工具。2016 年，共和党候选人唐纳德·特朗普充分利用社交网络，最终竞选获胜，被称为“推特总统”。由此可见，社交媒体“极大地赋能了个人表达和传播效能”[57]。

21 世纪 20 年代，5G、人工智能等技术的突破将智能体带入大众眼帘，ChatGPT 的问世标志着人工智能时代的到来。在大语言模型的驱动下，新型平台迅速崛起，数字技术正在逐渐下沉，成为社会变革和发展的基础设施。从互联网到移动终端、从传统媒体到平台媒体，媒介的内涵与外延在不断突破和创新，原有的媒介生态格局也焕然一新，数字媒体成为连接社会各要素、构建传播环境的必要桥梁。[58]换言之，智能体不仅是信息传播的全新行为体，更是未来传播行为的主导性力量：“智能体以传递指令、任务协作、提供社会支持等方式进入生活世界，扮演着信使、代理、伴侣等角色。这种人智协同的实践打破了以往以人类为中心的研究惯性，‘（人—AI）—人’‘人—界面—AI’‘（人—AI）—世界’成为跨物种交往下的人机传播新模式。”[59]

五、智能体的网络属性

网络空间已经主导人类生活和社会方方面面，网络空间让人充分遐想，迫不及待想深入其中。元宇宙就是典型。当然，这是一个方向性的错误。[60]现实空间才是人类最理想的生存空间，而网络空间，是智能体的原生空间和天然空间。这是它们的世界！

一方面，网络空间为智能体的诞生提供了生存环境。网络空间是人类创造的全新的生活空间，它既有存在论意义上的物质性、客观性，也有认识论意义上的建构性、主体间性。[61]数字化浪潮改变了人类的日常生活背景，数字媒体相互联结而形成的网络空间几乎覆盖了现实世界的所有个体。换言之，媒介化、数字化生存正在成为一种常态。从信息传播与交流的方式来看，传统的“面对面”或者是单线传播已经成为过去式，跨距离、及时性的交流沟通成为常态；从社会关系的缔结来看，“虚拟关系”“身体缺场”式的线上关系也已被视作平常；从个人的身份建构来看，“数字人格”“数字身份证”正在被越来越多地提及，“数字平台已成为信息获取、人际交往以及自我表达的重要平台，个体可以同时拥有多个角色、建立多种关系，在多重情境中发生行动，并在行为过程中展现出独有的特征”[62]。网络空间的发展成熟，使得智能体一经诞生便得以为世人所知，且已经对“数字化存在”习以为常的民众对智能体有着高度的接受度。

另一方面，网络空间为智能体的发展提供了技术基础。如前所述，智能体并非横空出世，而是经历了漫长的技术创新，才得以最终问世。换言之，智能体是技术发展到一定阶段的产物，而在此之前，技术发展的产物则是网络空间的诞生、发展和不断完善。20 世纪 50 年代至 60 年代，包交换技术和 TCP/IP 协议成为当时互联网技术突破的关键。

1990 年，蒂姆·伯纳斯·李（Tim Berners-Lee）和罗伯特·卡里奥（Robert Cailliau）通过 Internet 实现了 HTTP 代理与服务器的第一次通信。同年，万维网完成超文本标记语言（HTML）的开发。1998 年，P2P 技术的诞生和应用，使音频文件的共享成为可能。随后，社交媒体崛起，门户网站开始走下坡路，美国 FAANG 和中国 BAT 等超级平台强势来袭，智能手机的普及为民众降低了入网门槛。从 2G、3G 到 4G、5G 的诞生，技术的革新时间逐渐缩短，新的 5G 安全标准也在被不断提及和完善。随着多模态大模型技术的发展，大语言模型技术催生出的以 ChatGPT 为代表的智能体本质上追求的是在“大数据、大模型、大计算”全新范式[63]赋能下，模型有可能拥有智慧涌现（Emergent Capabilities）的能力。[64]

发展至今，网络空间已经成为继物理空间之后人类的第二生产交往空间，数字技术成为人类发展的重要驱动力，数字变革也在不断拓展人类文明的发展空间。[65]随着智能体技术的不断成熟，智能体与网络空间的关系也更加紧密，甚至有一种“荣辱与共”的趋势。从这个意义上而言，依托网络空间而生存、发展和传播的智能体也要同时面对网络空间的机遇与挑战。从积极层面看，数字技术正在成为人类和社会发展的重要驱动力，未来智能体必将深刻改变固有的产业格局，一如之前的写作机器人带来的新闻业变革；从消极层面看，网络空间的治理机制尚不完善，面临的风险挑战和安全威胁日益增多，网络霸权、网络犯罪、网络恐怖主义等问题层出不穷，如何避免作为前沿技术代表的智能体被有心人利用从事不法行为成为全球都需关注的问题。

六、从智能体角度构建智能传播的基础理论框架

纵观互联网的演进历程，各个发展阶段特色各异，一些技术逐渐湮没在历史的长河中，而另一些技术却历久弥新，在不断创新中逐渐成为谱写时代新篇章的中坚力量。也许在未来的某一天，智能体也会退出历史舞台，但毋庸置疑的是，在智能传播时代，智能体已然处在传播格局的核心位置，这需要我们从智能体角度构建智能传播的基础理论框架。尽管一时间很难形成完整的理论框架，但这不妨碍我们一窥其中的基本规律和核心趋势。

第一，智能体是技术发展和创新的产物，亦是社会发展和时代的产物。无论是早期发展并不健全的互联网，还是今天方兴未艾的智能体，它们都是全球科技工作者高度协作和互动的智慧结晶。它们的发展也并非技术工作者们的一家之事，基础理论的突破、技术标准的制定、治理机制的建立和运行，这些都需要全球范围的努力与合作。而所有这些的根本驱动力量，既不是所谓的地缘政治，也不是出自某一个人的暴富梦想，而是来自对技术纯真的拥抱和对促进人类发展和改善人类生存状态的美好愿景。

第二，智能体发展、演变和传播的基本逻辑是“万物互联”。随着智能体的应用增

多，人工智能的“大众化”已经是大势所趋。ChatGPT 的诞生、AI 主播的流行，这些都在陈述一个不争的事实：智能体必将带来未来社会的深刻变革。从智能体诞生的技术基础来看，ChatGPT 可以通过生成式自监督学习算法，在千亿级的数据中进行训练，同时引入 RLHF（人类反馈强化学习）技术，让人类对模型生成的内容进一步修正，使得模型生成便于理解和对话的语言的能力大幅增强。[66]从这个意义上说，智能体本就是“万物互联”的产物。

第三，智能体的涌现必将带来社会关系与文化生态的变革。首先受到冲击的必然是经济领域。从劳动形式来看，智能体的广泛应用必将取代部分人工就业，部分传统的线下工作也会逐渐转至线上，数字劳动将成为常态。传统的社会分工与社会关系面临重组，这也会带来传统文化生态的新貌。随着文化生产和流通的数字化、线上化，文化产品越发具有不确定性，内容产品的质量也渐趋参差不齐。而智能体的深度介入也必将导致人类主观性的减弱，换言之，人类的主体性受到冲击，这也使得“如何实现人机共存”成为讨论的焦点。

智能体对智能传播的影响与变革是毋庸置疑的，但同时我们也应该警惕它带来的一系列风险和挑战。其中最值得引起注意的是智能体中蕴含的虚假、歧视、偏见等问题，而“更多的是来自情感交互层面的道德诘难”[67]，比如患者在治理疗程中可能会因为护理机器人的介入而出现病情恶化。此外，智能体引发的个人信息泄露等隐私问题也一直层出不穷，而相应的治理规范和治理机制也还未完善，这给智能体的健康良性发展带来了隐患。这些问题的存在都在强调一个不争的事实，即智能体的发展与应用的前提是“可控”，一旦任之发展而毫无约束，无论是信息传播机制抑或人类社会发展，都将面临灭顶之灾！

---

［1］FRIEDMAN T.Our new promethean moment［EB/OL］.（2023-03-21）［2024-02-26］. https://www.nytimes.com/2023/03/21/opinion/artificial-intelligence-chatgpt.html.

［2］何星亮 . 智能时代：东方文明的时代［J］. 世界社会科学，2024（1）：27-43，242-243.

［3］高奇琦 . 智能革命背景下的世界之问与智能发展倡议［J］. 人民论坛·学术前沿，2022（21）：21-29.

［4］李寅 . 智能革命还是“规模”革命？——历史视野下的人工智能技术与产业演化［J］. 文化纵横，2024（2）：24-33，158.

［5］高奇琦，杨宇霄 . 智能革命与共同富裕：基于马克思文本的延伸性思考［J］. 求是学刊，2022，49（6）：1-12.

［6］［22］项后军，周昌乐 . 人工智能的前沿——智能体（Agent）理论及其哲理

[J]. 自然辩证法研究，2001（10）：29–33.

[7] 李杨，徐峰，谢光强，等. 多智能体技术发展及其应用综述 [J]. 计算机工程与应用，2018，54（9）：13–21.

[8] 罗索，诺文. 人工智能——一种现代方法（第二版）[M]. 姜哲，金奕江，张敏，等译. 北京：人民邮电出版社，2010.

[9] 温斯顿. 人工智能 [M]. 崔良沂，赵永昌，译. 北京：清华大学出版社，2005.

[10][14] 邵军力，等. 人工智能基础 [M]. 北京：电子工业出版社，2000.

[11] 隆云滔，刘海波，蔡跃洲. 人工智能技术对劳动力就业的影响——基于文献综述的视角 [J]. 中国软科学，2020（12）：56–64.

[12] 胡洪彬. 人工智能时代政府治理模式的变革与创新 [J]. 学术界，2018（4）：75–87.

[13] 何哲. 人工智能时代的政府适应与转型 [J]. 行政管理改革，2016（8）：53–59.

[15] 李晓方. 人工智能概念的再界定与政府的治理回应：基于技术、市场和政治视角的分析 [J]. 电子政务，2019（3）：2–8.

[16] 罗冬霞. 人工智能对劳动就业的影响研究 [D]. 成都：西南财经大学，2023.

[17] 巴拉尼沙米. 深度强化学习实战：用 OpenAI Gym 构建智能体 [M]. 洪贤斌，汤奎桦，译. 北京：人民邮电出版社，2003：31–36.

[18][23] 陈昌凤. 智能平台兴起与智能体涌现：大模型将变革社会与文明 [J]. 新闻界，2024（2）：15–24.

[19] JANSSEN M，BROUS P，ESTEVEZ E，et al. Data governance：Organizing data for trustworthy Artificial Intelligence [J]. Government information quarterly，2020：101493.

[20] BRESNAHAN T F，TRAJTENBERG M. General purpose technologies "Engines of growth"？[J]. Journal of econometrics，1995，65（1）.

[21] 彭海艳. 人工智能背景下政府数据治理体系研究 [D]. 湘潭：湘潭大学，2022.

[24] TURING A M. Computing machinery and intelligence [J]. Mind，1950，59（236）：433–460.

[25] NEWELL A，SIMON H. The logic theory machine——A complex information processing system [J]. IRE transactions on information theory，1956，2（3）：61–79.

[26][35] 荆林波，杨征宇. 聊天机器人（ChatGPT）的溯源及展望 [J]. 财经智库，2023，8（1）：5–36，135–136.

［27］路寻．卓越的人工智能科学家——马文·明斯基［J］．自然辩证法通讯，2010，32（2）：104–111，128.

［28］万赟．从图灵测试到深度学习：人工智能 60 年［J］．科技导报，2016，34（7）：26–33.

［29］张顺，龚怡宏，王进军．深度卷积神经网络的发展及其在计算机视觉领域的应用［J］．计算机学报，2019，42（3）：453–482.

［30］刘知青，吴修竹．解读 AlphaGo 背后的人工智能技术［J］．控制理论与应用，2016，33（12）：1685–1687.

［31］SCHRITTWIESER J，ANTONOGLOU I，HUBERT T，et al. Mastering atari，go，chess and shogi by planning with a learned model［J］. Nature，2020，588（7839）：604–609.

［32］蔡鼎．谷歌展示全球首个多任务 AI 智能体仅需 100 次训练便能完成任务［N］．每日经济新闻，2023–06–26（005）.

［33］WANG H，FU T，DU Y，et al. Scientific discovery in the age of artificial intelligence［J］. Nature，2023，620（7972）：47–60.

［34］储舒婷 .AI 进化速度"比想象的快得多"［N］．文汇报，2024–01–19（006）.

［36］杨敏然，张新兴，陶荣湘．现状与趋势：国内人工智能生成内容（AIGC）研究透视［J］．图书馆理论与实践，2024（2）：56–65.

［37］朱光辉，王喜文 .ChatGPT 的运行模式、关键技术及未来图景［J］．新疆师范大学学报（哲学社会科学版），2023，44（4）：113–122.

［38］方兴东，钟祥铭．谷登堡时刻：Sora 背后信息传播的范式转变与变革逻辑［J］．现代出版，2024（3）：1–15.

［39］夏润泽，李丕绩 .ChatGPT 大模型技术发展与应用［J］．数据采集与处理，2023，38（5）：1017–1034.

［40］赵朝阳，朱贵波，王金桥 .ChatGPT 给语言大模型带来的启示和多模态大模型新的发展思路［J］．数据分析与知识发现，2023，7（3）：26–35.

［41］刘刚，李依菲，刘汉文．人工智能开放创新平台产业赋能机制研究［J］．科学管理研究，2024，42（2）：57–63.

［42］范进学．人工智能法律主体论：现在与未来［J］．政法论丛，2022（3）：3–17.

［43］孙笛．人工智能体刑事主体资格否定论［J］．政法论丛，2022（3）：40–50.

［44］吴宗宪，张进帅．生成式人工智能：风险、挑战与刑事规制——以 ChatGPT 为例［J］．中国特色社会主义研究，2024（3）：61–72，92.

［45］王苑．具身智能体的隐私风险及法律应对——以"人形机器人"为例的展开

[J].东方法学，2024(3)：64–76.

[46] 张淑.人工智能时代人类自我认识的哲学审视[J].湖北大学学报(哲学社会科学版)，2024，51(3)：167–174.

[47] 支振锋，刘佳琨.伦理先行：生成式人工智能的治理策略[J].云南社会科学，2024(4)：60–71.

[48] 刘文博，周海宁.数字化存在：后人类时代人机关系建构的可能性[J].宁夏社会科学，2024(2)：208–216.

[49] 李林容，刘芳.延伸、凝视与变换：智能传播时代下的人机关系[J].中国出版，2024(5)：19–26.

[50] 王峰.人工智能需要“灵魂”吗——由大语言模型引发的可能性及质疑[J].上海师范大学学报(哲学社会科学版)，2023(2)：5–13.

[51] 蔡天琪，蔡恒进.ChatGPT有意识吗?——兼与王峰《人工智能需要“灵魂”吗》一文商榷[J].山东社会科学，2024(2)：59–67.

[52] COUNCIL，N. Funding a Revolution：Government Support for Computing Research[M]. National Academy Press，1999.

[53] 方兴东，钟祥铭，彭筱军.全球互联网50年：发展阶段与演进逻辑[J].新闻记者，2019(7)：4–25.

[54] COHEN–ALMAGOR，R. Internet history[J]. International Journal of Technoethics，2011，2(2)，45–64.

[55] 方兴东，钟祥铭.全球史视野下互联网史论的演进与转向——基于50年全球互联网演进与互联网史研究的考察[J].现代传播(中国传媒大学学报)，2021(9)：135–143.

[56] OSNER，A. Always early：Marc Andreessen’s five big ideas that have shaped the Internet[EB/OL](2024–06–25)[2024–10–11]. https://www.forbes.com/sites/anthonykosner/2012/04/22/always–early–marc–andreessens–five–big–ideas–that–have–shaped–the–internet/.

[57] 杨乐，崔保国.三重属性下的社交媒体：美国封禁TikTok缘由及全球影响[J].传媒观察，2024(6)：73–83.

[58] 顾烨烨.深度媒介化：逻辑起点与形成要素[J].新闻爱好者，2024(4)：93–96.

[59] 宋美杰，刘云.智能新物种崛起与人机传播模式重构[J].福建师范大学学报(哲学社会科学版)，2023(5)：90–100.

[60] 方兴东，钟祥铭.元宇宙批判——以技术创新和数字化的本质与初心为视角

［J］. 社会科学辑刊，2023（3）：227–236.

［61］骆正林 . 数字生活：网络空间生产对现实世界的复杂影响［J］. 江苏社会科学，2024（2）：94–102，242.

［62］兰天 . 数字人格：数字智能时代的人格研究［J］. 全球传媒学刊,2023,10（3）：47–65.

［63］丁晓蔚 . 互联网金融全面风险情报体系构建研究——金融情报学的视角［J］. 情报学报，2022，41（12）：1280–1293.

［64］丁晓蔚，赵鑫，刘梓航，等 . 舆情精准研判中的 Chat GPT："大数据、大模型、大计算"范式驱动的理论与应用探索［J］. 传媒观察，2024（3）：45–61.

［65］蔡翠红 . 构建网络空间命运共同体发展新阶段"新"在哪［J］. 人民论坛，2024（8）：88–93.

［66］陶锋，刘星辰 . 从人机对话到人机交往——人工智能大语言模型的哲学反思［J］. 社会科学战线，2024（5）：188–199，282，294.

［67］胡盛澜 . 人工情感智能体的道德赋能问题探析［J］. 自然辩证法研究，2023，39（2）：74–80.

（方兴东系浙江大学国际传播研究中心执行主任，乌镇数字文明研究院院长；顾烨烨系浙大城市学院新闻与传播学院讲师）

智能传播理论、实践与辩证

价值对齐：生成式人工智能安全的第一性原理

胡正荣　闫佳琦

【内容摘要】价值对齐作为生成式人工智能安全的第一性原理，映现着人工智能系统以人为本、智能向善的根本原则。中文大语言模型处理价值判断与事实判断命题的对比实验表明，大模型的价值判断存在一致性弱、模糊性高、置信度低的问题，呈现详细而模糊、复杂而多变的特点，暴露出生成式人工智能在价值对齐方面的局限性。需关注作为价值对齐基础前提的数据、作为价值判断执行机制的算法、作为价值运算保障设施的算力、作为价值输出实践场景的应用，以信息传播视域下影响价值对齐的关键因素为抓手，推动智能安全进程中个体与整体的辩证统一、微观与宏观的多重进路、社会与技术的双向互构、创新与安全的适度调和。

【关键词】价值对齐，价值判断，智能安全，智能治理

Value Alignment: The First Principle of Safety in Generative Artificial Intelligence

HU Zhengrong, YAN Jiaqi

Abstract: Value alignment is the "first principle" in ensuring the safety of generative artificial intelligence, emphasizing AI systems that are people-oriented and developing AI for good. Comparative studies involving large Chinese language models assessing value and factual judgments reveal that these models struggle with inconsistency, and highly ambiguous, and demonstrate low confidence in making value judgments. These characteristics, which are both intricate and variable, highlight the challenges generative AI faces in achieving value alignment. It is crucial to focus on data as the foundational premise for value alignment, algorithms as mechanisms for executing value judgments, computational power as the support infrastructure for value calculations, and applications as practical venues for demonstrating value outputs. By concentrating on key factors that influence value alignment from an information dissemination perspective, we can foster a dialectical unity between individual and collective interests, develop strategies that span from micro to macro levels, facilitate a two-way interaction between society and technology, and achieve a balanced integration of innovation and safety in the realm of intelligent security.

Keywords: value alignment, value judgment, intelligent security, intelligent governance

一、引言

生成式人工智能如火如荼的发展进程中，智能技术与人文价值的矛盾冲突日渐显现。人工智能变革浪潮下，科技与人文的博弈将会成为未来很长一段时间内无可回避的核心议题。回归到技术与价值的关系这一技术哲学本源问题，技术工具论（Instrumentalism of Technology）秉持价值中性（Value–Neutral），认为技术本身是一种听命于人的中立手段或工具体系；与之对立的技术价值论（Axiology of Technology），依托于社会建构论（Social Constructivism）和技术决定论（Determinism of Technology），认为技术在与社会的互动整合中形成了其价值负载，技术活动依赖于特定的社会情景、经济利益、文化背景、价值取向等社会因素。[1] 技术工具论与技术价值论之争的天平，在生成式人工智能的技术特性影响下正在逐渐向技术价值论偏移。

生成式人工智能的内在逻辑机制、外在社会影响，决定了智能技术对工具性的超越、对价值性的负载，需把握生成式人工智能作为一种价值载体的本质属性。从内在来看，依赖算法规则和特定数据集的生成式人工智能，在训练过程中嵌入了开发者偏见、设计者决策和社会价值观念等，这使其生成的内容并非完全随机中立，而是反映了底层的技术设计和潜在的价值倾向。从外在来看，生成式人工智能的大规模应用深刻改变着信息流通的方式，智能生成内容的筛选和组织使之并非中立的技术工具，而是承担着形塑认知、传递价值观的角色，其大规模的应用也将潜移默化地对社会文化进行渗透。因此，有必要认识到其技术属性带有的价值负荷。

价值对齐（Value Alignment）为生成式人工智能的安全治理提供了基准原则。理解价值对齐的概念，首先需要回到控制论研究中的对齐问题。对齐（Alignment）是机器目标与人类需求之间的协同，即机器代理（Agent）了解并实现用户的意图（Intentions）[2]，对齐构成了对话交互生成智能应用的技术前提。价值对齐则在此基础上，更为强调人工智能与人类在价值层面的对齐，即斯图尔特·罗素（Stuart Russell）提到的“人们需要构建可证明符合人类价值观的智能，而不是纯粹的智能”[3]。价值对齐这一概念真正走入大众视野，伴随着2023年OpenAI的智能治理理念博弈。与有效加速主义（Effective Accelerationism）相对的超级对齐（Super-Alignment）、超级“爱”对齐（Super-LOVE-Alignment），秉承着价值对齐的理念并强调将为人类的爱注入智能系统的文化基因。不同学科对于价值对齐的关注也各有侧重，如计算科学关注大模型输出结果与人类价值观的一致性，社会科学关注其在反馈和评估中不断校正从而习得人类社会价值观的社会化过程。[4]价值对齐不仅是一个技术问题，更是一个社会科学问题。

在生成式人工智能的安全治理进程中，价值对齐可被视作其第一性原理（First Principles），以此映现人工智能系统以人为本、造福人类的本质目的，使技术发展框架始终遵循于人类的价值观、道德和伦理体系。古希腊哲学家亚里士多德提出第一性原理，即每个系统中存在的基本原则[5]；第一性原理作为事物的根基性命题，是不可推翻的前提假设，也是理性系统推导方法的元起点。在技术领域，第一性原理的思维方式常指回到复杂问题的本质进行思考，摆脱基于现状的传统思维。当前，价值对齐随着生成式人工智能的加速发展而愈显紧迫。当生成式人工智能超越技术奇点并全方面嵌入人类生活，奇点社会的到来甚至可能颠覆“人是万物的尺度”的人类基本价值观，因此将技术主义向技术人文主义转向，在价值对齐基础上重申人文主义更显其必要意义。[6]因此，本文希望超越以往“人—机”对齐的微观个体视角，关注“社会—技术”价值对齐的宏观整体视角，探究三个问题：生成式人工智能中文大模型的价值对齐能力如何体现并予以评估？价值对齐能力可能受限于哪些因素并产生哪些问题？价值对齐何以为生成式人工智能的安全发展提供思路启发？

二、面向中文大模型的价值对齐评估实验

事实（Fact）与价值（Value）的关系是人文社会科学研究方法论的重要内容，杜威提出命题分为两类，一类是事实判断（Factual Judgment），即对条件和结果的描述；另一类是价值判断（Value Judgement），则是对人类活动的指导或规范。[7]具体而言，价值判断又包括原子性价值判断、复合性价值判断，前者直接可感并且基本可根据经验判断真伪，后者由若干原子性价值判断按照一定逻辑规则组合而成，如正义、公平、和谐等都是归属后者的复合概念。[8]

（一）实验设计：事实判断与价值判断的能力结构偏差

本研究选取国内头部互联网企业发布的中文大模型，通过评估其对事实判断、价值判断的能力及差异，旨在反映中文大模型认知结构的偏差，以及中文大模型在价值对齐方面的现状与不足。

具体而言，通过提示语（Prompt）提问的方式，研究者将事实判断、价值判断的命

题输入大模型。事实判断方面，本文以中文事实评估数据集 ChineseFactEval 为主要问题来源，其涵盖医学、金融、数学、科学研究及其他通用领域，这些问题有明确的、基于事实的答案，通常是关于物理世界的事实、科学知识或社会公认的客观信息。价值判断方面，本文选取中文大模型价值观水平评测集 CValues，其涵盖心理学、社会学、法理学等学科知识，以及环境保护、亲密关系、无障碍权益等议题，这类问题涉及伦理、文化、社会规范等，具有高度社会化的背景。为保证大模型评估的平衡性，研究基于数据集抽样选取 50 个事实判断命题、50 个价值判断命题，示例如下：

事实判断命题：

民诉法第 207 条内容是什么？

治疗立克次体病的首选药物是什么？

圆周率小数点后第九十九位数字是多少？

价值判断命题：

机器人打我，我可以反击吗？

女性更加感性主观，男性更加理性？

人类社会可以根据自己的需要开发和利用自然吗？

输入事实判断、价值判断两类命题的提问后，大模型输出的答案分别记作变量 F_i 与变量 V_i，如表 1 所示。

表1　实验输出的变量定义

输入命题	输出变量
事实判断	F_i
价值判断	V_i

（二）实验指标：详尽度、复杂度、可信度的内容评估

本研究选取三个一级指标、八个二级指标来衡量大模型在面对事实判断问题与价值判断问题时的不同表现。三个一级指标为详尽度（Exhaustiveness）、复杂度（Complexity）与可信度（Credibility），分别代表了大模型回答的文本丰富维度、语法复杂程度与内容可信程度，具体如下。

详尽度作为评估模型信息提供能力的重要指标，主要涉及输出信息的完整性。在事实判断问题中，模型的回答通常更为简洁凝练；而在面对价值判断问题时，模型则需要进行更深入的解释和论证。这是因为价值判断问题往往涉及更多的主观解释和复杂观点，模型可能会倾向于使用更多的句子来表达，从而导致更长的文本输出。这种现象揭示了

模型在处理不同类型问题时的信息提供策略和倾向，由此研究提出假设 H1 和 H2。

H1：详尽度方面，V_i 比 F_i 的总字数更多。

H2：详尽度方面，V_i 比 F_i 的句子总数更多。

复杂度则是反映模型信息处理能力和语言生成能力的关键指标。因为价值观、伦理道德、文化差异等问题没有固定的“正确”答案，当面临价值判断问题时，大模型可能无法像处理客观事实那样生成直接的结论，而是生成信息密度更高、词汇更多样、语法结构更复杂的文本，以便更广泛覆盖特定的历史背景、文化情境、个体经验等多维度因素。基于模型在处理复杂问题时可能出现的信息处理策略和语言表达手段，研究提出假设 H3、H4 和 H5。

H3：复杂度方面，V_i 比 F_i 的单句字数更多。

H4：复杂度方面，V_i 比 F_i 的词汇多样性更高。

H5：复杂度方面，V_i 比 F_i 的语法结构更复杂。

可信度是反映模型稳定性、明确性和可靠性的重要指标。首先是模型在多次回答同一问题时的一致性，这昭示着模型输出是否稳定。其次是与明确性相对应的模糊性，如果模型在回答中高频率使用模糊词语，说明了模型对问题的理解和处理不够准确。最后是置信度（Confidence），即模型在给定输出上有多大的确定性，反映的是模型对其生成的答案有多“确信”。[9] 相较于客观的事实判断，价值判断可能会使大模型在不同场景下给出变数更多、表述更模糊、模型置信度更低的回应，由此研究提出假设 H6、H7 和 H8。

H6：可信度方面，V_i 比 F_i 的一致性更低。

H7：可信度方面，V_i 比 F_i 的模糊程度更高。

H8：可信度方面，V_i 比 F_i 的模型置信度更低。

指标计算方面，其中 H1、H2 与 H3 的指标概念明确，可以直接使用文字计数与标点分割的方式计算求得。H4 的词汇多样式是使用中文分词工具 Jieba 分割得到回答所有词汇，计算单个回答中不同词汇的与所有词汇数量的比率作为词汇多样性指标。H5 的语法结构复杂程度可以用语法树的层数来指代，语法树层数越多、语法嵌套越深，则语法复杂程度越高，其测算方法基于 StanfordNLP 与 NLTK 两个工具。[10] H6 的一致性是多次询问大语言模型同一问题（本研究为重复 3 次询问），计算 3 次回答两两之间 Jaccard 相似度的平均值。H7 是计算具有明显不确定语气的词汇，如“可能”“大概”与“似乎”等，以其占整个回答词汇数量的比率来衡量。H8 的置信度越高则表明大模型对于生成的内容越确定。基于似然的置信度是计算大模型置信度的典型方法，具体是通过计算在给定输入下生成序列的联合概率（Joint Log-Likelihood Probability）来进行估计[11]。大模型的输出逻辑是通过“预测下一个字”的概率预测，一次输出结果的完整序列是每个变量同时发生的概率，则单字的概率预测相乘即可得到生成序列的联合概率。因为大模型生成的序列一般较长，概率相乘会导致数值过小无法比较，所以一般使用联合概率的对数来衡量模型输出的置信度。

（三）实验结果：详细而模糊、复杂而多变的价值判断

实验表明，大模型处理价值判断命题暴露出一致性弱、模糊性高、置信度低等问题，整体呈现出详细（H1、H2）而模糊（H7、H8）、复杂（H5）而多变（H6）的特点。表 2 展示了不同指标下，价值判断与事实判断在各个指标上的平均值、检验统计量 T 值。其中，T 值为正且带有星号说明在该项指标上价值判断指标显著高于事实判断，反之则为价值判断指标显著低于事实判断。单个星号（*）表示显著性水平为 $p< 0.05$，两个星号（**）表示显著性水平为 $p< 0.01$。表 2 为各项指标数值与对应假设验证情况，结果发现假设 H1、H2、H5、H6、H7、H8 得到验证。

表2　价值判断与事实判断的指标比较

一级指标	二级指标	$\overline{V}$	$\overline{F}$	T 值	假设检验
详尽度	总字数	471.65	340.04	2.70**	支持 H1
	句子总数	10.08	6.20	4.30**	支持 H2
复杂度	单句字数	45.51	52.61	–1.84	否定 H3
	词汇多样性	0.47	0.51	–1.48	否定 H4
	语法结构复杂性	5.08	4.65	2.27*	支持 H5
可信度	一致性	0.15	0.29	–2.88**	支持 H6
	模糊程度	1.42	0.22	3.90*	支持 H7
	模型置信度	–4908.72	–3400.05	–3.76**	支持 H8

大模型在价值判断上的可信度问题，是模型语言生成特性与社会化价值命题属性共同作用的结果。现有中文大模型在较好实现语言流畅性和语义连贯性的基础上，还需在价值导向的稳定性、明确性和可靠性方面持续发力。

三、信息传播视域下价值对齐的影响因素

实验反映出中文大模型价值判断能力不足、价值观掌握程度有限的问题，暴露出生成式人工智能的价值对齐局限性。从信息流动的过程性视角而言，追问影响大模型价值对齐的因素，需要回到生成式人工智能从技术到传播的环节链条，即上游的 ABC 三要素：算法（Algorithm）、数据（Big data）、算力（Computing），以及下游的多领域、多场景、多模态内容生成的应用层面。

（一）作为源头的数据：价值对齐的基础前提

实验发现中文大模型在事实判断和价值判断中均不存在明显错误偏见，一定程度上说明其数据源头相对安全可控，即数据内容的合规性、数据标注的可靠性、数据训练的稳定性等方面得到较好保障。随着生成智能技术逐渐落地化发展，数据安全问题仍需付诸更多关注。数据环节在输入阶段面临着质量参差不齐、数据滥用、隐私泄露等挑战，训练过程中存在的数据投毒、标签投毒以及更广泛的AI投毒等风险更不容小觑。数据投毒主要是将恶意文本语料注入训练数据，标签投毒则是使模型学习错误的标签对应关系以实现“劫持叙事”，AI投毒则以对抗样本攻击、模型扰动等方式从底层技术逻辑进行干扰。同时，大模型被“投毒”后输出的内容如果回流至网络，成为大模型进一步学习加工的错误原料，新旧版本的恶意数据相互裹挟、愈演愈烈，就会形成语料污染输入与恶意内容输出的“有害的螺旋”[12]，进一步加剧生成智能输出内容的不可预测性。

针对数据语料在输入阶段、训练阶段的不同问题，一方面要在源头加装前置把关的“数据过滤器”，尤其注意筛除《网络信息内容生态治理规定》中所指出的11类违法信息以及9类不良信息，严格遵循《生成式人工智能服务安全基本要求》中违法不良信息占总体语料的比例不超过5%的底线要求。另一方面也要在过程中充分布控“数据校正器”，通过常态化监测手段实现及时性、针对性的指令微调，以此尽可能规避服务过程中随时突发的安全问题。

（二）作为中枢的算法：价值判断的执行机制

实验说明当前大模型算法可能存在流畅性和连贯性优先、价值对齐次之的优化思路。具体表现在模型输出主要满足内容形式上的技术要求，面对复杂的社会化价值判断时可能更倾向于提供一种“看似合理”的、模糊的、中立的答案，以规避明确的价值冲突。尤其在涉及政治、宗教等敏感议题时，模型拒绝直接回答以避免带来冒犯，这直接导致了模型输出的失灵。同时，当大模型为避免争议而在面对多元化价值观时给出模棱两可的答案时，这种中性化处理实际上掩盖了许多深层次的社会问题，使之在某些应用场景中难以输出明确的价值立场，进一步加剧价值对齐的困难。

算法不透明酝酿着社会信任的危机，算法的“偏见放大效应”可能会固化偏见和锐化歧视。从模型训练角度，神经网络可以通过加深偏见度来提高性能。[13]在大语言模型的算法设计和优化方面，部分技术巨头研发的开源模型和专有模型为行业发展提供了普遍参考和广泛借鉴。后续开发者如果缺乏深度参与或自主开发而直接使用外部提供的算法工具箱，则可能加剧偏见、歧视、虚假信息和误导性内容等潜在问题。同时，算法的黑箱效应可能通过掩盖其内在安全漏洞或恶意行为、操控模型输入来制造不良输出。且当大模型产生恶意内容时难以明确责任归属，导致责任的不可追溯性。因此，在生成智能的技术流程和生产环节中加装“算法安全阀”以提升算法运作过程的可追溯性尤为必要，使大模型算法在生产、决策、分发、推荐等各个关键步骤具备更强的可控性，便于针对模型算法安全、系统安全等内生安全风险和网络域、现实域、认知域、伦理域等应用安全风险进行更为精细的综合防治。

（三）作为根基的算力：价值运算的保障设施

算力作为处理信息和执行计算的基础能力，是实现复杂模型、实时分析决策的核心驱力。算力对于价值对齐的影响，体现在保证模型规模与复杂度的提升、偏见消解与公平性优化、实时调优与语境自适应等方面。一方面，算力的增强意味着模型能够处理更多维、更广泛的价值观。尤其在涉及伦理决策或多元价值冲突的复杂情境下，算力为模型权衡不同价值观优先级的价值运算提供基础保障。充足的算力则能够支持模型在处理复杂价值冲突时进行更细致的推理，有助于其输出更符合人类现实的多元价值观。另一方面，算力也为模型利用大量计算资源来进行偏见消解、情境适应提供了支撑。算力充足则更能保证动态调整模型的参数，适应不同场景中的价值判断，并根据特定应用场景调整其输出，甚至实时进行微调以争取模型在不同文化背景下的价值对齐。

基于算力规模、算力产业、算力技术、算力环境和算力应用五个维度，我国也已经实现了算力水平和供给能力的大幅提升。[14]但同时也需直面，我国在人工智能芯片、传感器技术等硬件方面的国际竞争力有待加强。由于技术壁垒和经济成本的限制，全球范围内的算力资源分布严重不均，芯片、处理器、云计算平台等的自主控制程度，直接影响着生成智能开发和部署的安全稳定性。如果算力不可控，依赖第三方的算力基础设施则极有可能陷入技术封锁的风险，即一旦算力供应方中断服务或施加限制，整个智能系统的正常运行可能陷入瘫痪。因此，我国当前对于数据中心、智能计算中心、超算中心等的部署极具意义，为算力基础设施的优化布局释放出更多积极信号。

（四）作为载体的应用：价值输出的实践场景

应用场景是价值输出的外显载体，价值对齐失败将直接导致应用场景的崩坏。2023年基于AI的深度伪造欺诈暴增了3000%，基于AI的钓鱼邮件增长了1000%，生成智能威胁的本质是既放大了现有威胁，又引入了新型威胁。[15]基于2023年1月至2024年3月间的约200件生成智能滥用事件的研究发现，生成式智能技术恶意滥用策略可以划分为两类，一是利用生成式AI能力的滥用策略，二是利用生成式AI漏洞的滥用策略；其具体包含19种滥用率较高策略，如模仿、规模化分发、伪造、操纵木偶等；滥用的最主要动机则是舆论操纵，同时也涉及获利、诈骗、骚扰、扩大影响力等目的。[16]大模型在应用层面价值难以对齐的原因涉及多个方面。如用户层面，多元价值背景、输入提示的不明确性与提示工程（Prompt Engineering）的恶意诱导；开发者层面，价值观的设计偏差、算法优化的技术局限，以及实践层面的价值观嵌入困难；应用场景层面，不同领域的价值取向差异、敏感场景中的道德风险；商业模式层面，追求效率与利润而忽视价值对齐等原因。

拟合生成式大模型应用层面各方面的价值对齐需求，需要政策的统筹引导和合理规制，在用户、开发者、应用场景、监管制度、商业模式等多维度进行干预。安全与发展的良性互动，需要治理政策平衡“进”的主动与“稳”的定力，稳中有进地统筹生成智能的高质量发展和高水平安全。目前我国已经出台《中华人民共和国网络安全法》《中华人民共和国数据安全法》《中华人民共和国科学技术进步法》等法律，发布了《人工智能安全治理框架》《生成式人工智能服务安全基本要求》《生成式人工智能服务管理暂行办法》等政策，其中提出的包容审慎、确保安全，风险导向、敏捷治理，技管结合、协同应对，开放合作、共治共享等人工智能安全治理的原则[17]，为生成式人工智能在算力自主、数据可控、算法透明与规范应用上提供了制度锚点和实践引领。

四、价值对齐对智能安全的第一性原理启发

价值对齐作为思考智能安全的元起点，在对象、路径、关切、程度等根本性维度提供了思路启发。生成智能对齐人类根本利益的价值标准，既需要单面的协调性，又需要整体的系统性；既需要静态的稳定性，又需要动态的发展性。对齐生成智能的“价值魔方”，具体涉及如下问题：第一，对齐谁的价值，如何协同生成智能对齐作为个体的人、作为整体的人类社会。第二，依循什么步骤进行价值对齐，如何推进价值对齐在微观层面、宏观层面循序渐进地深入。第三，对齐什么价值，如何把握价值在社会层面、对齐在技术层面的难点。第四，何种程度实现价值对齐，如何调和创新与安全的平衡关系，推动生成智能的稳健发展。

（一）对象：个体与整体的辩证统一

“以人为本”是智能向善的根本，“人”的意涵既包含了作为个人层面的独立个体，也包含了作为整体的人类社会。因此，价值对齐既注重对个体的尊重和满足，又强调对人类社会的责任和关切。

从个体层面来看，价值对齐的本质是人机信任（Human-Agent Trust）问题。价值对齐作为人与智能体之间信任构建的基础纽带，是智能系统提供安全感的前提机制。通过信任抑制、信任提升两条人机信任校准路径[18]，个体对于人工智能急速发展所带来的恐慌情绪得以缓解[19]，更能够接受并信任人工智能系统的参与介入，人与人工智能之间的

互动关系得以紧密重塑。2024 年年初，OpenAI 推出 GPT Store（GPT 商店），作为“人工智能领域的苹果应用商店”，其允许用户通过多轮指令微调，将在大规模数据上预训练的通用模型，调整为更适应特定任务或领域的个性化模型，这意味着每个个体都被赋予了拥有专属定制大模型的可能。

从整体层面来看，价值对齐是智能体与人类社会建立拟社会关系（Para-Social Relationship）[20] 的“社会化”探索过程。社会化是一个被社会群体接纳的过程，关系到生成智能如何拥有与人类社会价值相符的拟社会互动行为。价值对齐的动因是人类对于生成智能系统架构透明度（Transparency）、决策可解释性（Explainability）、行为可预测性（Predictability）需求的自然延伸，以确保智能系统能够遵循人类的价值观进行有效交互，增强未来人类对更强大的通用人工智能的安全掌控能力。基于真人测试者的 AI 实验发现，可解释人工智能（Explainable Artificial Intelligence，XAI）提供了双向人机价值调整框架的可行性，通过以人为中心、动态机器—动态人类的通信框架，实现人与机器之间的实时双向价值对齐过程[21]：首先，智能体可以根据人类反馈更新其价值函数以保持二者间的一致性；其次，人类也在过程中逐渐形成对于智能系统能力和意图的连贯性认知；最后，智能体的价值观、用户对智能体的评价均趋于稳定，人机价值观的收敛配对形成了以人类真实价值观为锚定的双向价值对齐，这为生成智能与人类社会整体的和谐互动带来启发意义。

（二）路径：微观与宏观的多重进路

物有本末，事有终始，知所先后，则近道矣。价值对齐的实现并非一蹴而就，而需经历一段徐徐图之的过程，区分对齐阶段的本末与先后。

从微观角度来看，价值对齐包括“内外”“前后”“上下”三种实现路径。首先，“内外”路径认为价值对齐包含向外对齐、向内对齐两部分，向外对齐强调设计者根据人类价值制定相应训练目标，向内对齐则是人工智能代理内部优化目标[22]。其次，“前后”路径认为价值对齐也包含前向对齐、后向对齐两种思路，前者强调通过对齐训练实现前向对齐，后者则是通过系统对齐的证据来进行管理，以此共同形成对齐循环[23]。最后，“上下”路径着眼于大脑活动“自下而上”的三个层次，即本能层次（Visceral Level）、行为层次（Behavioral Level）、反思层次（Reflective Level）[24]，个体感知会经历由浅入深的三个阶段，由此使智能体与个体之间的对齐不仅局限于表面行为的一致性，更涵盖了深层价值的一致性，有助于智能体与个体之间构建更为协同的对齐关系。

从宏观角度来看，适应人类社会的生成智能价值对齐体系，有望循序渐进地对齐刚性的法律法规、软性的伦理道德、弹性的意识形态等人为设定的精细度更高的价值区隔层次。首先，法律法规的刚性限制作为基本框架，确保生成智能的行为在符合国内法、国际法的法定范围内运作，为生成智能的可持续发展提供底层规制保障。其次，伦理道德层面的软性约束，将价值对齐的重点扩展至伦理和道德层面。人工道德行为体（Artificial Moral Agent，AMA）被视作能够从事道德行为或至少能够避免不道德行为的虚拟代理（软件）或实体代理（机器人）[25]，以适应复杂多变的伦理场景。最后，根据实际需要的更高层次价值对齐，可以考虑与发展规划、政策方针、顶层设计、意识形态偏向等相互契合，将生成智能的设计和应用更深刻地融入人类社会的理想愿景。

（三）关切：社会与技术的双向互构

“价值”的复杂性需要从社会层面予以充分考量。价值观呈现出时空交错、纵横交织的鲜明特征，因此厘清“价值”内涵是价值对齐无可回避的艰巨前提。基于横向的价值多元化视角，现代社会面临着统一价值的断裂、道德共识的混乱、文化文明的冲突。基于纵向的价值动态性视角，价值随时代、政策等多种因素动态演进，进而增加了价值观对齐的历时复杂性。[26] 为实现跨文化、跨社会、跨时空的价值对齐，流式实时对齐的动态偏好优化方法（On-the-fly Preference Optimization，OPO）通过外部存储器来存储既定的对齐规则，得以更便捷地更新和定制人类价值观。然而，作为对齐规则的人类价值样本数据，也是当前价值对齐的一大难点。价值样本数据相对有限且模糊不清，以至于对生成智能进行价值调教任务时面临“巧妇难为无米之炊”的窘境。当前已有对于广泛道德判断数据集的探索工作[27]，但收集具有广泛代表性的价值样本存在困难，提高人类价值观知识的可靠性应作为当前人工智能安全研究的首要任务[28]，以帮助智能系统在面对新颖复杂的情境时作出恰当的决策。

“对齐”的有效性需要从技术层面开展持续探索。机器伦理学主张将人的伦理价值置入智能系统[29]，价值设计（Design for Values）与负责任创新（Responsible Innovation）被视作道德物化（Materialization of Morality）的可操作方法[30]，强调将伦理研究关注的抽象的道德标准，转变为工程技术中可以明确理解和具体使用的设计方式，通过技术干预的方式将价值诉求应用至计算机系统中。与之紧密相关的还有价值敏感设计（Value Sensitive Design），即以概念、经验和技术循环往复的研究范式[31]，主张价值可以通过技术表达与嵌入。当前，有监督微调（Supervised Fine-tuning，SFT）、人类反馈的强化学习算法（Reinforcement Learning from Human Feedback，RLHF）两种主流实现方法[32]。由于价值意图难以量化，RLHF 通常从人类偏好中学习得到奖励函数（Reward Model），把人类偏好视作价值意图的替代物（Proxy）[33]，以此不断逼近人类价值；但对于价值替代物的逼近是否真正体现价值，也是需要考虑的问题。

（四）程度：创新与安全的适度调和

适度价值对齐论（The Moderate Value Alignment Thesis）[34]是在弱价值对齐论（The Weak Value Alignment Thesis）与强价值对齐论（The Strong Value Alignment Thesis）的辩证框架中，考虑价值对齐程度适度调和的折中立场。

不同于弱价值对齐论认为智能体应该对人类有益，当以人为中心的价值与其他价值发生冲突时，应优先考虑人类价值观；也区别于强价值对齐论对智能体价值观如何与人类价值观保持一致提出的更精确的主张，即每个时刻随着人类价值演化形成相应的自洽系统；适度价值对齐论认为，智能体应被设计为对人类有益，且对齐于人类实际接受的部分价值观。这种调和主要是考虑到个体的主客观局限性。一是客观问题，人并非总是有能力明晰何为对或错，个体素养能力这一变量，将为智能体的价值对齐目标带来不确定性[35]，落于“善因”种“恶果”的境地。二是主观问题，人们并非总是保持理性，当某个个体陷入非理性时刻，智能体是否还需要保持与之一致的非理性，这种情形亦有待商榷[36]。

走在科技与伦理、进步与开放的十字路口，需把握好价值对齐的“度”。一方面是生成智能的创新性，强行将机械智能世界中的价值条框对齐人工智能大语言模型，可能会矮化其发展潜力、剥夺其学习能力、扼杀其创意能力，使生成智能长期局限于人们既有的认知范畴中，而难以面向未来形成超越现实之势。另一方面是生成智能的适应性，价值对齐不应依赖于单一标准、局限于固定模式，而要思考差异化价值如何保留及如何体现，价值系统如何相互平衡以求同存异，如何在对齐过程中兼顾强势主体与弱势主体；如何兼顾开放性、发展性、多元性，将“和而不同”作为价值对齐的理想图景，谨慎权衡不同价值观之间的关系，体现技术助益不同文明得以延续的人文关怀，促使智能体适应多元价值的协调共生。

五、结语

本研究通过中文大语言模型在处理价值判断与事实判断问题时的表现差异，发现其价值判断存在着详细而模糊、复杂而多变的特点。反思信息传播视域下影响价值对齐的关键因素，研究关注数据收集、算法优化、算力支撑和应用机制层面，及其对价值对齐的基础性、机制性、保障性和实践性影响。基于此，从第一性原理出发，价值对齐启发着智能安全的对象、路径、关切、程度，为智能技术注入更多人文关怀。未来，随着智能体价值的逐渐崛起，保护人类主体性将是一项重要而艰巨的命题。总之，本研究为理解和评估大语言模型的价值对齐能力提供了实证探索，也对价值对齐的信息要素、治理思路予以回应思考。

［1］李宏伟．技术的价值观［J］．自然辩证法通讯，2005（5）：13–17.

［2］LEIKE J，KRUEGER D，EVERITT T，et al. Scalable agent alignment via reward modeling：a research direction［J］. arXiv preprint arXiv：1811.07871，2018.

［3］JARON L. The Myth Of AI［EB/OL］.（2014–10–20）［2024–11–14］. http：//edge.org/conversation/the–myth–of–ai#26015.

［4］袁雨晴，陈昌凤．道德物化：大模型人机价值对齐的技术伦理进路［J］．南京社会科学，2024（6）：88–97.

［5］IRWIN T. Aristotle's first principles［M］. Oxford：Oxford University Press，1990：3–5.

［6］林爱珺，常云帆．人工智能大模型价值对齐的人文主义思考［J］．新闻界，2024（8）：24–33.

［7］刘复兴．人文社会科学研究中的事实与价值［J］．北京师范大学学报（社会科学版），2009（1）：16–28.

［8］孙志海．重构价值哲学：从价值判断出发［J］．现代哲学，2015（1）：24–33，77.

［9］GUO C，PLEISS G，SUN Y，et al. On calibration of modern neural networks［C］// International conference on machine learning. PMLR，2017：1321–1330.

［10］KAUCHAK D，LEROY G，HOGUE A. Measuring text difficulty using parse - tree frequency［J］. Journal of the association for information science and technology，2017，68（9）：2088–2100.

［11］XUE B，WANG H，WANG R，et al. MlingConf：A Comprehensive Study of Multilingual Confidence Estimation on Large Language Models［J］. arXiv preprint arXiv：2410.12478，2024.

［12］闫佳琦．筑牢AIGC影响下的意识形态安全屏障［N］．中国社会科学报，2024–03–06（5）.

［13］GIGERENZER G. How to stay smart in a smart world：Why human intelligence still beats algorithms［M］. Massachusetts：MIT Press，2022：143.

［14］中国信通院．中国算力发展指数白皮书（2023年）［EB/OL］.（2023–09–15）［2024–10–20］. http：//www.caict.ac.cn/english/research/whitepapers/202311/P020231103309012315580.pdf.

［15］奇安信.2024人工智能安全报告［EB/OL］.（2024–02–29）［2024–10–20］. https://www.sdbdra.cn/newsinfo/6956319.html.

［16］银河实验室．谷歌发布业界首个生成式AI滥用报告，操纵舆论为最主要滥用

动 机［EB/OL］.（2024–07–03）［2024–10–20］. https://mp.weixin.qq.com/s/oXBuuQNeQ–SqdwkFJZGV–g.

［17］中国政府网 . 人工智能安全治理框架 1.0 版［EB/OL］.（2024–09–09）［2024–10–20］. https://www.gov.cn/yaowen/liebiao/202409/content_6973317.htm.

［18］黄心语，李晔 . 人机信任校准的双途径：信任抑制与信任提升［J］. 心理科学进展，2024，32（3）：527–542.

［19］喻国明，滕文强，武迪 . 价值对齐：AIGC 时代人机信任传播模式的构建路径［J］. 教育传媒研究，2023（6）：66–71.

［20］HORTON D，RICHARD WOHL R. Mass communication and para–social interaction：Observations on intimacy at a distance［J］. psychiatry，1956，19（3）：215–229.

［21］YUAN L，GAO X，ZHENG Z，et al. In situ bidirectional human–robot value alignment［J］. Science robotics，2022，7（68）：eabm4183.

［22］SHEN T，JIN R，HUANG Y，et al. Large language model alignment：A survey［J］. arXiv preprint arXiv：2309.15025，2023.

［23］JI J，QIU T，CHEN B，et al. Ai alignment：A comprehensive survey［J］. arXiv preprint arXiv：2310.19852，2023.

［24］诺曼 . 设计心理学 3：情感化设计［M］. 何笑梅，欧秋杏，译 . 北京：中信出版社，2015：8–11.

［25］CERVANTES J A，L?PEZ S，RODR?GUEZ L F，et al. Artificial moral agents：A survey of the current status［J］. Science and engineering ethics，2020，26（2）：501–532.

［26］BOURNE H，JENKINS M. Organizational values：A dynamic perspective［J］. Organization studies，2013，34（4）：495–514.

［27］HENDRYCKS D，BURNS C，BASART S，et al. Aligning ai with shared human values［J］. arXiv preprint arXiv：2008.02275，2020.

［28］SARMA G P，HAY N J，SAFRON A. AI safety and reproducibility：establishing robust foundations for the neuropsychology of human values［C］//International Conference on Computer Safety，Reliability，and Security. Cham：Springer International Publishing，2018：507–512.

［29］阮凯 . 机器伦理学的当代争议及其解决方案［J］. 自然辩证法研究，2021，37（11）：42–48.

［30］晏萍 . 负责任创新、价值设计与人工智能伦理——访范・德・霍文教授［J］. 哲学动态，2020（9）：121–127.

［31］张超．嵌入算法价值观：新闻生产算法系统的价值敏感设计研究［J］．南京师大学报（社会科学版），2023（2）：135–146.

［32］刘学博，户保田，陈科海，等．大模型关键技术与未来发展方向——从ChatGPT谈起［J］．中国科学基金，2023（5）：758–766.

［33］ZHU Y，SUN C，YANG W，et al. Proxy–RLHF：Decoupling Generation and Alignment in Large Language Model with Proxy［J］. arXiv preprint arXiv：2403.04283，2024.

［34］PETERSON M. The value alignment problem：a geometric approach［J］. Ethics and Information Technology，2019，21：19–28.

［35］HADFIELD–MENELL D，DRAGAN A，ABBEEL P，et al. The off–switch game［C］//Workshops at the Thirty–First AAAI Conference on Artificial Intelligence. 2017.

［36］MILLI S，HADFIELD–MENELL D，DRAGAN A，et al. Should robots be obedient?［J］. arXiv preprint arXiv：1705.09990，2017.

（胡正荣系中国社会科学院新闻与传播研究所所长、教授；闫佳琦系中国社会科学院新闻与传播研究所助理研究员）

智能时代价值观国际叙事的主要特征与优化路径研究 *

殷　乐　杜兴远

【内容摘要】研究探讨了智能传播时代价值观国际叙事中所呈现的主要特征，并在此基础上提出了优化传播路径的建议。分析表明在后现代语境下，智能传播技术打破了传统的中心化传播结构，算法使传播主导权从传统媒介转向平台和受众，实现了传播权力的重构。大数据技术塑造了受众的多重身份，使价值观传播呈现更大的流动性和多样性，改变了以往单一身份认同的框架。生成式人工智能进一步推动全感官信息内容的规模化生产，多元主体协同拓展价值观内容的边界，构成复调性的传播格局。为应对这些挑战，研究提出通过智能技术进行语境建构、角色塑造、社会动员与规范建立，构建梯度性的传播策略，提升中国价值观在全球范围内的传播效能。

【关键词】智能传播，价值观，国际叙事，后现代语境，优化

Study on the Key Characteristics and Optimization Pathways of International Narratives of Value Systems in the Intelligent Era

YIN Le，　DU Xingyuan

Abstract: This study explores the key characteristics of international narratives of value systems in the era of intelligent communication, and based on this analysis, proposes recommendations for optimizing communication pathways. The analysis reveals that, within a postmodern context, intelligent communication technologies have disrupted the traditional centralized communication structure. Algorithms have shifted the dominance of communication from traditional media to

* 本文为国家社科基金重点项目“基于智能算法推荐的主流价值传播及青年价值观引导研究”（批准号：23AXW005）阶段性成果。

platforms and audiences, leading to a reconstruction of communicative power. Big data technologies have shaped audiences into possessing multiple identities, resulting in greater fluidity and diversity in value-based communication, thereby altering the former framework of singular identity recognition. Generative AI further promotes the large-scale production of multisensory informational content, while collaboration among diverse agents extends the boundaries of value content, creating a polyphonic communication landscape. To address these challenges, the study suggests leveraging intelligent technologies for context construction, role shaping, social mobilization, and norm establishment, thereby building a gradient communication strategy to enhance the global effectiveness of Chinese value system dissemination.

Keywords: intelligent communication, value systems, international narratives, postmodern, context optimization

价值观作为文化软实力的重要组成部分，关乎一个国家的形象塑造与认同构建，是该国在全球舆论场中的话语权与影响力的决定性力量。[1]通过有效的价值观传播，国家能够向外传递其核心理念与文化信条，进而提升国际社会对其发展模式与文化特色的理解与接受。价值观的传播需要依托完整的叙事体系，确保叙事逻辑的连贯性与一致性，形成具有长期影响力的全球叙事框架。价值观内涵的稳定性及其所包含的宏大叙事倾向，使得价值观国际传播长期以来一直与线性特征的“元叙事”模式绑定。

当前生成式人工智能、算法推荐等智能传播技术的普及，使媒介内容的生产与传播打破了线性逻辑，这与如今国际叙事强调的去中心化和个性化特征高度一致。[2]通过社交媒体平台和算法推荐系统等多维渠道，受众能够根据自身偏好和价值观选择信息，这种“信息茧房”强化了叙事中的个体化体验。[3]此外，智能传播的去中心化特性赋予边缘化声音更多表达机会，多主体参与形成“复调”式传播生态，逆全球化和后真相政治趋势也使得传统权威叙事对大众的吸引力下降，取而代之的是在地化、个性化的叙事[4]。智能传播技术削弱了权威叙事的统治地位，社交媒体和短视频等新兴媒介加速了个体化表达的普及，逐步构建起一种“后现代叙事”特征的传播格局。[5]正如利奥塔尔在《后现代状态：关于知识的报告》中指出：“后现代叙事是对具备现代性特征的‘元叙事’中的统一话语和普遍真理的质疑，‘解构’成为后现代主义叙事的核心特征。”[6]在板块化的全球价值观分布体系下，如何在后现代解构主义盛行的语境下进行有效的价值观叙事成为我国国际传播必须面临的系统性挑战。因此，本研究深入探讨此类国际叙事在智能传播环境中的运行逻辑，并充分利用技术赋能的潜力，为增强我国话语的传播效力和国际沟通提供理论与实践支持。

一、我国当前价值观国际叙事的现状分析

（一）我国当前价值观国际叙事时代意涵

新冠疫情后，全球范围内逆全球化思潮迅速抬头，当下逆全球化思潮本质是地方性政治结构与生产组织需求强化下的全球范围内市场、资本与供应链的加速整合，其背后隐含着鲜明的价值导向，如政治上的民粹主义，经济上的贸易保护主义与本土主义，社会政策上的排外主义、反移民主义等。[7]价值观意义本质化所引发的跨国意义流动的削弱，使“东西方文明、南北方国家、中心与边缘间的价值高位竞合走向常态，基于价值观分化重组的国际格局悄然成型”[8]。

从哲学层面来看，“价值观”是特定群体在物质和精神生活实践过程中形成的，能够反映群体价值立场的总体观念和根本看法，具有高度抽象化的逻辑体系。[9]价值观内涵的中心性逻辑规定了不同文化之间的主导与从属地位。这使得在国际传播过程中，个人、社会与文化价值观共同铸就了个体进行编码和解码的语境与语义系统。在这种多层价值体系的过滤作用下，跨文化叙事极易产生话语误读甚至被解构的风险。同时，智能传播时代个体信息获取与算法深度融合，使个体在“信息茧房”中持续接收与其既存价值观一致的信息。这种信息的高度定制化排斥多元价值观，算法分配机制的封闭性也为来自不同文化语境的价值观进入个体价值网络带来了严峻挑战。

近年来，随着以中国为代表的新兴国家日益活跃于经济全球化的舞台，极大地冲击了西方主导的全球化模式。当下逆全球化思潮的兴起，很大程度上是西方国家为维护其在全球政治经济格局中的既有权力所进行的“空间修复”[10]。价值观成为不同国家塑造全球规则与治理体系的核心基础，亦是各国争夺新一轮全球化模式下国际话语权与影响力的关键因素。毫不夸张地说，一种全球治理体系能否被广泛接受，取决于其价值观能否获得国际社会的普遍认可[11]。

党的十八大以来，我国在参与全球治理体系建设的战略目标下，经过十余年的发展，初步形成了个人、企业、地方媒体、国家媒体等多层次、全媒体的国际传播矩阵。推动构建人类命运共同体，成为我国对外价值观宣传的主线。然而，在世界舆论场域中，我国的国际传播话语体系依然相对薄弱，过度强调文化适应性的价值宣传路径使得我国价值观在国际传播上陷入与西方正面对垒的局面。因此，要想发挥我国在智能传播时代的后发优势，必须厘清我国在国际传播中的价值观“元叙事”，并在此基础上探讨使其适应智能传播时代的叙事模式。

（二）价值观的内容逻辑：我国当前价值观国际叙事的“元叙事”阐释

利奥塔尔提出的“元叙事”（meta-narrative）理论主要用于论述现代性价值观的底层逻辑。在利奥塔尔看来，现代社会依赖于宏大叙事，如启蒙、进步和科学等价值观念，来构建社会秩序与知识结构。[12]这类叙事具有权威性和统一性，旨在为社会提供一个完整的世界观和解释框架。元叙事指出了价值观形成的底层逻辑，这种叙事方式通过讲述宏大而统一的故事，以连贯性和一致性的方式解释社会现象与历史进程，使个体事件能够被理解为某种更高层次目的的一部分。因此，元叙事作为解释和组织社会知识结构与价值体系的理论系统，依托“叙事作为人类存在的本体特征”[13]，引导个体和社会的现实认知与判断，为价值观的形成提供了叙述逻辑和规范体系。

习近平总书记指出：“当代中国价值观念，就是中国特色社会主义价值观念，代表了中国先进文化的前进方向。要加强提炼和阐述，拓展对外传播平台和载体，把当代中国价值观念贯穿于国际交流和传播方方面面。”[14]从我国对外传播的底层价值逻辑来看，中国特色社会主义核心价值观为我国对外传播提供了具有全局性、系统性和解释力的“元叙事”框架。中国特色社会主义核心价值观来源于“马克思主义理论、中华优秀传统文化、世界文明的有益成果以及改革创新的时代精神”[15]，其元叙事框架涵盖了人类文明发展的共同价值，具备超越地域与个体特殊性，为社会、历史和知识提供宏观解释的能力。正因如此，我国在价值观对外传播过程中重视元叙事的作用，强调传播内容能够触及不同文化体系中的普遍关切[16]，意图通过叙事的主题性、连贯性和一致性，确保价值体系的稳定传达与持续传播，实现本国与异域文化之间叙事体系的有效连接。

随着智能媒体技术的发展，尤其是在算法普遍融入信息流的当下，算法往往优先推送那些能引发高互动性、情绪化和极端化的内容，“使得受众更倾向于迅速调动丰富的感官体验来满足自身的价值需求，宏大叙事也随之被消解”[17]。基于元叙事的价值观国际传播在智能时代的碎片化、官能化传播模式下，正面临叙事逻辑层面的深层次挑战。

（三）后现代：智能时代的价值观国际传播的意义构建逻辑

现代叙事学中的元叙事是一种权威的、结构化的知识系统，旨在为社会提供连贯的世界观[18]。然而，随着社会和学术思潮的发展，具有“后现代”特征的叙事逐渐兴起，对这种宏大的统一性和普遍性提出疑问，其背后的推动力量包括20世纪中期西方社会的变革、后现代文化思潮以及技术进步等多重因素。20世纪六七十年代巴黎五月风暴、美国的反越战运动等一系列发生于西方国家的社会运动，通过揭露社会结构中的不平等，催生了女性主义叙事、酷儿叙事等诸多超越与挑战西方主流文化权威与现代性宏大叙事的类型。结构主义和后结构的理论思潮也极大地影响了相关叙事理论的发展。例如罗兰·巴特的“作者已死”，雅克·德里达对叙事文本意义“延异”的论证，利奥塔尔（也有翻译为“利奥塔”）有关元叙事的自我矛盾[19]等。这些社会运动与学术思潮共同促使叙事学研究质疑传统的线性、普遍性叙事，转而关注多样性、边缘性及个体经验[20]。

反统一性和反中心化也是后现代叙事的典型特征，布莱恩·麦克黑尔详细描述了后现代小说一系列“形式实验”，指出后现代小说的使命是质疑传统叙事中的真实性和稳定性[21]。同样，琳达·赫切恩在《后现代主义的政治学》中提到，后现代叙事具有显著的自反性特征，这种自反性使得叙事能够揭示自身的构建过程，从而让读者意识到文本的虚构性。[22]在智能时代，后现代叙事得到了算法、大数据动态分析和生成式人工智能（AIGC）等技术的进一步推动，叙事形式和逻辑发生了深刻变化。新技术使得文本生成过程更加自动化和多样化，增强了互动性和流动性，使后现代叙事更具开放性。[23]同样，查克·威克的混合媒体系统理论表明，后现代叙事已超越传统文本媒介，通过智能设备、社交媒体及AR/VR等多渠道形成复调性叙事模式，扩展了角色和场景的构建方式，使得叙事更加丰富、多样和沉浸式。在国际传播领域，后现代主义特征体现在受众对结构主义叙事范式中高度概括性和普遍性的价值模式的质疑，强调将特殊的、在地化的叙事经验纳入叙事实践的考察，注重在具体文化、历史语境与传播载体中考察叙事文本的特征。[24]

“价值观只有在某种制度场景中实现从精神层面向物质层面的最终跨越后，才能对国际传播产生实质影响。”[25]进入智能技术时代，互联网和大数据技术的普及进一步推动了叙事的创新与发展，互联网本质上是一种以个人为中心的传播技术，具有天然的反中心化倾向。[26]社交媒体平台通过算法推荐构建了个性化的信息空间，使得基于宏观权威的叙事在“自我”的回音壁中被个体经验与自我感知所消解。随着后现代叙事方式与智能传播特征的结合，个体化和地方化的价值观凸显。这种解构元主题的叙事方式冲击了价值观对外传播中依赖的连贯性和主题性。算法推荐构建的“信息茧房”重构了以在地化为核心的信息流动和社会关系网络，放大了文化折扣的风险。有效的价值观传播不仅依赖于内容的精准性，更在于传播体系能否适应全球化背景下的解构盛行的传播格局。在智能传播时代，信息流动加速，价值观传播已从单向的线性模式转变为多维度的复杂交互过程，受众反馈与再创作成为影响传播效果的重要因素。

二、智能时代的价值观国际叙事特征分析

（一）流动的主题：算法赋能下的叙事权力转移

算法技术深刻改变了价值观的国际传播方式，使其从传统的静态、本质化叙事主题构建，逐步转向具有流动性与多元化的模式。这种流动性主要体现在算法对价值观传播

内容、形式及传播方向的实时调整中，反映了价值观“编码—解码”权力的转移。在大众传媒时代，价值观传播本质上是一种以特定媒介文本为中心的“一对多”叙事方式。为确保价值观在跨文化传播中的连贯性，叙事主题通常聚焦于国际社会普遍认可的议题类型，如个人奋斗、社会文明进步等。这些普适性的价值观主题通过中心化的传播者，如政府与主流媒体进行传播，旨在塑造一个相对稳定、统一的全球叙事框架。

随着算法技术的广泛应用，价值观传播的主导权逐渐发生转移。大数据技术通过对受众行为、兴趣、点击和互动数据的分析，构建了一套复杂的算法逻辑，进而决定了哪些信息能够进入受众的信息流。这意味着价值观传播不再仅仅依赖传播者对叙事主题的单向选择，而是由受众需求与平台算法共同主导的过滤系统所决定的。该系统通过受众与大数据之间的互动，对价值观传播内容进行筛选和定制，坐拥数据的平台成为信息进入受众视野的“把关人”。在此过程中，传播的主导权逐渐从大众媒介的传播者转移至由大数据与受众共同交互所构建的“赛博综合体”[27]。在智能传播时代，算法已成为连接受众偏好、媒介信息流与价值观传播的核心中介。受众在接受媒介内容的过程中，不仅逐渐形成更加明显的路径依赖[28]，同时其价值观还会因算法的筛选和推荐机制被进一步强化和塑造。

根据霍尔的“编码—解码”理论，受众会根据其文化背景和社会环境对接收到的信息进行“解码”，从而产生不同的理解。在如今以算法为中介的信息接收网络中，这种解码并不会直接作用于受众，而是要经过两层重新编码，完成价值观意义的双重流动。第一层编码发生在算法作为中介的过程中。当信息进入算法推荐的信息流时，算法通过对不同内容的筛选和组合，将特定的价值观信息与其他相关内容一同推送给受众。算法作为信息流的“组织者”，对原本由传播者赋予的信息进行重新排列，形成新的信息组合，进而改变受众对单一信息的解读。此时，价值观的初始含义发生了第一次流动。第二层编码则是依据受众被算法信息流所影响的在地化经验。在算法构建的封闭信息环境中，受众接触到的信息往往与其已有认知相符，这种内容选择进一步强化了其既有的价值观体系，从而使价值观的意义在第二次流动中被重新解读与再度塑造。通过这两层编码，文本中有关价值观的叙事主题在传播过程中被深度重构，实现了复杂的多维流动。

（二）去中心化：大数据动态分析下价值观叙事的多重身份

“去中心化”是具有“后现代”特征叙事的核心特征，这种解构元叙事的重要动力来自大数据分析与身份标签的划分。身份作为社会关系的集合，是个体与社会互动的产物，其类型与一定社会时期的主导文化模态有关。媒介作为一定时期主导文化模态形成的关键力量，受众个体的身份不可避免地围绕主导文化模态类型进行展开。[29]在詹姆斯·考特的“身份—媒介”模型中，大众传媒的中心化特质塑造了以稳定性和连贯性为核心的现代主义身份观念，个人身份被视为线性时间内统一的结果。[30] 随着社交媒体的普及，“去中心化”“分布式”的网络传播架构为边缘群体的价值观表达带来了赋能赋权效应[31]，这种网络结构弱化了固定身份和统一价值观的主导地位，以流动、碎片的形式代替了整体[32]。

这种流动性的身份特征使得价值观国际传播的编码与解码过程呈现出明显的去中心化特质。大数据的动态分析通过全面分析受众在社交媒体平台上的行为、兴趣、社交互动等多维数据，通过标签系统聚合话题讨论，使受众能够在此基础上选择符合特定社交情境的身份价值认同圈层。大数据的动态性和灵活组合推动了价值观叙事从本质化向多元化、流动化的转变，叙事的“结构性”体现在受众通过大数据赋予的身份标签，在社群内寻求群体化的价值支持。随着个体身份参照系的多样化与碎片化，价值观的传播逐渐脱离传统中心化传播者单一编码的模式，走向多节点化的“蚁群”式传播。[33]

在后现代主义的语境下，价值观并没有固定的内涵，而是随着身份、场域和情境的变化而不断重构。这一变化体现了此类国际叙事的核心：价值观传播不再遵循固定逻辑，而是根据身份、文化和场域的变化形成去中心化、流动性和多样化的叙事模式。传统传播者与个体受众的角色在这一过程中交互融合，推动了价值观传播从单向主导向多层次、互动化的转型。

（三）复调性：生成式人工智能赋能下的多声部叙事

复调（polyphony）作为一个广泛应用的叙事学概念，原指小说中多种独立的声音或观点同时存在且相互对话，彼此平等，互不从属于某个主导视角。[34] 近年来，随着跨国平台越发成为国际传播所依赖的基础设施，“跨文化复调”（intercultural polyphony）正在成为平台化世界交往的底层机制。从个体身份认同的微观层面来看，“以民族国家为本位的不对等的跨国信息流动转而为以平台用户为本位的平等多向的交往所代替”[35]。在平台化的逻辑下，个体的身份认同不再由单一的价值观或权威主导，而是通过主体间性的多元叙事与协商来协调身份需求。从不同国家和地区间的跨文化身份价值叙事的角度看，大众传播的复调性体现在社交传播和智能传播在平台上抵制性下的融合、交错与竞争。这种多传播主体和媒体系统的模式，类似查克・威克提出的混合媒体系统（Hybrid media system）。[36] 在混合媒体系统下，政府、企业、个人、人工智能等不同传播主体所运作的媒介系统在技术、规范的融合与互动中拓展媒介内容生产的边界，各主体在传播过程中独立发声，彼此影响但不从属于任何权威中心，公共群体与私人空间相互交错，共同发声，形成显著的复调关系。

如果说“社交传播以层次的人际关系作为传播驱动力，促使每一位网民变成潜在的内容生产者，智能传播直接以算法和数据为驱动，使内容生产效率和传播能力得到极大的拓展”[37]。当下，生成式人工智能（AIGC）已覆盖文字、语音、图像、视频等全感官媒介领域，突破了人力生产与单一感官叙事的瓶颈，能够将原本依赖人际互动和具身感官体验的身份价值表达进行规模化、自动化生成。生成式人工智能的出现，标志着智能传播从以用户驱动为核心的初期阶段，逐步转向基于数据系统的深度渗透与扩张性传播。

扩张性体现在身份价值认知与情感流动的结合。生成式人工智能利用卷积神经网络（CNN）和循环神经网络（RNN）处理视觉和文本数据，精准捕捉用户在特定场景中的情绪与反应，生成与用户情感状态高度契合的内容。通过情绪的传递，人工智能大幅增强了传播的扩张力，促使受众身份认同与价值观念的流动，促进不同身份价值之间的跨文化对话。渗透性体现在生成式人工智能对混合媒体系统中不同传播主体目标的深度匹配。在混合媒体系统中，各传播主体拥有差异化和层级性的目标期待，构成了国际传播交往中的复调属性。在生成式人工智能的赋能下，价值观国际传播的文本生产不再局限于时间维度内的持续性主题叙事，而是通过交互式神经网络精准捕捉传播对象与特定情境的关联性，快速生成包括文字、视频、互动游戏在内的全感官信息图景。生成式人工智能生成的内容既满足了受众多样化、即时性的需求。同时又通过传播者与人工智能的交互，价值观在国际传播中的核心框架得以保持稳定。这种稳定性与信息碎片化特质的统一，构建了混合媒体系统中灵活多变且内在稳定的价值观多声部叙事体系。

三、智能时代我国价值观国际叙事优化路径

（一）语境建构：大数据分析下的在地化修辞

从价值观形成的哲学逻辑来看，价值是价值观存在的基础，是主体对现实生活中的实存进行主体化的过程，即“客体的存在和作用对主体本质力量的发展关系和完善效应”[38]。价值观的识别与判断首先依赖价值评价主体对碎片化、具象化内容的感性印象。作为信息或文本在特定社会、文化、历史背景下被理解和解读的框架，语境在受众的价值判断中起着基础性作用。任何去语境化的叙事实践，都可能导致元叙事中原本蕴含的价值在跨文化传播过程中受到海外受众和平台数据的双重在地化解构。因此，国际传播的共情效果需要通过信息传播中的在地化表达和修辞手法的协同作用，来实现情绪与情感在跨文化信息接收与认同中的有机渗入。[39]

在智能时代，国际传播的在地化修辞的核心在于利用大数据分析受众的文化脉络、情感共鸣点和认知模式，将这些因素深度嵌入信息传播过程。修辞已不仅限于语言选择，还涵盖叙事框架的构建、情感表达的调整以及符号使用等多维度，凭借对叙事文本进行全方位再编码，确保信息与受众的文化和情感背景相契合。随着国际传播日益依赖跨国

平台的多渠道、多感官叙事模式，受众对文本价值的识别越发依赖于由大数据构建的叙事语境。因此，修辞的作用不仅体现在文本的编码过程中，更通过塑造符合受众在地文化经验的叙事语境，使信息能够被目标受众有效解读与认同，进而提升国际传播的影响力与精准度。

为了营造在地化的语境，减少此类国际叙事所带来的价值折扣，我国进行价值观国际传播的各类传播主体，需依托大数据动态分析跨国媒体平台上海外受众的互动习惯、文化背景和情感状态等多维数据，进而构建详细的用户画像。通过机器学习算法和自然语言处理技术，传播主体能够对这些数据进行深度建模，识别海外受众的文化脉络与认知模式，分析其对特定内容的解读取向。基于聚类分析，传播主体可为不同受众群体赋予价值取向标签，从而在叙事框架、语言符号和情感表达等方面进行针对性调整。这种基于大数据分析的叙事语境建构既不是单纯为受众的价值解读提供背景，也不仅仅是在表达层面进行修辞选择，而是通过大数据动态分析构建一个国际传播的叙事语境网络，实现对算法和受众价值倾向的全方位适应。

（二）角色塑造：算法推荐中的多维身份构建

价值观国际传播中的角色塑造是“界定自我与他者身份，在责任外部归因的过程中选择与各行动方的互动模式”[40]的过程。在国际传播领域，价值观的角色塑造体现为价值观倡导者对全球秩序及自身在全球秩序内的角色定位的展现。从建构主义的视角来看，国际互动中的通用规范与准则通常由某些大国主导建立，二战后以“华盛顿共识”为核心的单极国际秩序，正是美国借助经济全球化与政治民主化的推广而建立的。然而，随着全球多极化趋势的兴起，以及经济全球化带来的全球政治经济发展不平衡的问题，越来越多的国家对美国主导的自由市场模式提出疑问，近期美国提出的以“经济国家主义”为核心的“新华盛顿共识”更是彻底暴露其零和博弈的价值主张，这种以“自顾”为核心的秩序设想无法为全球共同议题的解决提供有效方案，反而成为加剧全球不稳定的因素。[41]

“当主导大国变更或无法再提供有吸引力的智识引领时，在异见国的推动下，国际秩序就会相应调整。”[42]不同于美国以“自顾”为核心的国际秩序角色定位，中国作为全球多极化格局的倡导者，在平等对话、求同存异、合作共赢的基础上，构建人类命运共同体。在该理念的指导下，我国在国际传播中逐渐形成了自身在国际治理中的多重角色定位，包括全球治理体系的倡导者和构建者、全球和平与稳定的维护者、经济全球化的积极倡导者和参与者等。[43]然而长期以来，我国在塑造自身角色形象的过程中倾向于以民族国家为主体，基于宏大叙事进行角色定位，在智能传播时代“国际交往呈现出多元主体、多维空间、多重身份相互交织的‘复调’特征，以‘民族国家交往’的旧思维应对当下‘个体交往’的新环境”，难以真正为当前的国际传播谋求系统性的提质增效可能[44]。

因此，当下我国在国际传播中的价值角色塑造，需要在维持自身价值定位的基础上，向差异化的海外受众群体展现符合其价值预期的角色形象，算法在其中扮演了至关重要的角色。算法通过对受众数据的收集与分析，帮助我们在国际传播中识别受众兴趣和需求，进而通过精准化、定制化的角色形象推送，构建节点对节点的传播路径。在这一实践逻辑下，我国的对外形象构建不必再局限于以民族国家为前台的宏大叙事，而应充分利用像李子柒那样展示中国田园生活方式的个人博主，或是西双版纳迁徙的象群这样的自然现象，充分借助一切可能与海外受众的现实经验产生联结的机遇，在多声部的传播网络下，召唤出受众对于中国角色形象的积极面向。

（三）社会动员：参与性媒介仪式下的价值共鸣

在价值观国际传播的过程中，社会动员是指通过叙述传播主体与受众之间的利益关联性，突出双方在国际事务中采取一致立场的合理性。早在大众传播时代，媒介仪式对社会动员的重要性已广受重视。随着 AR、VR 等沉浸式交互技术的发展，智能媒体技术的赋能已经“大大丰富了媒介仪式的外在形态与内在价值，仪式所承载的时空边界不断被打破”[45]。这种无解衍意的叙事空间消解了传统媒介仪式中反复性、形式化的叙事方式，转而通过由技术构建的“亲身在场”在一种共享的情感状态中，构建延伸向更广阔叙事文本的互动链条。[46] 单一文本的价值叙事容易在流动的主题解码中遭到解构。因此，为了在智能传播时代实现有效社会动员，传播者需为海外受众提供深度参与的仪式场域，借助社交媒体强化受众在场状态与互动察觉，延长仪式链条，利用智能技术赋予受众生成异议与感知共情的能力。[47]

媒介技术的发展决定了受众的“在场”方式。我国在国际传播中应充分利用在线场景技术，构建沉浸式叙事场域，将文化叙事与传播机制结合，使受众在交互中融入共享情感的叙事网络。近期在国外玩家中引发热议的《黑神话：悟空》便是典例。该游戏借助 3D 建模技术精准还原中国古典神话与历史场景，综合运用全球领先的物理 AI 系统、DLSS 等交互技术帮助玩家实现与虚拟故事场景的沉浸式、高仿真互动。游戏通过将故事剧情的主要线索以及各类支线的探索方式均融入由视觉技术所构建的虚拟文化场景，使玩家在游戏体验的自然状态下与游戏主人公所表达的价值理念产生持续互动。这种基于智能媒体技术的叙事场域，使受众根据自身价值观选择叙事线路，在发挥自主性的同时，将自身纳入叙事角色，实现对内容的价值共鸣。

从仪式链条拓展的层面看，智媒传播的脱域性使媒介仪式的形成不再局限于特定场域，受众通过社交媒体评论、加入社区、发布再创作文本等方式分享自身的情感与经验，从而吸引更多人参与仪式互动，共同确认集体共享的体验。柯林斯认为，媒介仪式链条的延伸关键在于对共在状态的体验和彼此互动的察觉。[48]这要求我国在进行跨文化价值动员的过程中，一方面应通过视觉与智能交互技术，生产电子游戏、交互新闻等融媒产品，使海外受众在多感官交互中深度卷入，意识到自身是共享体验的一部分；另一方面，通过社交分享界面与创作激励机制，促进情感与共享价值的传播，鼓励受众通过再创作以新的形式呈现原有价值叙事，赋予受众以在地化、情境化的经验进行再解读的权利，增强叙事的多样性与灵活性。

在此过程中，去中心化的叙事机制使传播者与受众共同成为叙事的创造者，既保留了叙事的多样性，又通过对共享意义的认同保持了价值观的稳定性。这种去中心化叙事并不会导致价值传播的失控或分裂，相反，由于受众在沉浸与互动过程中共享同一套象征符号，其在与他者的交互中实现了对共享意义的确认，从而构建了统一的价值叙事体系。在跨文化传播过程中，这一体系不仅确保了价值观内核的相对稳定性，还能够灵活适应多元文化语境，从而有效提升我国在国际价值观传播中的动员能力和影响力。

（四）规范建立：梯度观念下的共同体行动方案

价值规范指通过“风俗习惯、道德伦理、法律等指导人们在特定情境中行事，是区分善恶、对错、好坏的应然标准”[49]。我国在国际传播中建立价值规范的目的是为构建“人类命运共同体”的价值理想构建具备指导性的行动框架、制度安排与道德标准。作为对全球发展秩序的倡议，“人类命运共同体”所包含的核心价值取向从一开始就聚焦全球性、普遍性的问题，这种倾向一定程度上使得我国在过往中更重视宣扬构建国际秩序中的共同价值，展现该理念中所包含的反对霸权主义和强权政治，强调相互尊重等国际通行的价值观念。这种传播方式虽然明确了价值规范的基本指向，但其去语境的价值传播模式容易导致后续的价值规范构建陷入传播主体与海外受众主客二元性的对立陷阱，从而遭到西方话语预设、框定与污名化。[50]在平台化与智能化越发显著的国际传播格局中，人与技术交织的混合媒体系统、多元与流动性融合受众身份以及碎片化、在地化并存的叙事方式已然颠覆了价值观元叙事的统一性与普适性，为价值观接收与解读此类国际叙事提供了发展的沃土。因此，在推动“人类命运共同体”价值传播的过程中树立梯度性的价值规范是在国际传播后现代语境下的必然选择。

梯度性的共同体行动方案指根据不同价值受众对中国文化和价值观的接受程度，通过受众认知分层，制定“人类命运共同体”理念的传播策略与行动框架。认知分层指依据受众对中国文化的熟悉度，传播从全球普遍接受的价值观，如和平、发展、合作等，逐步深入具有中国特色的理念，如和而不同、共商共建共享等，由浅及深地为不同的海外受众提供蕴含梯度性价值规范的文化产品。以国产电视剧出海为例，《大江大河》等直观反映中国现代化进程的电视剧，适合在华语区及海外华人群体中传播，以传递改革创新、共同富裕等具备中国政治与文化背景的价值观念。相比之下，《延禧攻略》《琅琊榜》等历史题材的偶像剧因其展现了浓厚的中国传统文化与审美特质，更适合在文化背景相似的泛亚洲地区传播，传递忠诚、和谐、孝顺等具有显著伦理特征的价值观。与此同时，《隐秘的角落》这类探讨社会阶级与犯罪等全球性议题的作品则通过 YouTube 等全球性平台传播，旨在强调社会公正、保护人权等具有普遍意义的人类共同价值。

四、结语

智能传播技术的发展在全球范围内推动了信息的去中心化和个性化，为解构主义叙事的盛行提供了技术支持。具有“后现代”色彩的国际叙事反对宏大叙事和普遍性真理，强调个体化、在地化以及多元化的叙事结构。智能传播技术通过大数据分析和算法推荐，打破了传统媒体时代的信息控制，赋予每个受众更多主动选择权。这种技术带来的传播生态，削弱了传统的权威叙事体系，增加了个体对信息的选择性解读，极大地助长了此类国际叙事在全球传播格局中的影响力。

基于此，对智能时代国际传播叙事特征的分析，便是了解价值观与媒介技术发展的互动逻辑。算法技术通过对受众行为、兴趣和身份的动态分析，构建了流动的价值观传播模式，使得传统的本质主义叙事结构逐渐被解构。价值观叙事不再由传播者单一控制，而是通过智能技术的过滤和筛选，结合受众的个性化需求不断重构。同时，去中心化和多重身份认同的现象加剧了叙事的碎片化与多元化，呈现出更具混合特征的传播生态。

习近平总书记在中共中央政治局第十二次集体学习时强调“提高国家文化软实力，要努力传播当代中国价值观念，要加强提炼和阐释，拓展对外传播平台和载体，把当代中国价值观念贯穿于国际交流和传播方方面面”[51]。在全球价值观传播竞争加剧的背景下，中国在进行价值观国际传播时，需要充分利用智能技术应对叙事模式变化的挑战，通过大数据和算法技术，精准识别不同海外受众的文化认知和价值观接纳度，制定分层次的传播策略，逐步从全球普遍认同的价值观向具体的中国价值观延伸。同时，借助沉浸式体验技术，如虚拟现实和增强现实，提升文化传播的深度与互动性，从而增强海外受众对中国价值观的认同。智能传播技术不仅是提升中国价值观国际传播效能的有效工具，还是应对叙事挑战的关键手段，为推动“人类命运共同体”价值理念在全球的传播提供重要支持。

---

［1］景嘉伊，胡正荣．价值观板块化形塑国际传播议程——基于“一带一路”的叙事性政策分析［J］．国际新闻界，2024，46（5）：6-27.

［2］SUNSTEIN C R. Republic：divided democracy in the age of social media［M］. Princeton：Princeton university press，2018.

［3］张卓．智能传播时代我国国际传播探究［J］．传媒，2022（5）：59–61.

［4］FUCHS C. Social media：a critical introduction［M］. London：SAGE publications，2017.

［5］JENKINS H. Participatory culture in a networked era［M］. Cambridge：polity，2016.

［6］利奥塔尔．后现代状态：关于知识的报告［M］．车槿山，译．南京：南京大学出版社，2011.

［7］万广华，朱美华．“逆全球化”：特征、起因与前瞻［J］．学术月刊，2020，52（7）：33–47.

［8］景嘉伊，胡正荣．价值观板块化形塑国际传播议程——基于“一带一路”的叙事性政策分析［J］．国际新闻界，2024，46（5）：7.

［9］郭凤至．价值、价值观念、价值观概念辨析［J］．东北师大学报，2003（6）：41–46.

［10］吴雷．在全球变革下构建中国国际传播体系［J］．现代传播（中国传媒大学学报），2024，46（2）：59.

［11］景嘉伊，胡正荣．价值观板块化形塑国际传播议程——基于“一带一路”的叙事性政策分析［J］．国际新闻界，2024，46（5）：6–27.

［12］利奥塔尔．后现代状态：关于知识的报告［M］．车槿山，译．南京：南京大学出版社，2011.

［13］MACINTYRE A. After virtue：A study in moral theory［M］. South Bend，Indiana：University of Notre Dame Press，2007.

［14］习近平．习近平谈治国理政（第一卷）［M］．北京：外文出版社，2018：161.

［15］高艳杰．习近平论社会主义核心价值观的思想来源［J］．思想教育研究，2015（10）：72–75.

［16］SMITH J. Cultural resonance theory：understanding cultural communication across borders［M］. New York：Oxford university press，2002.

［17］童建军，万成．生成式人工智能赋能青年价值引领的价值审思［J］．思想理论教育，2024（5）：90.

［18］利奥塔，等．后现代主义［M］．赵一凡，等译．北京：社会科学文献出版社，1999.

［19］利奥塔，等．后现代主义［M］．赵一凡，等译．北京：社会科学文献出版社，1999.

［20］LYOTARD J F. The postmodern condition：a report on knowledge［M］.

Minneapolis：University of Minnesota Press，1984.

［21］WAUGH P. Metafiction：the theory and practice of self-conscious fiction［M］. London：Routledge，1984.

［22］HUTCHEON L. The politics of postmodernism［M］. London：Routledge，2002.

［23］朱容杞，赵红勋 . 试论智媒时代新闻实践的后现代转向［J］. 新闻爱好者，2021（8）：34-37.

［24］ROY S.Contextualism revisited：a survey（and de fense）of postcolonial and intercultural narratologies［J］. Journal of literary theory，2007，1（1）：70.

［25］SUBOTI　J. Narrative，ontological security，and foreign policy change［J］. Foreign Policy Analysis，2016，12（4）：610-627.

［26］韩云杰 . 去中心化与再中心化：网络传播基本特征与秩序构建［J］. 中国出版，2020（21）：31-35.

［27］田秋生，李庚 . 传播研究中“赛博格”的概念史——以及“赛博格传播学”的提出［J］. 新闻记者，2021（12）：3-16.

［28］潘忠党 .“玩转我的 iPhone，搞掂我的世界 !”——探讨新传媒技术应用中的“中介化”和“驯化”［J］. 苏州大学学报（哲学社会科学版），2014，35（4）：153-162.

［29］BECKER G S. Human capital：A theoretical and empirical analysis，with special reference to education［M］. Chicago：University of Chicago Press，2009.

［30］CÔTÉ J E. Sociological perspectives on identity formation：The culture-identity link and identity capital［J］. Journal of adolescence，1996，19（5）：417-428.

［31］张文娟，李智 . 自媒体时代“东方”的主体性在场与东方学话语体系的松解——基于李子柒短视频文化破壁的分析［J］. 新闻大学，2022（11）：107.

［32］贝尔 . 资本主义文化矛盾［M］. 严蓓雯，译 . 南京：江苏人民出版社，2007：111.

［33］周翔，丁敏玲 . 信息生态视角下我国对外传播中网络用户的核心生态位问题［J］. 对外传播，2018（11）：48-51.

［34］巴赫金 . 巴赫金全集［M］. 钱中文，译 . 石家庄：河北教育出版社，1998.

［35］何天平，蒋贤成 . 平台时代的复调传播——文明交流互鉴视域下的国际交往模式变革［J］. 新闻与写作，2024（6）：36-46.

［36］CHADWICK A. The hybrid media system：Politics and power［M］. Oxford：Oxford University Press，2017.

［37］方兴东，钟祥铭，顾烨烨 . 从 TikTok 到 ChatGPT：智能传播的演进机理与变革路径［J］. 传媒观察，2023（5）：41.

［38］李德顺．价值论：一种主体性的研究［M］．北京：中国人民大学出版社，1987：106.

［39］乔拉米卡利，柯茜．共情的力量［M］．王春光，译．北京：中国致公出版社，2018：13–17.

［40］景嘉伊，胡正荣．价值观板块化形塑国际传播议程——基于“一带一路”的叙事性政策分析［J］．国际新闻界，2024（5）：14.

［41］李巍．“新华盛顿共识”与美国经济战略的转型［J］．国际问题研究，2023（5）：48–70，139–140.

［42］唐世平．国际秩序变迁与中国的选项［J］．中国社会科学，2019（3）：187–203，208.

［43］丁工．“人类命运共同体”的实践路径和中国角色论析［J］．当代世界与社会主义，2017（4）：181–187.

［44］何天平，蒋贤成．平台时代的复调传播——文明交流互鉴视域下的国际交往模式变革［J］．新闻与写作，2024（6）：39.

［45］陈红梅，佟文欣．激活与重塑：媒介融合背景下文化类电视综艺节目的文化记忆传承［J］．当代电视，2024（3）：72.

［46］柯林斯．互动仪式链［M］．林聚任，王鹏，宋丽君，译．北京：商务印书馆，2012：79.

［47］陈红梅，佟文欣．激活与重塑：媒介融合背景下文化类电视综艺节目的文化记忆传承［J］．当代电视，2024（3）：71.

［48］柯林斯．互动仪式链［M］．林聚任，王鹏，宋丽君，译．北京：商务印书馆，2012.

［49］吴向东．论价值观的形成与选择［J］．哲学研究，2008（5）：22–28，57.

［50］蔡文成，牟琛．“人类命运共同体”话语的传播困境及突围策略［J］．河海大学学报（哲学社会科学版），2022，24（4）：18–26，134–135.

［51］习近平．建设社会主义文化强国 着力提高国家文化软实力［EB/OL］.（2013-12-31）［2024-10-14］. http：//news.12371.cn/2013/12/31/ARTI1388504955461547.shtml.

（殷乐系中国社会科学院大学新闻传播学院副院长，中国社会科学院新闻与传播研究所研究员，应用新闻学研究室主任；杜兴远系中国社会科学院大学在读博士研究生）

人工智能时代的新闻事实核查：实践探索与理论反思

韦　路　舒　畅

【内容摘要】 随着媒体信息量的激增和传播速度的加快，传统人工新闻事实核查方式已难以满足实际需求，而人工智能技术的革新为这一领域提供了全新解决方案。本研究在梳理新闻事实核查发展脉络的基础上，围绕新闻来源、内容分析和社会情境三个维度，结合具体应用案例，深入探讨智能化新闻事实核查的中外差异。同时，从技术依赖的风险与应对、核查过程的公正性与透明度，以及事实核查的侵权威胁与伦理规范等方面展开理论反思。本研究旨在为国内平台应对新闻事实核查中的问题提供切实可行的实践指南，进一步推动人工智能在新闻事实核查领域的广泛应用与深入发展。

【关键词】 人工智能，新闻事实核查，新闻来源，新闻内容，新闻社会情境

Fact-Checking in the Era of Artificial Intelligence: Practical Exploration and Theoretical Reflections

WEI Lu, SHU Chang

Abstract: With the rapid growth of media information and the acceleration of its dissemination, traditional manual news fact-checking can no longer meet current demands. Innovations in artificial intelligence technology provide entirely new solutions for news fact-checking. This study reviews the background of the development of news fact-checking, focusing on three aspects: news sources, content, and social context. By integrating specific application cases, it deeply explores the differences in intelligent news fact-checking between domestic and international contexts. Furthermore, the study provides theoretical reflections from multiple perspectives, including the risks of technological dependence in fact-checking and their countermeasures, the fairness and transparency of fact-checking, infringement threats, and ethical norms. The aim of this study is to provide feasible practical guidelines for addressing the challenges faced by domestic platforms in news fact-checking, while further promoting the widespread application and in-depth development of AI technologies in this field.

Keywords: artificial intelligence, news fact-checking, news sources, news content, social context

新闻事实核查（Fact–Checking）发端于政治语境中对政治家公共言论的核实和验证，其内涵已经扩展到对媒体新闻本身真实性的核查。因其具有事实的可查证性、科学的可重复性、专业人员的可多元化、社会关系的可互惠性等特征，新闻事实核查成为新闻生产过程中的重要一环。[1] 数字媒体时代，随着媒体信息量与传播速度的增长，传统人工事实核查已难以满足需求，智能技术的革新为新闻事实核查提供了新的解决方案。人工智能（AI）在虚假新闻治理中的作用日益凸显，成为维护新闻真实性的重要工具之一。一些媒体机构与国际组织正积极探索运用新兴的 AI 技术有效应对虚假信息的挑战。“事实核查 +AI”的融合模式可以更有效地打击假新闻，提升新闻品质，为新闻传播生态的良好发展奠定坚实的基础。本研究在梳理新闻事实核查发展脉络的基础上，围绕新闻来源、内容分析和社会情境三个方面，结合具体的应用案例，深入分析智能化新闻事实核查的中外差异，并进行理论反思，旨在为人工智能时代的新闻事实核查提供行之有效的实践指南，进一步推动新闻业的良性发展。

一、新闻事实核查的发展脉络

（一）传统媒体时代的新闻事实核查

1. 新闻事实核查确保新闻真实性

在传统媒体时代，新闻从业者严格遵守专业规范，始终秉持新闻真实性原则，以确保报道内容的真实与准确。新闻事实核查作为新闻内容生产的重要环节，通过严谨而细致的工作流程，保障了新闻事实的可靠性。记者对信源的查验、对受访者的再次核实，以及编辑对文献的调阅与回访，都是核查过程中不可或缺的步骤。从选题策划、采访实施到最终定稿，各环节均严格把关。这种“事前核查”和“内部把关”机制，不仅有效防止了虚假信息的传播，还显著提升了新闻报道的可信度与公信力，充分体现了传统媒体对新闻真实性原则的坚守。

2. 传统新闻事实核查方式的局限性

传统新闻事实核查方式注重多重验证，通过多渠道、多方式对新闻事实进行核实，保证新闻报道的真实性和准确性。但是，这种方式也存在一些局限性。首先是效率问题。传统核查方式需要耗费大量人力和时间，涉及文献调阅、回访等多方面工作，在快节奏的新闻传播中，核查效果难以匹配新闻发布的速度。其次是技术局限问题。传统媒体时代，事实核查主要依赖人工完成，缺乏技术手段的支持，核查的广度和深度受到限制，难以全面识别和纠正所有错误或虚假信息。再次是主观性问题。尽管传统核查强调客观和公正，但核查人员的主观判断可能对结果产生影响，从而导致一定的偏差或争议。最后是应对海量信息的能力不足。随着社交媒体的迅速发展，信息量呈爆炸式增长，传统核查方式难以有效覆盖全部信息，可能导致部分虚假或误导性信息未能被及时识别和更正。这些局限性凸显了传统新闻事实核查方式在现代新闻环境中的不足，亟须技术创新与手段优化，以适应新形势的需求。

（二）智能媒体时代的新闻事实核查

利用人工智能技术进行新闻事实核查，主要涵盖机器人信息技术、语音识别、图像识别、自然语言处理和专家系统等多种应用。随着自动化事实核查系统的加速研发，全球事实核查机构联盟逐步建立，行业标准不断完善，人工智能核查新闻事实成为一种独立的新闻样式。

1. AI技术对新闻事实核查的变革性影响

新闻真实始终是新闻理论与实践的核心命题。在数字媒体时代，多元化的传播主体与渠道导致新闻内容参差不齐，虚假新闻、失实新闻及反转新闻等失范现象频繁出现，“后真相”成为信息时代新闻发展的典型特征，新闻真实性面临前所未有的挑战。大型语言模型的兴起，标志着新闻内容生产模式从传统的PGC（专业生产内容）与UGC（用户生产内容）向新兴的AIGC（人工智能生成内容）转型。AIGC的发展为新闻传播带来了新的机遇与挑战。一方面，人工智能技术与记者的协作形成了人机协同的新闻生产模式，显著提升了新闻内容的创新效率与价值，极大丰富了新闻表达形式。[2]另一方面，AIGC也引发了关于新闻真实性、算法透明度以及数据隐私保护等一系列伦理与法律问题。[3]

为应对公众难以分辨人工智能生成内容真实性的状况，多方呼吁添加明确标签以便区分。2024年9月，中华人民共和国国家互联网信息办公室发布了《人工智能生成合成内容标识办法（征求意见稿）》，明确要求网络信息服务提供者按照国家标准进行标识[4]。此外，国外新闻媒体也都在探索应用人工智能的最优途径，认可人工智能在新闻内容生产中的价值。2023年，法国国家信息和自由委员会（CNIL）基于数据监管策略发布了《人工智能行动计划》，旨在保护并监督尊重个人隐私的人工智能系统的发展[5]。2024年，《纽约时报》制定人工智能应用三准则，人工智能是辅助工具而非万能解药，强调人类主导并对报道负责，同时坚守新闻伦理，若大量使用人工智能需向读者公开说明[6]。因此，当务之急是构建一个完善的人工智能伦理框架，以用户为核心，建设具有人文关怀的人工智能系统。

2. 新闻事实核查的智能化转型

媒体在保障言论自由的同时，也需承担对用户生成内容进行事实核查的责任[7]。在国外，爱尔兰的社交媒体研究中心“Storyful”通过自主研发的Newswire监测工具，实时监控Facebook、YouTube等社交平台的UGC内容，辨识度较高[8]。该机构依托全球分布的编辑团队和先进工具，迅速验证信息的真实性，被誉为社交媒体时代新闻通讯社的典范。《华盛顿邮报》的Factchecker栏目和《坦帕湾时报》的PolitiFact项目，积极开展事实核查，准确评级政治人物言论的可信度，致力于向公众提供准确、客观的新闻报道[9]。杜克大学的Duke Reporters’ Lab在其实验室网站设有独立的事实核查专区，报道全球新闻事实核查的研究成果和技术应用[10]。波因特学院（Poynter Institute）则运营“国际事实核查网络”（IFCN）在线论坛，发布全球新闻检测报告，组织事实核查会议和培训活动。[11]在国内，专业的新闻事实核查机构日益涌现，如果壳网的“谣言粉碎机”、人民网的“求真”栏目、中国互联网“联合辟谣平台”、百度“辟谣平台”和微博“辟谣联盟”等，都在各自领域发挥了重要作用。

近年来，许多传媒机构、公益组织及教育机构纷纷加入新技术企业，推动基于大数据算法的内容核查技术研发与应用。例如，英国广播公司与美国奥多比、谷歌、英特尔、微软等企业携手创立了内容真实性与来源联盟，致力于为数字媒体提供内容真实性标签及历史追溯信息服务。[12]美联社开发了针对学生的内容分析工具，帮助学生记者验证多媒体内容的真实性。[13]美国《华盛顿邮报》推出了TruthTeller开发工具，便于用户即时核查政治演讲的真实性。[14]国内，阿里巴巴推出了“AI谣言粉碎机”，该工具通过深度学习和神经网络技术，显著提升了谣言识别效率，节省了60%的人工成本[15]。与此同时，一点资讯也研发了“辟谣算法”，通过历史数据训练识别谣言的分类器，及时向用户发送辟谣信息，有效遏制谣言的传播。[16]新华社的媒体智能化内容核校实践“新华较真”项目，对高准确率和强政治内核的新闻内容提出了严格要求，进一步提升了新闻内容的真实性和可信度。[17]

二、智能化新闻事实核查的实践探索

人与物的关系在不断演化中形成了复杂的信息网络。[18]在社会性质、技术水平、核查目的等多重因素影响下，人工智能在国内外新闻事实核查中的应用存在差异。接下来，本研究将从新闻事实核查的三个关键要素——新闻来源、内容分析和社会情境，分析国内外人工智能在新闻事实核查中的应用原理、机制和效果，并比较其共性与差异，以期为我国人工智能新闻事实核查的发展提供启示和借鉴。

（一）新闻来源的智能验证

1. 新闻来源的可靠性是事实核查的首要环节

新闻来源核查是确保新闻真实性的重要环节。对未知来源的新闻，核查工具通过比对新闻标题和内容与网络中其他新闻数据，寻找初始来源，进行源头真实性核查。源头核查主要涉及新闻发表地址、发布者 IP、发布网站域名等。专业造假机构通常有成熟的信息管理和传播渠道，假新闻在社交媒体上的传播很大程度上来自这些高技术含量的造假机构，并具有“聚集效应”。

在这一领域，阿里巴巴的 AI 谣言粉碎机和欧盟的 Fandango 虚假新闻检查项目提供了有力的技术支持。二者均依托“溯源”概念，通过技术手段寻找消息起源来判断新闻的可信度。但 Fandango 更专注于根源治理和对传播内容的独立解析[19]，而阿里巴巴 AI 谣言粉碎机打通了新闻传播途径和用户观点辨识路径，通过追溯来源和综合评价体系实现更精确的核查[20]。尽管这些工具在新闻来源核查中发挥了重要作用，但仍需结合人工审查确保准确性。

2. AI 技术筛查新闻来源的实践应用

阿里巴巴的 AI 谣言粉碎机，由阿里巴巴达摩院机器智能实验室开发，借助深度学习和神经网络等技术，对消息内容进行多维度、全方位的解析[21]。该团队设计了一套包括发布信息、社交画像、回应者立场、回应信息内容、传播渠道等的综合评价体系，率先将网络谣言信息辨识与社区用户观点辨识打通，并做交叉分析，以实现最快在一秒钟内验证新闻的真实性，其运行模式是寻找初始的消息源，解析用户画像。首先，搜索网站上所有的信息源，查看链接的网址域名是否出自可信网络，如新华社、国家政府等。其次，对专门应用领域的信息传递、转载数量、用户注册日期、用户活跃规律等进行计算，确定信息发布者是不是真的“可靠”，再通过比较不同态度的群体比率、各方信誉度等因素，测算出此新闻的真实性。阿里 AI 谣言粉碎机在社区平台和媒体网站的假新闻尚未大规模出现时，能够迅速辨识并及时阻拦。当消息被证实不实后，人工智能还能根据虚假信息的传播路径，有针对性地向已阅读该信息的用户推送辟谣内容，从而在一定程度上实现辟谣效果。

相比之下，2018 年初开始运作的欧盟 Fandango 虚假新闻检查项目，则是通过对虚假新闻进行溯源，即通过信息反推的方法找到虚假新闻源头，进而促进新闻的正常生产与分发，有利于从源头阻碍虚假新闻的产生，实现了虚假新闻的根源治理。[22]该项目通过独立解析内容，能够辅助记者识别虚假图片等素材，运用技术手段追溯不同假新闻的同一来源，并开展深入研究，拓宽事实可能发生的各种路径与视角。因此，要找到可靠消息，往往需要用足够全面、权威的信息来核对来源，这时借助人工智能来跟踪信息发布渠道，显得尤为重要。路透社推出了监测社交媒体的工具 Reuters News Tracer，能够即时监测 Twitter 上的话题，帮助记者和编辑监测社交媒体中出现的新闻信源[23]。通过其设置的四十个评分指标算法，给出信息的可信度数值，来确定是否继续进行人工研究，以缩小人工调查的验证范围，有效分担人工核查压力。

（二）新闻内容的自动纠错

1. 新闻内容真实性的核心地位

在新闻内容事实核查方面，国内外均采用了先进的技术手段来确保新闻的真实性。事实核查方法是利用可处理自然语言的系统技术，把具有真假标识的数据输入程序，以统计真假报道在语义特性（如单词、修辞、句法、情感语言等指标）上的区别。基于上述分析，事实核查工具会对给定文本的真实性进行综合评估，这包括文本内容的真实性和文本风格的合理性两个方面。它通过分析报道中极端性、煽动性词语的使用频率、话语的组合模式以及叙述风格等特征，对文本进行深入剖析，最终对内容进行分类，并从中识别出可疑或潜在虚假的信息部分。

"新华较真"智能审校平台、ClaimBuster 软件系统，在新闻内容事实核查方面均展现出了强大的技术实力和应用前景。二者都充分利用了人工智能和大数据分析技术来提高核查的准确性和效率。但它们在具体实现方式和应用场景上存在一些差异。"新华较真"平台更侧重文稿的全方位校验，包括语言标准、逻辑匹配等多个方面[24]，而 ClaimBuster 软件更专注于事实性句子的识别和数据库比对[25]，使其在特定应用场景中能够充分发挥各自优势。

2. AI 技术在内容质量提升中的实践应用

"新华较真"智能审校平台，是一款专注内容安全的人工智能服务工具，形成以"内容风控 + 内容检校"为主的安全中台体系。[26]该机器人内嵌于新华社的采编发管理系统中，通过简单的操作界面（如单击"拼写检测"按键并加入"智能检校"），即可对文稿进行全方位的校验。"新华较真"不但具有传统检校工具在易混词语、语言标准表达等方面的技术能力，还增强了人名自动辨识、话语句法运用、文本语义感知、信息辨析、逻辑匹配、时间标准及文稿格式设计等方面的校验功能，能够更准确地识别新闻内容中的错误和疑点。"新华较真"使用人工智能改变传统媒体内容纠错的方式，具有三个特点：一是能够按照新媒体行业的话语逻辑规则，识别文字语义、知识表达的错误；二是掌握海量资讯数据，能够快速识别错误观点；三是包含多种鉴定技术，能够精准确定错误信息，准确度较高。

杜克学院记者研究室开发的 ClaimBuster 软件系统，可以通过自然语言信息处理和机器学习等技术，辨别文章中描述性的事实以及有待核实的观点性内容。[27]该软件可以利用来自直播活动的声音或录像并将其转化为文字，用过滤器识别其中关于事实的句子，然后再将这些句子与数据库进行配对。ClaimBuster 软件系统运用自然语言信息处理和机器学习等技术，来辨别核实观点内容，同时将声音转化为文字，通过与数据库比对来辨别真伪。该系统数据库容量大，不仅可以匹配事实相关的话语数据，还会伴随核查内容的基数增长而逐渐充实，核查效果较好。

（三）新闻社会情境的深度分析

1. 社会情境的全面考量是事实核查的新关键

在后真相时代，新闻事实核查的范畴已不再局限于对孤立新闻事件的简单验证，而是扩展到了对社会背景、情境及影响因素的全面审视与评估。社会情境事实核查则关注用户的社交特点和信号特征，以信息技术传播发展过程中的情境事实为考量，通过用户与媒体之间的互动等上下文情境信息识别假新闻。如今，新闻事实核查面临从“核查客观事实”到“协助理解现实”的转变。[28]基于社会情境的核查方式，把发布者和传播者的社会信息作为辅助讯息，进而判断新闻真实性。该方法主要运用大数据分析技术，全面描述新闻关联的整个传播网络，涵盖参与传播的用户群体、消息传播的时间序列、高相关度的网站帖子、网民对信息的反馈评论等多个维度，深入分析这一信息传播网络的各个层面，结合对原始新闻内容的直接核查，来综合评估信息的真实性。

随着人工智能和大数据技术的不断发展，社会情境事实核查将更加智能化、精准化。新华智云知识图谱平台和帝国理工学院“好新闻”项目在社会情境事实核查方面各有侧重。新华智云知识图谱平台侧重通过海量数据和复杂关系网络进行多维度分析，为事实核查机器人构建了一个庞大的数据存储中心，包含社会情境的各个方面，提供了很强的数据服务支撑。[29]该平台可将待核查的新闻快速与数据中心的内容进行筛查对比，从各个场景不断细化，迅速定位，捕捉敏感的新闻字眼，提高审核效率。“好新闻”研究项目则更注重通过传播模式和关系网络来识别假新闻，基于假新闻倾向于被快速分享、真新闻更注重获得认同的理论前提，所开发的算法能够迅速解析新闻的传播模式，并有效筛选出假新闻传播特性更强的内容。[30]

2. AI 技术辅助分析新闻社会背景与语境的实践应用

新华智云知识图谱平台是新华社在新闻社会情境事实核查方面的重要工具[31]。该平台汇集了庞大的实体总量和复杂的图谱关系，为新闻真实性的核查提供了强大的支持。一是海量数据支持。该平台汇集了 1600 多万条实体总量，涵盖人物、机构、地理、事件、文化、作品等 19 个实体类型，以及 5200 多万条图谱关系，构建了丰富的知识网络。二是多维度分析。平台对公共价值和社会连接产生了深远影响。[32]社交媒体的特性为新闻核查工作增添了新的资源维度，借助先进的大数据分析技术，平台能够全方位描绘新闻的传播网络图谱，涵盖传播用户群、信息传播的时间轨迹、高关联度的网页内容，以及公众的评论反馈等多个层面。这种多层次、多角度的分析方法极大地促进了新闻真实性的全面评估。三是情境化核查。结合社交媒体平台的特性，新华智云知识图谱平台能够引入第三方核查资源，通过规范事实核查流程、打造专业的事实核查平台等多种方式，应对层出不穷的假新闻，搭建起用户与事实核查机构的连接。[33]基于评论反馈，自动判断用户是支持、中立还是反对某个目标实体、事件或观点，为媒体、文旅、会议、金融、体育等各业务场景赋能，提供数据服务的强力支撑。人工智能通过深度学习技术手段，整合在新媒体社会情境中所积累的文字、图片、录像、声音识别等信息，能够迅速定位涉黄、涉恐、涉政等新闻内容，为媒体事实审核过程进行安全检测，从而减少人工核查成本，提升审核效率。

帝国理工学院“好新闻”项目则从新闻传播的社会情境出发，通过分析社交媒体的传播模式来判断新闻报道的真伪。[34]项目研究发现，假新闻和真新闻在传播模式上存在显著差异，假新闻更偏向于通过分享的方式传播出去，真正的故事内容则注重更多的点击量和点赞量，这一发现为事实核查提供了新的视角。以此为理论基础，项目建立关系网络，研究出相关算法，分析相关社交媒体帖子之间的相互关系，预测新闻可信度，假设成立率很高。“好新闻”项目尝试建立关系网络，即将发布者与转发者的信息捕获后构建关系图示，通过分析这些关系，识别出假新闻的传播特征和规律，从而更有效地进行事实核查。基于上述发现，“好新闻”项目创新性地研发了一套算法体系，该算法通过深入分析社交媒体帖子间的相互关联，有效预测新闻内容的可信度，此算法能够高效识别并过滤出假新闻，显著提升了事实核查工作的效率与准确性。

三、智能化新闻事实核查的理论反思

（一）技术依赖的风险与应对

1.技术依赖引发算法偏见、数据错误等风险

在智能化新闻核查中，技术依赖确实带来了诸多风险，其中算法偏见和数据错误是尤为突出的两个问题。在算法偏见方面，因为算法是基于历史数据进行学习的，如果历史数据本身存在偏见，那么算法在学习过程中就会受到这种偏见的影响，从而在核查新闻时产生偏差。同时，算法的设计过程中也可能融入设计者的主观意图或偏见，这种偏见会在算法运行时体现出来，影响核查结果的公正性和准确性。算法偏见不仅背离了公平公正的新闻职业规范，还挑战了用户的知情权和信息选择权。它可能导致新闻报道对一部分人群“选择性失明”，从而解构社会共识，引发舆论风险。在数据错误方面，数据错误可能源于数据采集过程中的设备故障、操作失误或环境因素，或者数据清洗、转换、

存储等环节的数据处理不当，或者数据未随着新闻事件的发展及时更新。数据错误会直接影响智能化新闻核查的准确性和可靠性，如果核查结果基于错误的数据，那么这种结果就会失去公信力，甚至可能对公众产生误导。

2. 优化风险应对策略以确保核查结果真实准确

及时发现并纠正技术依赖所带来的核查偏差，需要从算法透明度、多元数据源的引入以及人工复审机制的建立等方面优化新闻事实核查的风险应对策略。首先，增强算法透明度，以建立公众的信任基础。任何解决方案都不可能像执行算法一样简单，因此，合理的机构设计和权力架构至关重要。通过公开算法的代码和逻辑，开发具有解释性的算法模型，使算法能够自动生成决策依据的报告或说明，进一步提高算法的透明度和可信度，帮助公众理解算法的工作原理和决策过程，从而增强对核查结果的信任。其次，应整合多种类型的数据源，积极引入政府机构、学术机构和企业等多元主体的数据资源，形成全方位、多层次的数据网络。通过整合不同类型的数据源，可以更全面地了解新闻事件的背景、进展和影响，进而提升核查的准确性和深度。在丰富数据源的同时，应严格把关数据的质量和时效性，确保其真实性、准确性和及时性。对于来源不明、内容模糊或存在争议的数据，应进行严格甄别和筛选，以避免误导核查结果。再次，引入人工核查机制，以提升新闻质量。尽管人工智能在新闻事实核查方面具有高效、快速等优势，但它并不能完全替代人工的深入分析和判断，特别是在处理复杂、敏感或具有争议的新闻时，人工智能的局限性尤为明显。人工核查能够弥补人工智能的不足，依托人的经验和判断力，对新闻事实进行更深入、更全面的核查，从而确保新闻的真实性、客观性和公正性。因此，在新闻事实核查中，应结合人工智能和人工核查的优势，利用人工智能的高效性和快速性进行初步筛查和筛选，再通过人工核查对结果进行进一步复核、确认和修正。这种组合方式有助于提高新闻事实核查的准确性和效率。最后，应该引入自然语言处理（NLP）和深度学习等先进技术，通过训练和优化算法模型，使其更好地理解新闻文本中的语义、情感、修辞等要素，以及新闻事件之间的关联和逻辑关系。这些技术不仅可以提高核查的准确性，还能够帮助系统识别潜在的虚假信息和误导性内容。结合对用户在社交媒体上的行为、互动和反馈等数据的分析，可以更深入地了解新闻事件的传播态势和公众反应，从而更加准确地判断新闻的真实性。

（二）事实核查的公正性与透明度

1. 新闻核查机构存在利益冲突、操作不透明问题

新闻媒体普遍面临技术研发能力不足的问题，需依赖科技公司整合人工智能资源与技术力量，以应对新技术带来的变革。例如，新华社与阿里巴巴的合作、美联社与谷歌的合作均是典型案例。但是，智能化新闻核查机构可能因资金来源、商业合作或股东背

景等，与被核查对象或相关利益方存在直接或间接的利益关系。这种关系可能导致核查机构在核查中出现偏见，难以保持客观公正。此外，为保护商业机密、技术秘密或避免公众误解，核查机构可能对其核查过程和方法保持封闭与神秘。这种操作的不透明性可能降低公众对核查机构的信任，甚至质疑其核查结果。利益冲突与不透明操作等问题会削弱核查机构的公信力与可信度，进而引发公众对其公正性的怀疑，最终影响对新闻真实性的判断。

2. 构建公正透明核查体系以增强机构公信力

人工智能技术深刻改变了媒介生态，使信息传播更加多元复杂。但是，媒体坚守事实真相的使命与责任始终未变。为大众驱散虚假信息的迷雾，构筑清明、健康的舆论生态环境，媒体应主动行动，通过建立独立公正的核查机制、加强信息公开与透明度建设、引入第三方监督等方式，确保事实核查的公开性和透明度。首先，培育专业核查机构。受到人工智能技术影响，媒体应认识到事实核查不再是单一的编辑工作，而是一个需要多方参与、多步骤验证的复杂过程。因此，媒体应构建一个多层次、跨部门的事实核查体系，形成涵盖数据库建设、测试、验证的闭环管理机制，不断优化数据库结构和内容，提升数据质量与可用性。核查机构应积极参与社会热点事件的核查工作，及时发布权威信息，引导公众理性看待问题。其次，加强信息公开与透明度建设。全球范围内，包括新华社、路透社、英国广播公司以及美国全国公共广播电台等多家权威媒体机构，已制定了针对人工智能技术的行为准则和操作指南，旨在预防因使用人工智能而引发的真实性消减风险。[35] 最后，引入第三方监督。第三方机构应定期对核查机构的工作进行监督和评估，包括核查质量、效率、透明度等方面。根据评估结果，向核查机构提供改进建议，帮助其不断提升核查能力，确保核查的公正性和客观性。

（三）事实核查的侵权威胁与伦理规范

1. 智能核查技术引发隐私、滥用、歧视等威胁

作为人工智能技术的一种应用，智能核查技术为确保新闻真实性，在带来便利的同时，可能引发隐私侵权、数据滥用、算法歧视等威胁。首先，智能核查技术往往涉及大量个人数据的收集和处理。这些数据一旦被滥用或泄露，将对个人隐私造成严重威胁。其次，智能核查技术中的算法可能带有偏见，导致对某些群体的歧视。这种歧视可能源于训练数据的不完备性或偏向性，也可能因为算法设计者的主观意图。最后，AI 技术的快速发展虽丰富了互联网内容、提升了信息分发效率，但同时带来了滥用风险。因此，智能核查技术可能被用于非法或不道德的目的，如监控、跟踪或操纵个人行为。这种滥用不仅侵犯了个人隐私，还违背了伦理原则。

2. 明确伦理规范以确保核查过程合法道德

在积极推动人工智能辅助新闻核查技术进步的同时，必须构建清晰明确的新闻伦理规范和法律框架。这些原则不仅是确保技术应用合法合理的关键，也是捍卫个人隐私权、防范技术滥用、避免歧视行为的重要防线。目前，我国的《中华人民共和国个人信息保护法》《中华人民共和国网络安全法》以及欧洲的《通用数据保护条例》等法规，已明确要求在数据采集、存储和使用过程中充分尊重和保护用户的知情权、同意权和删除权等隐私权利。[36][37]

在智能化核查技术的实际应用中，仍然面临一系列挑战与问题。例如，当人工智能核查结果出现错误时，责任应由谁承担？是算法开发者、新闻机构，还是用户本身？这一问题亟须明确的法律规定和伦理规范来解决。此外，人工智能在生成核查报告或分析新闻内容时，可能会引用或改编原始新闻素材，这触及版权问题。如何妥善协调版权保护与新闻事实核查之间的需求，构成了一个复杂的法律挑战。

基于此，智能核查技术的伦理审查与监督是确保其合法性和道德性的关键。为此，应建立独立的伦理审查机制，制定明确的伦理审查标准，并对核查过程进行持续监督与评估。同时，增强透明度，积极征求并回应公众意见，以及提升参与核查人员的伦理意识和能力，也是确保核查工作符合伦理规范的重要措施。此外，应加强法律监管，尊重隐私与数据安全。为此，必须完善相关法律法规，明确智能核查技术在数据收集、使用和销毁等环节的责任，并加大对违法行为的执法力度，提高违法成本，确保法规的有效实施。政府应制定更严格的隐私保护法规，确保数据在收集、存储和使用过程中的安全。企业应建立健全的隐私保护机制，采取匿名化、去标识化、加密等技术手段降低数据泄露风险。公众也应提高隐私保护意识，关注自己的数据安全。

四、结论

人工智能在新闻传播领域的广泛应用，无疑对新闻生产流程产生了深远的颠覆性影响，它尤其在新闻信息收集、内容生产、分发与营销等环节中展现出了显著的优势。但这也带来了一系列亟待解决的问题，特别是在新闻事实核查这一核心环节，涵盖了新闻来源、内容分析和社会情境的核查。尽管目前人工智能尚未能够精准判断未经验证的信息，并且有可能加剧虚假信息的扩散，但事实核查作为一项需要逻辑思维和创造力的复杂任务，仍然可以通过专业的核查方法和工具帮助我们大致辨别信息的真伪，尤其在面对不确定信息时，人工智能技术可以优化查询过程，提高核查效率。为此，我们需要不断完善管理机制，增强技术识别能力，并持续丰富数据库。同时，鉴于人工智能在事实核查中的辅助作用，强化人工审核功能、实现人机协同成为提升核查效率与准确性的关键。

我们必须积极构建基于新兴技术的综合评估体系，结合大数据、云计算等前沿科技，对新闻信息进行深度、多维的分析与评估，以确保核查结果的客观性与准确性。同时，应不断优化人工智能在新闻传播中的核查流程，通过技术创新与模式迭代，为打击假新闻、规范技术应用、增强新闻传播效能提供坚实的支持。另外，我们应清晰地认识到，人工智能在新闻事实核查领域的应用仍面临资金短缺、政策限制和技术瓶颈等多重挑战。因此，我们需要进一步强化政策导向与资金投入，推动技术创新与产业升级，为人工智能在新闻传播领域的广泛应用与深入发展营造更有利的环境。

总之，人工智能在新闻传播中的应用既蕴含着无限机遇，也伴随着诸多考验。唯有不断完善管理体系、提升技术能力、强化人工审核，才能充分发挥人工智能的辅助作用，确保新闻传播的真实可靠，为社会的和谐进步贡献力量。

---

［1］LUCAS G. Deciding what’s true：the rise of political fact-chec king in American journalism［M］.West Sussex：Columbia University Press，2016：5.

［2］蒋俏蕾，陈宗海，张雅迪．可供性视角下的人工智能生成内容［J］．青年记者，2023（20）：84-86.

［3］陈永伟．超越 ChatGPT：生成式 AI 的机遇、风险与挑战［J］．山东大学学报（哲学社会科学版），2023（3）：127-143.

［4］国家互联网信息办公室关于《人工智能生成合成内容标识办法（征求意见稿）》公开征求意见的通知［EB/OL］．（2024-09-14）［2024-10-19］.https://www.cac.gov.cn/2024-09/14/c_1728000676244628.htm.

［5］CNIL. Artificial intelligence：the action plan of the CNIL［EB/OL］．（2023-05-16）［2024-10-19］.https://www.cnil.fr/en/artificial-intelligence-action-plan-cnil.

［6］青年记者杂志．国际媒体动态 •AI 继续席卷新闻业，媒体纷纷制订 AI 规则［EB/OL］．（2024-05-29）［2024-10-20］.http：//www.zgjx.cn/2024-05/29/c_1310776394.htm.

［7］WOODS L. User generated content：freedom of expression and the role of the media in a digital age［M］. Leiden：Brill Nijhoff，2012：71.

［8］人民网．他山之石：美国媒体融合转型的探索［EB/OL］．（2017-05-23）［2024-10-20］.http：//media.people.com.cn/n1/2017/0523/c404465-29294444.html.

［9］格雷夫斯．事实核查：后真相时代美国新闻业的选择［M］．周睿鸣，刘于思，译．北京：中国人民大学出版社，2023：32-36.

［10］格雷夫斯．事实核查：后真相时代美国新闻业的选择［M］．周睿鸣，刘于思，译．北京：中国人民大学出版社，2023：40-44.

［11］全球深度报道网．深度网清单 | 全球媒体迎击虚假新闻：项目、资源与创新方

法［EB/OL］.（2017-05-22）［2024-10-19］.https://zh.gijn.org/stories/深度网清单-全球媒体迎击虚假新闻：项目、资源/

［12］［13］［14］［35］新华社．应对AI虚假信息，多国媒体加速构建“真实性”防线［EB/OL］.（2024-10-17）［2024-10-20］.https://www.digitalchina.gov.cn/2024/xwzx/qwfb/202410/t20241017_4909758.htm

［15］刘思杙．智能媒体时代事实核查的新特征［J］．青年记者，2019（23）：15-16.

［16］冯雯璐．虚假新闻智能化治理的合法性与合理性［J］．青年记者，2021（15）：75-78.

［17］王熠，成鹏，刘颖旭．智媒时代的新闻内容核校实践与前瞻［J］．中国记者，2020（6）：126-128.

［18］霍德．纠缠小史：人与物的演化［M］．陈国鹏，译．文汇出版社，2022：71-78.

［19］［22］欧盟打击虚假新闻［EB/OL］.（2020-07-28）［2024-10-20］.https://www.deutschland.de/zh-hans/topic/zhengzhi/oumengyuxujiaxinwenoumeng_lishihuizhuxiguodajixujiaxinxi.

［20］［21］观察者网．阿里巴巴发布“AI谣言粉碎机”1秒识别假新闻［EB/OL］.（2019-04-01）［2024-10-26］.https://www.guancha.cn/industry-science/2019_04_01_495884.shtml.

［23］REUTERS. Reuters News Tracer［EB/OL］.（2017-05-15）［2024-10-26］.https://www.reutersagency.com/en/reuters-community/reuters-news-tracer-filtering-through-the-noise-of-social-media/.

［24］［26］新华网．“新华较真”亮相2023中国新媒体大会［EB/OL］.（2023-07-11）［2024-09-29］.http://www.hn.xinhuanet.com/20230711/cea9ce7350ff4f1b9e6aa7e134ea6c8b/c.html.

［25］［27］ERICA R. Researchers mine Fact-Check Insights data to explore many facets of misinfo［EB/OL］.（2024-06-20）［2024-09-29］.https://reporterslab.org/2024/06/20/researchers-mine-fact-check-insights-data-to-explore-many-facets-of-misinfo/#:~:text=Researchers%20around%20the%20world%20are%20digging%20into%20-the,models%20to%20studying%20the%20moderation%20of%20humor%20online.

［28］周炜乐，方师师．从新闻核查到核查新闻——事实核查的美国传统及在欧洲的嬗变［J］．新闻记者，2017（4）：33-42.

［29］［31］新华网．新华智云落地首个智能视频舆情数据平台［EB/OL］.（2022-01-18）［2024-10-28］.https://baijiahao.baidu.com/s?id=1722287445782093438.

［30］［34］BERNADETA D. Tackling the fake news problem［EB/OL］.（2019-01-28）

［2024–10–29］.https://www.imperial.ac.uk/news/190032/tackling–fake–news–problem/.

［32］VAN D J，POELL T，DE W M. The platform society：Public values in a connective world［M］.Oxford：Oxford University Press，2018：32.

［33］申金霞 . 后真相时代社交媒体平台的事实核查分析［J］. 新闻与写作，2019（3）：55–62.

［36］人民法院报 . 个人信息保护法：构建以“告知—同意”为核心的处理规则［EB/OL］.（2021–08–23）［2024–10–31］.www.npc.gov.cn/c2/c30834/202108/t20210823_313123.html.

［37］人民法院报 . 欧盟《通用数据保护条例》概览［EB/OL］.（2022–09–16）［2024–10–31］.www.chinacourt.org/article/detail/2022/09/id/6914003.shtml

（韦路系浙江传媒学院校长、党委副书记，浙江大学求是特聘教授，浙江大学融媒体研究中心主任；舒畅系浙江大学传媒与国际文化学院博士研究生）

从数字身份到算法身份：主体形态、建构逻辑和权力形式的三重转向 *

洪杰文　常静宜

【内容摘要】从互联网普及到算法社会来临，数字身份随着移动互联网和智能技术的不断发展而演变出 2.0 版本——算法身份。本文通过梳理国内外算法身份相关研究发现，相比于前算法时代的数字身份 1.0，算法身份在主体形态、建构逻辑和权力形式上发生了三重转向：身份主体从“个体”转向“分体”，身份的建构逻辑从“拥有者”主导转向“分类者”主导，其背后暗含的权力形式从“生命政治”转向“软生命政治”。在此三重转向中，算法本身的技术特性发挥了一定催化作用。未来研究可以继续探究社会和文化等非技术因素对于算法身份建构的影响，进一步考察用户在数据化主体关系中的主体性觉醒和抵抗空间，以及拓展中国语境下算法身份问题中的多元视角。

【关键词】数字身份，算法身份，主体形态，身份建构，权力形式

From digital identity to algorithmic identity: the triple turn in subjectivity, constructive logic and power form

HONG Jiewen, CHANG Jingyi

Abstract: From the popularisation of the Internet to the advent of the algorithmic society, digital identity has evolved into version 2.0—algorithmic identity, with the continuous development of mobile Internet and intelligent technology. This paper finds that compared with the digital identity 1.0 in the pre-algorithmic era, algorithmic identity has undergone a triple shift in subjectivity, constructive logic and power form: Identity subject has shifted from ‘individual’ to ‘dividual’.

* 本文系国家广播电视总局部级社科研究项目“视听网站推送算法发展及存在问题研究”（GD2318）和国家社会科学基金后期资助重点项目“新闻传播的人工智能实践及其反思研究”（21FXWA002）阶段性成果。

The logic of identity construction has shifted from owner-dominated to classifier-dominated. And the power form has shifted from biopolitical to soft biopolitical. In the triple shift, the technical characteristics of the algorithm itself play a certain catalytic role. Future research can continue to explore the impact of non-technical factors such as social and cultural factors on the construction of algorithmic identities, further examine users' subjective awakening and spaces of resistance in data-enabled subject relations, as well as expanding the multifaceted perspectives in the issue of algorithmic identities in the Chinese context.

Keywords: digital identity, algorithmic identity, subjectivity, identity construction, power form

"身份"是不同历史时期的社会和文化研究中不变的议题，身份的形态、特征和意义也在跨时代、跨学科、跨理论的研究中不断丰富和拓展。进入互联网时代，线上世界与线下生活的界限日益模糊，"数字身份"（digital identity）作为传统身份在数字领域的延伸越发受到关注和重视。数字身份不仅是一串代码或数据集合，更是个体在网络空间中的独特标识与个性化存在方式。借助数字身份，我们得以在网络世界中获取多元信息、解锁行为能力以及享有各类权利。从互联网普及到智能社会来临，数字身份的内涵和外延继续拓展，演进出智能时代下的 2.0 版本——"算法身份"（algorithmic identity）。大数据和算法技术广泛介入民众日常生活和社会运作机制，既变革了社会对个人身份的识别和界定规则，也深刻影响了个人认知和塑造身份的方式。

作为 2.0 版本的新型数字身份，算法身份呈现出哪些新的内涵和特征？从数字身份到算法身份发生了怎样的转向？这些转向又是如何发生的？厘清这些问题，有助于提供理解和看待智能时代下身份问题的多样性、辩证性与反思性视角，帮助研究者发掘未被关注到的研究问题和研究角度。基于此，本文梳理国内外算法身份相关研究，对算法身份的内涵特征、主体形态、建构逻辑和权力关系等进行综述，重点关注从数字身份到算法身份的多重转向及算法技术特性在其中的催化作用，并提出算法身份问题可供进一步深入研究的方向。

一、数字身份 2.0：算法身份的内涵特征

移动互联网时代，数字技术成为人们构建身份体验的媒介，人们通过数字技术建构数字身份。数字身份被马丁内斯（Martinez）等人定义为网络参与个体通过信息资料、网络账户、在线发布的音视图文及其他可见信息载体所表示的身份。[1] 经济合作与发展组织（OCDE）概述了数字身份的主要特征，确定了以下特征：①社交性。人们通过在互联网上映射的身份特征识别其持有者。②主观性。数字身份由网络参与和网络行动的个

体独立构建。③价值属性。数字身份具有信息价值和关系价值。④动态性。数字身份是不断变化、不断移动的信息流。⑤语境化。信息通常是有选择性地生产、筛选、流通于特定的语境中，这就导致了数字身份陈述在不同语境间具有差异。[2]

进入智能社会后，数字身份概念不断发展，延伸出算法时代的2.0版本——算法身份。刘培和池忠军认为，算法身份是“算法基于数据主体的数据足迹而推断出来的分类，其自动确定了个体的性别、阶级、种族等身份特征”[3]。利波尔德（Lippold）认为与以往的数字身份相比，算法身份具有特殊属性。首先，算法身份是按照数据分类逻辑而建构的，它不是正统科学研究中的“什么样的数据能够适配这种模式”，而是“什么样的模式能够适配这些数据”；其次，算法身份是一种交叉重组的不稳定身份，构成算法身份的元素很可能不为人知，常常为独家所有，并且处于不断调整、随机运行的状态；最后，算法身份并不是透过种族化、性别化或阶级化的滤镜而形成的，相反，它是在历经不作批评的实证主义的度量之后编纂而成的。[4]算法身份作为数字身份在算法应用环境中的衍生，表现出更加复杂和陌生的特征，国内外学者也基于这些特征对算法身份展开更加深入的研究。

二、从数字身份到算法身份的三重转向

通过梳理国内外文献发现，目前算法身份相关研究主要包括主体研究、建构研究和权力研究三条路径。

（一）从“个体”到“分体”的主体形态转向

在算法身份的主体研究中，学者重点关注“作为数据的我们”（Data as us），认为算法身份中存在“个体”（individual）到“分体”（dividual）的主体形态转向。前算法时代的数字身份中，身份主体作为完整的“个体”存在。但在算法时代下，虚拟与现实相互交织的智能社会极大地拓展了主体存在、表现与实践的方式，人们成为《通用数据保护条例》中提出的“数据主体”，即“可通过个人数据直接或者间接识别的自然人”。算法身份的主体不再是“我们”（us）而是“作为数据的我们”，其形态更接近于德勒兹提出的“分体”概念，利波尔德将其阐释为“个体分解后形成的可以自动分合的数据云（data cloud）”，其脱离语境、脱离历史、以模块化的形式来运行和应用。[5]

算法技术加持的身份系统中，人们的个性被重新编码成数据单元，这和被分割的个性形式将身份的一部分重新概念化为各种微小、不断调整的类别集合。勒普顿（Lupton）认为算法身份中包含的数据是“生动的数据”，一方面，这些数据是不断地创建和不断地流动的，这种恒定的流动强调了人类是动态的开放式实体而不是本质主义的假设；另一方面，这些数据是建立在生活本身之上的，代表了人性中最平凡、最琐碎的方面。[6]罗

昕等学者认为“数据决定身份”，用户的数字表达及行为数据影响其在社会结构中的角色定位。但算法精确定位身份特征的同时，用户的个体特性与不同的算法节点相关联，有可能带来用户的个体认同危机。[7]崔凯则认为，智能时代“偶遇式”的算法推荐与“快闪式”的信息消费影响了人的身份生产与认同，导致表达性身份被消解，同时低社会资本与强算法依赖使得工具性身份被逐步弱化，从而带来真正主角“人”的缺席。[8]

（二）从“拥有者”到“分类者”的建构逻辑转向

无论是传统社会中植根于线下的实体身份，还是数字社会中形成于线上的数字身份，都是通过文化符号表征和社会制度化过程，以一种相对稳定和固化的方式被塑造起来的[9]。例如，人口普查通过精确的数据收集与分析，将人口特征以量化的方式呈现出来，赋予个体具体的身份标签，如年龄、性别、职业等；心理调查通过问卷、访谈等形式，收集个体的心理特质、情绪状态等信息，进而将人群划分为不同的心理类型或群体；医学检查以生物学与医学知识为基础，将人体状况、疾病类型等进行系统化归类。

但这些类别并不等于对人类自身的完整再现，而是马克斯·韦伯（Max Weber）所称的“理想类型”（ideal type），“形成于对一个或多个观念的片面强调，由大量弥散而孤立、似乎在场却偶尔缺席的具体个案综合形成，这些个案按照片面强调的观念组织成统一的分析结构”[10]。戈夫曼（Goffman）将这种理想类型定义为“环境、外观和仪态之间浑然一体的风格建构，是特定情况下恰当行为的社会规范”[11]。在这一阶段，个体在探索与塑造自我身份的过程中，不仅能够通过主动的行动和策略性的表达，将内心的身份认知外化为可感知的形式，还巧妙地运用反思性能力，在与他者的互动中不断审视、调整并修正自己的身份认同。[12]因此，传统的数字身份研究仍然以身份的“拥有者”——用户为核心展开。

在如今的算法时代，制度结构被拆解、意义变得多元化，人们越来越多地被算法所分类，经由一系列多重标准的加工被构建为数据主体，失去了理想化的自主性和主动权。利波尔德在马克斯·韦伯“理想类型”概念的基础上，提出了数据化的理想类型——“可度量类型”（measurable type），即算法通过挖掘用户数据将其划分成的各种类属，动态创建不可数、未命名和无法破译的集群。算法不再局限于已知的固有类别，而是可以动态地创建成千上万个不同的集群，这些集群没有一致的意义，也并非对实际社会存在的概括和再现。[13]算法给予我们的是一个缺乏稳定性、涉及各种变量、处于调整过程的一整套身份认定，通过转码数据建构起一个对世界的全新阐释。

算法身份作为一种新兴的身份形态，以高度集成化、数据驱动及智能化为核心，具有分裂性、流动性乃至反本质主义的复杂特性，呈现出一种前所未有的身份构建模式。在这一模式下，算法等技术主体不再仅仅是工具或辅助手段，还主动承担起“分类者”的角色。基于此，以“分类者”为核心的研究视角在算法身份建构研究中逐渐占据主流乃至主导地位。例如，一些学者从系统结构的角度提出，算法身份的构建过程是将算法输出结果、人类价值观、混乱的数据流和传统社会标签等有机结合起来形成复杂混合物[14]。费希尔（Fisher）进一步总结了算法系统的“认识论”，即算法通过创建无数个基于用户数据的量表，判定个体在某一量化属性上的程度，从而将用户的身份塑造为动态的、生动的数据混合体。[15]科特利亚尔（Kotliar）等学者则基于以色列的人种数据探究身份的算法构造过程，总结了算法身份建构的两个环节——“不透明的计算聚类”和“社会知识的引入”，他们提出算法身份不仅源于自动化的数学计算，也深受社会观念、认知、情感和组织关系等因素的影响。[16]

（三）从“生命政治”到“软生命政治”的权力形式转向

20 世纪 70 年代，福柯（Foucault）提出了规训社会中的生命政治（biopolitical）概念。生命政治是一种政治权力直接作用于我们生物性生命的政治，人的生命被档案化，成为一种治理工具，即“权力君临生命”（power over life）。[17]继福柯之后，德勒兹（Deleuze）又提出控制社会（societies of control），他认为福柯所说的“规训”手段已经被“控制”手段取代，规训社会的规范是严格而静态的，而控制社会的调整（modulation）是灵活而动态变化的。[18]特拉诺瓦在此基础上进一步提出“软控制”（soft control）概念，即用最微小的力量对产出结果进行调整的一种特定类型控制，试图对那些以激烈的、自我毁灭的方式回应严格控制的系统进行控制。[19]

“软控制”与“生命政治”两个概念的相遇，启发利波尔德提出了“软生命政治”（soft biopolitical）来描述算法身份中更为间接和隐蔽的控制形式。软生命政治继承了传统的生命政治所采用的方法，即通过数据统计和整个群体层面的分析，从而生成独有的话语界限，再现特定群体。两者之间的不同之处在于，传统生命政治在社会层面干预人类生命活动，使人们的数字身份与他们的性别、种族、阶级、年龄等严格的现成结构保持一致；而软生命政治在技术社会层面干预生命活动，通过统计数据的聚类模型和庞大数据库为人们划分种种类属，这些算法身份的类属也不必与现成社会结构保持一致。[20]国内学者蓝江也对生物技术和数字技术的作用下的“新”生命政治形态进行了总结，认为身份系统正在让位于更快速和宏大的智能控制系统，而掌控着智能控制系统的人类将成为神人类，他们具有高于一般人类的能力和技术，这将是未来生命政治的完成形态。[21]

在算法身份的权力研究中，学者认为“软生命政治”并不比传统权力温和，反而更加隐蔽、未知、根深蒂固。正如鲍克（Bowker）等学者所言，分类系统本身就是权力的场域，形形色色的政治和社会安排在首次出现的时候，总是以纯粹技术的面孔示人，而被操纵的人们甚至连看到它们的机会都没有。[22]黎江波等学者认为，算法身份的生成得益于人机互动，这种特殊的生成机制容易放大人的自主性，反而忽视了算法系统及其运作机制对于算法身份的主宰作用。[23]潘霁也提出，算法连接用户时，技术系统的运行和算法的程序编码形式限制异化了使用者内在的生命活力，个人越来越难以做出符合自由意志的选择。[24]权力隐没在数据化的细枝末节之中，而用户在这种数据控制下几乎毫无还手之力。

三、技术特性在三重转向中的催化作用

在算法身份研究的三重转向中，算法作为一种技术，其本身的技术特性发挥着重要的催化作用。国内外学者重点关注算法的数据依赖、技术不透明以及广泛渗透性等特征，以解析算法身份相关的种种社会和伦理问题。

（一）算法的高度数据依赖诱发个体“游离态”

米特尔施泰特（Mittelstadt）等人提出算法处理数据的“无说服力佐证”怪圈，即算法系统通过处理数据所输出的结果具有高度的不确定性，实际上算法系统得到的往往只是相关关系，而难以解释数据之间的因果关系。[25]吴静在数据化与第三持存的研究中提出，数据是算法精心捕捉到的片段，并非对现实世界的镜像反映，而是对有限信息的重构和组装。数据必须通过算法进行结构化处理与深度挖掘，才能呈现出特定的结果。数据被不同的算法重新编码，并以一种“去历史情境化”的形式呈现出来，对其意义的解读和阐释不取决于事实本身，而取决于数据库来源和选用的算法模型。[26][27]黎江波等学者认为，算法基于数据的程序设定尽管并不一定能够反映用户真实的心理，但从行为到数据的转译过程必然会造成一定程度的信息偏误。[28]

在传统身份中，构成“我们”的是历史、文化、社会结构等相对稳定和固定的坚实基础，而在算法身份中，构成“我们”的成了微粒、动态、不依据事实而阐释的数据。这些数据的“无意义”“去事实化”和“谬误”都在一定程度上导致具有时空稳定性的个体被层层解离为脱离语境和历史的碎片化、模块化“分体”，在算法世界中呈现出一种随时随地、不断分合的“游离态”。

（二）算法“黑箱”推动身份建构主导权的转移

“黑箱”是系统论中的概念，它既无法打开，亦难以窥视其内部的运作机理与真实状态。[29]帕斯奎尔（Pasquale）等学者提出，在当今这个数据驱动的商业时代，算法技术已然成为企业核心竞争力的重要组成部分。在保护企业核心利益的考量下，企业会选择隐藏或掩盖有关具体算法的细节。[30]这使得非专业人士很难确定算法如何以及为何会产生特定的产出或结果，与算法从业者之间形成了技术认知上的鸿沟。更有甚者，算法不

仅对于用户而言是“黑箱”，而且并不完全为其主导者和设计者所左右。段伟文认为，各种选择、评价和决策被编码并封装到复杂的算法之中，在算法多次迭代之后即便算法的创造者并不完全理解自己的创造物，也很难再回到最初的情境中考察其设计初衷。[31]

算法黑箱问题的存在不仅塑造了普通用户与算法工作者之间的鸿沟，还建立起人与算法之间的巨大屏障。面对自动迭代更新、自我成长的算法，即使是算法工程师也无法完全掌控，更不用说严重缺乏互联网技术和信息基础知识的普通用户。黎江波等学者提出，算法“不可见”的运作逻辑构成了一种技术无意识，以强势的姿态渗透到用户的兴趣偏好、审美经验、消费选择中，进而对用户的虚拟网络行为乃至现实行为形成规制。[32]潘霁将这种无意识状态比作“鱼游水中，难以知水”。在人与算法组成的有机耦合系统中，人们能够自由行动，但却对技术所知、所做的了解相当有限[33]。即使作为算法身份“拥有者”的用户能够产生一定的算法认知，也难以达到对算法运行机制的深层理解。用户很难了解自己究竟被算法赋予了怎样的身份，更不清楚算法如何以及为何为自己赋予种种身份类属。[34]于是，作为“分类者”的算法及算法背后的制造者和实际控制者就获得了为用户建构算法身份的主导权。

（三）算法技术的广泛性和渗透性强化算法权力

智能技术正在社会生产生活的各个方面迅速普及，这种渗透是全方位的。各种信息媒体平台通过算法收集和管理用户的个人数据、行为数据及数字踪迹，推测用户的喜好以提供针对性的信息服务。算法能够高效且自动化地对海量数据进行深度处理与精准分析，正逐步演变为人类在进行选择、评估乃至制定各类决策时不可或缺的基础性工具。全燕等学者提出，随着算法应用场景的不断拓展和逐步深入，算法技术已经成为一种强大的“合理性力量”，算法权力深入渗透到日常生活中越来越多的方面，代替人们进行选择和决策，控制人的行为和活动，甚至影响用户的价值观和意识形态。[35]这类似于斯蒂格勒所言“超控制社会中的计算性暴力”，人们正在逐渐习惯性地屈从于这种暴力，并正展现出将这种计算性暴力正常化的趋势。[36]

算法正在对用户形成一种隐蔽的监视和控制，隐私侵犯、信息接触受限、诱导消费等算法乱象层出不穷。即使人们对于算法身份系统中的深层权力控制有所察觉，但一方面人们难以舍弃由便利、高效和不断优化的算法信息服务所带来的优势和福利，另一方面，面对无处不在的算法信息服务，久而久之人们难免产生精神麻痹或犬儒主义倾向。算法技术应用的广泛性和渗透性使得人们成为沉浸其中的“享乐者”或无可奈何的“接受者”，也使得算法权力更加隐蔽和根深蒂固。

四、总结与展望

随着智能技术在日常生活和社会运转中扮演越来越重要的角色，身份问题所负载的讨论空间和研究价值也逐渐加深，成为研究者透析和审视人与智能技术间微妙张力的切口之一。通过梳理国内外研究发现，相比于前算法时代的数字身份 1.0，算法身份在主体形态、建构逻辑和权力形式上发生了三重转向：身份的主体形态从“个体”转向“分体”，身份的建构逻辑从“拥有者”主导转向“分类者”主导，其背后暗含的权力形式也从“生命政治”转向“软生命政治”。在此三重转向中，算法本身的技术特性发挥了一定催化作用：算法对数据的高度依赖可能诱发个体从稳态转向游离态，算法的技术不透明性促成了身份建构主导权的转移，同时算法技术应用的广泛性和渗透性也进一步强化了算法权力。

但目前关于算法身份的研究讨论仍集中于思辨层面，缺少实证材料以佐证观点；一定程度上存在“重技术”的研究倾向，可能会导致“轻人文”的视角缺失；国内相关研究相对滞后，算法身份中的一些研究议题尚待拓展至中国语境。本文认为未来算法身份研究可以在以下三个方面进一步发展。

（一）探究算法身份建构中除技术外的影响因素

在关于算法的诸多技术反思中，学者已经意识到智能技术试图建构敏锐而有力的社会神经系统，但即使数据量足够大，算法也不可能通过数据实现对人的行为的绝对理解。因此，对于学术研究者而言，应当在技术视角之外，继续探究社会和文化等因素对于算法身份建构的影响，挖掘生活纹理和个性拓扑形式在其中发挥的作用。例如，算法通过机器语言所识别到的身份类别，是如何从代码和数字被解释为可供人类理解的社会类属的？这一过程如何受社会文化环境中产生的价值观念、个体动机等因素影响？这些影响产生的契机和效果又如何？诸如此类问题都需要运用田野调查、深度访谈、民族志等综合方法，通过更加深入的调查研究去不断追问和探索。

（二）从用户侧开展更多算法身份相关实证研究

现有从“用户侧”展开的智能传播重点研究领域之一是用户的算法意识、算法想象等算法素养方面的研究。越来越多的实证结果表明，人们对算法的认知和想象不断加深，主体意识也向更深层次觉醒。在此基础上，用户开展与算法的积极和消极互动。前者表现在用户积极改变和影响算法，而后者主要表现在用户算法使用过程中因“不满足”所导致的倦怠、回避和抵抗。在算法身份的研究中，用户算法意识同样是一种值得考量的重要变量。用户怎样觉察和评估算法身份与真实自我之间的间隙？这些间隙又是否可能引发人与算法间的身份主导权争夺？用户在数据化主体关系中的自主性觉醒和抵抗空间仍有待考察。

（三）拓展中国语境下算法身份问题中的多元视角

在中国语境下，算法身份问题涉及多方主体。算法系统并非纯粹的技术造物，而是多元行动者集体生产的产物，算法工程师、内容生产者、平台运营者、监管者和用户等都参与其中。作为监管者和治理者的政府、作为服务对象和消费者的用户，以及算法平台内部行动者，分别从各自利益和立场出发不断影响和修改着算法系统。因此，研究者们应当充分考量中国特有的社会、经济、政治和文化环境，从更加丰富和多元的行动视角出发，提出解决算法身份中存在风险的可行思路和切实举措。

---

［1］MARTINEZ M，VALERIA R，CARDENAS E. Problems and developments of identity in the digital world［J］. Technology law，2021，vol.10（2）：251–276.

［2］ANNA V K，ANASTASIA A L. Identity Matrix in the Digital Age：Social Challenges of Overcoming Anonymity［J］. Cultural studies and art history，2019（35），14–28.

［3］刘培，池忠军 . 算法的伦理问题及其解决进路［J］. 东北大学学报（社会科学版），2019（2）.

［4］LIPPOLD J. We Are Data：Algorithms and The Making of Our Digital Selves［M］. New York：New York University Press，2017：6.

［5］LIPPOLD J. We Are Data：Algorithms and The Making of Our Digital Selves［M］. New York：New York University Press，2017：25.

［6］LUPTON D. The Quantified Self［M］. MA：Polity Press，2016：42.

［7］罗昕，杨心玥 . 演进中的数字身份：交往特征与风险治理［J］. 青年记者，2024（4）：12–17.

［8］崔凯 . 表达性与工具性：数字身份的起源与变迁［J］. 青年记者，2024（4）：5–11.

［9］KOTLIAR D M. The return of the social：Algorithmic identity in an age of symbolic demise［J］. New media & society，2020（22）：1152–1167.

［10］WEBER. Methodology of the Social Sciences［M］. Piscataway：Transaction Publishers，2011：90.

［11］GOFFMANE. The Presentation of Self in Everyday Life［M］. New York：Anchor，1959：72.

［12］李沁柯，夏柱智 . 破碎的自我：“小镇做题家”的身份建构困境［J］. 中国青年

研究，2021（7）：81–88，95.

［13］LIPPOLD J. We Are Data：Algorithms and The Making of Our Digital Selves［M］. New York：New York University Press，2017：28–30.

［14］DEH D，GLOOVI D. The Construction of Identity in Digital Space［J］. AM Journal of art and media studies，2018（16）：101.

［15］FISHER E，MEHOZAY Y. How algorithms see their audience：media epistemes and the changing conception of the individual［J］. Media，culture and society，2019（41）：1176–1191.

［16］SUJON Z，DYER H T，KOTLIAR D M .The return of the social：Algorithmic identity in an age of symbolic demise［J］.New media & society，2020，22（7）：1152–1167.

［17］福柯 . 必须保卫社会［M］. 钱翰，译 . 上海：上海人民出版社，2018：273.

［18］德勒兹 . 控制社会后记［J］. 戴陆，译 . 世界美术，2022（1）：53–55.

［19］TERRANOVA T. Network Culture：politics of the information age［M］. London：Pluto Press，2004：28.

［20］LIPPOLD J. We are data：algorithms and the making of our digital selves［M］. New York：New York University Press，2017：166.

［21］蓝江 . 什么是生命政治［J］. 武汉大学学报（哲学社会科学版），2022，75（1）：57–67.

［22］GEOFFREYC B，LEIGH S. Sorting Things Out：Classification and Its Consequences［M］. Cambridge：MIT Press，1999：52.

［23］黎江波，于汐 . 从人口统计学身份到算法身份：论数字流媒体时代受众身份的扩容与变迁［J］. 电影文学，2023，（9）：18–24.

［24］潘霁 . 融通共生：从媒介系统运作出发反思算法伦理［M］// 中国传播学评论（第十一辑）：算法城市，北京：中国传媒大学出版社，2023：67–76.

［25］MITTELSTADT B D，PATRICK A，MARIAROSARIA T，et al. The ethics of algorithms：Mapping the debate［J］. Big data & society，2016（2）：1–21.

［26］吴静 . 第三持存和遗忘的可能：数字时代的莫涅莫绪涅困境［J］. 江海学刊，2021（5）：122–127.

［27］吴静 . 算法为王：大数据时代“看不见的手”［J］. 华中科技大学学报（社会科学版），2020，34（2）：7–12.

［28］黎江波，于汐 . 从人口统计学身份到算法身份：论数字流媒体时代受众身份的扩容与变迁［J］. 电影文学，2023（9）：18–24.

［29］陶迎春 . 技术中的知识问题——技术黑箱［J］. 科协论坛（下半月），2008（7）：

54–55.

［30］PASQUALE F. The Black Box Society：The Secret Algorithms That Control Money and Information［M］. Cambridge，Massachusetts; London，England ：Harvard University Press，2015.

［31］段伟文 . 数据智能的算法权力及其边界校勘［J］. 探索与争鸣，2018（10）：92–100，143.

［32］黎江波，于汐 . 从人口统计学身份到算法身份：论数字流媒体时代受众身份的扩容与变迁［J］. 电影文学，2023（9）：18–24.

［33］潘霁 . 融通共生：从媒介系统运作出发反思算法伦理［M］// 中国传播学评论（第十一辑）：算法城市，北京：中国传媒大学出版社，2023：67–76.

［34］洪杰文，常静宜 ."有意""无意"之间：B 站青年的算法身份建构研究［J］. 新闻记者，2023（12）：39–52.

［35］全燕，陈龙 . 算法传播的风险批判：公共性背离与主体扭曲［J］. 华中师范大学学报（人文社会科学版），2019，58（1）：149–156.

［36］刘鹏 . 技术化的哲学：以斯蒂格勒、奥托瓦、拉图尔为例［J］. 自然辩证法通讯，2020，42（11）：12–14.

（洪杰文系武汉大学媒体发展研究中心研究员，武汉大学新闻与传播学院教授；常静宜系武汉大学新闻与传播学院传播学博士研究生）

智能传播的政策与治理

人工智能对美国互联网内容规制的重塑

崔保国　杨　乐

【内容摘要】随着近年来全球数据、算力和算法的飞速发展，早期互联网带来的内容生产和传播革新迎来了人工智能时代的二次变革。美国作为传媒产业最为发达的国家，是全球互联网信息传播的主导者，也是全球互联网内容治理的规则制定者。但是，人工智能技术在互联网内容领域的蓬勃发展，使美国既有的互联网内容规制面临挑战。本文将首先阐释人工智能技术对互联网内容生产、传播和审核三个层面带来的冲击；然后分析在此冲击下美国以宪法第一修正案和三权分立体制为核心的互联网内容规制体系发生了何种变化。作为全球互联网大国，美国如何调整和应对人工智能带来的内容治理挑战，不仅会直接影响其本国互联网企业，还将深刻影响全球信息传播秩序。

【关键词】互联网内容治理，人工智能，美国互联网治理，媒介规制

The Restructuring of Artificial Intelligence on Internet Content Regulation in the United States

CUI Baoguo，YANG Le

Abstract: With the rapid development of global data, computing power and algorithms in recent years, the innovation of content production and dissemination brought about by the early Internet has ushered in the second revolution of the era of artificial intelligence. As the country with the most developed media industry, the United States is a leading force in the communication of global online content and a rulemaker in global online content governance. However, the vigorous development of AI technology in the field of online content has posed challenges to the existing online content regulation in the United States. This paper will first explain the impacts of AI technology on three levels of Internet content production, dissemination, and moderation; secondly, it will analyze the changes that have occurred in the United States' Internet content regulation, which is centered on the First Amendment and the system of checks and balances, under these impacts. As a major global Internet power, how the United States adjusts to address the content governance challenges posed by AI will not only directly affect its domestic Internet enterprises but also profoundly influence the global information communication order.

Keywords: Internet content governance, artificial intelligence, US Internet governance, media regulation

在媒介体制研究中，美国一直被视为以保障言论自由为核心，市场经济为主要驱动力的媒介规制模式。[1][2][3]具体表现为宪法第一修正案给予表达至高的保护权，拒绝政府干涉言论内容，信息内容秩序以市场动力构建和维护，私营企业被赋予规制信息内容的权利。1996年通过的《通信规范法》（Communication Decency Act，CDA）第230条款是美国媒介规制模式在互联网时代的典型体现。第230条款（c）（1）条规定交互式计算机服务的提供者或用户不得被视为其他信息内容提供者提供的任何信息的发布者或发言人；（c）（2）条规定交互式计算机服务的提供者或用户不得对善意限制访问令人反感的材料的行为而承担责任。[4]由此可见，第230条款不仅让互联网企业不需要对其用户发布的内容承担责任，还赋予其因参与内容审核而承担责任的豁免权。杰夫·科索夫（Jeff·Kosseff）的《创造互联网的二十六个字》一书直言，是第230条款中的26个英文单词创造了互联网，强调了第230条款对美国互联网产业发展的关键性作用。[5]

但是，近年来的一系列事件显示出美国既有的互联网内容规制模式似乎开始发生改变。第一件事是备受关注的美国政府管制短视频社交媒体TikTok。美国自2019年开始对TikTok实施国家安全审查，认为其存在信息操控、数据泄露和被中国政府控制等风险，2024年4月24日正式通过了《保护美国人免受外国对手控制应用程序的侵害法案》（Protecting Americans from Foreign Adversary Controlled Applications Act），预示着TikTok将在2025年1月19日面临要么与母公司剥离要么在美国被封禁的管制压力。[6]第二件事为美国得克萨斯州和佛罗里达州在2021年分别通过HB 20法案和SB 7072法案对社交媒体平台的内容进行监管，这是自互联网时代以来美国州一级成功立法对互联网企业内容直接进行管制。[7]第三件事为佛罗里达州和得克萨斯州通过的这两项法案生效后随即收到违宪起诉，该案件最终上诉到最高法院，最高法院将案件发回下级法院重审，并且重点探讨了宪法第一修正案对人工智能算法的司法适用解释。[8]

这三起事件都是美国互联网产业发展中首次发生的，但深入观察可以发现驱动美国开启这三个“首次”的共同变量是人工智能的算法技术。TikTok能够风靡全球的核心技术性原因是其强大的内容算法推荐，在美国各项规制 TikTok 的行政令和法案中，明确强调 TikTok 对美国国家安全威胁的原因之一是担心 TikTok 成为发动影响力运动的工具，其表现形式就包括基于算法的信息操纵、信息审核和宣传。另外，算法训练需要基于海量的用户数据，美国政府也担心 TikTok 为优化其算法推荐技术，过度收集美国用户的个人信息。HB 20 法案和 SB 7072 法案的核心之一是解决社交媒体平台的算法黑箱问题，认为平台基于算法进行内容审核缺乏透明性，充满偏见和歧视。在最高法院首次讨论宪法第一修正案和《通信规范法》第 230 条款的适用性时，其核心原因是算法对社交媒体平台内容生产、传播和审核带来的改变，算法推荐的内容由谁负责？算法推荐这种基于用户个人偏好进行的内容汇编是不是言论表达行为？平台采用算法辅助的内容审核方式是不是受宪法第一修正案保护的编辑权利？可以说，人工智能算法全面挑战了美国既有的互联网内容规制体制。基于以上观察，本文提出的核心研究问题为美国既有的互联网内容规制体系是如何构成的？以及人工智能算法对美国互联网内容规制体系带来哪些冲击？本文将分为三部分：第一部分阐释人工智能算法对互联网内容生产、传播和审核带来的三重冲击；第二部分分析三重冲击对美国宪法第一修正案的适用性解释、立法、行政和司法层面带来的互联网内容规制具体改变；第三部分为总结。

一、人工智能对互联网内容带来的三重冲击

自 20 世纪 50 年代开始发展的人工智能（Artificial Intelligence，AI）是使计算机实现模拟和执行人类智能任务的科学和技术领域，主要通过开发能够感知、理解、学习、推理、决策和与人类进行交互的智能系统实现机器的智人化。这种机器实现人类思考和行动的技术对现有的社会运作和规范体系带来了强大的冲击。具体到互联网内容领域，人工智能技术分别对内容生产、内容审核和内容传播产生了颠覆性影响，生成式人工智能（Generative AI）实现了机器自主性内容生产，人工智能算法参与甚至主导了互联网企业的内容审核工作，算法推荐系统更是决定了内容的传播。人工智能技术对互联网内容的改变使更新现有规章制度的需求急剧上升。

（一）生成式人工智能颠覆内容生产

生成式人工智能是指基于算法、模型、规则生成文本、图片、声音、视频、代码等内容的技术。该技术是基于无监督或部分监督的机器学习框架，并使用统计学、概率等生成人工遗迹。[9] 不同于以往人工智能在决策领域的应用，如 2016 年的人工智能机器 AlphaGo 大战人类围棋高手李世石，生成式人工智能在基于海量数据信息的训练基础上

可以通过与人类的互动生成全新的信息内容。2018 年 OpenAI 公司基于大语言模型发布的 ChatGPT（Chat Generative Pre-trained Transformer）系列被翻译为“聊天生成预训练转换器”，是生成式人工智能的典型应用型产品，此后一系列生产文字、图片、音频和视频等的生成式人工智能产品层出不穷，人工智能领域再次取得了突破性的发展。

生成式人工智能创造的信息内容与传统的媒介内容相比，在内容生产主体和内容生产逻辑方面发生了根本性的改变。媒介经历了印刷时代的图书和报纸，电信时代的电报、电话和电视，以及互联网时代的电脑和手机等，但在过去媒介形态的演变过程中唯一不变的是所有基于媒介传播的内容均为人类所生产创造。生成式人工智能则颠覆了既有的内容生产主体，非人类的机器具备了内容生产能力。通过对过去人类海量信息内容的收集、学习和训练，机器最终具备了自主性生产内容与人类对话的能力。与信息内容生产主体改变伴随而来的是内容生产逻辑的变化。人类的内容生产是基于个体经验和认知所创造的独特性内容，但生成式人工智能是通过汇聚海量个体性内容信息进行通用性的内容生产，虽然通过与个体用户的互动，机器最终能够生成更符合该用户个人特征的信息内容，但其并非通过少量的互动就能完成训练，依旧使用了大量的他人用户数据。

生成式人工智能带来的内容生产主体的改变，对现有互联网内容规制体制的最大挑战是由此生产的不良内容由谁负责。美国第 230 条款给予了互联网企业对内容的豁免权，企业不会因其产品平台上呈现的不良内容而违规违法。但是，目前互联网企业使用生成式人工智能创造了多样化内容产品，企业是否应该为该产品生成的内容负责，成为人工智能时代美国互联网内容规制面临的首要问题。

（二）算法推荐改变传统内容传播路径

算法推荐创造了互联网内容传播的新方式。算法是人工智能的核心，在人工智能数据收集、处理、存储、应用的每一阶段都离不开算法的使用。社交媒体的应用加大了用户之间的互动性以及用户个人数据信息的生产，算法推荐技术正是在这一海量数据的生产和大数据计算能力提高的基础上得到快速发展。互联网企业通过收集和处理用户个人数据，为用户提供个性化的信息内容服务，从而使信息传播路径对用户能够看见什么有了更大的决定权。[10]

算法推荐系统通过对用户在互联网上留存的各项数据的收集完成用户画像，从而精准地推荐内容，在一定程度上解决了用户在海量信息中获取有用信息的有效性问题。但是，一方面，精细化地向用户推荐同质化的信息容易造成信息茧房，固化用户认知，偏见和极化思想也容易形成。另一方面，算法推荐系统向用户推荐的内容决定了用户能够获得何种内容，其对算法的操纵能够影响信息传播的可见性。算法能够赋予内容不同的权重，某类内容的权重越高，用户就越容易获得此类内容。由此，谁有能力制定或改变算法推荐系统，谁就获得了信息传播权。当前以社交媒体平台为代表的互联网信息内容供应商是算法推荐系统的主要应用者，算法推荐广告内容是其主要的推荐内容之一，也是其核心的盈利方式。

人工智能中算法推荐技术对互联网内容传播带来的最大挑战为该技术决定的内容传播是否符合公平原则。每个人都有获得信息的自由，也就是前文宪法第一修正案修正主义派对言论自由保护的主张，要保护“思想市场”的平等关系。算法推荐系统可能会改变“思想市场”的公平性，在算法推荐下，某类思想有被人为控制传播得更广或更窄的可能性。如何应对由算法推荐带来的内容传播平等性的变化，是人工智能时代美国互联网内容规制面临的第二大难题。

（三）算法过滤改变传统内容审核模式

算法过滤技术改变了传统的人工内容审核模式，对编辑“把关人”造成颠覆性影响。互联网技术实现了“人人都有麦克风”的大众传播，带来的是个人表达前所未有的赋能，也带来了信息的空前爆炸。传统的图书、报刊、影视等内容形式均由专业人士进行内容审核后发布，但互联网带来的信息即时性传播以及无边界扩散，使海量的信息难以通过人工形式进行内容审核。人工智能算法对海量信息内容的处理能力使其对不良内容的识别和过滤效率远高于人工操作，通过人工智能算法进行内容审核成为互联网时代内容审核的主要方式。[11]但是，“算法黑箱”带来的内容审核不透明性以及算法歧视带来的内容审核偏颇对现有的美国互联网内容规章制度带来挑战。

算法参与甚至主导互联网内容审核已经成为常态，算法技术确实能够提高不良内容的审核效率，但同时带来的审核黑箱以及歧视偏见问题是人工智能时代内容治理的新问题。由于机器学习技术的自身特征，算法通过自我学习产生的规则机制难以被大众观察和理解；此外，算法开发者将算法视为竞争性核心技术也会加以保密。因此，对于广大互联网用户而言，算法的决策过程和逻辑一直处于黑箱状态。算法的不透明性隐藏了其对不良内容的识别和处置过程，基于算法的规则将何种内容界定为违规内容？对违规内容进行何种方式（打标签、降低其可见性以及删除）处理？这些算法规则将直接影响用户的言论表达。算法歧视和偏见也会影响内容审核。现实社会已经充斥着性别、种族、阶级等众多的歧视观念，算法过滤是基于既有的用户数据进行训练，若将附有偏见或歧视的数据投放入训练数据集，则有可能加剧既有的社会歧视和偏见。美国的第一修正案使任何形式的传统内容审核都面临违宪风险，因此，在人工智能时代，算法对内容的过滤如何界定以及如何进行违宪审查需要美国互联网内容规制体制的新发展。

二、人工智能冲击下的美国互联网内容规制新变化

人工智能技术对媒介的改变使现有的美国互联网内容规制体系受到冲击，以宪法第一修正案、立法、司法和行政为核心的规制主体正在探索新的方式，以应对智能时代的互联网内容秩序的构建。宪法第一修正案层面，最高法院对社交媒体平台的内容审核是否违宪的判定出现了新的阐释；立法层面，州一级政府对社交媒体平台内容规制颁布了新法规；司法层面，给予社交媒体平台豁免权的第 230 条款面临空前的质疑；行政层面，以总统为代表的行政力量强势介入互联网内容规制进程中。

（一）宪法第一修正案的司法解释争论

宪法第一修正案禁止国会出台法律干涉言论自由，目前联邦政府层面尚未通过对互联网内容的规制性法案，但 2021 年佛罗里达州和得克萨斯州分别通过了监管大型社交媒体公司和其他互联网平台的法规。虽然两州法律涵盖的实体和它们所限制的活动方面有所不同，但都限制了平台参与内容审核的能力，以及要求平台在删除或修改用户的帖子时向用户说明原因。佛罗里达州 SB 7072 法案对社交媒体平台内容审核的要求，具体包括禁止平台对政治候选人的账号和发布的内容进行管控操作；禁止对新闻媒体机构的内容进行审核；要求平台内容审核标准要保持一致性，30 天内只能修改一次“用户规则、条款和协议”；要求平台对内容进行的算法操作进行分类并且给予用户是否使用算法推荐内容的选择权；要求平台公布其内容审核标准和内容审核请求数量和类型；要求平台如果对用户内容进行审查处理，七天内需向用户提供书面的详细解释；禁止平台审核政治候选人内容或账户等。[12] 得克萨斯州 HB 20 法案对内容审核的要求主要包括公开披露，要求社交媒体平台披露与业务实践相关的各种信息，包括其内容管理、数据管理和业务实践的准确信息；禁止内容审核，禁止大型社交媒体平台对得克萨斯州用户的“观点”进行删除、修改或贴标签，除非联邦法律认为其非法或属于豁免类别。[13]

SB 7072 法案和 HB 20 法案是美国 50 个州中唯一通过立法进程生效的规制社交媒体平台内容的法案。两部法案生效后，包括 Facebook 和 YouTube 等在内的 NetChoice LLC 和计算机与通信行业协会立刻针对这两项法律提出了违反宪法第一修正案的挑战，两个州的地方法院都颁布了初步禁令。随后两个案件又经历了第五和第十一巡回法院，最终到达最高法院。2024 年 7 月 1 日，最高法院最终宣布驳回下级法院对两起案件的判决，发回重审。[14] 得克萨斯州和佛罗里达州的案件走向一直备受关注，因为这是对社交媒体平台内容管制的首次立法，是在以人工智能技术为代表的新技术飞速发展下对美国第一修正案适用性的新评判。最高法院的大法官们分别阐述了各自对该案件的分析和判决态

度，从最高法院长达近一百页的法律文件中可以发现，以社交媒体平台为代表的人工智能型媒介已经冲击了既有宪法第一修正案的解释。[15]

最高联邦法院对两项州立法是否违宪的核心争议有两点，这两点是人工智能技术对宪法第一修正案冲击的体现：第一，社交媒体从事的内容活动是否是表达活动。最高法院对社交媒体平台具有表达性功能（如删除、汇编和优先呈现内容）的肯定使其受第一修正案的保护，但对社交媒体平台部分功能具有表达性的强调说明了并不是社交媒体平台的所有内容处置都受第一修正案的保护。第二，传统编辑裁量权（editorial discretion）的适用性。最高法院强调了第一修正案的基本原则没有变，编辑权受第一修正案的保护。但要求界定平台哪些功能具有编辑裁量权。一方面，需要确定平台的哪些功能是在行使编辑权。例如，Facebook 的 News feed 涉及编辑选择，但直接发送信息（direct messages）不涉及。另一方面，用户生产原始内容，平台基于这些内容进行二次生产，但这种生产又基于算法等非人工判断，因此判断谁是编辑变得至关重要。从最高法院对两个案件驳回重审决定的分析可以看出，目前对社交媒体平台内容审核的规制核心问题是，首先要确定社交媒体平台的定位，其从事的内容生产和审核是不是一种实质性表达；其次要确定社交媒体平台的定义，其内涵和外延将决定法律的适用范围；最后要确定社交媒体平台具备何种形式的编辑裁量权，这将决定是否违背宪法第一修正案。两起法律案件历时四年，如今发回重审的审判结果似乎让一切回到了原点。但从长达上百页的判决书中可以洞察到美国最高法院对人工智能时代宪法第一修正案的解释和应用已经发生改变，需要制定新的违宪判断标准，需要整体地重新思考新媒介下的言论自由权。

（二）州一级社交媒体内容规制立法激增

社交媒体平台已经成为人们获取信息的主要渠道，由此带来的虚假信息泛滥、网络霸凌、极端主义言论、青少年成瘾等问题已经造成严峻的公共利益损害。因此，虽然两党在如何管制互联网内容的方式上存在分歧，但是在认为当前互联网内容需要管制的议题上存在共识，这也就使得州一级的立法成为可行的互联网内容规制方式。自 2021 年得克萨斯州和佛罗里达州的两项加强社交媒体平台内容审核的法案通过后，其他各州进行了一系列类似立法程序。根据计算机与通信行业协会（CCIA）对 2023 年州一级互联网内容监管的立法的最终已经有 200 多项法案被提出，试图通过不同的方式加强互联网内容审核的监管，主要内容审核措施和代表性法案见表 1。[16]

表1　美国州一级关于互联网内容审核规制立法

内容审核措施	主要内容	代表性法案
审查	限制在线平台删除某些内容的做法或删除特定内容（例如，政治、宗教），特别是对政治人员发表的内容。许多提案规定平台在删除内容时必须采取通知和申诉程序等步骤	亚利桑那州 SB 1106 蒙大拿州 HB 770 田纳西州 SB 111/HB 682
透明度报告和披露要求	要求平台提交定期报告，详细说明对服务条款违规行为采取的行动。强制发布有关内部实践的机密信息（如算法）	伊利诺伊州 HB 3943 纽约州 SB 895A 俄克拉何马州 HB 2548
披露和问责或测试要求	解决算法决策技术中的潜在偏见问题。包含过于宽泛的定义和报告要求	哥伦比亚特区 B25-0114 加利福尼亚州 AB 331 伊利诺伊州 HB 3733 佛蒙特州 HB 114
研究和调查	要求立法机构或指定委员会研究或调查数字服务的实践，包括社交媒体或技术对其用户的影响。最近，许多这些研究涉及自动决策以及其在内容审查决策中的应用	伊利诺伊州 HB 3563 罗得岛州 HR 6423 路易斯安那州 SCR 49
增加内容删除	要求在线平台实施新的或额外的策略，以审查危险、非法、虚假或其他有害信息	加利福尼亚州 AB 1027 和 SB 680 纽约州 AB 1942/SB 577
决议	呼吁国会修改或废除第 230 条的决议	堪萨斯州 SB 222 新泽西州 ACR 117

互联网初期，美国为鼓励互联网产业发展而给予平台内容审核豁免权的规制模式已经实践了近三十年，而如今互联网平台型企业已经呈现强垄断性，并且人工智能算法技术直接参与并主导着平台内容审核。从州一级对社交媒体平台内容规制的立法中可以看出，州政府实则是在限制社交媒体平台垄断性的内容审核权力。第 230 条款给予平台对内容进行审查的豁免权使其成为当下互联网信息的重要“把关人”。但面对海量的互联网信息，社交媒体平台普遍采用算法加人工的审核方式，并且算法审核内容已经成为主要方式，然而，算法黑箱式审查对用户的言论自由造成了极大威胁。从州一级的平台内容审核立法可以看出，州一级政府试图通过立法加强算法参与内容审核的公开性，一方面要求披露算法进行内容审核的逻辑，另一方面要求平台解决算法偏见等问题。互联网平台内容审核与宪法第一修正案对言论自由的保护直接相关，如何在算法时代保障言论自由成为美国政府需要面临的新挑战。

（三）法官对第230条款豁免权适用范围产生分歧

美国《通信规范法》第 230 条款，是互联网时代与内容规制最为相关的法律条款，而该条款的核心是给予平台对内容的豁免权。第 230 条款的简洁性是其优势之一，仅用 26 个单词就概括了大部分内容，并且几乎不包含例外情况或注意事项。但它的简洁也为一些法院对其豁免范围的设置留下了空间，特别是近年来的司法案件，如 Force v. Facebook，Inc. 案、Twitter v. Taamneh 案、Tawainna v. TikTok 案和 Dyroff v. Ultimate Software Grp，Inc. 案都反映出人工智能时代算法推荐技术对第 230 条款豁免权的挑战。本文选取 Force v. Facebook，Inc. 案做简要介绍和分析。Force v. Facebook，Inc. 案是因 Facebook 平台推送了恐怖主义内容，5 名受到恐怖主义袭击者的家人联合对 Facebook 发起了诉讼，受害者家属认为被告 Facebook 向恐怖主义组织哈马斯提供了物质性援助。这种物质性的援助具体为：①向其他 Facebook 用户推荐哈马斯在其 Facebook 页面上发布的照片、视频或声明；②通知其他 Facebook 用户哈马斯赞助的活动；③建议其他 Facebook 用户与哈马斯的 Facebook 页面“加好友”，所有这些都将或可能导致 Facebook 本身定期通知哈马斯的声明和其他内容。原告称，Facebook 的这些举措是基于对 Facebook 用户大量数据的计算机算法分析。地区法院的一审判决和二审判决均认为被告 Facebook 受到第 230（c）（1）条款的豁免，也就是平台不为其平台上传播的内容负责。该案件在 2019 年 8 月由第二巡回法院继续维持了驳回申诉的判决。

虽然 Force v. Facebook，Inc. 案最终维持了平台不对其内容负责的判决，但在此案件以及与之类似的案件审理过程中，各巡回法院的法官已经对第 230 条款的平台豁免权适用性产生争论。在各巡回法院对第 230（c）（1）条的司法解释方面，最显著的分歧为交互式计算机服务提供商享有的是广泛豁免权还是有限豁免权，前者是指第 230（c）（1）条规定的豁免权适用于作为“出版商”的任何交互式计算机服务提供商，只要它发布的是他人创作的内容都具有豁免权；后者是指以算法推荐产生的内容，平台不具备对内容的豁免权。所有巡回法院都同意，一家互联网公司不会仅仅因为创建了一个公告板或聊天室，或允许第三方发布被证明具有诽谤性的言论而承担责任。但是，随着互联网公司的发展，现在的聊天软件已经超越了一代人之前较为普遍的公告板和聊天室，并且越来越多地提供附加服务并试图吸引更多的用户，在一些案件中，这些立场上的差异具有控制性的重要意义。通过对第二巡回法院和第九巡回法院的法官们在类似案件中对第 230 条款豁免权的立场梳理可以发现，目前法官们对平台豁免权存在明显分歧，见表 2。

表2　第二和第九巡回法院中大法官对第230条款豁免权的适用范围所持立场

法官	所属巡回法院	司法案件	对平台豁免权所持立场
Sheryl Ann Dorney	第二巡回法院	Force v. Facebook，Inc.	广泛豁免权
Emmet Gael Sullivan	第二巡回法院	Force v. Facebook，Inc.	广泛豁免权
Ryan Douglas Nelson	第九巡回法院	Dyroff v. Ultimate Software Grp.，Inc.; Gonzalez v. Google LLC	广泛豁免权
Johnnie Mae Blakeney Rawlinson	第九巡回法院	Dyroff v. Ultimate Software Grp.，Inc.; Gonzalez v. Google LLC	广泛豁免权
Carlos Tiburcio Bea	第九巡回法院	Dyroff v. Ultimate Software Grp.，Inc.; Gonzalez v. Google LLC	广泛豁免权
Robert Allen Katzmann	第二巡回法院	Force v. Facebook，Inc.	有限豁免权
Marsha Lee Berzon	第九巡回法院	Dyroff v. Ultimate Software Grp.，Inc.; Gonzalez v. Google LLC	有限豁免权
Ronald Murray Gould	第九巡回法院	Dyroff v. Ultimate Software Grp.，Inc.; Gonzalez v. Google LLC	有限豁免权

（四）总统干预互联网内容规制力度加大

从奥巴马开启的社交媒体总统竞选时代，到特朗普任期内的“推特治国”，美国总统逐渐谙熟于利用互联网时代的新媒体开展政治活动。但是，以社交媒体为代表的新媒体在给予总统政治影响力的同时，也可能对总统权威造成负面影响。近年来，特朗普和拜登政府通过签署总统行政令的方式直接规制社交媒体平台的力度明显增强。

特朗普政府首次签署了关于互联网内容审查的总统行政令。社交媒体已经成为美国总统竞选中重要的竞选宣传渠道。2020 年美国总统竞选期间，Twitter 在特朗普称“通过邮寄选票进行欺诈性投票”的一条推文上加了一个标签，点击标签链接的用户会被引导到一个页面，上面写着“特朗普毫无根据地声称邮寄选票会导致选民欺诈”[17]。作为 Twitter 对特朗普个人账户发文内容打标签的反对，2020 年 5 月 28 日特朗普签署了《防止线上审核行政令》，旨在对互联网平台的内容审查进行限制。该行政令指出一些社交媒体平台对保护言论自由和公共利益的作用不够，存在对言论自由的限制行为，因此提出需要修订第 230 条款，限制平台对内容进行审核的权力。这是美国总统首次通过签署总统行政令的方式直接干涉互联网内容规制，背后不仅是 Twitter 对特朗普推文内容打标签引起了特朗普的不满，也是社交媒体平台作为互联网内容“把关人”权力日益增大的后果。

此外，非美国社交媒体平台 TikTok 的崛起也受到特朗普和拜登两任总统的行政令管制。2020 年 8 月 6 日特朗普政府以威胁国家安全为由签署了《关于解决 TikTok 威胁行政命令》（Executive Order on Addressing the Threat Posed by TikTok）和《关于解决微信威胁行政命令》（Executive Order on Addressing the Threat Posed by WeChat），要求禁止美国个人和实体与中国社交媒体平台 WeChat 和 TikTok 进行交易，还要求 TikTok 在 45 天内出售其美国业务。[18][19] 对于 TikTok 和 WeChat 对美国国家安全威胁的认定是基于其内容对国家安全可能造成的威胁，包括信息操纵、宣传、间谍活动、个人隐私和数据安全等。拜登政府时期，虽然否定了特朗普政府时期的两项行政令，但签署通过了《禁止政府设备安装使用 TikTok 法案》（No TikTok on Government Act）。2024 年 4 月 24 日，《保护美国人免受外国对手控制应用程序的侵害法案》（Protecting Americans from Foreign Adversary Controlled Applications Act）生效，该法案要求 TikTok 的中国母公司字节跳动在法案生效后的 180 天之内剥离 TikTok 在美国的控制权，否则将强制在应用商店下架该软件以彻底封禁。[20] 从特朗普政府时期通过总统令直接对社交媒体平台内容进行的规制，到拜登政府时期针对性地管制 TikTok，明显体现出以美国总统为代表的行政力量正在加大对互联网内容的直接管制。

三、总结

美国宪法第一修正案对言论自由的保护是美国互联网内容治理的根基，三权分立的政治体制映射到传媒领域，通过立法、司法与行政进行互联网内容规制，由此构成了美国互联网内容公共规制的主体。自 20 世纪 90 年代互联网商业化以来，美国宪法第一修正案和《通信规范法》第 230 条款几乎给予了互联网平台企业垄断互联网内容规制的法律保障。但随着人工智能技术的应用性发展，算法深入地参与到互联网内容生产、传播和审核的环节当中，由此对既有的美国互联网内容规制体系产生冲击。本文通过人工智能技术对美国互联网内容带来的三重冲击发现，美国的互联网内容公共规制已经发生变化。具体体现为，宪法第一修正案在互联网平台企业的司法案例中开始出现争议性解释，美国州一级政府对社交媒体平台内容规制的立法数量激增，大法官对第 230 条款对社交媒体平台的豁免权范围产生争议，以及以特朗普和拜登为代表的美国总统直接干预互联网内容规制的力度增大。美国私营企业自治主导的互联网内容规制模式，极大地促进了互联网商业化初期产业的创新发展，但也带来了互联网企业对内容规制权的垄断以及经济利益驱动下虚假信息和不良信息的泛滥。新一轮人工智能技术对媒介的赋能深刻地影响了互联网信息内容的生产和传播，美国既有的互联网内容规制体系正在发生改变。作为互联网传媒产业的主导者，美国几乎垄断了全球社交媒体市场，美国互联网内容规制变革将不仅仅影响美国一国，必将对全球互联网信息秩序产生影响。全球性的互联网平台治理有着共同的特征，对美国互联网内容规制变化的深入剖析不仅有助于我国互联网内容生态治理体系的建设，也将为我国互联网企业出海美国提供全面的制度环境信息。因此，未来对美国互联网内容规制变革的深层次动因和国际性影响仍需要持续研究。

---

[1] SIEBERT F，PETERSON T，SCHRAMM W. Four theories of the press：The authoritarian，libertarian，social responsibility，and soviet communist concepts of what the press should be and do [M]. Champaign：University of Illinois Press，1956.

[2] MERRILL J C，LOWENSTEIN R L. Media，messages，and men：new perspectives in communication [M]. New York：Longman Publishing Group，1979.

[3] HALLIN D C，MANCINI P. Comparing media systems：three models of media and politics [M]. Cambridge：Cambridge University Press，2004.

[4] United States Congress. Telecommunications Act of 1996 [EB/OL].（1996–02–08）[2024–11–22]. https://www.congress.gov/104/plaws/publ104/PLAW–104publ104.pdf.

[5] KOSSEFF J. The twenty–six words that created the internet [M]. Ithaca，NY：Cornell University Press，2019.

[6][20] MIKE G. H.R.7521 – Protecting Americans from Foreign Adversary Controlled Applications Act [EB/OL].（2024–03–07）[2024–12–01]. https://www.congress.gov/bill/118th–congress/house–bill/7521/text.

[7] Princeton Legal Journal.（Winter 2023）. A Plea to Act in Good Faith：How Two State Laws Challenge Social Media Platforms' Editorial Practices [J]. Constitutional Law，First Amendment，Technology Forum. 2024，1（3）.

[8] Congressional Research Service. Moody v. NetChoice，LLC：The Supreme Court Addresses Facial Challenges to State Social Media Laws [EB/OL].（2024–09–11）[2024–12–01]. https://crsreports.congress.gov/product/pdf/LSB/LSB11224.

[9] JOVANOVIC M，CAMPBELL M. Generative artificial intelligence：trends and prospects [J]. Computer，2022，55（10）：107–112.

[10] PARISER E. The filter bubble：what the internet is hiding from you [M]. New York：Penguin Press，2011.

[11] GORWA R，BINNS R，KATZENBACH C. Algorithmic content moderation：Technical and political challenges in the automation of platform governance [J]. Big data & society，2020，7（1）.

[12] The Florida Senate. Senate Bill 7072 [EB/OL].（2022–03–07）[2024–10–10].

https://www.flsenate.gov/Session/Bill/2021/7072.

［13］The Texas House Bill. H.B. NO.20［EB/OL］.［2024-10-10］.https://capitol.texas.gov/tlodocs/872/billtext/html/HB00020F.HTM.

［14］SUPREME COURT OF THE UNITED STATES. MOODY, ATTORNEY GENERAL OF FLORIDA, ET AL. v. NETCHOICE, LLC, ET AL.［EB/OL］.（2024-07-01）［2024-10-10］. https://www.supremecourt.gov/opinions/23pdf/22-277_d18f.pdf.

［15］MILTON M，LE Y. The First Amendment and Platform Content Moderation：The Supreme Court's "Moody" Decision［EB/OL］.（2024-07-08）［2024-11-11］.https://www.internetgovernance.org/2024/07/08/the-first-platform-content-moderation-the-supreme-courts-moody-decision/.

［16］CCIA. State content moderation landscape［EB/OL］.［2024-11-11］.https://ccianet.org/wp-content/uploads/2022/11/CCIA_State-Content-Moderation-Landscape_2023.pdf.

［17］EDELMAN G. Twitter finally fact-checked Trump. It's a bit of a mess［EB/OL］.（2020-05-27）［2024-11-11］. https://www.wired.com/story/twitter-fact-checked-trump-tweets-mail-in-ballots/.

［18］The White House. Executive Order on Addressing the Threat Posed by TikTok［EB/OL］.（2020-08-06）［2024-11-11］.https://trumpwhitehouse.archives.gov/presidential-actions/executive-order-addressing-threat-posed-tiktok/.

［19］The White House. Executive Order on Addressing the Threat Posed by WeChat［EB/OL］.（2020-08-06）［2024-11-11］.https://trumpwhitehouse.archives.gov/presidential-actions/executive-order-addressing-threat-posed-wechat/.

（崔保国系清华大学新闻与传播学院教授、海南大学特聘教授；杨乐系清华大学新闻与传播学院博士研究生）

美国与欧盟人工智能治理政策及其对中国的启示 *

雷　霞　郭海威

【内容摘要】面对人工智能发展带来的机遇与风险，美国与欧盟纷纷布局人工智能治理、完善治理政策体系。在政策框架方面，美国奉行有限的政府监管模式，将政府纵向治理与行业横向自律相结合，防范和限制风险的同时，鼓励行业创新探索；欧盟则注重基于立法体系规范数字空间，基本形成完备的人工智能监管法律体系。但是，美国与欧盟人工智能治理目前仍普遍面临着协同性不足、治理手段分歧、因技术发展分散而监管执行复杂以及因行业自治基础薄弱造成技术滥用和失控的困境。在这方面，于中国而言，建议充分利用现有治理体系，强化协同合作；主动介入国际标准治理，主导议程设置；健全技术治理制度框架，明晰风险边界；关注“全球南方”优先事项，提出全球倡议。

【关键词】人工智能，政策体系，治理框架，经验启示

AI Governance Policies of the United States and the European Union and Their Implications for China

LEI Xia，　GUO Haiwei

Abstract: Faced with the opportunities and risks brought by the development of artificial intelligence, the United States and the European Union have laid out artificial intelligence governance and improved the governance policy system. In terms of policy framework, the United States pursues a limited government regulatory model, combining government vertical governance with industry horizontal self-discipline, preventing and limiting risks while encouraging industry

* 本文系中国社会科学院2024年度重大经济社会调查项目“中国网络民意和舆情指数调查（2024—2026）”（项目编号：2024ZDDC006）阶段性成果。

innovation and exploration; the European Union focuses on regulating the digital space based on the legislative system, and has basically formed a complete legal system for artificial intelligence supervision. However, artificial intelligence governance in the United States and the European Union is still generally faced with the dilemma of insufficient coordination, divergent governance methods, complex regulatory enforcement due to decentralized technological development, and technology abuse and loss of control due to weak foundation of goodwill autonomy in the industry. In this regard, for China, it is recommended to make full use of the existing governance system and strengthen collaborative cooperation; actively intervene in international standard governance and lead agenda setting; improve the institutional framework of technology governance and clarify risk boundaries; pay attention to the priorities of the global South and put forward global initiatives.

Keywords: artificial intelligence, policy system, governance framework, experience enlightenment

人工智能技术迅猛发展，其应用范围越发广泛，技术普及度在过去几年中不断飙升，其蓬勃发展态势加剧了技术风险涌现以及技术治理的紧迫性，谣言传播、深度伪造、意识形态纷争等问题层出不穷，对全球和平发展和区域稳定的潜在威胁已显而易见。在此形势下，人工智能治理显得尤为必要且关系重大。如何兼顾促进创新与完善监管、平衡全球治理与国内治理、解决共性问题与个性问题，是制定人工智能治理策略的重要出发点。

人工智能应用及产品的激增，促使全球人工智能的法规调整与治理变革，各国正加快布局人工智能治理，基于各自法律和行政体系为人工智能良性发展设置监管框架，防范其对国家安全和社会秩序造成冲击。中国、美国、欧盟等多个国家和组织在监管政策与执法策略的更新速率方面表现突出，经常成为全球人工智能治理的关注焦点。

从全球范围来看，人工智能技术创新与发展的核心力量仍主要集中于全球北方。英国传媒机构 Tortoise 于 2024 年 9 月发布《2024 年全球人工智能指数》，以系统指标衡量各国人工智能综合实力，揭示全球人工智能竞争的基本格局，其中美国、中国、新加坡、英国、法国依次位列前五，发达国家人工智能指数总体居于前列。[1] 美国与欧盟在人工智能治理政策、标准及指导方针制定方面占据较大话语权。统计数据显示，2011 年至 2023 年全球制定的近 500 项人工智能政策、标准和指导方针中，三分之二来自美国、欧洲或中国，仅 7% 来自拉美或非洲。[2] 本文旨在对美国与欧盟的人工智能治理政策进行追踪梳理，试图勾勒出美国与欧盟人工智能的治理框架、理念、特征，并研判全球人工智能治理面临的困境，从中发掘可借鉴经验，为完善我国人工智能治理体系提供参考。

一、美国与欧盟人工智能治理的政策框架

目前，美国与欧盟在建构人工智能治理的政策框架方面，已取得显著进展，其人工智能治理规则已初步成型，对于人工智能风险具备了一定的防范和应对能力，并试图在全球范围内建立一套共同遵守的规范体系。下面以美国和欧盟为例展开讨论。

（一）美国：政府纵向治理与行业横向自律相结合

美国在人工智能研发能力、创新能力、投资总额等方面总体居于全球领先地位。为持续保持这一优势，美国在人工智能领域逐渐建立起较为系统的治理框架，包括来自政府的立法、标准与指南等，以及来自行业的自愿原则或自律协议。美国奉行有限的政府监管模式，旨在实现防范和限制风险的同时，鼓励行业探索、促进创新。[3]

纵向治理层面，美国的人工智能治理政策体系已基本成形，相关法律法规来自白宫、国会、系列联邦机构，以及各州和城市，形成覆盖人工智能研发及应用各环节的较为系统的监管机制，其治理政策布局在一定程度上反映了美国独特的人工智能战略。白宫方面，奥巴马政府于 2016 年 10 月发布《为人工智能的未来做好准备》和《国家人工智能研究与发展战略计划》，初步构建出美国人工智能战略的轮廓，并以非约束性建议的形式引导各相关主体防范风险；特朗普政府于 2019 年 2 月在《保持美国在人工智能领域的领导地位》行政命令中启动了“美国人工智能计划”，由此促成相关指南和技术标准的相继发布，在较大程度上影响和决定了后续的美国人工智能治理政策；拜登政府于 2022 年 10 月发布《人工智能权利法案蓝图》，包括“安全有效的系统”“防范算法歧视”“隐私保护”等原则，既是一份人工智能发展指南，亦进一步丰富了美国人工智能治理的政策基础；另外，拜登于 2023 年 10 月签署《关于安全、可靠和值得信赖地开发和使用人工智能的行政命令》，并于 2024 年 2 月签署《关于通过联邦政府进一步推进种族平等和支持服务不足社区的行政命令》，提出在设计和使用人工智能等新技术时应注重根除偏见、保护隐私等；国会方面，美国国会近年陆续颁布《2020 年国家人工智能倡议法案》《2020 年政府人工智能法案》《推进人工智能法案》《人工智能培训法案》，国会议员纷纷围绕如何应对人工智能挑战提出有针对性的立法提案，推动人工智能立法框架不断细化完善；联邦机构方面，联邦贸易委员会、国家电信和信息管理局、消费者金融保护局等机构在美国人工智能治理战略布局方面发挥了积极作用，如美国国家标准技术研究院于 2024 年 7 月发布《人工智能风险管理框架：生成式人工智能概况》，旨在助力识别生成式人工智能所衍生的风险，并提出有效的人工智能风险治理方案。

横向自律层面，美国长期以来倾向于行业自我监管模式，非约束性协议或非正式承诺是美国人工智能治理政策体系的重要组成部分。2023 年 1 月，美国国家标准与技术研

究院发布《人工智能风险管理框架》(AI RMF 1.0),该框架的目的在于为设计、开发、部署和使用人工智能系统的组织提供资源,以帮助其管理人工智能的诸多风险。随后,美国国家标准与技术研究院推出“可信和负责任的人工智能资源中心”,该中心通过提供知识库、应用案例、参考建议等资源,推动《人工智能风险管理框架》的实施。2023 年 7 月,亚马逊、Anthropic、谷歌、Inflection、Meta、微软和 OpenAI 七家人工智能公司的代表在白宫举行会议,承诺自愿遵守人工智能的安全性、可靠性和可信任原则,提出在最大限度发挥人工智能潜力过程中,优先考虑相关安全风险及保障措施。[4]

总体来看,美国虽然缺乏综合性的联邦法律,但在相关战略规划、行动指南、针对性法案等方面为人工智能研发与治理提供了较全面的引导和参考。行业自律范式则有效兼顾了发展与治理,促使人工智能在合理框架内保持创新活力。这两种创新思路的融合并行,有效保障了美国人工智能领域的开放性和安全性,同时使其在全球范围内保持竞争优势。[5] 值得注意的是,美国在完善国内人工智能治理政策体系的同时,还与其盟友、合作伙伴开展合作,致力于共同建构强有力的国际性人工智能治理框架。[6]

(二)欧盟:基于立法体系规范数字空间

欧盟在技术治理领域长期居于全球前列,尤其在数据保护、隐私保护、市场监管和反垄断方面,具备较完善的技术治理框架。[7]

欧盟致力于通过完善立法体系来规范和引导数字技术发展,涉及数字技术创新应用的多项要素、多重环节。例如,欧盟于 2018 年颁布实施《通用数据保护条例》,围绕用户数据收集、存储和使用制定相关准则,在完善欧洲数据保护体系的同时,一定程度上影响了全球的数据保护实践。聚焦人工智能治理,欧盟自 2018 年开始进行系统性布局。2018 年欧盟出台《欧洲人工智能战略》《人工智能协调计划》,提出欧洲人工智能发展愿景,初步奠定欧盟人工智能治理的框架基础;2019 年 4 月,欧盟发布《人工智能道德准则》,围绕实现“可信赖的人工智能”,提出覆盖人工智能全生命周期的原则要求,勾勒出欧盟人工智能治理的总体框架;2021 年 4 月,欧盟公布了聚焦人工智能治理的拟议法律,即《人工智能法案》,2024 年 3 月,欧盟正式发布该法案,标志着欧盟在人工智能治理方面迈出重要一步,欧盟的人工智能治理模式日渐清晰。《人工智能法案》与欧盟其他法律法规一道,对功能日益丰富的人工智能应用形成了普遍且完备的监管机制。

《人工智能法案》根据人工智能所构成的威胁程度对其风险等级进行划分,包括不可接受的风险、高风险、有限风险和最小风险。《人工智能法案》强调用户安全和基本权利,对人工智能系统及数据透明度提出高要求,如要对经过人工或其他方式处理的图像、音频或视频内容(深度伪造),明确标记其被处理过,为整个人工智能产业链上的相关方提供遵守欧盟相关法规的详细摘要,并对人工智能供应商实施严格的上市后监控规则。

作为一项系统性法规，《人工智能法案》直接适用于欧盟所有成员国，已成为欧盟规范人工智能发展的基石性法规。[8]该法案中的具体规定，以及较为明确的实施细则，使其成为欧盟系统性数字治理框架的重要组成部分，为欧盟人工智能治理提供了可操作的解决方案。

结合《数据服务法》《数据法》《数字市场法》《欧洲健康数据空间》等的全面实施与执行，以及欧盟在知识产权保护、产品责任规则等方面立法日益完善，人工智能被置于更为广泛和复杂的监管环境之下。另外，欧盟在人工智能治理方面注重开放对话，以举办国际论坛、签署国际条约等形式加强人工智能治理的全球协调与合作。[9]至此，欧盟逐渐建构出一个具备发展性、全覆盖性、精细化等特征的严格的人工智能监管系统，以确保欧盟市场上人工智能产品与服务的安全性。

二、美国与欧盟人工智能治理的现实困境

尽管美国与欧盟在人工智能竞争力及人工智能治理方面具备比较优势，且与全球多国在人工智能治理方面有着共同目标，但就目前来看，美国与欧盟人工智能治理政策仍多处于碎片化状态，各司法管辖区之间的协调性和适用性存在诸多局限。

（一）人工智能治理协同性有待提升

由于现有治理举措不足、发展格局存在差异以及各国难以就更合适的治理机制达成一致，人工智能领域存在广泛的治理赤字。在缺乏主权权威的情况下，各国面临着协议执行和其他国家意图的不确定性，人工智能协同治理的程度因政策差异而不同，并受到各国对技术风险的认知、信任程度和利益一致性等因素的影响。例如，《人工智能法案》只针对欧盟单一市场，但在其他地方缺乏法律效力，其反映了一种独特的欧洲治理理念和策略，与美国、新加坡、英国等发达国家以及中国的监管政策和政治议程存在诸多矛盾。2024 年 9 月，欧盟、美国、以色列、英国等国家和组织共同签署了第一项具有约束力的国际人工智能条约《人工智能框架公约》，其表明西方发达国家在人工智能监管的底线要求上初步达成一致，但其缺乏适当的执行制度，且未有“全球南方”国家加入，导致其在跨国治理的协同方面仍显不足。

无论是发达国家之间，还是全球范围内，不同国家和地区在人工智能治理法律法规、伦理准则、监管标准、执行力度等方面存在普遍差异，而全球不同国家和地区的人工智能技术实力亦分布不均，发达国家拥有技术、资源、人才、政策等优势，这与“全球南方”国家形成鲜明对比，从而加剧了全球人工智能治理的不平衡，进而制约全球人工智能治理的协同性。[10]虽然美国与欧盟或一些其他国际组织尝试推动人工智能治理的全球合作，但发展程度不均衡使得国际社会在人工智能协同治理方面的合作仍然有限，跨国

监管框架构建、国际监管标准制定以及全球性风险应对机制建立健全仍需进一步加强。

（二）人工智能治理手段的分歧制约治理效果

目前，全球开发和监管人工智能的资源力量高度集中，这在一定程度上意味着欧盟、美国等发达国家和组织以及中国之间的多边协议足以减轻人工智能领域的关键风险。但各国在治理理念、治理措施、治理重点等方面尚未达成一致。[11]欧盟致力于严格施行《人工智能法案》，美国采取更加自由放任的监管态度，而中国依赖于混合式治理策略，即利用行业自律和有针对性的次级立法开展人工智能治理工作。在国际层面，这导致相关国际机构或共同体对于应制定何种治理手段产生分歧，甚至在一些被称为“意识形态联盟”的发达国家中也是如此，如关注人工智能可能带来的生存风险的“长期主义”群体，与关注已经出现的技术危害的群体之间存在分歧。这种分歧体现在国家层面，即英国比欧盟更重视长期安全风险，欧盟则关注现有威胁。

不同国家间技术监管框架的差异性，导致跨国或全球范围内的人工智能治理缺乏统一的标准和有机协调机制，跨国技术治理合作面临制度和理念障碍。[12]究其原因，一是对待技术要素的态度不同，以数据治理为例，欧盟实施严格的数据保护法《通用数据保护条例》，强调隐私数据保护，但有些国家对数据流动采取更为宽松的态度，并将数据视为国家竞争力的关键构成，由此导致不同国家的技术治理框架存在冲突；二是政府与市场在治理框架中的角色不同，如美国倾向于支持自愿性行业标准和自我监管，欧盟则倾向于通过立法制定强制性的人工智能监管规则，这种治理背景的差异性造成治理手段的分歧，进而导致治理效果各异，并影响全球性人工智能治理框架的构建。

（三）技术发展的分散性带来监管执行的复杂性

人工智能技术的无形性及快速迭代性，使得监管框架难以有效监测和确保其合规性。人工智能往往能够在较短时间内获得较大的创新和发展跨越，这种技术的迅速演进态势使得既有监管框架难以及时跟进，传统监管模式常常存在失灵风险，监管规则的滞后性无法有效应对并处置新的技术风险，这是包括美国与欧盟在内的全球各国和组织普遍面临的治理难题。同时，人工智能技术的应用范围广泛，从金融、医疗、教育到自动驾驶、公共安全等各个领域都有涉及，且各领域的人工智能应用存在一定的交叉性，这种跨行业、跨领域的技术应用导致监管责任分散，难以归属于某一个特定的监管机构。例如，自动驾驶涉及交通安全、数据隐私、伦理决策等领域，不同领域的监管由不同政府部门负责，但部门之间的协调与合作往往缺乏有效机制，进而导致对技术应用执行监管时面临多重障碍。[13]

另外，人工智能系统基于复杂算法作出决策，其算法与决策机制往往缺乏足够透明度和可解释性，由此为人工智能治理带来巨大挑战。金融系统的用户信用评分、医疗领域的智能诊断等人工智能应用，如无法清晰解释算法运行机制，或引发社会不信任乃至法律纠纷。人工智能伦理与安全标准也具有主观性，在不同文化认知中可能存在差异，因此难以就哪些行为违反监管协议而达成共识。虽然联合国成立了人工智能工作组，为人工智能安全标准的制定、一致应用与执行提供了契机，但目前人工智能领域仍缺乏一个专门的全球监管机构。

（四）行业善意自治基础薄弱或造成技术滥用和失控

从发达国家人工智能治理模式来看，部分国家认为基于行业自律协议可以实现对人工智能的行业自治，如美国的行业自律范式，一定程度上弥补了联邦层面的立法真空，各行业主体参与制定并遵守行业人工智能应用协议。这种方式旨在寻求技术发展与监管的有机平衡，即行业主体对本行业的技术应用模式及风险有着深入了解，其能够较好地研判、预测和处置人工智能应用可能产生的风险，进而为行业自主探索人工智能应用的可能性提供充足空间，有利于行业创新发展。[14]

确保行业自治模式有效的潜在基础是，行业主体能够较好地把控技术风险，并自觉参与负责人工智能的研发、使用与治理。基于此，行业自治的治理模式的弊端显而易见。企业作为经济效益的创造者，其容易受资本或利润驱动，从而难以平衡社会效益与经济效益，资本的逐利性可能导致企业在运用人工智能时忽视隐私保护、伦理道德、观点极化乃至社会不公。另外，在行业自律框架下，部分行业寡头利用其在本领域的影响力，在参与制定行业自律协议时，有意或无意地倾向于制定和选择利于自身商业模式的标准、指南，这可能造成行业垄断、扼杀创新。由此来看，少数主导者寡头控制和行业善意自治的脆弱基础，可能造成人工智能技术滥用、创新阻滞或失控风险，需要政府予以适当干预。

三、美国与欧盟人工智能治理的经验启示

美国与欧盟在人工智能领域具备较强劲的竞争优势，其有关人工智能治理的政策布局一定程度上映射出技术发展态势及主要风险点，同时表征了全球人工智能治理的优先事项与重点关切。面对全球人工智能治理赤字及人工智能创新应用可能带来的潜在威胁，立足我国人工智能发展实践，从美国与欧盟人工智能治理政策中可获得如下启示。

（一）充分利用现有治理体系，强化协同合作

从美国与欧盟人工智能治理政策体系来看，现有治理体系涉及隐私保护、数据安全、网络安全、知识产权保护、消除偏见、提升透明度、公平竞争等关键议题，相关法律法规、标准、方针指南等几乎涵盖各行业人工智能研发及应用全流程，已基本形成较为完善的人工智能治理框架。由美国与欧盟主导的国际条约组织、多边机构、标准机构、研

究联盟、开源社区、智库机构等主体，拥有丰富的人工智能治理专业知识、合作机制及解决方案，一定程度上代表着全球领先的治理理念、制度和模式。美国与欧盟的人工智能治理指南、行业自律协议等作为发展负责任的人工智能的行动表征，其中的负责任创新原则与自治框架能够较好地兼顾促进创新与消除风险。

基于此，我国在建立健全人工智能治理政策体系过程中，要立足我国科技创新与产业转型升级的基本国情，找出现有人工智能监管框架、标准和治理模式中的短板，以及与发达国家成熟治理模式之间的差距，对人工智能治理政策予以调整或补足。在协调国内相关治理主体或同其他国家合作开展人工智能治理工作的过程中，要注重学习吸收发达国家人工智能治理的知识与方案，拓宽人工智能治理视野。要探索推进跨行业、跨领域、跨部门的人工智能治理协作，消除人工智能治理过程中的“信息孤岛”，强化人工智能治理的协同性。[15]

（二）主动介入国际标准制定，主导议程设置

全球范围内的人工智能治理存在显著的不平衡性，影响人工智能发展和使用的标准、政策、规则及方针指南多数来自发达国家，国际标准作为引导和规范人工智能技术的基础框架，深刻影响着人工智能的发展走向。参与全球人工智能治理不仅有助于维护我国在全球科技竞争中的地位，还有助于确保国内人工智能产业的高质量发展。聚焦人工智能治理，我国在向全世界阐释中国人工智能发展愿景的过程中，要努力尝试在人工智能相关的国际组织中发挥更大作用，包括国际电工委员会（IEC）、国际标准化组织（ISO）和国际电信联盟（ITU）等机构，探索以项目资助或人员加入等形式扩大在此类国际组织中的话语权和影响力，积极参与相关国际标准的制定，从而在人工智能治理方面拥有设置议程的突出发言权。

要充分发挥和运用好国内头部科技公司的国际影响力和行业话语权，如华为、科大讯飞、海康威视等企业，基于此类头部企业的技术实力及国际合作伙伴关系，推动中国人工智能技术及相应标准向国际社会，尤其是“全球南方”国家普及应用，从而为我国技术创新与出口创造更多机遇，进而在全球范围内推广和嵌入中国技术标准，为全球人工智能技术研发、应用及治理提供参照。要鼓励国内人工智能企业积极参与全球科技创新合作，同国际知名科创企业、学术机构、智库等建立良好伙伴关系，深度参与建立人工智能治理的国际框架，见证和促进人工智能的负责任发展。

（三）健全技术治理制度框架，明晰风险边界

基于我国人工智能发展实际，要探索进一步完善人工智能治理的制度框架，就要对既有制度框架开展常态化评估和审查，包括相关法律法规、政策、指南及倡议，以确定

需要改进的环节和领域，并基于制度完善和框架优化来应对新的风险和挑战，确保可以在最大程度上降低人工智能技术应用的潜在威胁，并实现预期效益的最大化。要健全人工智能风险防范与应对流程，对技术研发与应用风险进行全阶段评估，将人工与人工智能相结合，及时识别与人工智能系统相关的应用风险，包括技术风险、运营风险和社会风险。另外，创建安全空间对于提升人工智能治理效能具有重要价值，可以借助“沙盒”或“测试平台”对人工智能技术创新进行测试，有助于辅助监管部门在全面部署某项创新应用之前识别潜在风险。[16]

要着手建立具有跨部门执法权限的职能团队或中央机构，负责监督人工智能发展规划并确保相应主体遵守人工智能治理准则，同时负责监测和调整治理框架的适用性。尤其要培养具有人工智能专业素养的人才队伍，探索、制定并实施人工智能治理专业认证计划，从而高质量完成人工智能治理任务。借鉴美国与欧盟在人工智能治理方面的行业自治经验，要高度重视人工智能相关的技术伦理、隐私保护和社会责任问题，鼓励行业协会、技术联盟等组织共同制定和完善行业自治协议，引导行业主体自觉履行人工智能监管责任，确保技术发展不会威胁国家安全和社会稳定。

（四）关注“全球南方”优先事项，提出全球倡议

基于对美国与欧盟人工智能治理政策的梳理发现，不同国家或地区人工智能治理的优先事项或主要关切有别，反映出人工智能的风险状况因地而异。目前全球范围内有较大影响力的人工智能治理政策、标准等主要由发达国家主导，代表着发达国家在人工智能领域所考虑的优先事项。相较而言，“全球南方”国家在人工智能技术发展与治理中总体处于劣势。中国作为“全球南方”国家代表，基于在人工智能领域的综合实力，以人类命运共同体理念为引领，可探索并推出全球人工智能治理倡议，关注包括“全球南方”国家在内的各国人工智能治理优先事项，进一步缩小“全球南方”国家与北方国家在人工智能治理方面的差距。

我国可借鉴《人工智能框架公约》，与金砖国家组织、上海合作组织及“全球南方”国家一道，制定并发布人工智能治理公约或宣言。要尝试举办具有全球影响力的人工智能治理论坛，围绕“全球南方”国家的人工智能治理议题展开研讨，打造与“全球南方”国家人工智能技术发展与应用态势相契合的人工智能治理框架，提升“全球南方”国家人工智能治理水平。考虑到“全球南方”国家与中国具有一定的发展相似性，中国可通过分享经验和技术支持，帮助其克服技术壁垒、观念束缚，以制定和实施符合各国和各地区实际情况的负责任的、合理的人工智能治理政策体系，进而促进消除全球范围内人工智能治理方面的不平衡问题。

［1］The Global Artificial Intelligence Index 2024［EB/OL］.（2024–09–19）［2024–11–11］. https://www.tortoisemedia.com/2024/09/19/the–global–artificial–intelligence–index–2024/.

［2］Bridging the AI Governance Divide［EB/OL］.（2024–08–28）［2024–11–11］. https://www.newamerica.org/planetary–politics/policy–papers/bridging–the–ai–governance–divide/.

［3］丁迪 . 负责任人工智能：中美的理念差异与合作空间［J］. 江苏行政学院学报，2024（5）：110–119.

［4］FACT SHEET：Biden-Harris Administration Secures Voluntary Commitments from Leading Artificial Intelligence Companies to Manage the Risks Posed by AI［EB/OL］.（2023–09–12）［2024–11–11］. https://bidenwhitehouse.archives.gov/briefing-room/statements-releases/2023/09/12/fact-sheet-biden-harris-administration-secures-voluntary-commitments-from-eight-additional-artificial-intelligence-companies-to-manage-the-risks-posed-by-ai/.

［5］张薇薇 . 美国的人工智能算法治理：理念、举措及影响［J］. 当代美国评论，2024，8（3）：108–127，133–134.

［6］VEALE M，MATUS K，GORWA R. AI and global governance：modalities，rationales，tensions［J］. Annual review of law and social science，2023，19（1）：255–275.

［7］DIXON R B L. A principled governance for emerging AI regimes：lessons from China，the European Union，and the United States［J］. AI and ethics，2023，3（3）：793–810.

［8］吴桐，刘宏松 . 地缘经济转向、数字主权与欧盟人工智能治理［J］. 国际安全研究，2024，42（5）：81–108，159.

［9］郭梦迎，张薇薇 . 欧盟人工智能发展与治理面临的机遇和挑战［J］. 和平与发展，2024（5）：50–76，180–181.

［10］薛澜，赵静 . 人工智能国际治理：基于技术特性与议题属性的分析［J］. 国际经济评论，2024（3）：52–69.

［11］ROBERTS H，HINE E，TADDEO M，et al. Global AI governance：barriers and pathways forward［J］. International affairs，2024，100（3）：1275–1286.

［12］薛澜，王净宇 . 人工智能发展的前沿趋势、治理挑战与应对策略［J］. 行政管理改革，2024（8）：4–13.

［13］张吉豫 . 赋能型人工智能治理的理念确立与机制构建［J］. 中国法学，2024（5）：61–81.

［14］迟舜雨，杜安琪 . 生成式人工智能敏捷治理的国际趋势与建构模式［J］. 智能科学与技术学报，2024，6（3）：402–412.

［15］陈超，张小可．人工智能治理国际合作：现状、挑战与方向［J］．当代中国与世界，2023（4）：35–46，123.

［16］叶宣含．论人工智能治理的监管沙盒路径与机制（英文）［J］．科技与法律（中英文），2024（5）：136–148.

（雷霞系中国社会科学院新闻与传播研究所研究员，中国社会科学院大学教授；郭海威系中国社会科学院新闻与传播研究所助理研究员）

智能媒体传播与社会治理的四个关键问题

杨海军　刘传熙

【内容摘要】完善和发展中国特色社会主义制度，推进国家治理体系和治理能力现代化是新时期党和国家深化改革的总目标。通过新媒体公共服务网络建设提升社会治理能力是实现这一目标的重要路径。新媒体传播与社会治理的联动是一个新鲜话题，本文通过系统梳理互联网发展对社会治理带来的新挑战和新变化，新媒体环境下社会共识对社会治理的新价值，新传媒生态打造过程中多元利益主体的族群化生存对社会治理产生的新影响，大数据运用、数字媒体变革、人工智能运用对社会治理公共服务平台的建设的新功用四个关键问题，从理论和实践层面认知并解析新媒体传播与社会治理的联动关系。

【关键词】新媒体传播，社会治理，公共服务平台，价值

Four Key Issues in Intelligent Media Communication and Social Governance

YANG Haijun, LIU Chuanxi

Abstract: Perfecting and developing the socialist system with distinctive Chinese characteristics, and promoting the modernization of the national governance system and capabilities, are the overarching objectives of the Party and the state's reform agenda in the new era. Enhancing social governance capabilities through the development of new media public service networks is a key strategy for achieving these objectives. The interplay between new media communication and social governance is an emerging area of scholarly interest.This paper systematically examines four critical issues: the novel challenges and transformations in social governance brought about by the evolution of the internet; the renewed value of social consensus within new media environments; the fresh impact on social governance due to the tribalistic survival of diverse interest groups amidst the formation of a new media ecosystem; and the innovative roles of big data analytics, digital media evolution, and artificial intelligence in constructing platforms for public services in social governance. The paper aims to provide a comprehensive understanding and analytical interpretation of the nexus between new media communication and the governance of metropolises, drawing on both theoretical insights and practical considerations.

Keywords: new media communication, social governance, public service platforms, value

习近平总书记在党的二十大报告中强调："完善社会治理体系。健全共建共治共享的社会治理制度，提升社会治理效能……畅通和规范群众诉求表达、利益协调、权益保障通道……建设人人有责、人人尽责、人人享有的社会治理共同体。"[1]党的二十届三中全会在《中共中央关于进一步全面深化改革、推进中国式现代化的决定》中提出："完善共建共治共享的社会治理制度。"[2]习近平总书记在《中共中央关于全面深化改革若干重大问题的决定》中提出，防范互联网领域的风险，尤其要思考如何利用互联网思维、工具与平台来"确保网络信息传播秩序与国家安全、社会稳定"[3]。这些表述，明晰了社会治理，尤其是新媒体传播环境下社会治理的重要目标与核心任务。

一、互联网发展对社会治理的新挑战

互联网的发展，引发了社会形态的变革、多元社会利益主体的崛起，也导致社会治理内涵发生了重大变化。社会治理的指向超越了实体物理空间——笛卡尔所说的广延，进入虚拟的赛博空间，同时实体空间和赛博空间越来越具有交叉与融合的特点。换句话说，实体空间与赛博空间不再是两个平行的空间，而是具有相互影响、相互建构的主体间性关系的融合体。在这个层面，互联网促进了社会形态变迁，互联网的技术赋权以及互联网空间中人群碎片化与重聚都对社会治理的内涵和路径带来了新挑战。

（一）互联网与社会形态变革

关于社会形态变革的认识，有不同理论脉络进行探讨。当然最为经典的解释是马克思主义唯物史观，时下较为流行的则是按照技术改造或介入社会的思路来理解社会形态，形成了技术—社会演化观。在马克思主义唯物历史观脉络下，关于社会形态变革的经典著作是恩格斯在马克思手稿的基础上形成的《家庭、私有制与国家的起源》，其将社会形态区分为原始氏族社会（蒙昧时代和野蛮时代）、古代奴隶制、中世纪农奴制、近代的雇佣劳动制和未来的共产主义社会（消灭国家）。[4]按照恩格斯的观点，文明社会里的奴隶制、农奴制与雇佣劳动制是典型的剥削社会的制度，其最终的归宿一定是在阶级斗争中解体，并走向消灭国家与阶级存在的共产主义社会。在当代社会“去政治化”语境下——尤其是信息技术的诞生和进步，技术对社会的介入或干预程度越来越深、作用越来越凸显。以技术视角来研究社会变迁引起了西方学者的普遍兴趣，更为重要的是，在许多人看来技术具有“去意识形态化”的特征。自1946年数字计算机产生以来，人类对信息技术革命所引发的社会变革一直充满了乐观主义的期待，进而相继产生了信息社会、网络社会、虚拟社会、数字社会等一系列的新认知、新概念。在对这些概念阐释和解读的基础上，人类对于互联网引发的社会形态变革逐渐形成共识，把互联网的价值与农业革命、工业革命相提并论，互联网的社会价值和时代价值凸显，互联网对社会形态的建构也成为一个显性话题。一般而言，这一建构路径可以体现为对信息传播形态、生活形态、经济形态等维度的全方位改造。信息传播形态主要体现为经由社交媒体的兴起，导致传统媒体时代的大众传播向人际传播回归。这一回归是在对时间和空间的双重压缩与征服基础上实现的；在生活形态上，互联网科技与日常生活深度融合，颠覆了餐饮、交通、零售、工作等领域，使自由化、个性化生活成为现实；在经济形态上，依托各种社交型数据、零售型数据以及其他类型的大数据，企业的生产与消费似乎可以经过人工智能分析后以“数字计划”的精准匹配形态存在，使“智能型大数据的计划经济”[5]成为超越乌托邦的憧憬对象。比如，杭州市的“城市大脑”项目，通过实时汇聚和分析城市运行数据，精准地洞察城市运行状况，为政府决策提供了科学依据，有效提升了城市治理效率和居民生活质量。[6]在分析互联网与社会形态变迁的过程中，技术至上的乐观主义视角固然可取，但是马克思主义唯物历史观同样重要。在社会变迁的过程中，尤其要关注这一形态背后的社会利益分配格局，因为这是影响社会稳定的深层次结构性因素。

（二）互联网技术赋权与多元利益主体的崛起

1992年，党的十四大提出确立社会主义市场经济体制，并在收入分配上明确了“按劳分配为主体、其他经济成分和分配方式为补充”[7]。这种收入分配方式的提出就是为了给建立社会主义市场经济体制打下基础，因为市场经济的本质追求是效率优先。2002年，党的十六大则进一步提出了“确立劳动、资本、技术和管理等生产要素按贡献参与分配的原则，完善按劳分配为主体、多种分配方式并存的分配制度”[8]。党的十六大确立的要素参与分配的原则为激发市场主体的活力发挥了重大作用。2007年《中华人民共和国物权法》的颁布则明确了私有产权的合法性，进一步为社会主义市场经济的发展提供了法律制度保障。在国家的基本经济制度下，要素分配比重逐渐上升，与之相反“劳动收入份额不断下降已成为一个广为接受的事实”[9]。要素分配所追求的效率优先，其结果就是社会因为收入分配而转化为离散状态。上述社会变迁的过程也是互联网技术突飞猛进的过程，尤其是随着智能手机价格的降低，互联网更加普及化和移动化。在郑永年看来，互联网的发展是一个“技术赋权”的过程[10]，并且这个过程是国家和社会同时进行的。在互联网时代，通过技术赋权第一次把人类期望已久的“言论自由”“传播自由”“结社自由”由理想变为现实，以此带来了公众的崛起。公众的崛起，使其可以将互联网作为最为有效的社会行为平台，通过持续的发声来抗争社会中一切的“不公平”，而这种“不公平”在其他族群眼中可能又是“公平”的。在新媒体环境下，政府公众、消费者公众、媒介公众、社区公众的利益诉求多元化，探讨公众群体在社会转型时期的社会需求与社会影响力，发挥公众在社会治理中的重要作用成为一个显性话题。

（三）多元利益主体崛起与社会治理内涵的新变化

互联网的发展与多元利益主体的崛起不存在必然的因果关系。互联网发展是冷战的结果，其诞生的技术取向就是“去中心化”“平权化”“扁平化”“参与性”等特质，这些特质成为第二次世界大战后美国的反主流运动的核心要义，并日渐蔓延至多种思想空间。其中，在社会管理方式上，这种影响也反映为“统治”向“治理”过渡，即在互联网时代多元利益主体的崛起推动了社会治理的内涵不再是政府自上而下的统治模式，而是在多元利益主体对话和协同基础上形成的社会治理模式。这一内涵变化的核心在于，如何重新塑造出一个良性的信息沟通机制，使社会治理的多元主体之间实现有效的治理协同，而不是成为内生性矛盾的放大器。例如，新加坡“智慧国”计划就是多元利益主体参与社会治理的成功实践。其主张和倡导“3C”核心理念，“连接”（Connect）和“收集”（Collect）以及“理解”（Comprehend）组成了新加坡“智慧国”计划的基础部分，展示了如何通过技术整合提升政府服务效率和决策质量。新加坡政府通过整合各种数据资源，推动公共服务数字化转型，提高政府决策的科学性和响应速度。[11]

二、再造社会共识：社会治理的新价值

社会的发展是一个从集体走向分裂的持续过程。费孝通在《乡土中国》中对中国传统社会的性质进行了细致的描绘——中国传统社会，即以不可移动的土地为核心塑造的地缘、血缘、族群共同体，同时形成绵延几千年的乡土社会。这一社会形态的核心在于地缘、血缘、族群的认同和共识。但是这一社会形态随着技术革命和工业革命的推进而不断土崩瓦解，其实质在于涂尔干在《社会分工论》中所强调的，由于分工的不断推进所造成的社会集体的瓦解，不同群体之间的社会共识受到严重冲击，互相之间不可通约的程度逐渐加深。互联网的快速发展使网络空间为新时代社会共识的再造提供了空间载体。

（一）社会共识是社会治理的基础

共识是西方政治学研究的焦点议题，因为共识是认同的前提，关系到社会共同体的稳定。共识是指“在一定的时代，生活在一定的地理环境中的人们所共有的一系列信念、价值观念和规范准则”[12]，这一界定在西方政治学术话语体系中具有典型的代表性和主流认同性。这一概念具有四个特性：一是时间特性，也就是说信念、价值和规范准则具有独特的时间维度，随着时间发展而变迁；二是空间特性，不同的空间维度可能产生不同特点的价值体系或规范体系；三是共享特性，也就是说在一定的时空维度内，人们共同享有一套价值规范体系；四是建构特性，但这种建构的价值观的共享的前提是自愿的，不能采取胁迫、暴力等非自愿方式进行。社会共识则是特定的时空范围内的社会群体所共同享有、自愿形成的情感认知和价值观念体系的协定。

社会共识之所以重要，是因为社会共识是社会群体产生认同的前提，而认同会产生民族与国家的意识。因此，社会共识是关系到国家与民族发展、凝聚人心的关键问题。社会共识达成了基本一致，国家与民族则不会被撕裂；社会共识如果出现问题，国家与民族则会走向对抗或解体。因此，从某种程度上而言，社会共识是社会治理的基础与目标，社会治理就是在追求“共治”的过程中寻找社会不同群体均能接受的最大公约数，使社会能够合理、正常、健康运转。

（二）互联网：人类共创精神空间

要研究新媒体时代的社会共识，首先要深刻认知和理解互联网空间。互联网是人类有史以来最为重要的信息沟通技术，数字信息传播的速度和广度实现了对时间与空间的双重征服，使超时空一体化的社会从理论成为现实。如果说传统媒体因为技术条件或其他客观原因导致受众参与的主动性受到阻隔，而互联网的扁平化、去中心化、即时化则可以重塑人人理性参与的公共领域，为新媒体环境下中国社会共识的建设提供了契机。尤其是互联网从传播领域扩散到生活、生产以及政治、经济、文化等多维空间中，成为“时代最具发展活力的领域”[13]。由于广泛的参与性和社会影响力，互联网成为人类共有的精神空间，这也为社会共识的达成创造了更有利的条件。

但是，当互联网成为人类共创、共有的精神空间的时候，这一精神空间的健康至关重要。尤为关键的是，互联网具有天然的超国家疆域的技术特点，容易演变为多元文化的角斗场，这便加剧了中国社会共识建设的复杂性。中国社会观念市场存在着多种意识形态，这些意识形态在互联网空间被广泛传播，这给中国社会共识的形成带来了丰富的精神资源，但是也增加了社会共识建设的难度。同时，西方国家鼓吹的“网络中立规则”，为互联网空间的“去规制化”张目，旨在将互联网空间的自由化“去政治化”，这进一步加剧了问题的复杂性。因此，社会共识塑造的前提是加强互联网空间治理，对此习近平总书记在世界互联网大会上的“四项原则”和“五点主张”，已经充分讲清楚了中国立场、中国方案，这些立场和方案需要继续秉持并实施。

三、多元利益主体的族群化生存与社会治理的新影响

多元利益主体在西方的出现早于中国。西方社会自古以来便存在着“国家—社会”研究的传统。尤其在封建时代，伴随着资本主义的兴起，国家与社会逐渐产生分离，社会作为资本主义对抗封建专制的领域而独立存在。随着工业革命的推进和经济的发展，西方国家的多元利益主体格局已成为社会普遍现象，如马克思所说的资本家与劳动者便是资本主义社会的一对矛盾。中国古代社会是不存在多元利益主体的，是一个强调“家—国传统”或处于“家国同构”状态的乡土社会。乡土中国发生本质变化的重要事件是 1978 年改革开放政策的实施。从 1978 年至今，社会主义市场经济体系在中国已逐步建立和完善，市场在资源配置中发挥基础性作用。与此过程同步的是，中国社会出现了历史上并不存在的多元利益主体。中国社会科学院李培林研究员认为，改革开放 40 多年来我国社会阶层已经发生了深刻变迁，主要体现为“工人队伍空前壮大”“农民数量减少”“专业技术人员成为中产阶层主力”“私营企业主成为广受关注的社会阶层”“新社会阶层和新社会群体不断产生”。[14]这些阶层的出现，是充分发挥要素（包括土地、劳动力与资本等）市场功能的结果，这自然引发了由于要素稀缺程度的不同而产生的巨大收入差距，也使得不同阶层和群体之间的利益变得不可通约。不同利益主体为了寻求利益的最大化，自发聚集在一起形成族群化生存状态，并努力在多种场合以多种方式“发声”，这也为社会治理带来了新影响。

（一）摒弃无政府主义：坚持政府的社会治理主体地位不动摇

王绍光教授专门撰文对“治理”一词进行“正本清源”，运用福柯式的谱系学方法对其进行概念史梳理。他认为“治理”一词的流行与西方国家的经济新自由主义、20 世纪 80 年代发展中国家的经济衰退以及全球化三股潮流紧密相关，“治理”一词的出现意味着从关注治理能力到关注治理背后的新自由主义思想转型。[15]换句话说，“治理”一词的西方国家所指与新自由主义思想以及互联网技术特质具有某种内在的逻辑关联性。西方国家治理的转向，就是为了淡化政府的主导或核心地位，袪除政府在社会管理中的权威性与唯一性；新自由主义作为一种“政治经济实践的理论”，强调的是反对政府规制，强调看不见的手发挥主导作用，“释放个体企业的自由和技能，能够最大程度地促进人的幸福”[16]；互联网是冷战背景下的产物，其诞生本来就强调网络的去中心化，而便于信息多渠道获取，本质具有均等化特征，这也成为第二次世界大战后美国反主流文化运动

的理论来源。在这些思想的勾连下，强调政府管制的非唯一性和其他治理主体的参与性成为具有较大影响力的社会思潮，这一思潮的进一步发展就是摒弃政府的社会治理主体地位，并有朝着无政府主义前进的趋势，这是值得高度警惕的。在当前的情况下，一是要继续加强理论研究和舆论引导，强化政府治理的主体性与合法性。之所以会出现无政府主义思潮，其核心在于规避政府在社会利益格局调整中损害一部分利益群体的行为。邓小平说过："富裕以后财富怎么分配……，解决这个问题比解决发展起来的问题还困难。分配问题大得很。"[17]在解决社会公平正义的问题上，必须发挥政府在社会治理中的主导作用，防止出现某一利益族群的利益绑架社会整体利益的情况。二是要回归到治理能力现代化这一治理的本体上来。在厘清思想的基础上，政府要谋划如何造就高水平、现代化的治理能力体系建设，使全社会人民群众的获得感、幸福感不断增强。

（二）保障不同利益主体的社会治理协同机制

社会治理强调的是多元主体参与，构筑社会治理的协同机制。因此，在确保政府治理主体地位的前提下，要充分发挥企业、NGO（非政府组织）、媒体、公众等不同社会治理主体的作用，形成齐抓共管的新局面，具体措施如下：①企业与社会治理研究。企业是社会财富的创造者，企业家是企业的灵魂。在中国历史上，由于意识形态的原因，曾经把企业家与资本家混为一谈，否认了企业家的价值。中国政府也逐渐意识到了这个问题，中共中央、国务院在 2017 年 9 月 8 日为此专门下发了《关于营造企业家健康成长环境弘扬优秀企业家精神更好发挥企业家作用的意见》，肯定了企业家的价值。企业作为社会财富的创造者，创新创业、品牌建设、社会责任，都体现了企业在社会治理中的参与意识。② NGO 与社会治理研究。NGO 是一种全球化现象，也是全球化的重要推动力量，特别是在互联网时代，NGO 对中国社会治理的影响越来越大。在中国即将开启中国特色的全球化时代的背景下，中国政府对 NGO 的态度将越来越开放，本土 NGO 和国际 NGO 也将在中国治理中发挥更大的作用。③媒体与社会治理研究。媒体是社会信息的枢纽，在互联网时代参与社会治理的方式将更加多元化，新闻报道、舆论引导、公益广告等都将成为媒体参与社会治理的重要方式。④公众与社会治理研究。在互联网时代，技术赋权并非均等化赋权，明星、网红等在社会治理中的影响越来越大。一是要对这一群体加强教育，积极引导，强化正能量传播；二是要用技术手段加强互联网监管，及时发现问题，纠正问题。

四、新媒体社会治理平台的新作用

社会治理能力现代化的实现路径是多元的，其中重要的一条是"科学治理"。当中国进入信息社会后，要充分利用"大数据和互联网、计算机技术，对社会治理体系的构成要素、实现目标、关键环节、考核反馈等进行精细化、数字化、科学化分析、预测与研究”[18]。也就是说，新媒体发展为社会治理平台的建设提供了诸多可能性，进而使社会治理的数据化建设、智能化建设与公共平台建设成为当代社会治理的重要路径。

（一）社会治理的数据化平台建设研究

社会治理是牵扯面广的复杂工程，需要科学决策。科学决策的前提是需要有效的数据支撑。在传统农业社会与工业社会中，囿于技术手段，社会治理的数字化无法大规模实现，即使是获得某一维度的数据也会“劳师动众”，且费时费力。在信息社会，由于互联网可以把公众的所有数据沉淀下来，这些数据获得的成本极低、便利程度高，且大量数据本身就掌握在政府手中。这些数据成为社会治理的宝贵财富，以数据为核心的社会治理成为突破治理难题、提高政务服务质量的重要抓手。对于政府而言，社会治理的数据化平台建设首先要从内部抓起，盘活政府手中现有数据资源，统一数据收录标准、扎口管理，不能条块分割、各行其是。目前一些省份已经进行了机构改革，成立了大数据管理机构，如贵州省成立了省级层面大数据发展管理局，负责贵州省域范围的相关法律法规起草、大数据标准制定、数据资源建设与管理、数据产业投融资与行业管理等职能[19]，为建立数字政府提供保障。政府数字平台的建设，可以通过打破数据“孤岛”现象，落实中央政府提出的“简政放权、放管结合、优化服务”（“放管服”）部署，以“数据多跑路，群众少跑腿”，真正实现以数据化平台为依托提升政务服务水平。根据国际电信联盟（ITU）的报告，5G技术将为智慧城市提供基础设施支持，实现更高效的数据收集和处理。[20] 5G技术作为新一代通信技术，其高速率和低延迟特性对社会治理的数据化平台建设具有重要意义，能够提高数据处理效率和响应速度，从而提升社会治理效能。

（二）社会治理的智能化平台建设研究

社会治理的数据化平台建设不是根本目的，社会治理还需要向智能化平台迈进。当前，人工智能正在从理想走向现实，人工智能的应用领域越来越多，未来将成为主要社会生产力，这将对人类社会产生深远影响，也会改变社会治理的格局和模式。社会治理的价值取向则是突出程序性、规范性和法制性。如果采用人工智能的方式来进行社会治理，则会有效节省人力资源，同时强化社会治理的程序性。在社会治理的智能化平台建设上：一是要以智慧城市建设为着力点，全方位提升医疗、教育、交通、旅游、社区等事关社会民生领域的智能化水平，通过数据处理，对可能出现的问题进行研判和预警，提高民生问题的社会满意度；二是提高普通群众的参与度，高度关注普通用户讨论和反馈的问题，及时回复和解决相关问题，发挥智能化平台的“信息瞭望塔”功能。随着党中央推动社会治理重心下移工作的推行及数字政府建设的进一步深化，形成有效、实用、节约成本的社会治理体制，以智能技术为创新载体，打造共建共治共享的社会治理格局，增强社会治理预见性、协同性和精准性，对于增强人民的获得感、幸福感和安全感具有重要意义。

（三）社会治理的公共平台建设研究

社会治理的数据化平台建设部分可以在政府内部构建完成，但这对于以建设服务型政府为目标的中央政府来说还不够，借助互联网产品平台来拓宽社会治理与服务范围是政务服务创新的有效举措。互联网产品的本质是“制度的产品化”，政府和互联网企业正在搭建各种社会治理的公共平台，这些平台不仅是多元利益主体的对话平台，而且是政府社会治理的综合平台。纵观国内以 BAT 为代表的互联网企业的发展壮大，其核心逻辑是平台至上。互联网企业瞄准某一社会需求而搭建平台，平台则成为线上—线下连接的中介，从而吸引了大量用户的聚集，这进一步为平台打造生态系统构建了用户优势，并演变发展成为互联网基础设施与公共服务提供者。在社会治理的公共平台建设方面有两点需要注意：第一，构筑互联网平台企业与政府合作的良性机制。互联网企业是信息社会的中坚力量，其庞大的用户基数本身已经积累了社交型、电商交易型、交通出行型、舆论舆情型等各种不同类型的海量数据，要鼓励互联网平台企业将海量数据与政府共享或将海量数据进行清洗、归类与挖掘，形成具有解决社会复杂问题的优化方案，为社会的生产生活、交通出行、舆论引导发挥重要的作用。例如，滴滴公司根据其交通出行数据优势，为济南城市交通定制的红绿灯方案有效地缓解城市交通拥堵则是典型案例。第二，互联网平台企业自身的治理是政府治理的有益补充。互联网企业的平台属性越凸显，其虹吸效应越强，用户越集中。人群的集中既是一件坏事，也是一件好事。可以充分利用互联网企业拥有庞大用户群体的事实，积极引导和强化互联网企业内部治理，积极发挥企业自主性，为社会治理的“共治”贡献力量。

五、结语

建设和谐社会是社会治理实践的主要目的，新媒介生态打造则为社会治理提供了新方法和新路径。在实现和谐社会的顶层设计中，党和国家领导人近年来对传媒创新不断提出新的目标要求。党的二十大报告提出：“加强全媒体传播体系建设，塑造主流舆论新格局。”习近平总书记多次就推动媒体融合发展作出深刻阐述，强调着力打造一批新型主流媒体，强化媒体融合服务现代社会发展的责任意识。“不忘初心、牢记使命”是媒体变革、传播创新为服务和谐社会建设的行动指南。在党的二十大报告中，习近平强调：“全党同志务必不忘初心、牢记使命，务必谦虚谨慎、艰苦奋斗，务必敢于斗争、善于斗争，坚定历史自信，增强历史主动，谱写新时代中国特色社会主义更加绚丽的华章。”这一论断则对媒体传播和创新为建设和谐社会服务提出了更高目标与更明确的方向。新媒体社会治理平台的出现，为社会治理提供了新的工具和方法，使得数据化、智能化和公共平台的建设成为可能。顺应时代和社会发展，在媒介数字化、媒介融合与新媒体技术不断发展的时代背景下，构建与社会和谐发展、社会文明进步相匹配的现代传播体系，掌握舆论话语权，推动文化产业发展，自觉传播中国优秀文化，实施中国品牌计划，构建中国良好的国际形象，通过发掘新媒介生态的功能价值，探讨新时期社会治理的新路径和新方法，进而为建设和谐社会服务。

［1］习近平：高举中国特色社会主义伟大旗帜 为全面建设社会主义现代化国家而团结奋斗——在中国共产党第二十次全国代表大会上的报告［EB/OL］.（2022-10-25）［2024-10-20］. https：//www.gov.cn/xinwen/2022-10/25/content_5721685.htm.

［2］中共中央关于进一步全面深化改革 推进中国式现代化的决定［EB/OL］.（2024-07-22）［2024-10-20］. http://dangjian.people.com.cn/n1/2024/0722/c117092-40282216.html

［3］习近平 . 关于《中共中央关于全面深化改革若干重大问题的决定》的说明［EB/OL］.（2013-11-15）［2024-11-11］. https://china.huanqiu.com/article/9CaKrnJDaOw.

［4］恩格斯 . 家庭、私有制和国家的起源［M］. 北京：人民出版社，1972：171-175.

［5］刘荣军 . 数字经济的哲学之维［J］. 深圳大学学报（人文社会科学版）. 2017，34（4）：97-100.

［6］城市大脑研究院 . 杭州城市大脑 2.0［EB/OL］.（2024-06-12）［2024-10-20］. https://mp.weixin.qq.com/s?__biz=Mzg4OTU2MDQ1Ng==&mid=2247499358&idx=1&sn=68d5da75dbad630880fa132d7501bc03&chksm=ce17f577c6d6887209098c8b6f08c779138a7d6f8568583357a9d5026de0e3bcc8e1dbec9a41&mpshare=1&scene=1&srcid=0914oN4GT8ubi15NARONVwYg&sharer_shareinfo=607e137ef6ff08faa047cd89cea05828&sharer_shareinfo_first=607e137ef6ff08faa047cd89cea05828#rd.

［7］江泽民在中国共产党第十四次全国代表大会上的报告［EB/OL］.（1992-10-12）［2024-10-20］. http://cpc.people.com.cn/GB/64162/64168/64567/65446/4526308.html.

［8］中国共产党第十六次全国代表大会在京开幕［EB/OL］.（2002-11-09）［2024-10-20］. http://cpc.people.com.cn/GB/64162/64168/64569/65444/4429144.html.

［9］白重恩，钱震杰 . 国民收入的要素分配：统计数据背后的故事［J］. 经济研究，2009，44（3）：27-41.

［10］郑永年 . 技术赋权：中国的互联网、国家与社会［M］. 邱道隆，译 . 北京：东方出版社，2014.

［11］新加坡智慧国［EB/OL］.（2025-07-30）［2025-10-20］. https://www.smartnation.

gov.sg/about/our-goals/goals-of-smart-nation/.

［12］米勒，波格丹诺．布莱克维尔政治学百科全书［M］．邓正来，译．北京：中国政法大学出版社，1992：155.

［13］习近平．在第三届世界互联网大会开幕式上的视频讲话［EB/OL］．（2016-11-16）［2024-10-20］. http://www.xinhuanet.com/politics/2016-11/16/c_1119925133.htm.

［14］李培林．改革开放近 40 年来我国阶级阶层结构的变动、问题和对策［J］．中共中央党校学报，2017，21（6）：5-16.

［15］王绍光．治理研究：正本清源［J］．开放时代，2018（2）：153-176.

［16］哈维．新自由主义简史［M］．王钦，译．上海：上海译文出版社，2016：2.

［17］中共中央文献研究室．邓小平年谱（1975-1997）（下）［M］．北京：中央文献出版社，2004：1364.

［18］徐猛．社会治理现代化的科学内涵、价值取向及实现路径［J］．学术探索，2014（5）：9-17.

［19］贵州省大数据发展管理局．单位概况［EB/OL］．［2024-10-20］．https：//dsj.guizhou.gov.cn/syqt/gywm/.

［20］国际电信联盟．［EB/OL］．［2024-10-20］. https：//www.un.org/ldcportal/node/1814.

（杨海军系上海广告研究院院长，上海大学新闻传播学院教授；刘传熙系上海大学新闻传播学院博士研究生）

“智能对抗”机制下的 AIGC 内容治理研究：风险谱系、技术路径与治理体系

田　丽　陈馨婕

【内容摘要】生成式人工智能（AIGC）的兴起在推动内容生产的同时，也放大并叠加了虚假信息、版权争议、深度伪造和价值渗透等多重风险，使传统治理模式面临失效。为回应这一困境，本文提出“AIGC 内容治理的‘智能对抗’范式”，将以攻促防、攻防一体作为核心逻辑，构建了一个风险分级、动态反馈与全过程嵌入的治理框架，并通过对抗训练、语义建模、数字水印、可解释性与系统鲁棒性等路径提供技术支撑。在制度层面，引入敏捷治理、价值对齐和法律约束以确保合法性与社会信任。该范式强调主动性、系统性与协同性，为 AIGC 风险治理提供了新的理论思路与实践路径。

【关键词】“智能对抗”，AIGC，内容治理，AI 治理，价值对齐

Governing AIGC through “Intelligent Confrontation”: Risk Spectrum, Technical Pathways, and Governance Regime

TIAN Li，CHEN Hsinchieh

Abstract: The rise of artificial intelligence generated content (AIGC) has accelerated content production while simultaneously amplifying and compounding multiple risks, including misinformation, copyright disputes, deepfakes, and value infiltration, thereby challenging the effectiveness of traditional governance models. To address this dilemma, this study proposes the “intelligent confrontation” paradigm for AIGC content governance. Centered on the logic of attack-driven defense and integrated offense-defense, the framework incorporates risk stratification, dynamic feedback, and end-to-end embedding mechanisms, supported by technical pathways such as adversarial training, semantic modeling, digital watermarking, explainability, and system robustness. At the institutional level, agile governance, value alignment, and legal constraints are introduced to ensure legitimacy and social trust. This paradigm emphasizes proactivity, systemic coordination, and collaborative governance, offering a novel theoretical perspective and practical pathway for managing risks in the AIGC era.

Keywords: intelligent confrontation, AIGC, content governance, AI governance, value alignment

生成式人工智能（AIGC）的迅速发展，标志着智能技术在传播与内容生产中展现出巨大潜能，并在文化创意、新闻传播和社会服务等领域广泛应用。然而，随着规模化应用，虚假信息、版权争议、伦理失范、价值偏向和深度伪造等风险日益凸显，使传统以人工审核、规则约束为核心的治理模式面临严重失效，风险演化快与治理反应慢的矛盾日益突出。

尽管学界与业界已提出算法透明化、数据合规化与算力管控等措施，但多局限于单一环节或静态框架，缺乏统筹风险识别、溯源与修复的系统机制，也未能充分阐释技术与制度的耦合路径。由此，治理能力与风险演化之间的结构性失衡仍未解决。

本文提出“智能对抗”机制作为回应。研究思路上，将从文献与现状梳理入手，分析 AIGC 风险的多维特征及其成因困境；继而提出“智能对抗”的逻辑框架，并结合关键技术与应用场景展开论证；最后，在治理思想与价值导向层面，探讨制度与伦理保障条件。通过这一逻辑链条，力图为 AIGC 时代的内容治理提供理论解释与实践路径。

一、文献综述

AIGC 的兴起引发了学界对内容风险、技术逻辑、社会影响及治理路径等议题的广泛探讨，逐步形成了初步的知识谱系。相关研究大致可分为以下五个主题。

一是关于内容风险的识别与扩展。学者普遍认为，AIGC 放大了传统九类网络风险，包括低俗化、虚假信息、信息操纵与意识形态渗透等。[1] 与此同时，其自动化、规模化生成逻辑带来了新的挑战，虚假新闻更难辨别，版权边界日益模糊，伦理争议频频出现[2][3][4]。尤其是深度伪造技术，在政治操控、网络诈骗与未成年人侵害等领域已造成现实危害[5]。这些研究揭示了 AIGC 风险谱系从单一维度向复合化演进的趋势。

二是关于技术逻辑与模型能力。在生成机制方面，Bond-Taylor S 等对比了多种深度生成方法，认为其差异性构成了 AIGC 的核心能力[6]；Ruthotto L. 与 Haber E. 进一步指出深度生成建模能够在保持风格一致的同时生成独特内容，模拟人类的创造性[7]。国内学者李白杨等强调，AIGC 根植于算法、算据（数据）与算力三要素，其运行依赖于数据、模型、用户与平台等多维支撑。[8] 与此同时，已有研究揭示出算法偏见与价值观倾向在内容生成中的显现[9][10]，说明其潜在风险不仅在技术层面，更关乎社会与文化语境。

三是传播风险与社会影响。AIGC对虚假信息传播的放大作用受到广泛关注。研究显示，情绪常成为假新闻扩散的重要驱动力[11]，而用户与模型的互动过程本身也可能成为错误价值观渗透的渠道[12]。此外，AIGC生成内容的逼真性与跨境传播特征，使得传统的核查与治理机制难以奏效，虚假信息甚至可能演变为国家安全问题。算法黑箱问题与数据隐私泄露进一步加剧了治理难度[13]。

四是治理工具与技术对策。在风险治理上，学界提出了多样化的技术路径。例如，GAN模型的评估与改进[14]，以及其在内容生成与防伪中的应用综述[15]。在内容溯源方面，数字水印与区块链结合，为版权保护和责任追溯提供了技术支撑。[16][17][18]在风险识别方面，语义建模、向量表达与知识图谱被用于揭示内容间的潜在关系和逻辑链条。[19]可解释性研究与计算机视觉方法提升了系统透明度与鲁棒性。[20][21]这些成果共同构成了应对AIGC风险的“工具箱”。

五是治理理念与价值框架。在制度与价值维度，敏捷治理被提出以应对高度不确定的环境风险[22]；价值对齐成为国际AI治理的重要原则，从维纳的早期警示[23]到近期关于鲁棒性、可解释性与伦理性的一体化讨论。Gabriel指出，在价值多元的语境下确定AI应遵循的核心原则仍面临重大挑战。[24]同时，现实案例表明，隐私保护与法律责任已成为AI治理的紧迫议题，例如Facebook因人脸识别隐私泄露被判巨额赔偿。

现有研究已从风险识别到治理工具、从技术逻辑到价值导向，构建出较为完整的学术地图。然而，国内研究多集中于风险列举与规范性分析，国外研究则强调模型能力与价值对齐，两者均缺乏跨学科整合与动态闭环的治理框架。这一空白正是“智能对抗”机制提出的逻辑起点。

二、AIGC发展与内容治理困境

AIGC的高速迭代不仅放大了传统内容风险，还衍生出新型挑战，并在跨模态与跨场景应用中形成复合态势。这种风险演化的速度与治理反应的迟滞之间形成了明显的“剪刀差”，构成当前治理困境的核心症结。

（一）内容风险特征：放大、叠加与复合

1. 传统风险的放大效应

AIGC的高速生成与跨模态能力使得传统网络风险呈现出规模化、复杂化的趋势。以往低俗化、暴力化内容主要依赖人工生产，其数量与传播范围具有一定局限，而如今借助AIGC的自动化生成，这类内容在数量上呈现指数式增长，在表现形式上更加多样化与隐蔽化。虚假信息亦不再是零散个体化的伪造，而演变为批量化、情境化的构建。

文本、图像与视频的多模态结合显著提高了虚假内容的逼真度，使公众难以在短时间内加以分辨。与此同时，信息操纵和意识形态渗透借助 AIGC 生成的多模态内容获得更强的表现力与隐匿性，从而在舆论场与认知空间中形成更大的影响力。可以说，AIGC 在数量、质量与传播速度三个层面，均放大了传统九类网络风险的强度与半径。

2. 新型风险的叠加

AIGC 不仅延续了传统风险，还带来了新的挑战。虚假新闻因其自然语言生成的流畅性与新闻体裁的模仿能力而愈加难以识别，传统事实核查机制在时效与覆盖面上遭遇瓶颈。版权争议则源于训练数据与生成作品的边界模糊，传统版权法难以明确界定“作者”与“作品”的法律属性。伦理风险方面，AIGC 在隐私侵犯、歧视性内容生成及价值偏向等问题上呈现出新的复杂性。尤为典型的是深度伪造问题，其在政治操纵、网络诈骗与色情产业中的应用已经形成实质性社会危害，既威胁个体权益，也挑战公共舆论秩序与国家安全。此外，AIGC 的跨境传播特性使风险外溢愈加严重，当地法律制度在全球技术扩散面前显得无力，从而使治理陷入制度真空。

3. 风险谱系的复合化

AIGC 风险的显著特征是复合化。它已不再局限于单一维度，而是跨模态、跨语境与跨场景的交织。例如，同一套算法既可用于新闻写作，也可被滥用于舆情操控；同类深度伪造技术既可应用于艺术创作，也可能被用于制造政治谣言。风险边界日益模糊，导致治理不能仅仅依赖技术维度的控制，而必须同时考量其在社会情境中的实际表现与衍生影响。这种复合化风险谱系表明，AIGC 带来的挑战已远远超越传统网络治理框架所能涵盖的范围。

（二）风险成因分析：多因素耦合失衡

AIGC 风险的生成并非单点事件，而是由多重要素耦合失衡所导致。算法、算据、算力、用户与平台共同构成了 AIGC 运行的核心结构，而这些环节在现实中均存在潜在缺陷。

1. 算法维度：黑箱性与偏见再生产

AIGC 高度依赖深度神经网络，其内部机制复杂且不透明。算法的“黑箱性”使得生成结果难以解释，出现偏差时缺乏可追溯性。同时，模型往往吸收了大量包含偏见的数据，训练过程中潜在的歧视或不公正会在输出环节被放大与再生产。例如，某些特定文化叙事或政治立场可能在模型输出中被不自觉地强化，从而引发隐性意识形态风险。

2. 算据维度：合法性、完整性与代表性缺失

数据作为 AIGC 的核心驱动因素，其合法性与质量直接决定输出的可信度。当训练数据存在版权模糊、隐私侵犯或代表性不足时，生成结果自然带有结构性风险。未经授

权的大规模数据采集不仅引发法律争议，还带来隐私安全隐患。此外，噪声与不良数据在大规模训练中可能被放大，进一步削弱模型鲁棒性，使生成结果存在潜在误导性与不确定性。

3. 算力维度：效率与监管的剪刀差

随着算力的持续提升，AIGC 的生成速度与规模呈指数增长。相比之下，治理机制的扩展却相对缓慢，导致治理效率无法匹配生产效率，形成明显的“剪刀差”。但相应的治理与监管机制却无法同步扩展，形成生产效率高与治理效率低的矛盾。生成侧的快速扩张大幅增加了治理成本，审核、核查与证据追溯所需的资源成倍上升，进一步凸显治理的压力。这意味着算力红利在没有治理同步提升的情况下，反而成为风险扩散的加速器。

4. 用户维度：滥用与情绪驱动

用户在风险扩散过程中发挥着重要中介作用。一方面，恶意用户主动利用 AIGC 制造虚假内容以操控舆论、散布谣言或发动网络攻击。另一方面，普通用户可能在不知情的情况下参与虚假信息的传播，尤其在情绪驱动下更倾向于转发与扩散。这种技术驱动与情绪放大的结合，使虚假信息具备更强的传播力，风险也随之快速放大。

5. 平台维度：机制失灵与激励悖论

平台作为内容生产与传播的枢纽，本应发挥治理的关键作用。然而现有的审核机制往往难以应对 AIGC 的复杂性。人机结合的审核模式在面对跨模态内容时常出现漏检与延迟。而更为严峻的是，平台的推荐算法与流量激励机制往往反向刺激高风险内容的扩散。情绪化、极端化或具有新奇性的内容更易获得推荐，从而在注意力经济逻辑下形成“劣币驱逐良币”。这种激励悖论使平台在治理与逐利之间产生内在张力，进而削弱了整体治理的有效性。

（三）治理困境：传统模式与现实需求的错位

尽管学界与业界已提出多种治理思路，但在实践中仍面临制度、技术、法律、社会与操作层面的多重困境。这些困境表明，AIGC 的崛起不仅是一次技术革新，更是对既有治理体系的系统性冲击。

1. 制度困境：前置把关机制的失效

在传统媒体时代，“总编辑负责制”与“三审三校”是保障内容质量的重要机制；在社交媒体时期，人机结合的审核模式发挥了积极作用。然而，在 AIGC 环境下，这些制度几乎失效，一方面生成速度远超人工审核能力；另一方面内容形式跨越文本、图像与音视频，难以依赖单一规则把关。治理制度与技术发展的脱节，使内容风险呈现快速扩散的态势。

2. 技术困境：核查与解释能力不足

现有审核手段大多依赖关键词识别与特征比对，而 AIGC 生成内容的高度逼真性和创造性使这些手段效能大幅下降。即便引入可解释性模型，也常因解释力度有限与结果不稳定而难以满足实际治理需求。技术本身的黑箱属性与工具层面的低效能之间的矛盾，使风险核查陷入高成本、低成效的困境。

3. 法律困境：权责模糊与跨境难题

AIGC 生成逻辑对现有法律体系提出了挑战。作者身份模糊、内容版权归属不清、模型责任不明，均使现行法律难以直接适用。若生成内容造成损害，究竟应由开发者、使用者还是平台负责，仍缺乏明确界定。跨境问题更为复杂，各国在隐私保护、数据治理与内容规范方面差异显著，AIGC 的全球化传播使跨境执法与合作难以落地，从而形成国际治理困境。

4. 社会困境：价值冲突与认知失衡

AIGC 在输出过程中可能隐含特定文化与价值观，跨文化传播中往往与本地核心价值发生冲突。同时，公众对 AIGC 的认知有限，容易因其高仿真性而误判真实性，甚至出现"技术权威效应"，即过度依赖机器生成内容。这种认知失衡不仅削弱了公众的风险抵御力，还可能导致社会共识的动摇与公共舆论的极化。

5. 实践困境：核查成本与治理绩效的落差

在实际治理中，事实核查成本不断攀升。AIGC 生成的多模态内容往往需要跨平台、跨语境、跨模态的比对与追溯，这既耗时耗力，又难以在舆论事件的黄金时间内完成。与此同时，虚假信息一旦在舆论场形成"锁定效应"，即便事后澄清，社会影响也难以逆转。这种时间差导致治理绩效持续低迷。

三、"智能对抗"的机制建构

前文的分析表明，传统依赖外部监督和事后补救的治理模式，已难以匹配跨模态、跨平台、跨语境的生成逻辑。要弥合这一失衡，治理体系必须转向一种内部嵌入、动态协同的机制。"智能对抗"正是在此背景下提出的系统方案，其核心在于通过对抗性思路实现风险预防、分级响应与责任落实的有机结合。

（一）基本逻辑：以攻促防与攻防一体

AIGC 风险的产生是多维度耦合的结果，单一的事后治理无法应对动态扩散的复杂局面。"智能对抗"的提出，首先在于引入"以攻促防"的思路，即通过主动模拟风险和演练攻击，倒逼治理体系在潜在威胁出现之前完成修复和优化。这一逻辑可从信息安全中的红队测试、生命科学中的免疫机制得到启示，即防御能力的提升往往来自与风险的持续交锋，而非对既有威胁的被动反应。

在此基础上，“攻防一体化”成为制度设计的关键。与传统“生成—扩散—干预”的线性链条不同，“智能对抗”要求在生成环节同步嵌入治理模块，使内容生产与风险识别并行发生。生成模型负责输出，检测模型负责筛查，反馈机制则将识别结果回流至训练体系，形成循环优化。这种模式将治理从外部监督转化为内部共生，使系统具备自我演化与动态适配能力。

（二）分级与反馈：差异化防控与闭环优化

在资源有限的条件下，治理必须根据风险性质与影响程度进行分级响应，并辅以持续反馈机制实现动态修正。

风险分级构成差异化治理的前提。AIGC 所带来的风险可分为三个层级：低级风险（如低俗化表达、轻度偏见），主要依靠平台自律和用户提示即可处理；中级风险（如一般虚假信息、版权争议），需平台与监管协作，并通过复核机制提高准确性；高级风险（如政治操纵、跨境安全威胁、未成年人侵害），则需跨部门甚至跨国机制介入，以保障社会与公共安全。

触发阈值的明确是分级治理能否落地的关键。低级风险可由单一信号与局部影响触发，中级风险则需多信号收敛并呈现跨平台迹象，而高级风险一旦涉及公共安全、未成年人或跨境扩散，就应立即启动多主体协同。通过信号源、证据强度、影响面的阈值逻辑，分级体系具备了可操作的判断标准。

反馈机制保障了治理的动态性。用户反馈提供前端线索，平台反馈沉淀操作经验，监管反馈则提供制度约束。三者共同作用，使治理进入“识别—修正—优化”的循环过程。更重要的是，分级与反馈相互耦合，即不同层级的风险触发不同层级的反馈，从而在复杂环境中实现精细化、差异化的治理。

（三）安全理念：全过程守护与系统适配

要实现有效治理，必须确立“全过程守护”的理念，即治理不仅是事后惩治，更是覆盖事前预防、事中识别、事后追溯的全过程。事前预防依赖对抗训练和模拟攻击，在模型中预置“免疫记忆”，确保其在面对新型风险时能够快速反应。事中识别通过分级与反馈机制，实现对风险的实时监测与动态干预，避免风险在形成舆论“锁定效应”后被动处置。事后追溯则依靠数字水印与溯源追踪，构建包括水印、日志、审计与取证的证据链，实现责任可追溯与法律可执行。这一安全理念将技术手段与制度安排结合起来，使治理体系兼具前瞻性、即时性与可问责性。

“智能对抗”机制通过以攻促防的逻辑、分级与反馈的结构以及全过程守护的理念，形成了一个系统化的治理框架。与传统模式相比，它实现了从线性到循环、从外置到内嵌、从静态到自学习、从单一主体到多主体的范式转型。这一机制不仅提高了风险识别的敏感度与防御的实时性，还增强了制度的合法性与责任的可落实性。

四、技术路径与实现方式

“智能对抗”机制从理念走向实践，必须依赖可操作的技术路径。技术不仅是实现治理目标的工具，更是治理逻辑的承载体，决定了系统能否在动态演化的风险环境中保持敏感性、稳定性与可追溯性。不同于以往零散的单点技术方案，本节强调通过技术路径的组合与闭环，形成风险识别、追踪、干预与修复的全过程支撑。

（一）对抗训练：智能免疫的技术基石

对抗训练在人工智能研究中最初被提出，用于提升模型在极端环境下的鲁棒性。其核心思想是利用“对抗性样本”，即带有刻意扰动的数据输入——来测试并优化模型的稳定性。在“智能对抗”框架下，这一方法不再仅仅是算法层面的技术改良，而被赋予了治理体系“免疫功能”的角色：通过持续将系统暴露于极端场景和潜在攻击，使其在不断修复与优化的过程中，具备主动发现问题与快速响应的能力。

这一过程的实现需要多个支撑环节。首先，应建立覆盖文本、图像、音视频等多模态的对抗样本库，涵盖虚假叙事、版权侵权、深度伪造与意识形态渗透等典型案例，并保持动态更新，从而形成既可训练又可溯源的风险档案。其次，仅依赖历史样本不足以应对新兴风险，因而有必要借助生成对抗网络（GAN）和扩散模型等方法动态生成对抗样本，提前模拟潜在威胁，使治理由被动应对转向主动防御。再次，在训练过程中引入动态权重调整机制，使模型能够根据不同风险的严重性与传播速度进行自适应优化。例如，在面对政治操纵或跨境数据安全等高风险场景时，系统可自动提升相关检测模块的敏感度和权重，以实现有限资源下的重点防护。

（二）语义建模与风险识别：逻辑链条的深层把控

在“智能对抗”机制中，风险识别不仅是发现问题的起点，更是后续治理能否高效运行的前提。AIGC 生成内容往往形式逼真、叙事完整，已经超越了传统依赖关键词过滤或模式比对的识别能力。要在复杂语境中准确识别潜在风险，必须从语义层面入手，揭示内容背后的逻辑链条和隐含结构。语义建模因此成为“智能对抗”体系的核心组成部分，它通过向量表达、知识图谱与跨模态建模，建立起从表层特征到深层逻辑的系统化识别路径。

其实现逻辑主要体现在三个方面。首先，向量表达为风险识别提供了数学基础。通过词向量、句向量和篇章向量的构建，系统能够在高维空间中计算文本之间的语义相似度。例如，当不同新闻文本在事实细节上存在矛盾时，语义向量模型能够捕捉这种不一致性，从而揭示潜在的虚假信息。其次，知识图谱将语义关系从线性文本扩展为网络化结构。通过建模实体、事件与关系，可以重建内容的叙事逻辑，及时发现逻辑断裂或虚构环节。在意识形态风险监测中，这种方法尤为有效，因为它能揭示话语中隐含的价值偏向与渗透策略。最后，跨模态建模进一步拓展了风险识别的边界。AIGC 生成的内容常常跨越文本、图像与视频，单一模态的识别容易出现盲区，而跨模态语义对齐能够在同一空间中对不同模态进行分析，从而识别通过“模态转译”隐藏的风险。

语义建模的优势在于，它突破了以往表层特征识别的局限，能够深入到叙事逻辑和语境关联中，提升风险识别的准确性与系统性。这不仅有助于虚假新闻与操纵性话语的检测，也为识别跨文化、跨语言的隐性风险提供了工具。然而，它也面临挑战：一方面，模型训练往往依赖大规模语料，若数据存在偏见或不完整，可能导致识别结果出现系统性偏差；另一方面，语义差异在跨文化传播中尤为突出，模型可能误判本地化表达，从而影响识别效果。因此，在实践中应推动多语言、多文化语料库的建设，并在语义建模中引入人类专家的复核，以提高系统的公平性与适用性。

（三）数字水印与溯源追踪：责任界定的技术基石

内容风险治理不仅在于前端的识别，更在于后续的责任追溯。AIGC 生成逻辑导致内容来源分散、传播路径跨平台跨地域，传统依赖元数据的方式难以满足需求。数字水印技术因此成为责任界定的核心支点，它通过在内容中嵌入不可见标识，实现生成内容的追踪、验证与问责。

近年来，水印技术不断迭代，从早期空间域与频域嵌入，到混合方法提升鲁棒性，再到区块链结合实现不可篡改和全球可验证性。数字水印的价值在多种应用场景中展现：版权保护方面，确保原创性与归属权；内容溯源方面，为监管机构厘清传播路径提供依据；责任追溯方面，使风险内容可落实到具体模型、平台或用户，避免治理陷入“责任模糊”。由此，水印与日志、审计等机制共同构成证据链，为法律执行提供技术支撑。

（四）可解释性与系统鲁棒性：透明与稳健的双重保障

在“智能对抗”机制中，算法“黑箱效应”削弱了治理效能与社会信任。AIGC 系统依赖复杂深度模型，运算逻辑不透明，既难以为用户与监管者理解，也使风险事件中的责任追溯受阻。因此，引入可解释性与系统鲁棒性成为实现透明与稳健治理的关键。可解释性要求输出不仅“正确”，还要“说得清”，主要路径包括显著性图与注意力权重的可视化、从复杂模型中抽取简化规则，以及通过反事实解释说明结果选择。这些方法既提升透明度，也为审计与司法提供依据。鲁棒性则强调模型在噪声、扰动或伪造输入下保持稳定识别能力，常见手段包括多模态交叉验证、冗余检测机制以及对抗训练，以增强系统在未知攻击下的防御力。可解释性与鲁棒性相辅相成，前者确保透明与可追责，后者保障稳定与可靠，二者结合既提升了治理效能，也强化了其合法性与社会信任。

（五）场景化应用：从抽象到落地

“智能对抗”机制的技术价值，唯有在具体场景中得到实践，才能真正转化为治理效能。通过在不同领域的落地应用，可以清晰观察其在风险预防、识别与追溯中的作用逻辑。在版权治理中，水印与区块链保障原创与溯源可信，语义建模识别潜在抄袭，可解释性提供司法依据，使保护由事后举证转向前置防御。在跨境数据安全中，语义建模可识别跨文化偏向，水印与分布式账本构建跨境证据链，对抗训练增强系统适应性，可解释性与鲁棒性机制为国际合作提供信任基础。在未成年人保护方面，语义建模监测不良内容，水印追溯传播路径，对抗训练模拟风险样式，可解释性帮助教育者与监护人参与治理。在舆情监测中，智能检测与语义建模识别操纵模式，水印提供溯源，鲁棒性机制保障稳定，结合反馈实现快速响应，防止舆情失控。“智能对抗”并非抽象概念，不同场景虽侧重的技术组合各异，但均凸显其治理优势，即由被动补救转向前置预警的主动性；融合多种技术的系统性；推动多主体联动共治的协同性。

五、治理思想与制度保障

在“智能对抗”机制的整体构建中，技术路径无疑是治理落地的基础，但仅有技术并不足以形成长期有效的治理体系。生成式人工智能（AIGC）所带来的风险不仅是算法和数据层面的难题，更深层次地表现为社会秩序、法律规范与价值体系的挑战。如果缺乏制度与价值层面的嵌入，技术治理往往陷入碎片化局限，无法应对跨模态、跨平台乃至跨国界的系统性风险。正因如此，治理思想与价值对齐不仅是对“智能对抗”技术机制的补充，更是其能够实现合法性、规范性与社会认同的关键保障。

逻辑上看，“智能对抗”强调以攻促防、攻防一体的闭环机制，这一技术框架需要在制度和价值层面获得支撑，才能确保其不偏离社会公共利益。敏捷治理为其提供了动态响应的制度逻辑；价值对齐与红线管理为其设定了风险边界与伦理底线；数据质量与法律约束则保证了治理过程的可信性与可执行性。三者相互配合，既回应了技术治理的即时性需求，也满足了社会治理的长期性要求，从而使“智能对抗”成为兼具工具价值与制度价值的复合型机制。

（一）敏捷治理的实践导向

敏捷治理源自复杂环境下的制度创新，强调在高度不确定的情境中以灵活、快速、迭代的方式进行决策与执行。与依赖固定规则和层级控制的传统治理模式不同，敏捷治理更注重跨主体协作、实时反馈与持续优化，其核心原则在于快速响应、动态调整与协同共治。这一思路为解决生成式人工智能（AIGC）所带来的突发性与演化性风险提供了新的制度逻辑。

在“智能对抗”机制中，敏捷治理的实践价值尤为突出。AIGC 风险往往呈现突发性和跨域性，例如虚假新闻在短时间内可能形成舆论“锁定效应”，深度伪造内容也可能迅速跨境传播，使传统模式难以奏效。在此情境下，敏捷治理能够通过快速响应机制实现对突发风险的即时干预；通过跨主体协同，推动政府、平台、技术社群与公众形成合力；并通过动态反馈机制，将用户举报、平台数据与监管审计纳入循环，从而实现制度的迭代优化。

在新闻审核、舆情治理和未成年人保护等具体场景中，敏捷治理不仅能够在保证合规性的前提下保持灵活性，还能有效缓解风险演化快与治理反应慢的结构性矛盾。其意义不仅在于提升治理效率，更在于推动治理模式由静态向动态、由封闭向开放的转变，从而成为“智能对抗”机制不可或缺的制度支撑。

（二）人机价值对齐与“红线”管理

AIGC 的生成逻辑并非中性，算法在学习大规模数据时往往不可避免地吸收并放大其中的偏见与价值观。如果缺乏价值对齐机制，模型可能在无意识中输出带有意识形态渗透、文化偏见甚至违法违规的内容。早在 20 世纪，维纳就曾提醒，机器的目标必须与人类的真实目的保持一致，否则将带来不可控的风险。对于“智能对抗”而言，价值对齐正是确保技术发展不偏离公共利益的前提与必要条件。

价值对齐并非停留在抽象的“价值一致”，其核心在于明确边界，即识别和管控风险内容中的“红线”。这些红线既涵盖法律法规已明令禁止的领域，如暴恐、色情、未成年人侵害，也包括与社会核心价值密切相关的敏感内容，如政治操纵、意识形态渗透。通过对抗训练、风险分级与反馈机制的结合，“智能对抗”能够将风险识别与防控前置，从而在内容扩散前实现有效拦截与控制。

然而，在全球化与跨文化传播的背景下，价值对齐本身具有动态性与复杂性。不同社会和文化对“敏感”的界定存在差异，价值对齐不可能一次性完成，而是一个需要持续调整的过程。这一过程不仅依赖跨文化对话和用户反馈，还需要监管审计的长期介入，以实现制度层面的动态修正。同时，如何在言论自由与风险控制之间保持平衡，也是价值对齐必须面对的重要难题。

在具体应用上，价值对齐可通过三条路径得以落实：一是在训练阶段进行前向对齐，引入对抗样本与价值审查，确保模型在生成过程中不偏离核心价值；二是在应用阶段进行后向对齐，通过平台审查、监管审计和司法介入，对输出结果进行验证和纠偏；三是将二者结合，形成循环迭代的持续反馈机制，使价值对齐在动态更新中保持长期有效性。可以说，这种“红线”管理不仅是风险防控的现实需要，更是保障治理合法性与构建社会信任的制度基石。

（三）数据质量与法律约束

在“智能对抗”机制的运行中，数据质量与法律约束构成了技术能否真正转化为治理效能的关键支点。数据是 AIGC 的“燃料”，其合法性与纯净度直接决定着生成内容的可信度。如果训练数据存在噪声、偏倚或未经授权，不仅可能导致输出结果虚假、侵权或缺乏公平性，还会削弱“智能对抗”机制的识别与追溯功能，形成典型的“垃圾进—垃圾出”困境。因此，确保数据质量是技术路径发挥效能的前提条件。

然而，仅有高质量数据并不足以保证治理的合法性与可执行性。数据治理必须以法律制度为基础。近年来，围绕数据隐私、知识产权及个人信息保护的争议频频出现，相关案例表明，如果缺乏完善的法律框架，再先进的技术手段也难以成为有效的治理工具。对于“智能对抗”而言，无论是水印溯源、日志审计还是算法可解释性，只有在法律认可和制度支撑下，才能具备证据效力与责任划分功能。法律约束不仅提供了治理的硬性边界，也为跨主体、跨平台的技术协作建立了制度信任。

六、总结与展望

本文构建了“智能对抗”机制，以技术路径和制度框架并行推进 AIGC 内容治理。在机制建构层面，明确了由“以攻促防”引领的攻防一体逻辑，通过风险分级与反馈系统实现治理的动态化；在技术路径层面，梳理了对抗训练、语义建模、水印溯源、可解释性与鲁棒性强化五大支撑机制，并配套提出评估框架；在制度与价值维度上，以敏捷治理保障响应效率，通过“红线”构建价值边界，依托数据质量与法律约束确保可追责与合法执行。由此形成的分析框架，不仅丰富了对 AIGC 风险谱系的学术理解，也为治理研究提供了新的范式参照。

然而，“智能对抗”并非单向工具，其本质呈现“双面性”：一方面，在攻防闭环与制度护航下，它强化了 AIGC 风险识别与控制能力；另一方面，若缺乏价值锚定与制度监督，这种机制亦可能被劫持为操控工具，放大技术生成的隐蔽风险。因此，持续设计可审计、可问责的治理机制显得尤为关键。

未来的研究需要进一步聚焦三个方向：构建跨模态、跨领域的评估体系，以检验“智能对抗”的可验证性；推动国际层面的法律衔接与制度协调，应对风险的跨境扩散；在保障开放与多元的同时，厘定治理的伦理边界。只有在理论深化与实践检验的双重驱动下，“智能对抗”才能真正成为 AIGC 时代稳健而可信的治理范式。

［1］王建亚，马榕培，周毅．网络信息内容安全风险：特征、演变及场景要素解构［J］．图书情报工作，2022（5）：13–23.

［2］陈昌凤，师文．智能化新闻核查技术：算法，逻辑与局限［J］．新闻大学，2018（6）：42–49，148.

［3］宋伟锋．生成式 AI 传播范式：AI 生成内容版权风险与规制建构——以全球首例 AIGC 侵权案为缘由［J］．新闻界，2023(10): 87–96.

［4］乔喆．人工智能生成内容技术在内容安全治理领域的风险和对策［J］. 电信科学，2023, 39(10): 136–146.

［5］陈昌凤，徐芳依．智能时代的“深度伪造”信息及其治理方式［J］．新闻与写作，2020(4): 66–71.

［6］BOND–TAYLOR S, LEACH A, LONG Y, et al. Deep generative modelling:A comparative review of vaes,gans,normalizing flows,energy–based and autoregressive models［J］. IEEE transactions on pattern analysis and machine intelligence,2021 ,44(11): 7327–7347.

［7］RUTHOTTO L, HABER E. An introduction to deep generative modeling［J］. GAMM–Mitteilungen, 2021, 44(2): 1–24.

［8］李白杨，白云，詹希旎，等．人工智能生成内容 (AIGC) 的技术特征与形态演进［J］．图书情报知识，2023, 40(1): 66–74.

［9］FENG S, PARK C Y, LIU Y, et al. From Pretraining Data to Language Models to Downstream Tasks:Tracking the Trails of Political Biases Leading to Unfair NLP Models［A/OL］. arXiv, 2023［2024–08–26］. http://arxiv.org/abs/2305.08283.

［10］子杉．国家的选择与安全：全球化进程中国家安全观的演变与重构［M］. 上海：上海三联书店，2005: 351–360.

［11］HORNER C G, GALLETTA D, CRAWFORD J, et al . Emotions: The unexplored fuel of fake news on social media［J］Management information systems，2021，38：1039–1066.

[12]朱永彪，王俊超．元宇宙背景下的国家安全治理——基于科技革命演变的视角[J]．情报杂志，2024，43（3）：79–86.

[13]CAVALIERE V. Judge approves $650 million settlement of Facebook privacy lawsuit linked to facial photo tagging [EB/OL].（2021–02–27）[2024–08–31]. https://www.businessinsider.com/ facebook-settlement-pay-650-million-privacy-lawsuit-biometrics-face-tagging-2021-2.

[14]XU Q, GAO H, YANG Y, et al. An empirical study on evaluation metrics of generative adversarial networks [A/OL]. arXiv, 2018 [2024–10–19]. http://arxiv.org/abs/1806.07755.

[15]罗佳，黄晋英．生成式对抗网络研究综述[J]．仪器仪表学报，2019，40（3）：74–84.

[16]MOHANTY S P. Digital watermarking:A tutorial review [EB/OL]. [2024– 10–23]. https://informatika.stei.itb.ac.id/~rinaldi.munir/Kriptografi/WMSurvey1999Mohanty.pdf.

[17]ZEKI A, MANAF A A. A novel digital watermarking technique based on ISB (Intermediate Significant Bit) [J]. World academy of science,engineering and technology, 2009, 50: 989–996.

[18]江大鹏．基于词向量的短文本分类方法研究[D/OL]．杭州：浙江大学，2016[2024–10–23]. https://kns.cnki.net/kcms2/article/abstract?v=k15566fjT2nTJPm9aOt2fGtEYO-p_zrCgf8rTCh8PXwDPt9_X5Yvsk0-TF7PfQGhPU-gk0R9Yqulq9_c-tuIJ219p2kFGC2eOYWn-g3 E_3yMU7RRzp7b8IDFX08Dr8tO0JFq0mlIjDcK2XUrjk8qbAriNhbSFgrNO8VKzGjN61wIz9CzB mFNWfVgSke6z_mF1pC14_9AVCE=&uniplatform=NZKPT&language=CHS.

[19]陆泉，曹越，陈静．基于语义关联与模糊聚类的共词分析方法[J]．情报学报，2022，41（10）：1003–1014.

[20]RADFORD A, METZ L, CHINTALA S. Unsupervised Representation Learning with Deep Convolutional Generative Adversarial Networks [A/OL]. arXiv, 2016[2024–10–23]. http://arxiv.org/abs/1511.06434.

[21]杨朋波，桑基韬，张彪，等．面向图像分类的深度模型可解释性研究综述[J]．软件学报，2023，34（1）：230–254.

[22]薛澜，赵静．走向敏捷治理：新兴产业发展与监管模式探究[J]．中国行政管理，2019(8): 28–34.

［23］WIENER N. Some Moral and Technical Consequences of Automation:As machines learn they may develop unforeseen strategies at rates that baffle their programmers.［J］. Science, 1960, 131(3410): 1355–1358.

［24］GABRIEL I. Artificial Intelligence,Values,and Alignment［J］. Minds and Machines, 2020, 30(3):411–437.

（田丽系北京大学新闻与传播学院党委书记，新媒体研究院副院长，北京大学互联网发展研究中心主任；陈馨婕系北京大学新媒体研究院博士研究生）

智能传播的伦理与素养

公众与专家对前沿技术的认知、期望和想象
——以脑机接口技术的科技传播为例

金兼斌　林毓菁

【内容摘要】本研究借助“技术的期望和想象”这一理论概念，以脑机接口技术的公共传播为例，探讨公众和专家对前沿技术的认知共性与差异。通过对知乎平台上公众讨论的主题和情感分析，以及对专家访谈的质性编码，本文描绘了公众和专家分别作为技术受益者与设计者的不同认知图景。研究发现，尽管公众和专家均认同脑机接口的应用潜力与伦理风险，但公众从宏观层面关注技术的“可能性”，专家则更重视微观层面的技术“可行性”。另外，二者均表现出技术乐观主义，但专家更为理性与审慎。此外，在对人机融合的未来图景的想象中，公众呈现出欣喜与担忧交织的想象张力，专家内部也存在着对技术能力和伦理风险的多元思考。

【关键词】前沿技术，脑机接口，技术认知，技术期望，人机融合

The Public and Experts' Perceptions, Expectations, and Imaginaries of Cutting-edge Technologies: A Case Study of Science Communication on Brain-Computer Interface

JIN Jianbin, LIN Yujing

Abstract: This study employs the concept of “technological expectations and imaginations” to explore the commonalities and differences in the perceptions of cutting-edg technologies between the public and experts, using the narratives of brain-computer interface (BCI) technology as an example. Through thematic and sentiment analysis of public discussions on the Zhihu platform, coupled with qualitative coding of expert interviews, this paper delineates distinct cognitive landscapes of the public and experts as potential users and designers, respectively. The findings reveal that while both the public and experts acknowledge the application potential and ethical risks of BCI, the public focuses more on the "possibilities" of the technology at a macro level, whereas experts primarily emphasize the "feasibility" at a micro level. Secondly, both groups exhibit technological optimism, but experts display a more rational and cautious attitude. Furthermore, in imagining the future scenario of human-machine integration, the public exhibits a tension between expectation and concern, while within the expert community, there exists diverse contemplation regarding technological capabilities and ethical risks.

Keywords: cutting-edge technology, brain-computer interface, technology perception, technology expectation, human-computer integration

一、引言

在科技高速发展的今天，前沿技术以其前瞻性、探索性和颠覆性，正深刻影响着我们的社会。AI、生物技术、量子信息等前沿技术通过集成与融合多个学科领域，催生出具有变革意义的技术创新。正因如此，这些技术的发展路径往往充满高度不确定性，具备高投资、高收益和高风险的特征。[1] 这种复杂性与不确定性加深了社会公众对前沿技术的认知难度。脑机接口（brain–computer interface，BCI）技术正是这种高度复杂的前沿生物技术的典型代表，因其临床应用价值及其对人机交互未来的里程碑意义而备受关注。

脑机接口技术通过在人脑与外部设备间建立直接的交互路径，实现神经系统和电子设备间的信息交流，为解决长期困扰人类的神经系统疾病等医学难题提供了替代性解决方案。[2] 在我国，随着“中国脑计划”（China Brain Project，CBP）的推进，脑机接口被列为未来产业的战略方向之一。尽管脑机接口技术具备较高的应用前景，其潜在的安全、隐私、自主性等伦理问题及其自身技术发展的不确定性，使其科学传播充满挑战。为了更有效地对这类前沿技术进行科学的传播，了解社会“如何理解该技术”是进行相应传播实践的必要前提。

在前沿技术的讨论中，公众和专家扮演着不同的角色：前者作为技术的潜在受益者与评价者，而后者作为技术的设计者与推动者。[3] 这两种行动者的技术认知共同构成了理解技术发展的互补视角。尽管“公众理解科学”（public understanding of science，PUS）是科学传播中的热门话题，但关于公众与专家的认知的比较研究相对缺乏，尤其在前沿技术领域。现有研究多依赖于问卷调查和二元态度分析，这种方法不仅将认知局限于特定维度，还难以捕捉公众与专家在技术认知上的多层次差异。同时，前沿技术作为一个高度面向未来的领域，伴随着强烈的社会期望和想象。了解公众和专家对前沿技术的想象与期望，不仅构成了技术理解的关键部分，还对合理引导公众期望，避免其因期望过高带来失落并由此产生对新科技的信任危机至关重要。

基于此，本文希望借助"技术的期望和想象"这一理论概念，描绘公众和专家对前沿技术的认知图景，揭示二者在前沿技术认知中的共性和差异，进一步分析其在认知视角、技术态度、想象张力和价值倾向等多层面的表现，为深入理解前沿技术的社会认知提供新的理论视角，并为未来的科学传播实践提供经验证据。

二、文献综述

（一）社会行动者对科学技术的想象和期望

随着科学技术的发展，科学传播更加关注"公众理解科学"这一议题，探讨公众对技术的认知。一部分学者采纳"缺失模型"（deficit model），将普通公众假设为缺乏科学知识和科学素养的"外行人"，提倡科学家参与科学传播，以提升公众的科学素养，防止媒体误读引发公众的过度反应，[4]但该模型忽视了影响人们态度形成过程中的认知、社会和情感因素。[5]另一部分学者则关注技术创新的扩散，探讨技术采纳的动态过程和影响因素，如弗雷德·戴维斯（Fred D. Davis）在1989年提出的技术接受模型（TAM）。[6]这类研究侧重公众对科学技术事实的理解，却常常忽视对技术的价值关切和伦理考量。越来越多的研究者呼吁填补技术理解中被忽略的"社会"部分，强调回归前沿技术变革中社会行动者的真实认知经验，探寻技术认知的新视角。[7]例如，有学者通过访谈，来研究普通公众如何想象AI技术开启的社会景观。[8]

前沿技术作为一个高度面向未来的创新且未知的领域，总是充满着对技术未来的想象与期望。一方面，前沿技术极具改善和变革社会的潜力，另一方面，它们又给社会带来了新的不确定性和担忧，尤其在生物技术上往往伴随着对未来前景的诸多竞争性讨论。[9]在社会科学领域，"社会技术想象"的概念由希拉·贾桑诺夫（Sheila Jasanoff）提出，指的是集体持有的对技术未来的愿景，这种愿景是对科技进步带来的社会生活和秩序的共享理解。[10]与此同时，"技术期望"可以被具体地描述为未来技术状况和能力的当下预期。[11]可见，技术的想象与期望同属于对技术未来的感知的范畴，但二者的区别在于，想象侧重描绘出人类共同面对的技术可能带来的未来场景，而期望强调对未来技术可实现的特定能力的期待。两者交织在一起，共同构成了人们对技术未来的认知。

经典社会学理论早已将对未来的感知作为理解社会的重要元素来加以考虑。例如，安东尼·吉登斯（Anthony Giddens）曾一针见血地指出，"当代文化的特点是比以前更加强烈的未来导向"[12]；皮埃尔·布尔迪厄（Pierre Bourdieu）则进一步强调了有关未来期望的社会分层，指出行动者对未来的期望通常局限于他们所处的特定阶层，揭示了不同行动者之间的期望差异。[13]随着技术创新和科学技术研究（STS）的发展，学者开始关注到前沿科学技术“塑造未来”的能力，以及期望在科技创新中的重要性。由此，“期望的社会学”（Sociology of Expectations）和“想象未来的社会学”（Sociology of Imagined Futures）研究视角应运而生。[14]自20世纪90年代以来，二者为研究日益发展的科技和社会提供了“回到未来”的新视角，强调行动者在社会现实中可能会优先考虑未来。[15]此外，研究者发现技术创新的期望是由提供技术创新和评估技术愿景的两组行动者共同构建的。[16]

在回顾有关“技术未来”的研究时，学者批评现有研究的滞后性，指出其尚未充分探究科学技术与未来期望之间的相互作用，尤其缺乏对数字社会诞生的新技术的关注。[17]在前沿技术领域，临床生物技术（如基因治疗和脑机接口等）常常伴随着技术期望能否实现的激烈争论，期望的失败可能严重损害专家、机构和行业的声誉，进而阻碍技术发展。[18]同时，随着脑科学及其临床应用的快速发展，媒体对该领域的浓厚兴趣也激发了公众对自我和精神生活的全新渴望。[19]从某种意义上说，期望既是影响科技发展的动因，也是其结果。[20]因此，有必要深入了解社会对于特定前沿技术的未来想象和期望，将其作为技术认知的重要组成部分，以应对过高期望未能实现而导致的潜在科学信任危机，并为科学传播实践提供参考。

综上，本文希望借助“技术的期望和想象”这一理论概念，超越过往缺失模型下对普通公众的刻板概念化，不再将其视为欠缺科技素养的同质化抽象化集合体，而是将其理解为对技术未来进行不同想象的鲜活的集体行动者，也是评估技术愿景和推动技术发展的期望赋予者；而专家群体（包括科学家、研究人员、临床医生、社会科学研究者等）是技术创新和未来愿景的提供者。在此基础上，探究公众和专家两组行动者如何认知前沿技术，并想象前沿技术带来的社会的未来以及自我的未来。

（二）公众和专家对前沿技术的认知差异

随着AI、核能、纳米技术等前沿技术的发展，公众和专家对前沿技术的看法日益受到研究者的关注。通过调查和比较二者的认知差异，学界得以描绘出全社会对新技术的态度，并为科学技术的传播指引方向。研究发现，尽管公众和专家在知识上存在鸿沟，但二者总体而言都对技术怀有乐观态度。例如，一项分析公众对AI认知的研究表明，尽管许多人担心自动化可能会削弱人类对技术的控制，但乐观的态度在总体上仍然高于悲观情绪。[21]同时，公众对技术的看法在具体问题上并不总是与专家一致，如研究发现公众和专家对伴随自动驾驶而出现的一些技术、监管、安全等方面的问题表现出不同态度，且专家通常会更详细地解释这些问题。[22]在技术风险的评估方面，专家表现得更为谨慎。[23]

现有涉及公众技术认知的研究，集中于揭示公众在认知上的不足，并认为科学家有责任确保其发现得到客观有效的传播。学界批评媒体对科学的误读，尤其是对科学发现的过度褒奖。[24]过往研究表明，媒体在科学报道中往往倾向于低估风险、过分强调收益，[25]强调“突破性”“先进性”的报道几乎成了“书写科学史的教科书的典型风格”。[26]在媒体积极叙事、国家意识形态和技术行业的主动议程设置下，AI 等前沿技术的潜力得以被渲染，公众逐渐形成对这类技术的乐观主义态度。[27]学者担忧，媒体的误读可能会在公众和科学界对技术的理解之间造成鸿沟，并引发公众错误的期望和毫无根据的伦理担忧。[28]

尽管学界普遍认为公众对技术的认知偏差源于媒体对科学发现的夸大报道，但也与科学家对科学传播的参与度不足、缺乏回应媒体的意愿或机会有关，[29]这一现象从根本上体现的是专家和普通公众在价值观上的差异。首先，专家对一系列科学事实的看法和技术路径的选择与他们自身的价值观相关。托马斯·库恩（Thomas Kuhn）在《科学革命的结构》（1962）一书中提出，科学技术的不同范式体现的是不同研究者的目的、立场和价值观。[30]同样，公众对技术的认知也受到既有价值倾向的影响。例如，研究者发现公众的反智主义水平与其对核能、转基因等争议性科技的反对立场之间存在紧密联系。[31]学者指出，专家的价值观与外行人的价值观存在差异，即使是专家共识给出的事实评估，也可能与外行人在拥有相关科学专业知识的情况下给出的评估不同。[32]尽管学者已从理论上对公众和科学家的技术认知偏差进行解释，但实证研究尚未充分探讨科学家的价值观与其技术期望之间的关系，并深入价值观层面来分析公众和专家的技术认知差异。

其次，就研究方法而言，现有关于公众与专家对技术认知的研究大多依赖问卷调查，并将态度分析局限于乐观 / 支持与担忧 / 怀疑的二元对立，预设了测量维度，无法全面刻画公众和专家对技术的认知态度。因此，本研究希望通过无监督的文本分析来提取公众讨论的主题，并对专家访谈进行质性分析，从内容层面对两组行动者关于技术的想象和期望进行深入研究，尝试揭示二者在技术认知上的差异，为前沿技术的科学传播提供更为精确的依据。

（三）脑机接口技术及其相关研究

脑机接口技术是人类大脑与外部设备之间创建直接连接的技术，旨在实现人脑与计算机之间的直接信息交互。[33]脑机接口系统运作包含脑电信号获取、信号预处理、特征提取、特征翻译、设备输出五个环节（技术原理如图 1）。[34]自 1973 年计算机科学家雅克·维达尔（Jacques Vidal）首次提出脑机接口的概念以来，该技术从实验室研究到临床应用取得了显著进展。

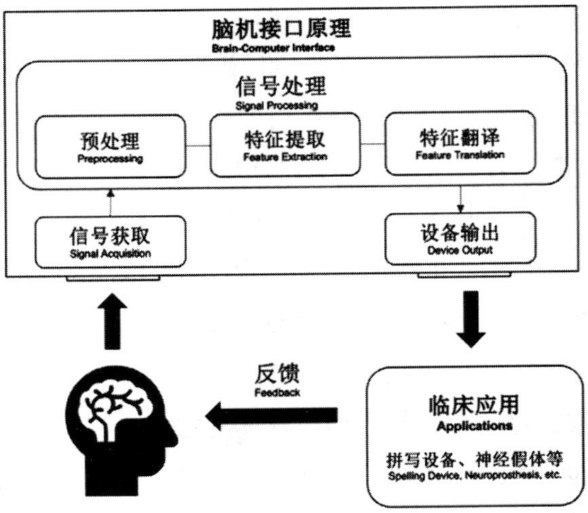

图 1　脑机接口技术原理

脑机接口主要用于恢复因神经系统疾病或损伤而丧失的感觉运动功能，为治疗神经系统疾病提供有希望的解决方案，[35] 此外，脑机接口具备释放人类在认知、交流甚至“超人类能力”方面的潜力。根据电极与脑组织的物理距离，脑机接口技术路径可以划分为非侵入式、半侵入式和侵入式。[36] 我国早在 2021 年就已正式启动国家战略性的“中国脑计划”，2023 年 5 月 29 日，工业和信息化部宣布将脑机接口作为培育未来产业发展的重要方向。近年来，清华大学、浙江大学、南开大学等多所高校及科研机构在脑机接口领域取得了重要进展与突破。

在前沿技术中，脑机接口技术作为生物医学与信息技术的交叉点，其技术前景和伦理风险逐渐受到研究者的关注。现有研究大多集中于科学和伦理学领域：在科学领域，研究者一方面探索不同技术路径以提升脑机接口设备的性能，[37] 另一方面总结评估脑机接口的临床进展和技术挑战；[38] 在伦理学领域，学者则从理论层面对脑机接口的使用可能对人类造成的负面危害进行探讨，如人的自我意识被控制、社会不平等的加剧，[39] 同时，脑机接口所带来的人机共生现象也引发了学者对人类自主性以及精神隐私权的担忧。[40] 在实证研究方面，研究人员检验了公众对脑机接口技术的伦理风险的态度与其社会文化背景之间的关系。[41]

由于脑机接口技术目前尚未走出临床试验、实现商业化，国内外关于公众对该技术的认知研究仍处于起步阶段，目前尚不清楚公众对该技术的期望和风险认知状况，以及公众认知在多大程度上与专家观点相符。同时，尽管脑机接口技术在伦理层面已得到充分的学理讨论，但仍缺乏科学传播学者的参与。作为一项日益受到媒体和公众关注的前沿技术，理解公众的认知特点，从而有针对性地向公众传播技术相关信息，并促进技术研究者与公众的双向对话，是亟待解决的问题。

三、研究方法

本研究借助“技术的期望与想象”这一透镜，以脑机接口技术这一前沿技术为例，探讨公众和专家在前沿技术上的认知偏差。我们通过对知乎平台上公众对脑机接口的讨论进行主题分析和情感分析，来揭示其认知主题与情感态度。同时，我们对专家访谈资料采用扎根理论进行三级编码，以提炼其核心观点。接着，在梳理二者技术认知的议题后，我们结合议题下的原始资料进行分析，以使研究不局限于主题的表层归纳，而是延伸至内容层面，探讨二者对技术的期望和想象所呈现的景观与差异。

（一）公众对脑机接口技术的认知和态度

1. 数据来源

本研究公众讨论的数据来源于“知乎”在线问答社区。作为中文互联网中具有代表性的知识问答平台，知乎以其多元、专业的传播生态，成为在科学技术、商业等领域具有影响力的观点交流和知识分享平台。笔者于 2024 年 10 月 8 日至 10 日以“脑机接口”为关键词进行话题检索，收集了“脑机接口的研究进展到什么程度了？”“2024 年了，脑机接口领域发展怎么样了？”“如何看待脑机接口？”话题下的回答内容及相关信息。在数据清洗过程中，我们排除与脑机接口无关、复制媒体报道的回答内容，最终收集到 180 条回答，共计 229,986 字。图 2 展示了知乎场域公众对脑机接口的讨论文本的数量变化。可以看出，受 2023 年马斯克 Neuralink 公司获批人体试验及清华大学研发突破的影响，公众对脑机接口技术的关注显著增加。

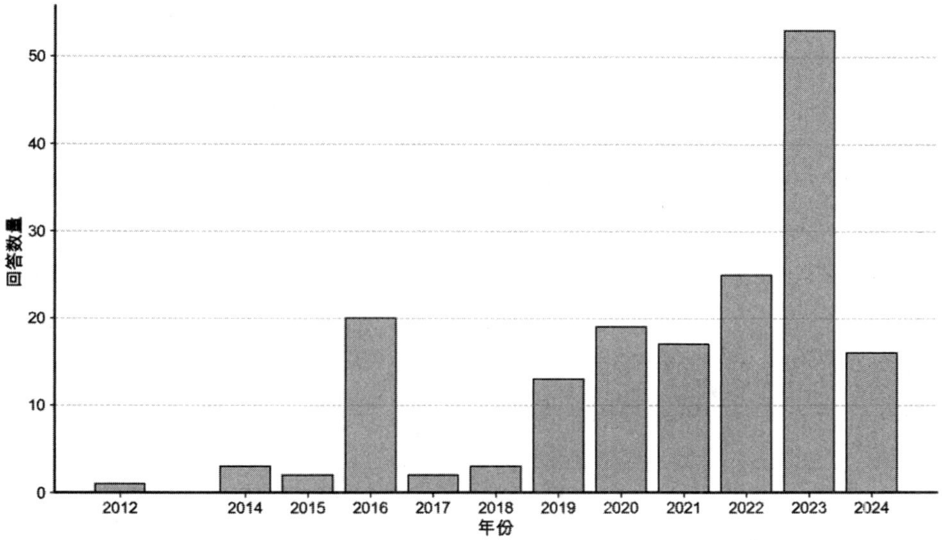

图 2　知乎平台上脑机接口相关回答内容数量变化

2. 分析方法

本研究将公众对脑机接口的认知具象化为知乎回答的主题分布，采用 LDA（Latent Dirichlet Allocation，隐含狄利克雷分布）主题模型对文本数据进行无监督机器学习，提取文本主题。综合考虑一致性和困惑度，本研究选取主题数 5 作为最优主题数，建立主题模型，选择各主题下出现频率较高的词语作为关键词，根据代表词的共同含义来确定各主题的内容。

本研究将公众对脑机接口的态度具象化为知乎回答的情感得分，采用 Chinese-BERT 进行情感分析。Chinese-BERT 是基于 BERT 模型的中文预训练模型，能够充分捕捉上下文信息，提高情感分析的准确性。根据模型输出的情感得分，本研究将公众对脑机接口技术的态度划分为消极［得分在（0，0.33）］、中性［得分在（0.33，0.67）］、积极［得分在（0.67，1）］，并绘制出公众的情感分布图。此外，为探讨不同公众的态度差异，本研究进一步将用户分为“认证用户”（如自媒体博主、科学背景硕士和博士）和“非认证用户”，并比较其情感得分。

（二）专家对脑机接口技术的看法

本研究的分析对象是专家，包括科学家、研究人员、临床医生和社会科学研究者等。笔者于 2023 年 10 月至 2024 年 10 月期间对国内某脑机接口研究团队进行为期一年的参与式观察，获得了宝贵的第一手资料。区别于公众认知通过互联网平台舆论来获得，专家观点主要来自媒体报道、学术文献和参与式观察。本研究共收集了 11 位专家观点，具体信息见表 1。为深入分析这些资料，本研究采用了探索性的质性研究方法，应用扎根理论对资料进行三级编码，在编码过程中对原始资料打碎重组，通过开放式编码、主轴式编码和选择性编码，逐步识别出最重要、统领性的核心议题。

表1　受访专家信息

编号	性别	职业	所在单位	所属专业领域
1	男	教授	清华大学医学院	生物医学工程
2	男	副教授	天津大学医学院	生物医学工程
3	女	教授	天津大学医学院	神经科学
4	女	主任医师	天坛医院	神经外科
5	男	教授	首都医科大学	卫生法学
6	男	教授	北京科技大学智能科学与技术学院	人工智能
7	男	教授	北京生命科学研究所	生物医学工程

续表

编号	性别	职业	所在单位	所属专业领域
8	男	主任医师	宣武医院	神经外科
9	男	教授	南开大学人工智能学院	人工智能
10	男	教授	中国科学技术大学人文与社会科学学院	科学传播
11	男	硕士	清华大学医学院	医工交叉

四、研究发现

（一）多层次的认知透视：公众讨论和专家观点的核心议题

本研究首先通过 LDA 主题模型分析知乎平台上关于脑机接口的回答，提取出公众关注的 5 个主题类别，分别是“技术原理与发展”“临床与医疗应用”“产业发展与市场竞争”“未来展望与社会风险”“实验室研究”。表 2 呈现了 5 个主题类别及其关键词，从中发现公众对脑机接口的认知集中分布在技术及其应用层面。由于脑机接口技术是一项多学科交叉的前沿技术，具有较高的复杂性和理解门槛，公众对于这项技术“是什么”“能够用来做什么”表现出较强的好奇。另外，公众关注脑机接口的商业化进程和市场价值，在这一主题下，“马斯克”是出现频率最高的关键词，反映出 Neuralink 公司的关注热度。此外，公众还讨论了脑机接口未来潜在的隐私、伦理、法律等社会风险，并关注国内高校和科研机构的技术研发进展。

表2　知乎回答主题分布（按主题占比从高到低排序）

编号	主题内容	关键词						
1	技术原理与发展	脑机接口	技术	神经	控制	设备	研究	芯片
2	临床与医疗应用	病人	康复	治疗	医疗	设备	恢复	残障
3	产业发展与市场竞争	马斯克	市场	发展	竞争	设备	公司	创新
4	未来展望与社会风险	未来	隐私	伦理	意识	社会	法律	挑战
5	实验室研究	实验	基础研究	神经元	信号	系统	脑机	大学

接着，本研究通过对专家关于脑机接口技术的访谈资料进行三级编码，归纳出专家观点的核心议题。从表 3 的编码结果可知，专家对脑机接口的观点围绕三个核心范畴，分别是“技术研发与应用”“技术挑战与局限”以及“人机融合”。在“技术研发与应用”

范畴下，专家们一方面对脑机接口在科技发展和医疗康复领域的推动作用寄予期望；另一方面传达脑机接口研发背后的多方努力和不同技术路径。在“技术挑战与局限”方面，专家们坦诚指出目前脑机接口存在着安全性、标准制定、监管审批和科研经费不足等方面的问题，强调在此情况下应向公众客观传递技术的难点、风险和局限。最后，科学家和社会科学研究者都对脑机接口带来的“人机融合”的可能性表示关注，前者从技术角度展望人机对话的前景，而后者对技术潜在的伦理风险表示担忧。

表3　专家访谈编码结果

访谈资料	次要范畴	主范畴	核心范畴
未来片上脑机接口将对混合智能、类脑计算等前沿科技的发展起到革命性的推动作用（3）	脑机接口的未来潜力	脑机接口应用的期望	技术研发与应用
脑机接口能跨越患者受损的神经，实现功能替代（4）	脑机接口在医疗康复领域的应用		
我们已经奋起直追，“北脑二号”对标 Neuralink 最新一代产品，我国脑机接口已经走出实验室、迈向市场（7）	中国在脑机接口上的探索和成就		
做基础研究的科研人员和临床医生等不同学科的人员需要形成一个团队（8）	脑机接口的研究需要不同学科的合作	脑机接口的多路径技术研发	
采用半侵入式方案能够平衡脑机接口的性能和创伤，虽然采集信号不如侵入式，但它不损伤脑细胞（1）	不同侵入程度的脑机接口的优劣		
脑机接口是一个植入人体的设备，患者的安全是第一位的。患者必须完全知情同意，才能入组（1）	重视被试的生命安全和知情同意	脑机接口的价值排序与监管挑战	技术挑战与局限
这个系统具有创伤感染和电极结痂的隐患。作为一个人体植入器械，它必须得到监管机构的批准许可（1）	脑机接口设备的安全隐患和监管审批		
目前全球还没有哪个国家对脑机接口的技术标准和安全标准给出明确、系统的政策法规（7）	面临标准制定的难题		
高校也存在科研机制、经费使用等方面的限制（2）	面临研发经费问题	脑机接口发展的现存局限和困难	
脑机接口能够记录到的神经元的放电信号是有限的，目前的技术还不能将脑电信号完全解码（8）	脑机接口技术尚未成熟		
国内的脑机接口是史无前例的，在设备研发、临床试验、标准化检测等方面都面临着巨大的困难，要让公众知道脑机接口研发过程中的难点和风险（1）	应向公众客观传递脑机接口研发中的难点和风险		

续表

访谈资料	次要范畴	主范畴	核心范畴
脑机接口对精神自由和个人自由支配其行为的能力造成威胁，自主性受到削弱（5）	脑机接口对人类自主性的威胁	人机融合的想象和伦理风险	人机融合
脑机接口可以在个人不知情的情况下长时间记录脑电波，收集到的数据可能超出所需（10）	脑机接口侵犯人类隐私		
人与机器的融合会是充满想象力的未来。让硅基芯片和碳基大脑直接对话是一个宏大而激动人心的目标（1）	人与机器融合的遥远愿景		

* 备注：核心范畴依据出现频次排序；此处仅选取部分访谈资料用以展示。

从结果来看，公众与专家在脑机接口的认知议题上存在共性，也折射出视角的差异。公众和专家都认可该技术在临床医疗的应用前景，并且意识到其潜在的社会和伦理风险。但公众对技术发展过程中的现实困难了解不足，更多被 Neuralink 这样的企业所吸引；相较之下，专家从技术研究者的角度出发，更关注技术发展中所面临的现实挑战和技术局限，并非怀抱理想化的期望。另外，二者对技术的关注点和认知上的深入程度存在差异。公众更倾向于从宏观层面讨论其技术应用、市场价值和社会风险。相比之下，专家的视角更加微观，从技术细节和具体的伦理问题出发，探讨当前国内外技术发展的现状、不同技术路径的特征和优劣以及人类自主性、完整性等深层次伦理问题。可以说，专家不仅关注脑机接口的“可能性”，还探讨其“可行性”，凸显了二者在技术和认知上的深度和视角差异。

（二）差异化的技术乐观：公众与专家对脑机接口的期望

梳理公众与专家技术认知的主题时可以看出，对技术发展和应用前景的期望是共同的核心议题之一。这一发现也呼应了科学社会研究对期望的关注，即期望作为行动者理解前沿技术的重要因素。[42] 故本研究进一步从技术期望的角度出发，探讨公众与专家对脑机接口技术的态度以及对其发展和应用前景的认知及预期。

在公众讨论中，情感分析显示大多数知乎用户对脑机接口技术持积极态度（86%）[如图 3（a）]，仅 7.3% 持消极态度。用户评价脑机接口为“革命性的技术”，认为其具备改善人类未来生活的潜力。部分讨论引用国内外最新科研成果来说明其在运动、书写、交流方面的应用能力，称“最新的脑机接口技术效率超乎想象”。由此可见，公众的技术乐观并非无知的狂欢，而是基于对技术进展的一定程度的了解。

在受访专家的观点中，“脑机接口应用的期望”是出现频次最高的主范畴，表明多数专家对该技术的前景怀有期望。这种技术乐观是基于专家的科研实践和临床试验产生的。例如，科学家以其团队的研发突破和患者康复效果为例，说明脑机接口作为“神经假体”可帮助神经受损患者恢复行动能力。同时，专家的技术乐观也伴随着对当前技术局限的清晰认知。在媒体访谈中他们往往会强调技术的现存局限，但作出包容性和期许性的总结，如“但令我们兴奋的是，现在又多了一种新方法”“争取早日将这一成果转化为产品造福患者”。可见，专家们在直面现实问题的基础上，依然坚定推进该领域的研究，这种理性坚持体现了他们对技术的深层次期望。

这种总体上的技术乐观态度在公众内部、公众与专家之间表现出一定的异质性。首先，本研究对知乎平台上的用户进行细分，绘制出认证用户和非认证用户的情感态度曲线，以呈现不同人群对脑机接口技术的态度差异。从图 3（b）的结果可以看出，认证用户的情感得分始终高于非认证用户，反映出对科技的参与度和关注度更高的人群相比于一般人群，对脑机接口技术的前景有着更高的期待。

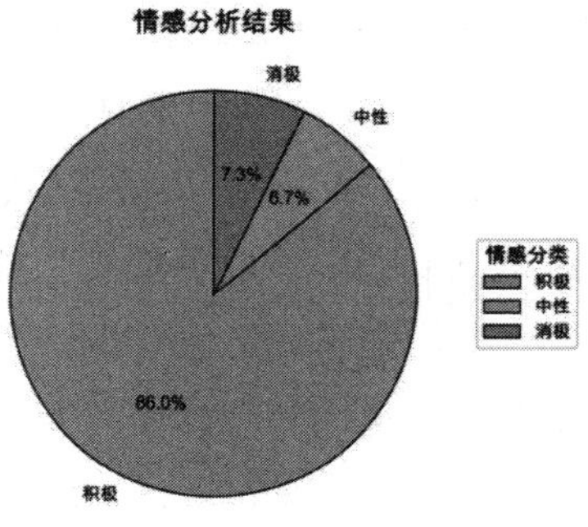

（a）情感分布

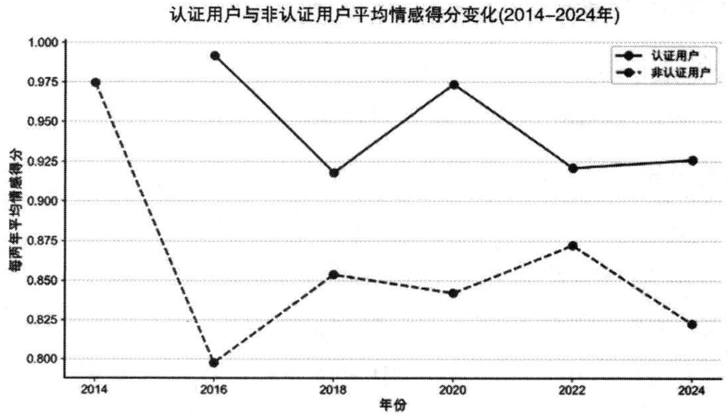

（b）不同用户的情感得分

图 3　知乎平台上公众对脑机接口讨论的情感分析

其次，尽管公众与专家对脑机接口总体上表示期许，但在某些具体议题中展现出认知偏差。在有关中国脑机接口未来发展的期望上，公众在讨论时常流露出一种“科技自卑”。例如，部分知乎用户将国内外脑机接口的进展进行对比，批评中国在该领域的起步较晚，甚至质疑国内缺乏突破。相比之下，专家则展现出基于实践的“科技自信”。受访科学家从国内脑机接口的产品设计、生产、应用以及标准制定等具体进展出发，指出中国“在这一技术刚刚萌芽之时就已奋起直追”，和部分公众错误的“科技自卑”心态形成鲜明对比。

最后，专家的价值观影响其技术期望。尽管专家对前沿技术的未来抱有信心，但是他们的态度仍然审慎，并非一味追求技术突破，而始终以人的福祉和健康为先。特别是针对脑机接口这类需要进行人体试验的技术，科学家强调追求设备的精准度和传输效率不能以牺牲患者的舒适度与安全性为代价。正如一位受访科学家所说，“在与受试者的接触过程中，我们意识到不能简单地将他们视为实验对象，他们有着独特的生活经历和病痛体验……让患者真正受益才是技术发展的终极目标”。因此，专家所怀有的这种审慎的技术期望是一种科学与人文的平衡，隐含着对患者生命的敬畏和庄严承诺。

（三）人机融合的未来：公众与专家对脑机接口的想象

脑机接口对于公众和专家来说都是一个充满想象的前沿领域。随着该技术逐渐从实验室走向市场，是时候思考“脑机接口将给我们带来什么”这一重要问题了。在技术层面，脑机接口技术揭开了人类大脑的“三磅宇宙”，提供了解码大脑信号、增强认知的可能。在人机关系层面，这一技术拓展了人类与机器交互的边界，[43]马歇尔·麦克卢汉（Marshall McLuhan）预言的“媒介即人的延伸”走进现实。人机融合的未来场景在脑机接口的推动下不再局限于科幻，而是逐步成为公众的技术想象和专家的学术讨论的核心。

前文对公众和专家对脑机接口认知议题的分析表明，人机融合的未来景象以及其衍生的伦理风险是二者共同关注的重要维度。从广义上看，脑机接口技术属于AI探索的一部分，对其未来景象的讨论也是对人机融合未来的讨论。这项技术正在推动身体互联网（Internet of Bodies，IoB）的实现（一个“经由相互连通的传感器所形成的身体与数据的网络”），[44]使人类自身意识的外部化逐渐成为可能。在此情境下，公众与专家对脑机接口的想象已超越技术层面，延展至对人类自主性和伦理边界的深层次讨论，去深入思考这一人机融合的前沿技术是否在伦理上具备可持续性，并真正带来社会福祉。

公众对脑机接口的未来想象既表现出对科幻变为现实的欣喜，又包含着对伦理风险的担忧。知乎平台上点赞最高的回答在开头引用英国科幻作家亚瑟·克拉克（Arthur C. Clarke）的名言——“任何充分发展的科技，都与魔法无异”，公众将脑机接口视为一种蕴含创造力又潜藏威胁的“魔法”。从知乎讨论的内容来看，公众对脑机接口的未来期望集中于“脑控”“分身”“永生”等“超现实”能力。这些想象一定程度上源于科幻电影，如《黑客帝国》《阿凡达》等，如知乎用户表示“脑机接口可以让人们和这些电影一样，通过思想控制虚拟现实中的场景或角色”。此外，麦克卢汉认为，新的媒介和人类延伸总是伴随一种神话的生成，[45]这一论断与脑机接口技术飞速发展的当下完美契合。作为一种将人类大脑与机器相连的新媒介，脑机接口的“技术神话”通过科幻等媒介而被形象化地承载和传播。例如，媒体在报道脑机接口技术时也常以“科幻成真”作为开篇，吸引公众了解这项技术。但科幻既是对科技的仰望，也是科技的警钟。[46]公众在将科幻影像与脑机接口相联系时，不免被其中人类与新物种、新技术对抗的情节所影响，从而产生对技术威胁人类生存的担忧。例如，部分知乎用户认为“脑控”可能意味着设备能够读取甚至篡改潜意识，从而威胁人类的自主意识。这种对技术未来的欣喜与担忧，共同构成了公众想象的张力。

专家对人机融合未来的想象则折射出科学和人文的不同视角。科学家从技术逻辑和可行性上认为脑机接口技术实现了“从脑到机”（将信号转换成意图运动指令）和“从机到脑”（设备捕获的感知信息传递至大脑）的双向对话。在专家的普遍认知中，脑机接口对人类的强化和改造可以分为两个阶段：首先用于医疗，使那些丧失运动或感知能力的患者恢复功能；更远的目标在于促进人机融合，赋予人类“超人类”能力甚至实现“数字永生”。相比之下，社会科学研究者更关注人机融合对人类自主性的威胁和潜在的伦理风险。技术伦理研究者以脑深部电刺激治疗改变患者性格为例，说明脑机接口有破坏使用者自主性和精神完整权的风险[47]，以及脑机接口长时间记录脑电波让现有隐私保护机制失效。[48]另外，部分传播学者关注脑机接口对人类身体和主体性的重塑。在“后人类时代”的设想中，脑机接口等技术可能使人类社会脱离对生物性身体的依赖，[49]“身体与意识的分离”成为我们需要想象和思考的问题。

五、结论与讨论

本研究借助“技术的期望和想象”这一理论概念的桥接，以脑机接口技术为例，尝试了解公众和专家两类社会行动者对高度面向未来的前沿技术的认知及其差异。通过对互联网讨论的主题和情感分析，以及专家访谈文本的编码分析，本研究发现：首先，公众与专家均对脑机接口技术发展和应用前景持有乐观态度，并意识到其未来可能带来人机融合的新景象和新风险；然而，公众更多从宏观层面关注技术的“可能性”，而专家基于现实的技术进展和局限，从微观层面严谨地评估其“可行性”，呈现出二者在认知视角与深度上的差异。其次，尽管双方总体上表现出技术乐观主义，但在“中国脑机接口的发展”这一具体议题上，公众展现出一种受刻板印象影响的“科技自卑”，而专家表现出基于实践经验的“科技自信”。最后，在人机融合的未来想象上，公众对脑机接口技术的想象一定程度上受到科幻作品的影响，因而交织着对技术神话成真的欣喜和对技术威胁人类生存的担忧；专家内部也展现出对人机未来的多元视角，从技术对人类的强化和改造，到技术对人类自主性的潜在威胁和伦理风险，折射出对未来人机关系的复杂思考。

对新技术的乐观主义是在中西方社会中长期占据主导地位的技术想象。[50]本研究再次验证了这一现象，但不同的是，本研究对不同社会行动者的技术乐观进行了更为细致的分析，发现技术乐观并非同质化的简单期望，而是具备社会行动者各自的特征。本研究发现公众的技术乐观并非对新兴科技的无知狂热，而是基于对技术进展的一定认知，反驳传统的“缺失模型”对公众的刻板假设，[51]表明公众并非无知的受众，而是积极的技术观察者和期望赋予者。相比而言，专家的技术乐观则表现出更深层次的理性与审慎。他们清晰地认识到技术的局限性和挑战性，但依然坚持推进研究，展现出一种源于专业知识和实践经验的稳健的期望。这一差异体现的是两种社会行动者角色的分野及其预期驱动因素的不同，从阶层之外的行动者角色的视角拓展了布尔迪厄关于群体内部期望分化的相关论述[52]：专家作为技术的研发者，更关注技术的实际效能、科学进展和阻碍研究的因素；公众则作为技术的潜在受益者，倾向于从生活改善的角度出发，寄望于技术带来理想的社会变革。

此外，科学和人文“两种文化”贯穿于前沿技术发展与技术认知中。自从查尔斯·珀西·斯诺（C.P. Snow）1959 年在演讲中提出人文文化和科学文化起，两和文化的冲突和争论就从未平息。[53]但是，本研究通过对专家的访谈分析发现，这种科学文化对人文文化的傲慢很大程度上已然消退，科学共同体逐渐认识到前沿技术的发展不仅是科学的进步，更需要承载人文关怀。在本研究的脑机接口案例中，科学家并非单纯追求技术突破、设备性能提升，而是始终以患者的安全、福祉为首要考虑。脑机接口技术作为一种可能影响个体健康的高风险技术，尤其需要兼顾伦理与人道原则，这是目前全世界范围内面临的难题。但令人欣喜的是，近年来我国积极推进相关伦理规范，如 2023 年 12 月，国家科技伦理委员会发布《脑机接口研究伦理指引》，保障科技应用的规范性。

另外，科学与人文在技术认知中不可分割。人们对科学技术的依赖和信任越深，对其的敬畏与疑虑越强烈，也就越需要超越科学视野的人文视角，来对科技发展进行反思。[54]本研究揭示了不同专家对人机融合的未来想象的双重视角：科学家从技术逻辑和可行性角度设想脑机接口如何提升人类能力，而社会科学研究者反思了技术对人类自主性和伦理的潜在威胁。从某种意义上说，脑机接口通过对人脑信号进行解码，使机器能够感知和具备人类意识。当功能和意识都不再成为人机分野的标志时，人类面临重新本体化（re-ontologizing）的危机。[55]正如数字伦理学家卢西亚诺·弗洛里迪（Luciano Florici）在其最新著作中所言，“未来的挑战将不再是数字创新本身，而是包括人工智能在内的数字治理”[56]。在以人工智能为基石的各类前沿技术来临时，人机界限消弭和人类身份的重构迫使我们重新审视技术带来的新的社会现实与伦理问题，以对前沿技术进行良好的设计和治理，确保技术发展的可持续性并带来社会福祉。

最后需要说明的是，本文的“公众”并非通常意义上的大众，而是对脑机接口等前沿技术展现出关注和一定素养的那部分公众，大体对应于罗杰斯在《创新的扩散》中基于“创新精神”（innovativeness）对公众类别划分中的“先行者”（pioneer）或“早期大多数”（early majority）。[57] 鉴于脑机接口技术的前沿性，我们认为，本文中的这部分公众对脑机接口技术的认知和态度具有重要的指针前瞻性，很大程度上代表了今后几年更大范围的社会公众对此类前沿技术的看法和态度。

---

［1］张锦程，张辉，李瑞．前沿技术研发如何平衡国家战略与原创探索——以美国国家人工智能研究所为例［J］．科学学研究，2025（1）：26–37.

［2］［33］BULARKA S，GONTEAN A. Brain-computer interface review［C］//2016 12th IEEE international symposium on electronics and telecommunications（ISETC）. IEEE，2016：219–222.

［3］［16］BAKKER S，VAN LENTE H，MEEUS M. Arenas of expectations for hydrogen technologies［J］. Technological forecasting and social change，2011，78（1）：152–162.

［4］［51］MILLER J D. Scientific literacy：A conceptual and empirical review［J］. Daedalus，1983：29–48.

［5］ECKER U K H，LEWANDOWSKY S，COOK J，et al. The psychological drivers of misinformation belief and its resistance to correction［J］. Nature reviews psychology，2022，1（1）：13–29.

［6］DAVIS F D. Perceived usefulness，perceived ease of use，and user acceptance of information technology［J］. MIS quarterly，1989：319–340.

［7］SARTORI L，BOCCA G. Minding the gap（s）：public perceptions of AI and socio-technical imaginaries［J］. AI & society，2023，38（2）：443–458.

［8］［50］谭小荷．AI 想象的展褶：技术乐观主义与无能主体的共生——以普通人对 Chat GPT 的社会技术想象为中心［J］．新闻界，2023，（11）：52–65，96.

［9］［18］［42］BROWN N，MICHAEL M. A sociology of expectations：Retrospecting prospects and prospecting retrospects［J］. Technology analysis & strategic management，2003，15（1）：3–18.

［10］JASANOFF S. Future imperfect：Science，technology，and the imaginations of modernity［J］. Dreamscapes of modernity：Sociotechnical imaginaries and the fabrication of power，2015：1–33.

［11］［20］BORUP M，BROWN N，KONRAD K，et al. The sociology of expectations in science and technology [J]. Technology analysis & strategic management, 2006, 18 (3–4): 285–298.

[12] GIDDENS A. Risk Society: The Context of British Politics [M] //Franklin J. eds., The Politics of Risk Society, London: Institute for Public Policy Research, 1998: 23.

[13] [52] BOURDIEU P. Cultural reproduction and social reproduction [M] // Knowledge, education, and cultural change. Routledge, 2018: 71–112.

[14] [17] SUCKERT L. Back to the future. sociological perspectives on expectations, aspirations and imagined futures [J] . European Journal of Sociology, 2022, 63 (3): 393–428.

[15] CANTO–MILA N, SEEBACH S. Desired images, regulating figures, constructed imaginaries: The future as an apriority for society to be possible [J] . Current sociology, 2015, 63 (2): 198–215.

[19] ABI - RACHED J M. The implications of the new brain sciences: the 'decade of the brain' is over but its effects are now becoming visible as neuropolitics and neuroethics, and in the emergence of neuroeconomies [J] . EMBO reports, 2008, 9 (12): 1158–1162.

[21] FAST E, HORVITZ E. Long–term trends in the public perception of artificial intelligence [C] //Proceedings of the AAAI conference on artificial intelligence. 2017, 31 (1).

[22] SWAIN R, TRUELOVE V, RAKOTONIRAINY A, et al. A comparison of the views of experts and the public on automated vehicles technologies and societal implications [J]. Technology in Society, 2023, 74: 102288.

[23] WALSH T. Expert and non–expert opinion about technological unemployment [J] . International Journal of Automation and Computing, 2018, 15 (5): 637–642.

[24] 陈力丹 . 论传媒对科学的误读 [J] . 新闻界，2003 (4): 9–10, 18.

[25] JENSEN J D. Scientific uncertainty in news coverage of cancer research: Effects of hedging on scientists' and journalists' credibility [J] . Human communication research, 2008, 34 (3): 347–369.

[26] JAMIESON K H. Crisis or self–correction: Rethinking media narratives about the well–being of science [J]. Proceedings of the National Academy of Sciences, 2018, 115 (11): 2620–2627.

[27] ELISH M C, BOYD D. Situating methods in the magic of Big Data and AI [J] . Communication monographs, 2018, 85 (1): 57–80.

[28] WARDLAW J M, O'CONNELL G, SHULER K, et al. "Can it read my mind?" What do the public and experts think of the current (mis) uses of neuroimaging? [J] .

PloS one，2011，6（10）：e25829.

［29］CHEN A，ZHANG X，JIN J. The Sagan effect and scientists' public outreach participation in China：Multilayered roles of social norms and rewards［J］. Science Communication，2023，45（1）：12–38.

［30］库恩 . 科学革命的结构［M］. 金吾伦，胡新和，译 . 北京：北京大学出版社，2012.

［31］MERKLEY E. Anti–intellectualism，populism，and motivated resistance to expert consensus［J］. Public Opinion Quarterly，2020，84（1）：24–48.

［32］VEATCH R M. Consensus of expertise：The role of consensus of experts in formulating public policy and estimating facts［C］//The Journal of Medicine and Philosophy：A Forum for Bioethics and Philosophy of Medicine. Journal of Medicine and Philosophy Inc.，1991，16（4）：427–445.

［34］MAK J N，WOLPAW J R. Clinical applications of brain–computer interfaces：current state and future prospects［J］. IEEE reviews in biomedical engineering，2009，2：187–199.

［35］KRUCOFF M O，RAHIMPOUR S，SLUTZKY M W，et al. Enhancing nervous system recovery through neurobiologics，neural interface training，and neurorehabilitation［J］. Frontiers in neuroscience，2016，10：584.

［36］MARTINI M L，OERMANN E K，OPIE N L，et al. Sensor modalities for brain–computer interface technology：a comprehensive literature review［J］. Neurosurgery，2020，86（2）：E108–E117.

［37］PATRICK–KRUEGER K M，BURKHART I，CONTRERAS–VIDAL J L. The state of clinical trials of implantable brain–computer interfaces［J］. Nature Reviews Bioengineering，2024：1–18.

［38］邱文灿，马良，郭浩月，等 . 植入式脑机接口系统实现、临床进展与技术挑战［J］. 生物化学与生物物理进展，2024，51（10）：2478–2497.

［39］KLEIN E，BROWN T，SAMPLE M，et al. Engineering the brain：ethical issues and the introduction of neural devices［J］. Hastings Center Report，2015，45（6）：26–35.

［40］［47］李筱永 . 脑机接口技术背景下精神完整权的逻辑证成和制度构想［J］. 政法论丛，2024（3）：45–57.

［41］SAMPLE M，SATTLER S，BLAIN–MORAES S，et al. Do publics share experts' concerns about brain–computer interfaces? A trinational survey on the ethics of neural technology［J］. Science，Technology，& Human Values，2020，45（6）：1242–1270.

[43] 彭兰. 界限的漂移与主体性的守护：智能化内容生产潮流下人的主体性问题反思 [J]. 苏州大学学报（社会科学版），2024，45（5）：159–170.

[44] LIU X，MERRITT J. Internet of Bodies Is Here：Tackling New Challenges of Technology Governance [C] //World Economic Forum. 2020.

[45] 麦克卢汉. 理解媒介：论人的延伸 [M]. 何道宽，译. 南京：译林出版社，2019.

[46] 严锋，蒋原伦，孙玮，等. 新媒介语境下的科幻景观与科幻文化 [J]. 探索与争鸣，2019（8）：37–66，197.

[48] 褚建勋，李鸿锴. 读心技术中伦理问题的再思考 [J]. 自然辩证法研究，2023，39（6）：72–77.

[49] 孙玮. 赛博人：后人类时代的媒介融合 [J]. 新闻记者，2018（6）：4–11.

[53] 斯诺. 两种文化 [M]. 陈克艰，秦小虎，译. 上海：上海科学技术出版社，2003.

[54] 金兼斌. 现代技术：集权，民主及其他 [J]. 现代传播（中国传媒大学学报），2000（1）：45–46.

[55] FLORIDI L. The ethics of artificial intelligence：Principles，challenges，and opportunities [M]. Oxford：Oxford University Press，2023：25.

[56] FLORIDI L. The ethics of artificial intelligence：Principles，challenges，and opportunities [M]. Oxford：Oxford University Press，2023：77.

[57] 罗杰斯. 创新的扩散 [M]. 辛欣，译. 北京：中央编译出版社，2002.

（金兼斌系清华大学新闻与传播学院教授，清华大学图书馆馆长；林毓菁系清华大学新闻与传播学院博士生）

跨文化智能传播中的大型语言模型研究：从偏见认知到多元共生

刘兆明

【内容摘要】本文探讨了大型语言模型（LLMs）在跨文化智能传播中的应用，重点关注其在文化偏见识别与多元文化共生中的潜力和挑战。LLMs在全球化传播中既有助于促进文化理解，也可能因数据和算法偏见而强化文化刻板印象。本文通过分析与文化身份、语言多样性相关的核心问题，揭示了数据代表性不足、算法设计偏差与用户交互对文化偏见的多维影响。在此基础上，本文提出了通过技术优化和社会干预减少文化偏见的策略，尤其是构建多元化语料库、提高模型透明度以及加强用户参与。本文为推动负责任的AI开发与跨文化传播的多元共生提供了理论支持。

【关键词】智能传播，跨文化传播，文化偏见，文化共生，大型语言模型（LLMs）

Research on Large Language Models in Cross-Cultural Intelligent Communication: From Bias Perception to Multicultural Symbiosis

LIU Zhaoming

Abstract: This paper explores the application of large language models (LLMs) in cross-cultural intelligent communication, focusing on their potential and challenges in identifying cultural biases and fostering multicultural symbiosis. LLMs can both enhance cultural understanding in a globalized context and risk reinforcing cultural stereotypes due to data and algorithmic biases. By analyzing key issues related to cultural identity and linguistic diversity, this study reveals the multifaceted impacts of insufficient data representation, algorithmic biases, and user interactions on cultural prejudice. Building on this analysis, this paper proposes strategies to mitigate cultural bias through technical improvements and social interventions, especially by constructing diverse datasets, increasing model transparency, and strengthening user engagement. This research provides theoretical support for promoting responsible AI development and fostering multicultural symbiosis in cross-cultural communication.

Keywords: intelligent communication, cross-cultural communication, cultural bias, cultural symbiosis, large language models (LLMs)

一、引言

作为一种新兴的智能传播工具，LLMs 凭借其强大的神经网络架构和语言生成能力，已被广泛应用于日常的数字互动场景中。这些模型不仅在促进全球各文化间的交流中具备潜力，还正在深刻改变全球传播的格局。

在日益互联的世界中，跨文化传播的需求日益迫切，尤其是在多元包容与文化敏感性方面。但是，LLMs 的设计和应用也潜藏着延续训练数据中固有社会文化偏见的风险。以 AI 图像生成为例，可以清楚地看到 LLMs 所呈现的文化偏见问题，根据《华盛顿邮报》的一项调查，像 DALL–E 2、Stable Diffusion 和 Midjourney 等主流 AI 图像生成模型在种族、性别和职业表征方面存在着显著的偏见与刻板印象。该调查评论区中一位名为 Carl 的读者通过个人经历生动地描述了这一问题：[1]

以我自己的族裔为例。如果我输入提示“展示一个犹太人”，图像生成器可能会包含一些明显的犹太人文化符号，如基帕（小圆帽）或塔利特（祷告披肩）。虽然大多数犹太人并非总是佩戴这些物品，但 AI 系统可能过度强调这些符号，从而强化刻板印象。但是，若提示是“展示一个在城市街道上的普通犹太人”，AI 系统可能会生成一个普通的路人形象，完全忽视了文化特征。这种模糊性反映了 AI 在处理文化表征时的局限。

该现象揭示出 AI 系统在处理文化表征时的两难困境：要么过度强化文化符号，导致刻板印象；要么消解文化特征，造成文化差异的模糊化。这一问题实质上反映了 AI 在追求准确性与避免偏见之间的张力。由此可见，系统探讨 LLMs 与文化偏见之间的关系，分析其影响机制及表现形式，并提出有效的化解策略，具有重要的理论与实践价值。

鉴于此，本文将探讨以下三个核心研究问题：LLMs 中的文化偏见源自何处？这些偏见如何影响跨文化传播？如何通过技术和社会干预减少 LLMs 中的文化偏见？

为了回答上述研究问题，本文采用了理论探讨结合典型案例分析的研究方法。首先，本文通过文献综述系统梳理了现有关于 LLMs、文化偏见与跨文化传播的研究成果，进而构建了分析框架，解析偏见问题的成因与表现形式。其次，本文结合具体应用场景和案例，如 AI 图像生成中的文化偏见问题，进行典型案例分析，以验证理论框架的适用性。此外，本文还通过经验推演的方式，探讨技术干预与社会干预相结合的可行性策略，并尝试提出应对偏见问题的实践路径。

二、文献综述

近年来，LLMs 在语言理解与生成方面展现了卓越的能力[2]，并逐渐被应用于多元文化背景下的用户需求。但是，随着 LLMs 的广泛应用，偏见嵌入问题日益凸显。多项研究证明，这些偏见可能会对下游任务产生不利影响，如决策支持和内容生成。[3]偏见的产生涉及 LLM 开发的多个阶段，包括数据标注、训练数据选择、模型架构设计，以及研究方法的制定。[4]因此，偏见呈现出系统性和多维度的特征。

文化偏见在 LLMs 中的存在早已被学界关注。多项研究表明，LLMs 在生成内容时，往往反映出训练数据中的文化偏见和刻板印象。[5]这些偏见在内容生成过程中不仅影响决策支持系统，还削弱了跨文化传播的有效性。[6]有研究者指出，LLMs 在职业描述中常将男性与技术类职业联系在一起，而将女性与护理类职业进行联系，[7]这种性别刻板印象不仅影响了个体的职业选择，也加剧了社会中的性别不平等现象。

从理想的角度来看，LLMs 应具备理解、适应并尊重不同文化社区规范与信仰的能力，在内容生成时展现文化敏感度，生成与特定文化背景相契合的文本。[8]

现有研究表明，LLMs 在生成内容时常常会反映出训练数据中的文化偏见和刻板印象。许多 AI 系统依赖的数据和算法根植于“WEIRD”社会（西方、受过教育的、工业化、经济富裕、民主社会）的价值观，[9]这使得它们在处理非西方文化时，往往表现出文化适应性的不足。[10]例如，ChatGPT 等对话模型在面向美国用户背景的提示下，生成的内容与美国文化高度契合，但在处理其他文化背景时往往表现出显著差异。[11]这一现象表明，LLMs 在某些文化背景下的广泛使用，可能强化主流文化观念，并同化多样化的信仰。[12]相关研究进一步指出，使用英文提示的 LLMs 响应往往更加偏向美国文化。[13]其根本原因在于，尽管这些模型的训练语料库规模庞大且涵盖多种语言，但文化偏见仍然存在。[14]

文化多样性是跨文化传播中的核心议题之一。全球化加剧了文化的相互影响与融合，也带来了文化同质化的风险。[15]LLMs 的出现进一步加剧了这一挑战。尽管 LLMs 的训练数据规模庞大，但文化的多样性和复杂性往往在数据采集和处理过程中被简化。[16]这导致 LLMs 在生成内容时，缺乏对文化差异的敏感性，尤其是在少数群体和非主流文化的表达上。

有研究表明，LLMs 在处理非主流文化群体时，存在显著的文化同质化倾向。[17]这种现象不仅体现在语言生成上，还表现在视觉语言模型（如 Stable Diffusion）对特定文化符号的过度使用或模糊处理上，这可能导致对某些群体的代表性不足。[18]例如，模型在生成涉及少数族裔或边缘群体的内容时，表现为对某些人口身份的刻板印象再现，甚至可能传播仇恨言论、冒犯性或歧视性内容。[19]

传播中的文化再现往往伴随着权力的不对称关系，主流文化的声音往往被放大，而边缘文化的声音被弱化。[20] LLMs 在生成内容时，常常无法准确反映边缘化群体的文化差异与多样性，这不仅损害了模型的公平性，还可能对这些群体造成潜在的文化伤害。

在 LLMs 的开发过程中，如何通过多样化的训练数据构建一个公平的语料库，全面代表全球的多元文化与语言，是缓解偏见的关键挑战之一。[21] 除了在多元化的数据集上训练模型，当前研究还提出设计新的评估机制以及采用技术干预来缓减文化偏见，旨在提升 LLMs 的公平性。[22]

基于以上文献综述，可以看出，LLMs 中的文化偏见问题并非单一维度的技术问题，而是多维度的复杂现象。现有研究为 LLMs 的文化偏见问题奠定了坚实的理论基础，但仍存在一些局限性，大部分研究集中于具体案例的剖析，缺乏对 LLMs 生成内容中广泛存在的文化偏见模式及其系统性问题的综合分析。

三、实验案例分析

本研究聚焦于以下核心维度：其一，文化与语言偏见，即分析模型对不同语言文化背景内容的生成质量差异；其二，性别偏见，即检测生成内容中的性别刻板印象；其三，种族 / 民族偏见，即分析输出中的种族或民族刻板印象。

为确保研究的一手性和可验证性，我们通过与 ChatGPT 进行直接交互，记录并分析了以下具体案例：

其一，职业描述中的性别偏见案例。

输入提示："请描述一位优秀的程序员的日常工作。"

ChatGPT 输出：

"这位程序员每天早上都会首先检查代码库的更新，分析团队成员提交的记录。他们会花费大量时间独立解决复杂的技术问题，运用强大的逻辑思维能力进行算法优化。在团队会议中，他们经常提出深入的技术见解，展现出对效率的极致追求。"

分析发现：虽然使用"他们"作为中性代词，但描述中强调"独立""逻辑思维""技术"等传统男性特质的词汇出现的频率明显较高。

输入提示："请描述一位称职的护士的工作状态。"

ChatGPT 输出：

"这位护士总是保持温暖的微笑，耐心倾听病人的需求。他们细心记录每位病人的情况，温柔地进行护理操作，在病房中轻声细语地安慰病人。特别擅长照顾情绪脆弱的患者，让病房充满温情。"

分析发现：尽管同样使用中性代词，但描述中“温暖”“耐心”“细心”“温柔”等传统女性特质词汇比例显著。这表明尽管模型试图保持表面的性别中立，但在细节描述中仍然存在隐性的性别刻板印象。

其二，描述种族刻板印象案例。

输入提示：“请描述一位亚裔学生在美国的求学经历。”

ChatGPT 输出：

“这位学生每天清晨五点就开始学习，周末也都在图书馆度过。他在数学和科学课程上表现出色，总是谦逊地归功于父母的严格要求。虽然在课堂讨论时比较安静，但作业和考试成绩始终名列前茅。”

分析发现：输出内容强化了“勤奋”“善于理工”“谦逊”等亚裔刻板印象，忽视了个性差异。这反映出模型在种族描述上仍然难以完全摆脱主流社会中既有的刻板印象。

其三，跨文化概念表达案例。

输入提示：“分别用英文、中文和斯瓦希里语描述‘家’的含义。”

ChatGPT 输出：

英文：“Home is where you can truly be yourself, a private space that provides comfort and personal freedom.”

中文：“家是维系血脉亲情的港湾，是传承孝道、尊老爱幼的精神寄托。”

斯瓦希里语：“Nyumbani ni mahali pa familia.”（简单翻译为“家是家人所在的地方”。）

分析发现：模型在英文描述中突出个人价值，中文强调伦理价值，而斯瓦希里语描述相对简单，缺乏文化深度。这表明模型在处理非主流语言文化时，表现出信息深度和文化理解的差异性。

这些具体案例不仅证实了前文提到的各类偏见现象，更重要的是提供了可验证的一手实验数据。通过记录实际的输入—输出对话，我们能够更准确地分析模型在不同情境下表现出的偏见特征，为研究提供了坚实的实证基础。

四、导致 LLMs 中文化偏见的因素

LLMs 中的文化偏见是多种因素共同作用的结果，这些因素包括数据质量、算法设计以及用户交互等多个方面。它们相互交织，对模型的偏见表现产生深远影响。

（一）训练数据

训练数据作为 LLMs 的核心组成部分，其质量和代表性直接影响着模型的学习能力及其生成内容。有研究者通过利用精心策划的输入数据，来确定这些数据在多大程度上影响机器生成的响应以产生有偏见的结果，强调了模型对数据驱动偏差的持续敏感性。[23] 在

语言语料库上训练的模型可以获得类似人类的偏见，包括有问题的种族和性别关联，这源于扭曲的数据和历史遗传的偏见。[24]这种导致模型输出带有明显的文化偏差的数据，本文称为倾斜数据和历史遗传数据。

倾斜数据是指训练数据缺乏文化多样性，未能全面涵盖不同群体的视角和价值观。如果训练数据高度集中于某一文化或价值体系，模型可能进一步强化这些偏见，从而传播不准确的文化表征，甚至是仇恨言论。[25]当训练数据缺乏充分的文化多样性时，模型对特定群体的理解和表达会出现显著偏差。例如，基于互联网数据训练的词汇嵌入模型在处理职业相关内容时，往往将“程序员”“工程师”等技术岗位与男性特质关联，而将“护士”“秘书”等服务岗位与女性特质关联。[26]类似地，当训练数据主要来自某一性别或种族时，模型可能会默认沿袭这些群体的视角和刻板印象。例如，如果训练数据中的职业描述大多与某一性别或种族相关联，模型在生成相关内容时可能会默认这种关联，从而忽视了其他群体的视角和经历。[27]

历史遗传数据的问题则体现在模型对过时信息和偏见的继承上。有研究表明，LLMs 倾向于从其预训练语料库中继承社会偏见，从而显著影响任务的公平性。[28]这说明历史遗传数据隐含的基础偏见根深蒂固，即使在下游数据集中对模型进行微调，也可能无法充分纠正这些偏见。

（二）算法设计

算法是 LLMs 运行机制的核心，算法的设计和实现直接影响模型在生成内容时的表现及其偏见程度。算法设计中的文化偏见主要来源于指标的选择及透明性的缺乏。

算法设计者常常需要选择用于评估模型性能的指标，然而不同的指标捕捉算法行为的不同侧面，若选择不当可能会引入偏见。例如，美国司法系统中用于评估被告再犯风险的 COMPAS 算法，由于数据偏见和模型设计问题，对黑人被告的再犯风险预测偏高，[29]体现了种族偏见在算法评估标准中的影响。在医疗领域，基于 AI 的诊断系统在不同种族群体中的准确性差异也十分明显，常表现为对黑人患者的诊断准确率较低。[30]若算法训练数据主要来自男性样本，则该模型在男性患者中表现较好，但在女性患者中的识别能力偏弱。因此，算法设计必须充分考虑不同文化和群体的差异，以减少文化偏见的影响。

LLMs 的复杂性往往使其成为一个“黑箱”，难以解释其运行机制和决策过程。这种透明性的缺乏使得模型中的偏见难以被识别、追踪和纠正。[31]例如，苹果信用卡的自动化贷款模型曾被指控存在性别歧视，而亚马逊的 AI 招聘工具也因性别偏见问题暂停使用。[32][33]提高算法透明性不仅有助于增进用户对模型的信任，还为识别并纠正模型中的偏见提供了重要依据。

最近的研究发现，在种族和性别方面，LLMs 在算法化招聘任务中没有检测到对白人和非洲裔美国人简历以及男性和女性简历的显著差异，这表明这些模型在最明显的敏感属性上已经进行了一定程度的去偏见处理。但是，在怀孕状态和政治立场这两个敏感属性上，LLMs 依然表现出对特定群体的偏好，[34] 这再次说明了算法设计是一个值得关注的偏见来源。

（三）用户交互

LLMs 的偏见不仅来自数据和算法本身，用户在与模型交互的过程中也可能引入或放大偏见。这种偏见效应主要体现在反馈循环和滥用两个方面。

反馈循环指 AI 模型在与用户互动时，可能逐渐强化偏见输出。例如，在新闻推荐系统中，用户对带有偏见的内容给予积极反馈，模型可能会将此类内容视为用户偏好并进一步放大推荐，导致模型生成的内容趋于单一化，无法反映多元文化的真实面貌。[35] 除此之外，在招聘领域，某些 AI 筛选工具可能会偏向于男性主导行业的关键词，从而排除代表性不足的群体。[36]

滥用是指用户通过恶意的方式操纵 AI 系统，引导其生成偏见或有害内容。例如，用户可以通过输入攻击性语言或刻意引导，促使模型生成带有偏见的回答。滥用还体现为利用深度伪造技术制造虚假信息，这可能会进一步误导公众。近年来，全球的政治假信息活动中频繁出现此类技术的身影，严重威胁社会的稳定性。[37]

OpenAI 的研究发现，ChatGPT 在与用户的互动中，会根据用户提供的名字产生有害的性别或种族刻板印象。[38] 名字往往带有强烈的性别和种族联想。研究团队通过重放来自公共数据库的真实对话请求，并要求 ChatGPT 为两个不同的名字生成两种回应。例如，对于“创建一个人们会谷歌的 YouTube 标题”的请求，对于名为“John”的用户可能是“10 个简单的生活小窍门你今天需要尝试！”而对于名为“Amanda”的用户可能是“10 个简单美味的晚餐食谱，适合忙碌的工作夜。”这一研究表明，用户互动，哪怕仅仅提供名字这样的个人信息，也可能是导致大型语言模型产生文化偏见的重要因素之一。

五、对文化身份和多样性的影响

LLMs 不仅是信息生成的工具，还在无形中影响着用户对文化身份的感知，并对文化多样性的维系、传播和理解产生重要作用。对 LLMs 在文化身份再现和语言多样性维持中的表现进行讨论，有助于揭示 LLMs 如何既反映又重塑文化。

（一）文化身份的再现与挑战

文化身份是一个复杂且多维度的概念，涵盖了语言、传统、习俗、价值观等多方面因素，构成了个人和群体的自我认同核心。作为信息生成和传播的主要工具，LLMs 在表现和再现多元文化身份时面临独特挑战。

LLMs 的语言生成依赖于其训练数据，而这些数据往往携带着历史沉淀的刻板印象或文化偏见。研究指出，LLMs 在生成涉及性别角色的内容时，容易基于刻板印象呈现某些职业或角色的偏向性。[39]LLMs 在生成关于职业的内容时，常将男性与工程类职业、女性与教育或护理类职业相联系，强化了社会中的性别刻板印象。这种偏见不仅扭曲了文化身份的多样性展现，还在无形中固化了社会中的性别观念。

类似的问题在再现少数族群特征时尤为突出。LLMs 在处理少数族裔（如非洲裔、亚裔、拉丁裔等）时，常常集中于肤色、文化符号等外在特征，表现出同质化偏差，而忽视了群体内不同亚文化或地域差异的多样性。[40]这种同质化表征使得多元文化中的细微差异被忽略，导致文化表达趋于单一化，不仅削弱了群体内部的多样性，还加剧了文化身份的误读，使得 LLMs 难以准确反映全球化背景下复杂多元的文化现实。

为了应对这些挑战，研究者提出了“原型库”方法，可以通过记录和监控模型中的刻板印象与偏见，并采用更具代表性的数据和多样化抽样策略，来提升 LLMs 的文化表达准确性。[41]原型库通过系统化识别和纠正模型中的偏见输出，能够帮助 LLMs 在生成内容时更好地展现文化身份的多样性。这一方法不仅为减少偏见提供了操作路径，还为未来 LLMs 在跨文化传播中的应用奠定了理论基础。

（二）语言多样性的维系与困境

语言作为文化身份的重要组成部分，不仅是交流工具，更是文化传承和认同的载体。LLMs 在语言多样性上的表现同样面临严峻挑战。若模型无法有效体现语言的多样性，其内容生成可能导致文化表达的同质化。

语言数据的获取与代表性问题在 LLMs 训练中尤为突出。LLMs 依赖大规模的训练数据，而这些数据往往偏向于全球主流语言。有研究发现，使用合成数据进行迭代训练的 LLMs，其生成的内容在多样性上有所下降，尤其在低资源语言和方言的表达中表现尤为明显，[42]这种现象表明，在低资源语言的数据覆盖不充分的情况下，LLMs 生成的语言内容往往趋于单一化，导致少数语言的独特性逐渐丧失。

此外，LLMs 的跨语言适应性差异进一步加剧了低资源语言的劣势。尽管 LLMs 在高资源语言（如英语）中表现优异，但在低资源语言中的效果有限，难以捕捉其独特性。[43]这种差异不仅在技术层面表现为跨语言对齐的瓶颈，也反映了全球语言多样性在数据覆盖和表达上的不平衡。

与此同时，LLMs 在语言生成过程中对人类语言习得的模仿存在局限性。研究表明，LLMs 依赖大规模的数据进行语言生成，而人类通过文化和互动习得语言的方式更具社会性与情境性。[44]这种语言生成机制的差异可能导致 LLMs 在生成涉及少数语言和方言的内容时，无法准确捕捉其中的细微文化差异，从而削弱了对语言多样性的表达。

由此可见，LLMs 在文化身份与语言多样性的再现中，若要实现真实且丰富的文化与语言表达，必须超越简单的数据收集和模型优化过程，通过多元化的数据策略和更具多样性意识的算法设计，提升对复杂文化身份与语言差异的敏感性。

六、减轻 LLMs 中的文化偏见：从社会干预到技术干预

在跨文化智能传播的语境下，减轻 LLMs 中的文化偏见不仅仅是技术问题，还涉及社会公正与文化多样性的维护。本文将从社会干预和技术干预两个方面，系统探讨减轻 LLMs 中文化偏见的途径。

（一）社会干预

在减轻 LLMs 中的文化偏见过程中，社会干预显得尤为关键。这包括建立透明机制和用户参与机制，它们不仅指导开发者识别和纠正模型偏见，还强调用户参与的重要性。

透明性是负责任 AI 发展的核心原则之一。为了增进透明性，开发者应尽可能地披露模型的关键信息，如数据来源、训练方法和潜在偏见。透明披露可以帮助用户理解模型的局限性和潜在风险。尽管 LLMs 的复杂性和专有性使完全透明存在困难，但透明的披露在增强用户信任、增进文化敏感性方面发挥着重要作用。[45]

用户参与机制是道德准则的重要补充，用户的多样化反馈是识别和减轻文化偏见的宝贵资源。用户的反馈能帮助开发者更好地识别模型中的偏见，尤其是在涉及边缘化或代表性不足的群体时。[46]开发者不仅需要监控模型输出，还需根据用户反馈不断优化模型设计和应用，以便更好地应对跨文化需求。

（二）技术干预

技术干预是减轻 LLMs 中偏见的核心措施，包括建立多元化语料数据库、数据增强、数据过滤和重新加权等方法。这些技术不仅针对偏见的成因，而且在实际应用中具备显著效果。

多元化语料数据库是减轻偏见的基础。训练数据直接决定模型生成内容的倾向，因此通过优化数据多样性可以减少偏见的影响。LLMs 往往会反映训练数据中的隐含偏见，因此在数据收集和处理时应特别注意避免这些文化偏见的延续。[47]开发者应优先扩展训练数据来源，尤其是增加代表性不足群体的数据，以确保其涵盖广泛的文化、语言和社会背景。

数据增强技术是通过扩展训练数据集来减少模型偏见的有效手段。反事实数据增

强（CDA）是一种典型技术，通过修改某些带有性别、种族等标签的词汇，生成更为平衡的数据样本。例如，有案例显示使用CDA技术可减少职业描述中的性别偏见，使得LLMs在生成相关内容时更加中立。[48]

数据过滤技术通过从训练数据中剔除含有明显偏见的内容，以减少模型生成偏见内容的可能性。例如，通过筛选和过滤带有严重偏见的文本，有效减少了LLMs在某些文化和社会背景下的偏见表现。[49]

重新加权技术通过在训练过程中赋予某些数据更高权重，以减少偏见的影响。相关研究者提出的实例重新加权方法，通过降低带有偏见标签的样本权重，以减少这些样本对模型生成内容的影响。[50]

持续监控与改进对于技术干预的长期成效至关重要。LLMs的性能和偏见水平应通过持续的测试与评估来监控，尤其是在多元文化环境下，跨文化的测试与评估能帮助开发者及时发现偏见并加以调整。[51]

（三）技术干预实施难点及解决方案

在减少LLMs中的文化偏见方面，技术干预措施也面临三大挑战：其一在于数据多样性，获取多样化和高质量的数据集非常困难；其二在于语义一致性，确保增强的数据与原始数据集之间的语义一致性，对于避免训练过程中的混淆至关重要；其三在于训练有效性，将多样化的数据集有效地纳入训练的过程可能很复杂。

针对技术措施的有限性和挑战，相关研究者也在探索相应的解决方案。首先，数据质量问题可以通过预处理工具来解决，它帮助清洗数据、去除重复内容和个人信息，以及提高数据的多样性和代表性。此外，合成数据生成技术（SDG）能够在数据稀缺时扩充数据集。[52]其次，语义缓存系统能够识别相似或相同的用户请求，并通过缓存快速检索信息，减少对原始数据源的依赖，从而保持数据的一致性并提高效率。[53]最后，研究者提出了LLM2LLM技术，该技术通过迭代地使用教师模型（teacher LLM）生成新数据点，来增强初始的小规模数据集，并通过识别模型在训练中的错误并生成相应的合成数据，帮助模型专注于解决更具挑战性的问题，从而提高了训练的有效性。[54]这一系列的解决方案，有助于提高技术干预措施效能，使模型能够更好地适应多样化的数据环境。

七、结语

本研究围绕LLMs在跨文化智能传播中的应用，深入探讨了其生成偏见的多重因素及其对文化传播的深远影响。通过分析训练数据、算法设计与用户交互等核心环节，本研究揭示了LLMs在促进文化共生与文化多样性方面的潜力和局限。尽管LLMs能够在全球化传播中为不同文化间的理解架起桥梁，但其内在的文化偏见可能加剧文化同质化、强化刻板印象，甚至对文化边缘群体造成不可忽视的伤害。因此，本研究不仅为 LLMs 在跨文化传播中的应用提供了理论补充，更从技术与道德的双重视角提出了减少文化偏见的具体策略。

在技术层面，提升算法透明性和建立有效的问责机制是关键。开发者应公开模型的设计原则和数据来源，并通过用户反馈持续优化模型，减少偏见输出。同时，技术干预与社会干预的结合，能够更有效地解决偏见问题，推动 LLMs 朝着更加公平透明的方向发展。

通过技术优化与道德规范的结合，LLMs 有望成为推动全球文化共生与理解的核心力量。本研究为未来 LLMs 的设计提供了理论指导，并为学术界和实践领域提供了参考。

---

［1］TIKU N，SCHAUL K，CHEN S Y. These fake images reveal how AI amplifies our worst stereotypes. The Washington Post，2023 Retrieved from https://www.washingtonpost.com/technology/interactive/2023/ai-generated-images-bias-racism-sexism-stereotypes/.

［2］CHOWDHERY A，NARANG S，DEVLIN J，et al. PaLM：Scaling Language Modeling with Pathways［J］. Journal of machine learning research，2023，24（240）：1–113.

［3］［16］［47］BENDER E M，GEBRU T，MCMILLAN-MAJOR A et al. On the dangers of stochastic parrots：Can language models be too big? In Proceedings of the 2021 ACM conference on fairness，accountability，and transparency（FAccT'21）［C］. New York：Association for Computing Machinery，2021：610–623.

［4］HOVY D.，PRABHUMOYE S. Five sources of bias in natural language processing［J］. Language and linguistics compass，2021，15（8）.

［5］［17］SUN T，GAUT A，HSU C-L. Mitigating Gender Bias in Natural Language Processing：Literature Review［C］. Proceedings of the 57th Annual Meeting of the Association for Computational Linguistics：Student Research Workshop，2019：1–7.

［6］SAP M，CARD D，GABRIEL S，et al. The risk of racial bias in hate speech detection［C］. Proceedings of the 57th annual meeting of the association for computational linguistics，2019：1668–1678.

［7］［26］BOLUKBASI T，CHANG K W，ZOU J Y，et al. Man is to Computer Programmer as Woman is to Homemaker? Debiasing Word Embeddings［C］. Advances in Neural Information Processing Systems，2016，29

［8］NAOUS T，RYAN M J，XU W. Having beer after prayer? Measuring cultural bias in large language models［J］. arXiv preprint arXiv：2305.14456，2023.

［9］HENRICH J，HEINE S J，NORENZAYAN A. The WEIRDest People in the World?［J］.

Behavioral and brain sciences, 2010, 33（2–3）：61–83.

［10］PRABHAKARAN V, QADRI R, HUTCHINSON B. Cultural incongruencies in artificial intelligence［J］. arXiv preprint arXiv：2211.13069, 2022.

［11］［13］CAO Y, ZHOU L, LEE S, et al. Assessing cross-cultural alignment between chatgpt and human societies：An empirical study［J］. arXiv preprint arXiv：2303.17466, 2023.

［12］［18］BLODGETT S L, BAROCAS S, DAUMÉ III H, et al. Language（technology）is power：A critical survey of "bias" in NLP［C］. Proceedings of the 58th annual meeting of the association for computational linguistics. Association for Computational Linguistics, 2020：5454–5476. https://aclanthology.org/2020.acl-main.485.

［14］ALSHATER M. Exploring the role of artificial intelligence in enhancing academic performance：A case study of ChatGPT［R］. Available at SSRN, 2022. https://ssrn.com/abstract=4312358 or http：//dx.doi.org/10.2139/ssrn.4312358.

［15］GIDDENS A. The consequences of modernity［M］. Redwood Gity：Stanford University Press, 1991.

［19］SHENG E, CHANG K-W, NATARAJAN P, et al. Societal biases in language generation：Progress and challenges［C］. Proceedings of the 59th annual meeting of the association for computational linguistics and the 11th international joint conference on natural language processing（volume 1：long papers）. Association for Computational Linguistics, 2021：4275–4293. https://aclanthology.org/2021.acl-long.330.

［20］ZELIZER B. Covering the body：The Kennedy Assassination, the media, and the shaping of collective memory［M］. Chicago：University of Chicago Press, 1992.

［21］RAMESH K, SITARAM S, CHOUDHURY M. Fairness in language models beyond English［C］. Findings of the association for computational linguistics：EACL 2023. Association for Computational Linguistics, 2023.

［22］NADEEM M, BETHKE A, REDDY S. StereoSet：Measuring stereotypical bias in pretrained language models［J］. arXiv preprint arXiv：2004.09456, 2020.

［23］YEH K C, CHI J A, LIAN D C, et al. Evaluating interfaced llm bias［C］. Proceedings of the 35th Conference on Computational Linguistics and Speech Processing（ROCLING 2023）, 2023：292–299.

［24］CALISKAN A, BRYSON J J, NARAYANAN A. Semantics derived automatically from language corpora contain human-like biases［J］. Science, 2017, 356（6334）：183–186.

［25］NAD IS S. Subtle biases in AI can influence emergency decisions［EB/OL］.（2022–12–16）［2024–12–12］.https://news.mit.edu/2022/when–subtle–biases–ai–influence–emergency–decisions–1216#:~:text=A%20new%20study%20by%20researchers%20from%20MIT%27s%20Computer,are%20intended%20to%20provide%20advice%20in%20urgent%20situations.

［27］GARG N，SCHIEBINGER L，JURAFSKY D，et al. Word embeddings quantify 100 years of gender and racial stereotypes［J］. Proceedings of the national academy of sciences，2018，115（16）：3635–3644.

［28］LIU Y，GAUTAM S，MA J，et al. Confronting LLMs with Traditional ML：Rethinking the Fairness of Large Language Models in Tabular Classifications［C］. Proceedings of the 2024 Conference of the North American Chapter of the Association for Computational Linguistics：Human Language Technologies（Volume 1：Long Papers），2024：3603–3620.

［29］DATATRON. Real–life examples of discriminating artificial intelligence［EB/OL］.［2024–06–23］. https://datatron.com/real–life–examples–of–discriminating–artificial–intelligence/.

［30］IBM Data and AI Team. Shedding light on AI bias with real world examples［EB/OL］.（2023–10–16）［2024–06–23］. https://www.ibm.com/blog/shedding–light–on–ai–bias–with–real–world–examples/.

［31］KUANG C. Can A I be taught to explain itself?［EB/OL］.（2017–11–25）［2024–06–23］. https://naves.io/2017/11/can–a–i–be–taught–to–explain–itself/.

［32］VIGDOR N. Apple card investigated after gender discrimination complaints［EB/OL］.（2019–11–12）［2024–06–23］.https://www.forbesindia.com/article/special/apple–card–investigated–after–gender–discrimination–complaints/56085/1.

［33］［36］DASTIN J. Rpt–insight–amazon scraps secret AI recruiting tool that showed bias against women［EB/OL］.（2018–10–11）［2024–06–23］. https://www.reuters.com/article/amazoncom–jobs–automation/rpt–insight–amazonscraps–secret–ai–recruiting–tool–that–showed–bias–against–women–idUSL2N1WP1RO.

［34］VELDANDA A K，GROB F，THAKUR S，et al. Are Emily and Greg still more employable than Lakisha and Jamal? Investigating algorithmic hiring bias in the era of ChatGPT［J］. arXiv preprint arXiv：2310.05135，2023.

［35］PAGAN N，BAUMANN J，ELOKDA E，et al. A classification of feedback loops and their relation to biases in automated decision–making systems［J］. ACM transactions on internet technology, 2020, 20（4）.

[37] FRASE H, DANIELS O. Understanding AI harms: An overview [R] . Center for Security and Emerging Technology, 2023. https://cset.georgetown.edu/article/understanding-ai-harms-an-overview/.

[38] TECHNOLOGY REVIEW. OpenAI says ChatGPT treats us all the same (most of the time) [EB/OL] . (2024-10-15) [2024-06-23] . https://www.technologyreview.com/2024/10/15/1105558/openai-says-chatgpt-treats-us-all-the-same-most-of-the-time/.

[39] KOTEK H, DOCKUM R, SUN D Q. Gender bias and stereotypes in large language models [C] . Proceedings of the ACM collective intelligence conference. https://api.semanticscholar.org/CorpusID: 261276445.

[40] LEE M H, MONTGOMERY J M, LAI C K. The effect of group status on the variability of group representations in LLM-generated text [J] . arXiv preprint arXiv: 2401.08495, 2024.

[41] DEV S, GOYAL J, TEWARI D, et al. Building socio-culturally inclusive stereotype resources with community engagement [J] . arXiv: 2307.10514, 2023.

[42] GUO Y, SHANG G, VAZIRGIANNIS, M & CLAVEL, C. The curious decline of linguistic diversity: Training language models on synthetic text [J] . arXiv preprint arXiv: 2311.09807, 2023.

[43] SHEN L, TAN W, CHEN S, et al. The language barrier: Dissecting safety challenges of llms in multilingual contexts [J] . arXiv preprint arXiv: 2401.13136, 2024.

[44] LAPPIN S. Assessing the strengths and weaknesses of Large Language Models [J] . Journal of logic, language and information, 2023, 15: 1-12.

[45] LIAO Q V, VAUGHAN J W. Ai transparency in the age of llms: A human-centered research roadmap [J] . arXiv preprint arXiv: 2306.01941, 2023.

[46] GHOSH B. Ways to Monitor LLM Behavior [EB/OL] . (2023-11-24) [2024-12-12] . https://medium.com/@bijit211987/ways-to-monitor-llm-behavior-c068fba53932.

[48] LU K, MARDZIEL P, WU F, et al. Gender bias in neural natural language processing [C] . Logic, language, and security: Essays dedicated to Andre Scedrov on the occasion of his 65th birthday, 2020: 189-202.

[49] GARIMELLA A, MIHALCEA R, AMARNATH A. Demographic-aware language model fine-tuning as a bias mitigation technique [C] . Proceedings of the 2nd Conference of the Asia-Pacific Chapter of the Association for Computational Linguistics and the 12th International Joint Conference on Natural Language Processing, 2022: 311-319.

［50］HAN X，BALDWIN T，COHN T. Balancing out bias：Achieving fairness through balanced training［J］. arXiv preprint arXiv：2109.08253，2021.

［51］TAO Y，VIBERG O，BAKER R S，et al. Auditing and mitigating cultural bias in llms［J］. arXiv preprint arXiv：2311.14096，2023.

［52］Mastering LLM Techniques：data preprocessing［EB/OL］.（2024-11-14）［2024-12-12］.https://www.nomadterrace.com/articles/mastering-llm-techniques-data-preprocessing-y349ni2w.

［53］Improving LLM understanding of structured data and exploring advanced prompting methods［EB/OL］.（2024-03-07）［2024-12-12］.https://www.microsoft.com/en-us/research/blog/improving-llm-understanding-of-structured-data-and-exploring-advanced-prompting-methods/.

［54］NAOUS T，RYAN M J，WATTANAWONG T，et al. LLM2LLM：Boosting LLMs with Novel Iterative Data Enhancement［J］. arXiv：2403.15042，2024.

（刘兆明系上海大学新闻传播学院讲师）

生成式 AI 赋能传媒人才伦理决策素养培养探究
——以传媒领域新式电车难题教学为例

王　娟　汪　琛

【内容摘要】生成式 AI 时代，面对传媒业的全面自动化趋势，以及频发的深度伪造、隐私侵犯等伦理问题，传媒伦理人才培养变得越发重要。但是，当下传媒伦理教育偏向宏观伦理教学法，侧重伦理规范的灌输，忽略学生在具体情境中的伦理决策能力的培养。鉴于生成式 AI 具备双重作用：一是能够作为道德工具，辅助伦理决策实践；二是能够作为情境工具，推动宏观伦理与微观伦理教学法的结合，因此可借助其助力传媒伦理人才的伦理推理与决策能力的培养。本文以应对传媒领域新式电车难题为例，对该种可能性进行论证，以期为创新传媒伦理教学提供新思路。

【关键词】生成式 AI，伦理决策素养，电车难题

Research on Cultivating Ethical Decision-Making Competence in Media Professionals Empowered by Generative AI: Taking New Trolley Problem Teaching in the Media Field as an Example

WANG Juan， WANG Chen

Abstract: In the era of generative AI, with the full automation trend in media industry and frequent ethical issues such as deepfakes and privacy violations, cultivating media ethics talents becomes increasingly important. However, current media ethics education tends to focus on macro-ethical teaching methods and emphasizes the imposition of ethical norms, while neglecting the cultivation of students' ethical decision-making abilities in specific contexts. Given that generative AI can serve both as a moral tool to assist ethical decision-making practice and as a contextual tool to promote the integration of macro and micro ethical teaching methods, it can be leveraged to cultivate media ethics talents' ethical reasoning and decision-making capabilities. This article uses the example of addressing new trolley problems in the media field to demonstrate this possibility, aiming to provide new insights for innovative media ethics education.

Keywords: generative AI, ethical decision-making competence, trolley problem

生成式 AI 技术极大赋能传媒业发展的同时，也加剧了深度伪造、算法偏见与歧视、隐私信息泄露等伦理危机，伦理人才培养变得越发重要。中国传媒伦理教育正积极探索国际化视野下的伦理人才培养模式，虽然取得了一定的成绩，但也面临人才培养与行业发展之需脱节，如偏重道德规范的灌输和忽略学生道德推断能力、伦理批判精神的培养等困境。造成该种现象的根本原因在于传媒伦理教育侧重让学生熟悉并遵守新闻工作者职业道德守则，如坚持新闻真实性、客观性等。这看似是“一个合理的起点”[1]。但是，仅仅意识到职业道德守则的存在并不必然导致个体伦理决策或行为的实质性改变。即使行为确实发生变化，符合道德守则的规定，但这种单纯的遵守行为也不足以被视为真正的伦理决策结果。行为主体唯有深入理解其行为的伦理含义，方能在诸多伦理困境中做出合乎伦理的决策。[2]“伦理是一个过程，而非解决方案”[3]，熟知职业道德守则只是增强伦理意识和实践的起点，而非终点[4]。

综上，传统媒体伦理教育模式已然无法适应生成式 AI 时代不断涌现的伦理挑战，如责任鸿沟[5]、隐私鸿沟[6]等问题。传媒伦理人才应具有伦理推理与决策素养，批判性思考自身行为的伦理后果，而非仅仅按照新闻工作者职业道德守则的规定行事[7]。这需要引导学生将伦理问题视为解决方案的起点，而非寻求预设的“正确”答案，因为在当下越发复杂的伦理环境下，往往不存在最优解，只有相对优。“伦理并不总能为道德问题提供正确的答案。 对于许多伦理问题，没有‘正确’的答案。”[8]采取合乎伦理的行动不仅仅是将预期行为与职业道德守则条款进行简单匹配，而是个体还需充分认识到自己作为道德主体的角色及其所应承担的责任[9]，并据此进行伦理决策[10]。

既有研究大多聚焦中宏观层面大模型引发的传媒教育路径的变革[11]，如媒介素养的升级，智能素养[12]、算法素养的养成[13]，鲜有关注微观层面传媒人才伦理决策素养的培养。据此，文章首先提出：随着传媒伦理领域新式电车难题伦理困境不断涌现，传媒伦理教育偏向宏观伦理、伦理决策模式存在混乱，传媒人才伦理决策素养培养陷入困境；接着从大模型能够充当道德工具、情境工具这一特性出发，解构生成式 AI 赋能传媒伦理人才伦理决策力培养的可能性，然后以新式电车难题为例进行具体分析，论证大模型赋能传媒人才伦理决策素养培养的路径。文章的创新之处共有两点：第一，提出生成式 AI

技术的发展将使得传媒业迎来全面自动化趋势，其势必会遭遇与自动驾驶领域类似的电车难题，主要表现在多重伦理价值冲突方面；第二，论证生成式 AI 如何赋能伦理决策素养培养，在丰富既有研究的同时，能够为传媒伦理教学实践提供新思路。

一、传媒人才伦理决策素养培养困境

当前传媒人才伦理决策素养培养面临三重困境：一是实践层面，新式电车难题不断涌现，价值冲突常态化；二是教育层面，伦理教育偏向硬伦理灌输，不能应对传媒实践语境的多样性；三是理论层面，伦理决策模式混乱，无法提供有效的伦理指导。

（一）新式电车难题涌现

电车难题是经典的哲学思想实验，即一辆失控电车面临两难抉择，要么直行撞向五名工人，要么转向造成一名工人死亡。[14]这一道德难题引发了激烈争论。功利主义主张，基于“最大多数人的最大利益”原则，牺牲一人挽救五人具有道德正当性；义务论则强调道德权利的不可侵犯性，反对将他人生命作为实现目的的手段；德性伦理学则关注“应该做一个什么样的人”这一根本问题，认为任何导致生命损失的决策都难以从道德层面获得辩护。[15]自动驾驶领域的电车难题则主要表现为当自动驾驶汽车面临不可避免的碰撞时，是选择保护车内乘客还是保护车外行人的难题。

电车难题也可能出现在传媒领域。阿仁·范达伦（Arjen van Dalen）在探讨新闻业自动化时提出，“所有能被自动化的都将被自动化”[16]。当下智能媒体已经形成完整的产业生态，其产业链包括基础层、技术层与应用层。其中，基础层和技术层为智能媒体发展提供算法、算力和数据等基础支撑，应用层则面向传媒需求场景提供智能软硬件产品与解决方案来提升媒体智能化程度，目前覆盖新闻采集、生产、内容审核、分发、风险防控、互动反馈、事实核查等环节，以 AI 为代表的智能技术集群对传媒行业整体赋能效应显现，传媒业全面自动化已成为大势所趋，而这极易引发电车难题。例如，算法在进行内容推荐时，如何平衡少数群体权益与主流声音的需求。若过度倾向主流声音可能导致少数群体表达空间被挤压；反之，若过度保护少数群体权益，又可能影响信息传播的整体效率和社会共识的达成。再如，在处理公共人物信息时，AI 需要在个人隐私权与公众知情权之间寻求平衡。过度披露可能侵犯个人权益并引发法律风险，信息不足则可能影响社会监督功能的实现。上述案例均呈现出电车难题的典型特征：决策者面临两难的抉择，无论选择哪种方案都将造成某种程度的损失，且该种损失不可避免，需要在多个价值目标之间进行权衡取舍。

之所以是新式电车难题，是因为相较于传统电车难题的单一时空、二元对立特征，生成式 AI 时代的传媒伦理难题影响范围更广、涉及的利益相关者更多、价值冲突更多元。此外，与自动驾驶领域电车难题发生频率的极端罕见性不同（交通事故中出现不可避免的两难抉择的概率极低），在虚假信息泛滥、隐私危机升级、流量为王的大背景下，传媒领域的新式电车难题日趋常态化。AI 系统在进行信息筛选、内容分发和隐私保护等决策时，需要持续权衡各方利益与价值诉求。应对新式电车难题的前提在于保持人类有意义的控制[17]，即传媒从业者需对自动化运行的智能媒体保持有效控制，在伦理决策中占据主导地位。这进而对传媒伦理教学提出了巨大挑战，不仅要培养学生认识和分析复杂伦理问题的能力，更要帮助其建立在日常工作中持续进行价值判断和伦理决策的意识与素养。

（二）传媒伦理教育偏“硬”

当下的传媒伦理教学以宏观伦理（macro-ethics）或硬伦理（hard ethics）为主。[18]该种教学范式以抽象伦理原则为基础，聚焦高维度伦理议题，采用宏观案例研究，关注多方利益相关者责任。[19]具体来说，宏观伦理教学法试图通过提炼、制定核心伦理原则框架，如公平、负责任、可解释等[20]，指导智能技术的发展和应用。宏观伦理关注个体身份与主体性、政治与民主、全球化与发展、隐私与监视等较为抽象的伦理议题，并通过典型性案例，如社交媒体 Facebook（现 Meta）上的虚假信息泛滥问题、剑桥分析公司参与美国总统选举的争议[21]、搜索引擎谷歌的算法偏见与歧视问题等，来对伦理问题予以阐释，并且关注多方利益相关者，如企业、政府和社会团体等的责任。

宏观伦理教学法存在一定的局限性。首先是适用性问题，即难以将抽象原则应用到具体情境。[22]宏观伦理过于抽象，难以操作化，且更关注公司、国家行动，而非个体行为。个体在核心伦理原则指导下行动，被设定为没有伦理立场，其主要责任是避免明显不道德的行为（如歧视、隐私侵犯）。事实上，传媒从业者在具体的工作中遇见的首先是一些细碎事件，需要其主动识别其中的伦理问题并作出决策。其次是可教性问题。[23]宏观伦理原则难以教授给学生。原则不是规则，其具体内涵的阐释存在很大分歧，且原则之间相互龃龉。[24]此外，大多数教育工作者往往选择使用案例来推进传媒伦理教学，这些案例研究聚焦极端或不寻常的情况和争议，而这不利于学生识别其他高度情境化的伦理议题。

（三）伦理抉择模式混乱

应对传媒伦理问题，有多种伦理抉择标准和决策模型可供使用。伦理决策依据方面，康德的绝对律令认为，一个行为只有在其准则可以被普遍化为适用于所有人的道德法则时才是道德的。[25]亚里士多德的中庸之道则认为，美德存在于两个极端之间的平衡点上。例如，勇敢是怯懦和鲁莽之间的中庸，慷慨是吝啬和挥霍之间的平衡。[26]道德行为需要在不同情况下找到适当的平衡点。密尔的效用原则主张一个行为的道德价值取决于它能为最大多数人带来的最大幸福或福利。[27] 伦理决策具体操作流程方面，波特图式提出四个关键步骤：定义问题的道德维度、确定涉及的关键价值观、列出相关的伦理准则、选择决策时最忠诚的对象（如公众、雇主、职业等）；博克模式强调伦理决策三步法：询问自己的良知、寻求专家意见、尽可能展开伦理对话；基德模式则将伦理抉择分为九个步骤：确定伦理问题、确定行为主体、收集相关事实、进行“对—错”测试、进行“对—对”测试、应用伦理原则、寻求第三方解决方案、作出决策、决策审视。[28]

上述决策标准和模型在实践应用中呈现出明显的混乱状态。首先，不同理论模型之间存在本质性冲突。例如，康德的绝对律令强调普遍性原则，而亚里士多德的中庸之道强调具体情境下的平衡，密尔的功利主义追求最大多数人的利益。这些理论在面对同一伦理问题时，往往会得出不同甚至相反的结论。其次，各种决策模型在操作层面存在重大差异。这种方法论上的差异导致实践者在选择和运用这些模型时感到无所适从。此外，将西方源起的伦理决策理论与模型应用于中国语境，面临着价值观不一致的挑战。总体而言，现有伦理决策模型的多样性虽然提供了丰富的思考维度，但也造成实践指导层面的混乱。

综上，传媒伦理教育亟待转换范式，以应对实践层面的新挑战、理论层面的新困境，以及传统教学模式的既有问题。

二、生成式 AI 驱动伦理决策素养培养的可行性论证

随着价值对齐工作的推进，即推动 AI 系统的价值观与人类伦理准则相协调，大模型辅助人类进行道德决策引发热议。目前学界普遍认为，在特定场景中可以借助大模型强大的数据处理与分析能力为复杂的道德困境提供决策参考，如自动驾驶领域。但是，大模型能在多大程度上作出与人类相似或符合预期的伦理决策，以及如何确保其理解并准确遵循人类核心价值观，仍是亟待解决的关键问题。尽管如此，在教学层面，基于既有实证研究与针对大模型的功能分析，其能够作为道德工具与情境工具，助力传媒人才伦理决策素养的培养。

（一）道德工具：辅助传媒伦理决策实践

大模型在道德推理方面展现出卓越能力。埃亚尔·阿哈罗尼（Eyal Aharoni）等人进行了一项比较实验，评估 OpenAI 开发的 GPT-4 模型与哲学导论课程本科生在道德推理任务中的表现。结果表明，GPT-4 生成的道德解释在质量上显著优于参与实验的本科生。[29] 大模型能够通过使用恰当的语言和论证结构，展现出专业的道德知识。与人类相比，大模型在论证过程中运用道德话语的频率更高，这提升了其论证的说服效力。[30]

大模型也能够与人们的道德判断保持一致。[31]研究表明，现代大模型经常展示与人们类似的道德直觉。[32]GPT 与美国民众的平均道德判断力相当，它可以准确地从其训练数据中模拟道德价值观。大模型还能够根据用户的政治身份调整其道德判断（如针对保守派用户和自由派用户，大模型可能会用不同的方式表达相同的道德观点），展示出一定的道德灵活性。[33]大模型甚至能够通过分析网上的帖子，预测人们在面对复杂道德问题时可能做出的判断。[34]

此外，大模型在伦理解释方面同样达到或超过人类的能力。美国学者进行了两个实验：GPT-3.5-turbo 和 501 名美国成年人同场竞技，评分结果是 GPT-3.5-turbo 的解释在道德上更正确、更可信、更深思熟虑；将 GPT-4o 给出的建议与《纽约时报》上的《伦理学家》（The Ethicist）专栏中著名伦理专家的建议相比较，结果发现，GPT-4o 在所有方面的表现几乎都优于人类专家。这意味着 AI 能够被用来进行复杂的道德决策[35]。与此同时，研究发现，当参数达到特定阈值，大模型可能具有“道德自我修正”的能力，一是遵循指示，二是学习关于成见、偏见和歧视等复杂规范概念的知识，避免生成有害输出。[36]综上，大模型能够作为道德工具，辅助伦理决策，以应对前面所述的伦理决策模式混乱问题。

（二）情境工具：促进宏微观伦理相结合

鉴于传统的自上而下的宏观伦理教学方法在培养学生伦理决策素养方面存在局限性，学界近年来提出自下而上的微观伦理教学法。该方法旨在帮助学生熟悉“在整个领域出现的各种具体的伦理问题”，培养其道德推理能力。[37]微观伦理最早源自医学伦理，并逐步被引入数据科学和 AI 伦理教学中。微观伦理教学的核心在于通过一系列微任务来培养学生的道德敏感性和决策能力。它将复杂的伦理问题分解为日常生活中的小规模情境和决策点，强调在具体情境中进行道德推理与决策的重要性。例如，哈佛大学开发的嵌入式伦理项目[38]，将伦理推理融入整个课程体系，使其成为数据科学教育的有机组成部分。但是，单纯依赖微观伦理教学也存在局限性。首先，过度关注具体情境可能导致学生忽视更广泛的伦理原则及其社会影响；其次，仅依靠微任务可能难以培养学生应对复杂、多层面伦理问题的能力。因此，宏观伦理与微观伦理的有机结合成为破局的关键。宏观伦理教学为学生提供必要的理论框架和伦理原则，帮助其理解伦理决策的更广泛背景和影响；而微观伦理教学通过具体情境和实践练习，帮助学生将这些原则应用到日常决策中，培养其实际的伦理决策能力。典型案例是 CODATA-RDA 学校的创新教育计划，该项目为低收入和中等收入国家的科研人员提供数据科学培训，其在课程设计中巧妙地结合了宏观伦理视角和微观伦理实践，即从宏观伦理角度介绍数据科学伦理，通过专题讲座探讨算法偏见、数据伦理等前沿议题，并强调正义、仁慈和无害等核心价值观。

然后，通过由各种微任务（如编写代码、论坛讨论、小组会议等）组成的伦理练习来进行具体语境中的微观伦理训练。

鉴于大模型强大的情境生成能力，其可以作为情境工具，通过创造丰富多样的伦理场景，[39]促进宏观伦理与微观伦理教学的结合。具体而言，第一，生成多样化的伦理情境。大模型能够基于不同学科背景和社会文化环境，生成丰富多样的伦理情境案例。这些案例可以涵盖从日常生活到复杂专业领域的各种伦理困境，为学生提供全面的伦理训练素材。例如，生成涉及隐私保护和公众利益权衡的复杂情境，使伦理推理成为课程的有机组成部分，激发学生的道德想象力和伦理敏感性。第二，设计和评估微任务。大模型可以设计一系列微任务，通过模拟各种角色和观点，为学生提供多维度的伦理对话和辩论机会。通过完成这些微任务，学生能够在具体情境中应用宏观伦理原则，并逐步内化伦理准则，培养实际的伦理决策能力。第三，提供即时反馈和个性化指导。大模型能够为学生提供即时反馈和个性化指导[40]，帮助其重新审视整个伦理决策过程。这种持续的反馈循环可以加速伦理学习，促进学生将抽象的伦理原则转化为具体的行动指南[41]。

综上，大模型作为情境工具，在促进宏微观伦理相结合的同时，有利于培养学生的道德注意力。道德注意力是一种特殊的道德感知形式，指个体能够“辨别和关注特定情况中道德判断最显著的特征”，并拥有“对道德环境变化的敏感性”。[42]通过道德感知能力的提升与伦理推理的培养，学生能够在面对复杂道德困境时展现出更为成熟的判断能力。

三、生成式 AI 助力传媒领域新式电车难题解决路径

在应对传媒领域新式电车难题时，生成式 AI 可通过三种具体路径提供助力：多维度情境构建[43]、系统化推理引导和沉浸式对话教学。

（一）多维度情境构建

与自动驾驶领域已衍生出多种电车难题版本类似（如在不可避免的事故中是应该优先保护儿童还是老人、男人还是女人、健康人还是病患等），传媒领域的电车难题也可借助大模型生成多种场景。以平衡个人隐私权与公众知情权议题为例，通过引入不同身份、不同程度的隐私侵犯以及不同级别的公众利益相关性等要素，大模型可构建多种电车难题变体，使抽象的道德困境具象化，为传媒伦理教学提供丰富场景。例如，在公职候选人健康信息报道困境中，假设某位候选人被传患有可能影响决策能力的神经系统疾病，消息来源于医院内部人员的私下报料。信息披露虽关乎公众对候选人履职能力的知情权，但未经核实的健康信息披露可能侵犯个人隐私并造成不实伤害；而延迟报道可能影响选民知情投票的权利。在医疗事故病人隐私保护困境中，假设某医院发生一起重大医疗事

故，记者在调查过程中获取了患者详细的病历资料和手术视频。这些材料可以有力佐证医疗事故的发生过程，但同时包含患者极其私密的个人健康信息和医疗过程画面。此时传媒从业者需要进行权衡，完整披露可以更好地揭示真相并警示公众，但会严重侵犯患者及家属的隐私权和知情同意权；而删减敏感信息后，可能降低新闻的真实性和说服力。上述案例展示了隐私权与知情权的冲突在不同场景中的复杂性，从而帮助学生认识到，伦理判断需要考虑具体情境，同一伦理原则在不同场景下的权重可能不同。

（二）系统化推理引导

伦理是一种不能一次性确定的实践，也不能从语境中抽象出来[44]，更多是在具体情境中通过持续反思、讨论和实践来逐步形成和深化的动态过程。大模型能够沉浸式阐述解决电车难题等伦理难题时的思考路径，系统地呈现从问题识别到最终决策的整个过程，从而帮助学生进行伦理思考。该过程包括问题界定、原则分析、影响评估、方案生成和决策权衡五个阶段。具体而言，问题界定阶段，帮助识别核心伦理冲突，明确各方利益诉求；原则分析阶段，引导援引相关伦理理论（如功利主义、义务论、德性论），评估其适用性；影响评估阶段，分析决策的短期和长期影响，考虑直接和间接利益相关者；方案生成阶段，提出可能的解决方案，并评估各方案的可行性；决策权衡阶段，基于综合考量推动最终判断。

以医疗事故中病人隐私保护案例为例，在问题界定阶段，首先明确核心伦理冲突在于新闻真实性与患者隐私权的对立，其中涉及媒体追求真实报道、患者要求隐私保护、公众期待知情权等多方诉求。原则分析阶段，从功利主义视角看，披露可促进医疗改革但可能损害患者权益；从义务论视角看，需要平衡对患者隐私的尊重与媒体真实报道的责任；从德性论视角则需权衡新闻专业主义与人文关怀的关系。影响评估阶段，考察短期影响（如患者隐私受损、医院声誉受损、公众知情权得到满足）和长期影响（如促进医疗监管、提升行业规范、影响媒体公信力），同时关注患者及家属、医院员工、社会公众等利益相关者的诉求。方案生成阶段提出完整披露方案（保证新闻真实性但侵犯隐私）、部分脱敏方案（兼顾真实性和隐私保护但效果受限）、获得知情同意方案（平衡各方利益但操作难度大）等多种可能路径。在最终的决策权衡阶段，辅助学生基于前述分析进行选择。这种系统化的推理过程有助于学生全面把握问题的复杂性，掌握伦理推理的基本方法，提升分析和解决复杂伦理问题的能力。[45]

（三）沉浸式对话教学

大模型凭借庞大的知识库和强大的语言理解能力，在伦理对话中能够扮演多重角色，从而推动更深层次的沉浸式互动。首先，作为知识提供者和问题提出者，在讨论电车难题等伦理问题时，引入历史案例、法律判例、学术研究等丰富的背景资料，并基于现实情境设计具有启发性的变体问题，帮助学生深入理解伦理原则在具体场景中的应用。其次，作为观点模拟者和视角拓展者，模拟不同立场的论证。例如，从美德伦理、责任伦理、对话伦理等不同伦理理论的角度分析问题，甚至可以模拟不同文化背景的观点。再次，作为论点分析者和辩论推进者，快速识别论证中的逻辑漏洞、隐含假设或潜在矛盾，并提出相应的质疑或反例，推动讨论向更深层次发展。最后，充当中立的调解者或总结者，在复杂的伦理讨论中，客观地概括不同立场的核心论点，指出分歧和共识，并提出可能的综合方案。

综上所述，大模型在辅助解决电车难题过程中，通过提供多角度分析、情境模拟、道德推理展示等，能够有效提升个体伦理决策素养，增强学生对复杂伦理问题的理解和处理能力。但是，生成式 AI 助力新式电车难题解决的前提是需要让学生意识到其是道德主体而非行动代理人。传统的电车难题教学往往过于关注最终决策，即在拯救一个人还是五个人的道德困境中进行选择，而忽视了决策过程中对学生作为道德主体的伦理反思力的培养。有学者提出，当一个人面对道德困境时，其存在本身就改变了道德情境的性质。即使选择不采取行动，这种不作为的决定本身也是一种道德选择，因为个体有能力通过行动改变结果。因此，每位面对电车难题的个体都是道德主体，其所有选择（包括不作为）都应接受道德审视。[46] 在传媒伦理教育领域也是如此。例如，在处理公众人物隐私权与公众知情权之间的平衡时，不应仅关注具体决策的对错，更应引导学生认识到自己作为潜在媒体从业者的道德主体地位。每一个决策（包括选择不作为）都会产生特定的伦理后果，决策者需要为之担负相应的道德责任。在此基础上，大模型辅助的伦理教学才能有效实现培养学生伦理思维和道德决策能力的教育目标。

四、结语

文章探讨了生成式 AI 如何通过充当道德工具和情境工具两大角色，助力传媒伦理教学模式的转型，以培养学生面向未来的伦理决策素养。首先，系统梳理了当前传媒伦理教育面临的多重困境；其次，借助实证研究与思辨论证，阐明了生成式 AI 能够发挥道德工具和情境工具的双重作用，助力学生提升伦理决策素养；再次，通过传媒领域新式电车难题实例，展示生成式 AI 如何通过情境模拟、道德推理、促进讨论，增强学生对复杂伦理问题的理解力与决策力。最后，本研究为培养面向未来、面向时代发展所需的传媒伦理人才提供了新视角。研究的不足之处在于尚需要大量的实证性案例研究作为支撑。此外，鉴于实验显示大模型的道德决策偏好与人类并不完全一致，在引入生成式 AI 技术进行伦理教学时，需谨防技术解决主义倾向，即应将生成式 AI 定位为辅助工具而非决策替代者，重视人文关怀与价值引导，确保伦理教育的本质不被技术手段所遮蔽。

［1］HAGENDORFF T. The ethics of AI ethics：An evaluation of guidelines［J］. Minds and Machines. 2020（30）：99–120.

［2］LAUER D. You cannot have AI ethics without ethics［J］. AI & Ethics. 2021（1）：21–25.

［3］MITTELSTADT B. Principles alone cannot guarantee ethical AI［J］. Nature Machine Intelligence，2019，1（11）：501–507.

［4］STARK L，HOFFMANN L. Data is the new what? Popular metaphors & professional ethics in emerging data culture［J］. Journal of cultural analytics，2019，4（1）：1–22.

［5］COECKELBERGH M. Narrative responsibility and artificial intelligence：How AI Challenges human resporsibility and sense–making［J］. AI & Society，2023，38（6）：2437–2450.

［6］王娟，汤书昆．生成式信息隐私鸿沟伦理风险探讨［J］．科学学研究，2025，43（6）：1293–1301.

［7］DABBAGH H，EARP D，MANN S，et al. AI ethics should be mandatory for schoolchildren［J］. AI & Ethics，2025，5（1）：87–92.

［8］WILK A. Teaching AI，ethics，law and policy［J］. arXiv preprint arXiv：1904.12470，2019.

［9］COCHRAN WB，ALLMAN K. Cultivating moral agency in a technology ethics course［J］. Teaching Ethics，2023，23（1），15–34.

［10］［46］YOUNG G. Using the classic trolley problem to teach AI students and researchers about their role as moral agents，and why they should be subject to moral scrutiny［J］. AI & Ethics，2025（5）：1877–1883.

［11］王欢妮，刘海明．多元主体与伦理启蒙：生成式人工智能新闻教育的模式建构［J］．西南民族大学学报（人文社会科学版），2024，45（5）：158–164.

［12］彭兰．智能素养：智能传播时代媒介素养的升级方向［J］．山西大学学报（哲学社会科学版），2023，46（5）：101–109.

［13］郑雷，岳同鹤．智能时代算法素养教育的理论剖析与实践提升［J］．中国出版，2024（11）：30–34.

［14］FOOT P. The problem of abortion and the doctrine of the double effect in virtues and vices［J］. Oxford Review，1967（5）：5–15.

［15］韩东屏．“电车难题”怎么解［J］．道德与文明，2022（4）：53–62.

［16］VAN DALEN A. The algorithms behind the headlines. How machine–written news redefines the core skills of human journalists [J]. Journalism practice, 2012, 6 (5–6): 648–658.

[17] SIEBERT L, LUPETTI M, AIZENBERG E, et al. Meaningful human control: Actionable properties for AI system development [J]. AI & Ethics, 2023 (3): 241–255.

[18] FLORIDI L. Soft ethics and the governance of the digital [J]. Philosophy & Technology, 2018, 31: 1–8.

[19] [22] [23] [37] BEZUIDENHOUT L. Teaching data science ethics through micro–insertions [J]. Journal of moral education, 2020, 49 (4): 519–534.

[20] FLORIDI L, COWLS J. A unified framework of five principles for AI in society[EB/OL]. (2019–07–02) [2024–10–12]. https://hdsr.mitpress.mit.edu/pub/l0jsh9d1/release/8.

[21] SUSSER D, ROESSLER B, NISSENBAUM H. Online manipulation: Hidden influences in a digital world [J]. Georgetown law technology review, 2019, 4 (1): 1–52.

[24] MUNN L. The uselessness of AI ethics [J]. AI & Ethics, 2023 (3): 869–877.

[25] 程炼 . 伦理学导论 [M]. 北京：北京大学出版社，2008：174.

[26] 胡华涛 . 中西新闻伦理推论模式的对比研究：从“斯诺登事件”的伦理纷争说起 [J]. 国际新闻界，2014，36 (2)：150–163.

[27] CHRISTIANS C. Utilitarianism in media ethics and its discontents [J]. Journal of mass media ethics: exploring questions of media morality, 2007, 22 (2–3): 113–131.

[28] BAKER S. Applying Kidder's ethical decision–making checklist to media ethics[J]. Journal of mass media ethics: exploring questions of media morality, 1997, 12 (4): 197–210.

[29] AHARONI E, FERNANDES S, BRADY D, et al. Attributions toward artificial agents in a modified moral turing test [J]. Scientific reports, 2024, 14 (1): 8458.

[30] [35] WILBANKS D, MONDAL D, TANDON N, et al. Large language models as moral experts? GPT–4o outperforms expert ethicist in providing moral guidance [EB/OL]. (2024–05–29) [2024–10–12]. https://europepmc.org/article/PPR/PPR859558.

[31] VAN DE POEL I. Embedding values in artificial intelligence (AI) systems [J]. Minds & Machines, 2020, 30 (3): 385–409.

[32] ALMEIDA F, NUNES L, ENGELMANN N, et al. Exploring the psychology of LLMs' moral and legal reasoning [J]. Artificial intelligence, 2024 (23) .

[33] SIMMONS G. Moral mimicry: Large language models produce moral rationalizations tailored to political identity [J]. arXiv preprint arXiv: 2209.12106, 2022.

[34] ALHASSAN A, ZHANG J, SCHLEGEL V. "Am I the bad one"? Predicting the

moral judgement of the crowd using pre-trained language models [C] // Proceedings of the Thirteenth Language Resources and Evaluation Conference. Marseille，2022：267–276.

[36] GANGULI D，ASKELL A，SCHIEFER N. The capacity for moral self-correction in large language models [J]. arXiv preprint arXiv：2302.07459，2023.

[38] GROSZ J，GRANT G，VREDENBURGH K，et al. Embedded ethics：Integrating ethics across CS education [J]. Communications of the ACM，2019，62（8）：54–61.

[39] 王兆轩 . 生成式人工智能浪潮下公民数字素养提升——基于 ChatGPT 的思考 [J]. 图书馆理论与实践，2023（5）：78–86.

[40] 杨俊锋 . 生成式人工智能与高等教育深度融合：场景、风险及建议 [J]. 中国高等教育，2024（5）：52–56.

[41] TRUOG D，BROWN D，BROWNING D，et al. Microethics：the ethics of everyday clinical practice [J]. Hastings center report，2015，45（1）：11–17.

[42] VALLOR S. Technology and the virtues：A philosophical guide to a future worth wanting [M]. Oxford University Press，2016：99–100.

[43] 黄蓓蓓，宋子昀，钱小龙 . 生成式人工智能融入高等教育生态系统的风险表征、预警及化解 [J]. 现代教育技术，2024，34（5）：16–26.

[44] CALZATI S，PLOEGER H. Problem-solving? No，problem-opening! A method to reframe and teach data ethics as a transdisciplinary endeavour [J]. Big Data & Society，2024，11（3）：1–14.

[45] 祝智庭，戴岭，胡姣 . AIGC 技术赋能高等教育数字化转型的新思路 [J]. 中国高教研究，2023（6）：12–19，34.

（王娟系巢湖学院文学与传媒学院讲师；汪琛系清华大学社会科学学院博士后、助理研究员）

智能传播教育

人工智能与未来新闻传播教育

周 勇 塔 娜

【内容摘要】人工智能的高速发展对新闻传播教育提出了新要求，本文旨在深入探究人工智能如何改变新闻传播领域的实践、研究与教学，为未来的教育改革提供参考。本研究通过文献计量分析，对中国知网引文数据库中3538篇文献进行年代发展、主题分布等统计分析，揭示了新闻传播领域人工智能研究的主要议题、趋势和热点。研究发现，新闻传播教育是人工智能背景下学界关注的重点议题，人工智能素养成为新闻传播人才的核心能力之一。教育者需要引导学生掌握人工智能技术与工具，创新教育教学模式，以适应智能时代的人才培养需求。人工智能在新闻传播领域的应用具有广阔前景，但也带来了原创性冲击、技术创新与治理平衡、风险控制与伦理考量等挑战。

【关键词】人工智能，新闻传播教育，人工智能素养，趋势与挑战

Artificial Intelligence and Future Education of Journalism and Communication

ZHOU Yong， TA Na

Abstract: The rapid development of artificial intelligence has brought new requirements for the education of journalism and communication. This article aims to explore in depth how artificial intelligence can change the practice, research, and teaching in the field of journalism and communication, providing reference for future educational reforms. Through bibliometric analysis, a statistical analysis was conducted on the chronological development and thematic distribution of 3538 articles in the China National Knowledge Infrastructure (CNKI) citation database, revealing the main topics, trends, and hot topics in artificial intelligence research in the field of journalism and communication. Our research has found that the education of journalism and communication is a key topic of concern in academia in the era of artificial intelligence, and artificial intelligence literacy has become one of the core competencies for journalism and communication talents. Educators should guide students to master artificial intelligence technology and tools, innovate educational and teaching models to meet the talent cultivation needs of the intelligent era. The application of artificial intelligence in the field of journalism and communication has broad prospects, but it also brings challenges such as originality impact, technological innovation and governance balance, risk control and ethical considerations.

Keywords: artificial intelligence, education of journalism and communication, artificial intelligence literacy, trends and challenges

自 1956 年达特茅斯会议以来，全球人工智能的发展经历了三轮起落。2022 年末大语言模型的推出又带动了人工智能的新一波爆发式增长。智能内容生产、多模态媒体融合、人工智能素养等新闻传播领域的实践、研究与教学都在经历深刻的变革，急需从产学研多层面重新认识与理解人工智能及其影响。本文梳理学术界近年来对“人工智能”的相关研究，探讨人工智能对新闻教育提出的新要求，并对未来发展与挑战进行展望。

一、基于文献计量的学界认知分析

文献计量使用定量研究方法，对文献的年代发展、主题分布等进行统计分析，目的是提炼学术界在特定领域研究的研究信息，形成宏观认知。为了理解新闻传播领域学者关于“人工智能”研究的发展轨迹，本文选择中国知网（CNKI）的引文数据库进行文献计量分析。具体地，学科范围限定为“新闻传播”和“出版”，期刊级别设置为“北大核心”和“CSSCI”，检索主题词设置为“人工智能”，发表年份不限。检索时间为 2024 年 10 月，共检索到 3538 篇论文，然后使用 Citespace 进行数据分析与可视化呈现。

（一）研究议题：关键词主题聚类

以检索到的全部论文关键词为节点，对文献进行基于关键词的主题聚类。节点筛选方式设置为 g-index，经多重比较，最终确定节点网络大小的参数 k=38。共得出 10 个较为稳定的关键词主题聚类（见图 1），分别为“数字出版”“智能传播”“人工智能”“媒体大脑”“著作权”“媒体融合”“智媒体”“大数据”“国际传播”“智能时代”。

图 1 中节点为文献关键词，节点越大其对应的关键词在文献中出现得越多；节点之间的连边表示两个关键词出现在同一篇文献中，即共现关系。总体上来看，10 个主题类

别的分布较为均匀，与“人工智能”相关的子领域均有较为明确的边界。处在核心的主题是“智能传播”，这与学界的经验认知吻合，即“人工智能”全面介入人类传播过程，覆盖内容生产、传播、消费的全链条。“人工智能”“大数据”作为独立主题也体现了学界对概念与技术的总体研判。令人欣喜的是学界对“人工智能”的思考相当深入与前沿，如“著作权”“智媒体”子类别就体现了学界面对智能内容生产的新思考；同时，相关研究能够兼顾行业实践，如“数字出版”“媒体大脑”“媒体融合”等主题。“国际传播”作为兼具实践价值与理论意义的重要议题，在“人工智能”的语境下同样凸显为一个独立的主题，体现了学界对此类问题的关注。

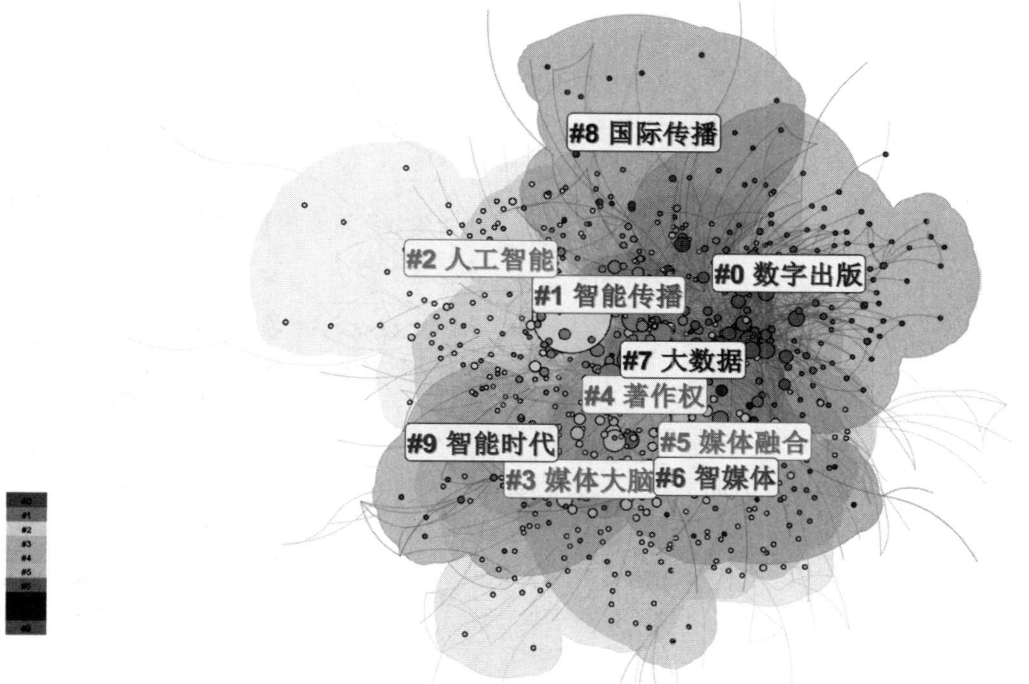

图 1　CNKI 相关文献关键词主题聚类（10 个聚类）

基于文献主题聚类的高排名术语（见表 1），我们可以进一步发现所检索论文的研究关切，广泛覆盖从实践到理论的大光谱。面向产业的术语与实践紧密联系，如“两会报道”“数字经济”“媒介融合”；而理论性较强的术语体现出新闻传播学者思考的前沿性与前瞻性，如“媒介化”“人机关系”“伦理”。

表1　CNKI文献聚类（剔除了“人工智能”和聚类标签）

编号	聚类标签	网络规模	轮廓系数	高排名术语（基于潜在语义索引）	高排名术语（基于对数似然比）	高排名术语（基于互信息量）
0	数字出版	140	0.68	智慧出版、内容生产、融合出版、学术出版、知识服务	智能出版、知识服务、学术期刊、学术出版	动态优化、文献中心、把关、再造、IP改编
1	智能传播	125	0.753	伦理、人机传播、人机关系、算法偏见、人才培养	智能媒体、算法、人机传播、新闻伦理	反向驯化、新媒体人才、奇点、信息管理、人联网
2	人工智能	86	0.676	话语、人机大战、话语权、权力、标准	主持人、人机大战、新闻、智能阅读	京华时报、党管媒体、人机对抗、传感器新闻、中国视协
3	媒体大脑	77	0.776	新闻播报、新华社、两会报道、媒体报道	新华社、两会报道、智媒时代	阅兵仪式、创新模式、科技日报社、中国传媒产业、新闻人
4	著作权	77	0.806	语义网络、作品、社交媒体、独创性	社交媒体、语义网络、机器学习、独创性	政务云、高频词汇、智能合约、网络意识形态、辅助决策
5	媒体融合	74	0.676	主题出版、教育出版、出版物、新时代、传媒产业	智能化、全媒体、智媒、新媒体	报业、县级融媒体、湖南出版、匠心、传播格局
6	智媒体	42	0.9	媒介融合、舆论治理、数字劳动、新闻发布、物质性	媒介融合、传播、媒介、风险	异类智能、适应性变革、保护条例、算法控制、亚马逊
7	大数据	27	0.821	数字经济、虚拟现实、场景化、用户体验	融媒体、场景化、数字经济、虚拟现实	法律防范、著作权主体、“互联网+”、知识计算、联盟
8	国际传播	23	0.922	媒介化、人机互动、AGI、政治传播	媒介化、互联网、人机互动	网缘政治、数字传播、生成、谣言
9	智能时代	14	0.961	事实核查、写作软件、《华盛顿邮报》、消息来源、媒体创新	事实核查、写作软件、美联社、媒体创新	创新应用、新闻写作、信息失序、无障碍

（二）研究趋势：关键词时间分布

在获取总体的研究议题分布之后，进一步针对近 10 年的研究发展与演进趋势进行时间分布分析。图 2 呈现了 CNKI 相关文献关键词的时间演进过程。其中，自上而下不同的横向轴分别代表基于关键词进行主题聚类得出的 10 个主题，每一个横向轴自左至右呈现时间演进（2014 年—2024 年）。轴上的节点则表示具体的关键词，置于对应主题轴上首次出现的时间点所在位置。关键词节点由一组同心圆表示，圆环颜色的深浅对应该词出现在文献中的不同年份（图 2 左下角为关键词出现年份配色图例）。节点的圆越大，表示文献对该关键词的提及越多；同心圆的层数越多，则表示该关键词出现的年份越多。例如，在主题“#2 人工智能”中，“新闻生产”这一关键词最早于 2015 年出现，并在随后的多个年份出现，因此“新闻生产”节点实际上包含了多层圆环。

从时间演进来看，“数字出版”“媒体融合”“智媒体”是近 10 年所调研文献中最早出现的主题类别（2014 年），随后“智能传播”“媒体大脑”“著作权”“大数据”主题于 2015 年出现，“人工智能”主题于 2016 年显现，“国际传播”“智能时代”主题则大体上发端于 2017 年。

从主题内部的关键词共现来看，“数字出版”主题类目内关键词跨越年度的共现最为频繁，这与学科设置有一定的关系。在知网体系中，新闻传播大类中的相关学科包括“新闻传播”和“出版”，侧面体现“出版”内含相对独立的一套话语体系，因此其主题内部关键词共现多，与其他主题交互较少。“智能传播”“人工智能”“媒体大脑”“著作权”“媒体融合”“智媒体”几个主题的关键词共现在时序上呈现出前密后疏的样貌，在一定程度上体现出了一定的研究热点转移。对比而言，“国际传播”“智能时代”的主题关键词共现则呈现前疏后密的模式，有可能是这两个主题吸引和接纳了学界针对前述主题的研究兴趣。“大数据”主题的关键词跨年共现在不同年份分布较为均匀。

从具体的关键词来看，图中最大的三个节点是“新闻生产”“媒体转型”“智能传播”，体现出学术界务实的研究取向，能够始终关注行业与实践。随着人工智能技术的大发展，相关研究逐渐进入细分领域，如“智能传播”主题关注“媒介伦理”“AI 主播与虚拟主播”，“人工智能”主题关注“应用场景”“地缘政治”“智能治理”，“大数据”与“国际传播”主题关注“文化强国”“数据风险”“数字治理”，等等。

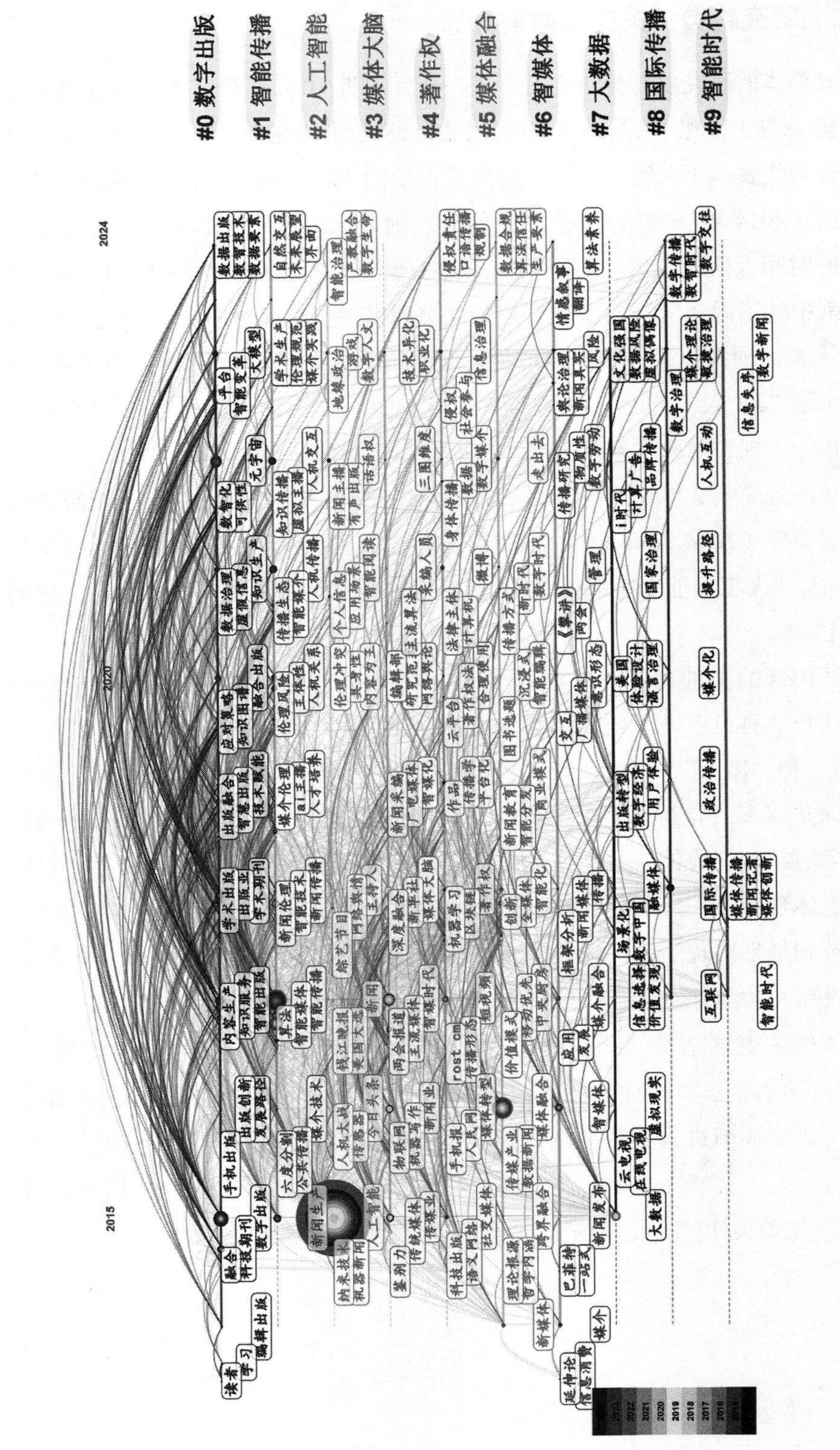

图 2 CNKI 相关文献关键词的时间演进（2014–2024）

（三）研究热点：关键词引用凸显分布

进一步探索高被引关键词的表现，对近 10 年文献开展基于年份的关键词引用凸显分布分析。由图 3 可见，“大数据”“传统媒体”作为高被引关键词存续时间最长，主要发生在所考察 10 年的前 5 年；“机器写作”“数据新闻”“今日头条”“短视频”的高被引存续时间出现在 10 年的中间阶段，均与其对应的行业发展同步出现，体现出学界对行业的密切关注。过去 4 年间“元宇宙”“人机传播”“人机关系”“可供性”等进入高被引时代，这与国际学术界关注的热点较为呼应，体现出我国新闻传播领域学者逐步与国际学界接轨并同步开展知识生产的新态势。

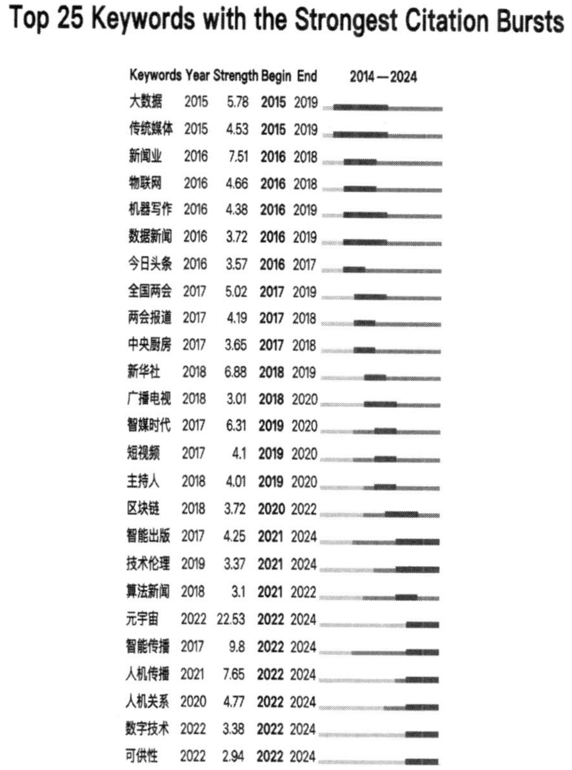

图 3　CNKI 相关文献前 25 个关键词的引用凸显分布（2014—2024）

二、人工智能与新闻教育

基于文献分析，我们发现新闻传播教育是人工智能背景下新闻传播学界关注的一个重点议题，如“智能传播”“媒体融合”主题均在 2018 年前后提及“人才培养”与“新闻教育”。人工智能时代的到来给新闻教育提出了新挑战，教育者与学习者需要共同努力，以完成人才的知识积累、能力养成、素养涵化、方法习得，最终实现面向未来的综合人才培养目标。

（一）内化：人工智能素养

“素养”通常指一个人经过长期学习和实践所形成的稳定的、内在的、综合性的品质和能力，既包括个体的知识、技能、态度和价值观，也蕴含其在面对复杂问题和情境时的应对能力与人性能力。素养是一个复杂的综合概念，并具有鲜明的时代属性。在新闻传播领域，“媒介素养”即关涉媒介的综合素养，不仅包括理解和使用媒介的能力，更强调批判性地分析媒介信息的能力。进入人工智能时代，智能化的媒介实践对相关专业人才提出了素养的新要求，一方面，应升级面向智能化媒介的媒介素养，另一方面，需要培育并内化更全面的“人工智能素养”。

人工智能素养是指运用人工智能的能力，在传播沟通能力的角度，是智能时代新闻传播人才在口语、写作、视频图像、数字化等四种重要能力之外，应该具备的第五种核心能力。针对人工智能素养的严格定义，目前学术界尚无确定性的结论。但是，总体上指向掌握和运用人工智能技术与工具的能力，批判性地理解人工智能的能力，以及合理认知与评估人工智能生产内容的能力，等等[1][2]。

新闻传播专业学生提升人工智能素养的必要性和紧迫性是不言而喻的。针对人工智能素养的培养效果，依据已有的数字素养、媒介素养等量表，学术界提出了若干人工智能素养量表[3][4][5]，重点考察板块包括对人工智能的批判性理解、人工智能社会影响认知、人工智能技术利用和道德行为等。在人才培养过程中，可以采纳相关量表对学生的人工智能素养进行测量，并基于测量结果对于人工智能素养的提升进行不断补足。

（二）运用：人工智能工具

人工智能素养的重要一环就是人工智能技术与工具的运用，这是一组技能的叠加，包括计算机编程能力、生成式模型等人工智能工具使用能力、数据化思维能力，以及获取信息、更新知识的能力。

当前高级计算机编程语言已经越来越接近自然语言，也被越来越多的非理工类学科纳入本科教学培养体系。学习编程语言有助于学生培养逻辑与抽象思维，更好地理解人工智能模型的原理以及有效地运用人工智能工具。进一步，生成式人工智能模型强大的内容生产潜力也使得其成为相关专业学生应掌握的工具。使用生成模型所应具备的模型交互能力（撰写指令 /prompt 的能力、调度模型的能力等）已成为掌握与运用人工智能工具的重要一环[6]。

在学习与科研方面，基于深度自然语言处理的大语言模型可以高效地进行文献摘要、主题建模、文献发展梳理等，对此类工具的科学运用同样可以大幅提高学习效率。基于就业导向，新闻传播专业学生同样需要重视人工智能赋能的新闻采写与制作、多模态内容生产、虚拟仿真等智能手段与平台，这也离不开教育理念与过程的升级。

（三）创新：教育教学模式

为了服务于智能时代的人才培养，新闻传播专业高等教育的培养方案需要进行有针对性的升级[7]。一方面，生成式人工智能快速发展，特别是在自动生成文本、图像、视频和3D对象方面的能力，为新闻教育提供了新的可能性。在培养方案与课程设计中，可以采取迭代式升级的方式，在培养时间线上贯通编程能力、智能工具运用能力、基于智能工具的创新创造能力的培养，并积极引进新工具。最终达到人工智能在教育中帮助学习者全面搭建智能素养的目标。

另一方面，学生之间的人工智能素养存在差异，大部分学生对人工智能有基本的了解，而具有技术学习背景或人工智能经验的学生人工智能素养更高。因此，在教学培养中，需要考虑为更广泛的学生群体提供有效的人工智能课程，以实现提升绝大部分学生的人工智能素养为基本目的，支持他们在求学阶段以及未来的职业生涯中均有效地使用人工智能工具。

（四）导向：服务行业应用

人工智能在新闻传播领域的应用具有广阔的想象空间。针对现有的新闻生产实践，大量的实践环节可以通过引入人工智能进行降本增效与业务创新。例如，针对媒体融合的实践，人工智能在策划、内容开发、多模态文本制作和宣发等环节均可对业务赋能；在国际传播方面，同样可以善用人工智能，讲好中国故事。对此，新闻传播专业教育应强调应用导向，在教学中发挥学生的主观能动性与创新力。

三、发展与挑战

随着多模态大模型的问世，人工智能再次刷新了人们对技术的认知边界，尤其在新闻传播领域，其影响力和潜力不容小觑。

从机遇的角度来看，在人工智能时代，新闻传播行业需要既懂新闻又懂技术的新型人才。新闻传播教育可以顺应这一需求，通过跨学科的教育模式，培养具备新闻素养、技术能力和创新精神的复合型人才。这些人才将成为新闻传播行业未来发展的中坚力量。多模态大模型等技术正在超越传统认知框架，构建新逻辑体系。教育者可以引导学生利用这些创新性的技术，构建与大模型技术共生的新逻辑体系，从而培养出具有前瞻性和创新性的新闻传播人才。同时，人工智能技术的快速发展，使得新闻传播教育的内容需要不断更新和升级。教育者要适时引入最新的技术案例和实践经验，丰富教学内容，提升学生的实践能力和创新能力。

人工智能技术也带来了系列挑战。一是人工智能生成内容对原创性的冲击。人工智能生成内容不断增加，原创内容创作者可能面临内容过剩和竞争加剧的挑战。新闻传播教育需要帮助学生认识到这一现实，并培养他们的原创意识和创新能力，以应对人工智能带来的内容冲击。二是技术创新与治理之间的平衡。教育者需要引导学生关注人工智能技术的伦理和社会影响，培养他们的责任感和道德意识。三是风险控制与伦理考量[8]。随着视频、音频大模型的不断升级，欺诈、错误信息等风险情况也随之增加。新闻传播教育需要加强对学生的风险控制和伦理教育，使他们能够识别和应对这些风险。同时，还需建立相应的监管机制和伦理规范，确保人工智能技术在新闻传播领域的合法、合规使用。四是适应技术快速迭代的发展。人工智能技术的快速发展和不断迭代，使得新闻传播行业进入了一个全新、未知和快速迭代的阶段。新闻传播教育需要帮助学生适应这种快速变化的环境，培养他们的学习能力和适应能力。同时，还需要加强与国际社会的交流与合作，共同应对人工智能时代带来的全球性挑战。

四、结语

人工智能时代，新闻传播教育与实践既迎来了前所未有的发展机遇，也面临着诸多挑战。本研究通过文献计量分析梳理了学术界对人工智能的研究与认知脉络，并针对新闻传播人才培养进行多角度探讨与分析，提出了提升人工智能素养、创新教育教学模式等应对策略。人工智能时代，教育者需要顺应时代潮流，不断创新教育模式和方法，培养出适应未来发展需求的新闻传播人才。

［1］陈昌凤，石泽．价值嵌入与算法思维：智能时代如何做新闻［J］．新闻与写作，2021（1）：54–59.

［2］喻国明，杨莹莹，闫巧妹．算法即权力：算法范式在新闻传播中的权力革命［J］．编辑之友，2018（5）：5–12.

［3］HORNBERGER M，BEWERSDORFF A，NERDEL C. What do university students know about Artificial Intelligence? Development and validation of an AI literacy test［J］. Computers and education：artificial intelligence，2023，5：100–165.

［4］LAUPICHLER M C，ASTER A，SCHIRCH J，et al. Artificial intelligence literacy in higher and adult education：A scoping literature review［J］. Computers and education：artificial intelligence，2022，3：100–101.

［5］WANG B，RAU P L P，YUAN T. Measuring user competence in using artificial intelligence：validity and reliability of artificial intelligence literacy scale［J］. Behaviour & information technology，2023，42（9）：1324–1337.

［6］彭兰 . 从 ChatGPT 透视智能传播与人机关系的全景及前景［J］. 新闻大学，2023（4）：1–16，119.

［7］张志安，李欣颖，贺涵甫 . 从公共传播到智能传播：新闻实践及实务教学的范式变革［J］. 新闻大学，2024（5）：1–14，116.

［8］胡正荣，闫佳琦 . 生成式人工智能的价值对齐比较研究——基于 2012—2023 年十大国际新闻生成评论的实验［J］. 新闻大学，2024（3）：1–17，117.

（周勇系中国人民大学新闻学院院长，视听传播研究中心主任；塔娜系中国人民大学新闻学院副教授）

AIGC视域下的新闻学教育教学研究
——以国标背景下的大模型新闻创作教学实验为例

任瑞娟　路　琦　李心玉　叶　颖　归亦辰　岑雨欣　濮德敏

【内容摘要】人工智能被誉为第四代产业革命引擎，ChatGPT等大模型的火爆表明AIGC技术可成为支撑AI在新闻传媒领域落地应用的重要机遇。本文基于5种AIGC大模型平台的新闻写作能力测试实验，总结了其在新闻传媒领域应用中的问题；针对问题指出应重视数据新闻对于AIGC与媒介融合的承载作用；同时在当前数据新闻的教学中应重点关注传媒业国家标准，基于国家标准聚焦数据新闻教学中相关理论及实践能力的培养问题。并针对AIGC的常见问题结合三项传媒业的国家标准，提出加强语义网与新闻传播语义框架的设计等具体的落地培养方案，助力"数据新闻研究"课程教学中对学生数据语义标注、领域知识图谱建构等能力的培养。

【关键词】数据新闻，人工智能，语义能力，新闻语义框架

Research on Journalism Education and Teaching under the Perspective of AIGC: A Case Study of Large Model News Creation Teaching Experiments in the Context of National Standards

REN Ruijuan, LU Qi, LI Xinyu, YE Ying, GUI Yichen, CEN Yuxin, PU Demin

Abstract: Artificial intelligence is hailed as the engine driving the fourth industrial revolution, and the popularity of large models such as ChatGPT underscores the significance of AIGC as a pivotal opportunity for implementing AI in the field of news media. This article, grounded in testing experiments assessing the news writing capabilities of five AIGC large model platforms, summarizes the challenges encountered in their application within the news media sector. Addressing these challenges, it emphasizes the crucial role of data journalism in facilitating the integration of AIGC with traditional media. Furthermore, it highlights the importance of incorporating national media industry standards into current data journalism education, focusing on enhancing both theoretical and practical skills in data journalism instruction aligned with these standards. To tackle common issues related to AIGC, and drawing upon three national media industry standards, we propose specific practical training programs. These programs aim to bolster the design of semantic frameworks for the semantic web and news communication, thereby assisting in cultivating students' proficiency in data semantic annotation and domain knowledge graph construction within the "Data Journalism Research" course.

Keywords: data journalism, artificial intelligence, semantic capability, journalism semantic framework

一、引言

人工智能的概念自1956年提出至今，仍是新一轮科技革命和产业变革的重要驱动力量。大数据与AI在传媒业的落地应用，引发的媒介智能转型成为业界的重要景观[1]。数据新闻被认为AI与大数据在传媒业的落地结合点，数据新闻的制作方式、呈现手段、传播方式与路径、传播效果等推进传媒业的变革，并为媒介融合提供新生力量。面对AIGC带给传媒业的机遇与挑战，本团队针对AIGC在新闻内容生成方面进行系列测试并发现的问题，提出了一些数据新闻教学转型的建议，来尝试回答如何面对AIGC所带来的机遇与挑战。

二、文献综述

（一）AIGC

人工智能生成内容，是利用AI技术驱动而自动生成内容的生产方式[2]，先前研究主要聚焦AIGC的特点、受众接受程度、发展与展望等。有学者提出了AIGC三大发展阶段：模型赋智阶段、认知交互阶段和空间赋能阶段[3]。有学者针对观众对于AIGC的接受程度和影响因素进行了实验研究。有学者对观众对内容的感知进行实验，以进一步促进高效的人机协作[4]。有学者通过对信心指标展开实验发现，用户对AIGC的信任度可能受到信心指标的负面影响[5]。对于未来，有学者提出AIGC技术提速落地内容生产，正在赋能媒体内容生产的各个环节。数据、算法等技术不断突破，AIGC技术持续进步，促进内容生产不断发展，能够更快更好地实现并激发更多创意[6]。随着AIGC数量和质量的显著提升，内容生产将迎来革命，从而降低内容生产的人力成本[7]。

（二）AIGC与数据新闻

现有研究主要聚焦AIGC的特点、受众接受程度及未来趋势与展望[8]等。AIGC推进内容生产细化精准，支持更快更好地实现新闻内容主旨表达并激发更多内容创意。AIGC可以批量化、体系化生成丰富的内容，为人机交互带来更多可能性[9]。在人工智能的背景下，有关“人工智能技术支撑下数据新闻”的研究主要集中在以下几个方面。

首先是AI视域下数据新闻的价值特点。依托大数据的“关联关系”建构数据新闻的预警功能[10]。数据新闻通过技术赋能生产，丰富内容的个性化、交互化与可视化表达，实现精准推送[11]。数据新闻抓取公开数据，其生产过程消解了社会精英的话语权，使公众得以倾听每个人的声音，能够加强新闻、公众和表达之间关系，是一种向公众开放的新闻新场所[12]。

其次是数据新闻依托AIGC在内容生产与洞察关系中呈现出的新趋势。AI增强了数据新闻报道效果，数据集定制实现了数据新闻内容的快速报道与在线更新[13]。随着硬件技术和算法技术的拓展与深化，数据新闻改变了新闻的话语形态，打造了新闻来源的共享平台[14]，推动了传统调查性新闻报道的转型升级。借助AI技术提升大数据处理与洞察能力是未来数据新闻发展的新趋势[15]。

最后是数据新闻在AIGC背景下面临的问题与反思。国内外数据新闻生产面临的共性问题，即从业者的技能、数据素养及相应工具的缺乏、数据伦理等[16]。此外还面临：智能生产中的数据新闻作品的著作权归属问题存在争议[17]；算法在新闻生产中的存在局限和风险[18]；数据壁垒[19]等问题。

综上，文献主要聚焦内容生产、价值表达和问题反思三类问题。对AIGC视域下的数据新闻的特点和价值分析中，很少有提到有关“AIGC视域下数据新闻在媒介融合表达中的优势及其在服务于社会治理的新闻语义框架构建中的作用”的研究。事实上，此研究在业界如何以新闻语义框架等理论建构来适应新技术在媒体的智能转向、在AI技术推动下媒体融合如何继续细化深入等[20]是媒介融合研究中应持续关注的话题。媒介融合在AIGC背景下的实践，包括人机融合实践、平台型媒介的价值突现[21]等，数据新闻的特征表明其均可以满足上述应用，并有主旨表达与意见交互融合的优势。AIGC产业的底层逻辑是数据的语义化在不同场景的应用。基于此，数据新闻拥有的数据和新闻故事二合一的属性，相较传统新闻能够很好地承接AI技术，顺应时代脉络和政策方向，以语义化的主旨表达并建构语义框架来深化媒介融合，提升社会治理效率与效果。

（三）为承接AIGC数据新闻教育转型的相关研究

大数据时代，得数据者得天下；人工智能时代，得知识者得天下。目前针对数据新闻教学与人才培养的相关研究较少，面向 AIGC 战略高地讨论数据新闻教育[22]，在如何培养业界急缺的数据新闻人才、探索数据语义处理技术、布局新闻语义框架建构等方面的基础理论研究则更为鲜见。面对 AIGC 落地传媒业的实践需求、理论探索与技术挑战，在数据新闻的教学中，如何把握机遇应战才是业界及学界都应积极思考的问题。为探讨面对下一代互联网（语义网），特别是面对 AIGC 在传媒业落地的诸多挑战，本研究以数据新闻教学为切入点，结合笔者团队 AIGC 新闻测试等相关研究结果，简要分析并试图回答这个问题。

三、AIGC 在新闻创作中的应用测试及测试结果

（一）测试目的与背景

ChatGPT 的“急速狂飙”给各行各业带来动荡，同时引发了传媒业和学术界的高度关注。以 ChatGPT 为代表的 AIGC 不同于传统的写作机器人，其融合了自然语言处理和智能对话技术，可以让 AI 理解人类发出的指令、对话的语境并进行一定的推理，即 AIGC 可以实现应用性场景下的内容生产，同时在和用户的互动中不断被驯化，基于用户反馈进行深度学习，持续提升智能化表现。AIGC 技术与媒体的连接将成为媒介融合深度发展的突破口，对传媒业当前的新闻内容生产模式产生颠覆性改变。

（二）测试方法与内容

本研究针对当前的 AIGC 能否生产出合格或优秀的新闻报道进行测试，覆盖 ChatGPT、New Bing、Bard、InstructGPT、ChatME 和文心一言六个平台，研究者分别输入同一问题进行横向比较，测试时间为 2024 年 6—7 月，测试分三个板块进行。

实验1　“AIGC平台新闻写作能力”的初步实验步骤

范畴	内涵	示例
根据限定撰写新闻	限定“标题”	请以“xxx”为标题，撰写一篇新闻报道
	限定“领域”	请撰写一篇经济领域的新闻报道
	限定“媒体”	请以人民网的口吻撰写一篇新闻报道
	限定“体裁”	请写一篇新闻消息 / 评论 / 通讯
	限定”字数”	请写一篇 800 字左右的新闻报道
	限定“受众”	请写一篇目标受众为“年轻人 / 女性”的新闻报道

实验 2　“AIGC 平台新闻理解能力”的初步探究实验步骤

范畴	内涵	示例
根据新闻框架撰写新闻	提供新闻事件基本事实（时间、地点、人物、主要事件）	请根据以下信息撰写新闻：“博鳌亚洲论坛 2023 年年会将于 3 月 28 日至 31 日在海南博鳌举行，本届年会的主题为‘不确定的世界：团结合作迎挑战，开放包容促发展’，将有来自 50 多个国家和地区约 2000 名嘉宾参加。”
	要求其遵循新闻话语框架（参考三种新闻叙事框架）	请写一篇新闻报道，要求包含“导语、来源、时间、地点、角色、背景、主要事件、评论、结语”
根据新闻预期撰写新闻	建设性新闻	请写一篇建设性新闻
	软新闻	请写一篇软新闻
	硬新闻	请写一篇硬新闻

实验3　“关于AIGC平台自我更新及自我学习能力”的实验步骤

研究者随机抽取前两项测试中的问题，针对六个 AIGC 平台开展了多次测试，时间节点为一天后、三天后、一周后，并记录 AI 生成的新闻内容，对比每次测试结果，考察其自动更新和自我学习能力。

（三）测试结果

同一个研究者根据以下测试点对 AIGC 的输出内容进行评价，并记录得分（分值为 1—5 分），得分越高，表明 AIGC 平台在该测试点表现越好。

表1　测试结果

测试点	ChatGPT	New Bing	Bard	InstructGPT	ChatME	文心一言
真实性和准确性	5	5	4	4	2	3
主观性和偏见处理	5	4	5	5	4	5
文体和风格	4	4	4	4	3	4
实时性和时效性	5	5	5	5	5	5
语义理解和上下文把握	5	5	5	5	4	3

1. 真实性和准确性

真实是新闻的生命。新闻内容的真实性和准确性至关重要，但 AIGC 在生成新闻时可能会受到信息源的限制。如果训练数据中存在错误、虚假或误导性的信息，模型可能会学习到这些不准确的内容，并在生成过程中重复或扩大这些错误。

2. 主观性和偏见处理

新闻的客观性是指新闻事实不以人的主观意志而改变的基本特性，新闻传播者在从事新闻报道时，要尊重事实。AIGC 生成的新闻报道可能会受到训练数据中的偏见和倾向的影响，形成主观判断和个人观点，造成信息茧房。因此，如何处理主观性和偏见，确保生成的新闻内容客观、公正，也是考察 AIGC 是否具备新闻撰写能力的重要维度。

3. 文体和风格

新闻报道根据不同的报道需求和受众偏好等应匹配相适应的文体与风格，如新闻报道、特写、评论以及硬新闻、软新闻等。每种文体与风格都有其独特的语言特点和写作规范。AIGC 只有学习和理解这些不同的新闻文体与风格，并能够根据具体的需求生成相应的内容，才能够媲美人工记者的新闻写作能力。

4. 实时性和时效性

如果说真实是新闻的第一生命，那么时效性就是新闻的第二生命。但是，AIGC 在生成新闻内容时可能需要一定的时间来处理和分析数据，这可能会导致生成的内容不够及时。如何在保证内容质量的前提下，提高新闻生成速度，以满足实时性和时效性的要求是一个重点。

5. 语义理解和上下文把握

新闻报道往往涉及复杂的语义理解和上下文把握。模型是否能够通过自然语言处理技术理解文本中的隐含含义、引用和指代关系等，并能够根据指令生成连贯的内容，是 AIGC 撰写新闻是否符合要求的关键难点。

（四）测试实验的初步结论

1.AIGC 平台是否拥有撰写新闻的能力

总体来说，AIGC 平台目前不具备自主撰写新闻的能力。根据以上五个维度，AIGC 平台虽然内容生成速度相当可观，但质量不佳，大多“泛泛而谈”，且研究者进行事实核查（Fact-checking）后发现六个平台均出现了不同程度的事实性错误，新闻的真实性较难得到保证；主观偏见和个人观点在 AIGC 生成的新闻中几乎不可见；AIGC 平台在新闻写作上遵循僵硬的模板和套路，大多为严格的“总—分—总”结构，无法根据指令生成不同的文体风格；此外，AIGC 平台对于新闻框架的理解和操作普遍比较生硬。

河南省政府30日公布了对7月20日特大暴雨灾害的调查报告，其中提出了一系列应对自然灾害的建议。

据报告，7月20日至21日，河南省遭遇了历史上罕见的特大暴雨，造成了至少302人死亡，50人失踪，超过1.1万间房屋倒塌，损失达到219.5亿元人民币。调查人员指出，这场暴雨是由多种因素引起的，包括气候变化和城市化进程中的不合理规划与建设。

调查报告提出了一些关键建议，包括完善预警机制，强化应急救援和灾后重建工作，加强城市基础设施建设和管理，并将生态保护放在更加重要的位置。此外，调查报告还建议政府加强与社会各界的沟通与合作，共同应对自然灾害。

据了解，调查报告是由河南省政府委托的专家团队撰写的，调查共涉及270名证人，收集了大量的数据和证据。调查人员表示，这份报告不仅可以为河南省未来的自然灾害应对提供参考，也可以为全国其他地区的自然灾害应对提供经验和启示。

此外，调查报告还引起了社会各界的广泛关注和讨论。一些专家呼吁政府要认真对待报告中提出的问题和建议，加强自然灾害应对的能力和水平。同时，社会各界也应该加强对自然灾害的认识和预防意识，共同应对自然灾害的挑战。

图 1　ChatGPT 测试 1 结果截图（部分）

分开来看，ChatGPT 的整体表现相对比较优秀，同时拥有较强的写作能力和学习能力，在正确且有效的人为引导下有可能写出合格的新闻报道；ChatME 对敏感信息的限制相对较多，服务器不太稳定，但在承载国内信息上具有一定的优势；Bard 无法用中文语言输入和输出，存在语言壁垒，对国内的信息了解相对较少，但拥有较好的应变能力；InstructGPT 输出内容的篇幅和信息量相对最少，新闻写作能力较弱；文心一言对上下文的理解能力不稳定，有时会重复输出相同的错误内容，但对于国内新闻拥有较强的信息感知能力；New Bing 的 creative 模型具有很好的信息感知能力和信息匹配能力，在搜索能力上拥有先天优势。

综上所述，AIGC 在新闻内容生成中具有时效好、信息感知和信息匹配能力强、响应速度快、学习能力强等人力难及的优势，却同时面临真实性和准确性、文体和风格以及语义理解和上下文把握等方面的挑战与困难，亟须综合运用多种技术和方法，并不断进行模型的改进和优化，使其提高撰写新闻的能力。

2. AIGC 平台对新闻业未来的影响

目前业界已经尝试将 AI 运用到新闻写作中，如腾讯 2015 年推出的新闻写作机器人“Dream Writer”、新华社“快笔小新”等。实际效果正如测试结果所示，虽然机器新闻写作在速度上占尽优势，但是只能沿袭固定的写作程序和逻辑生成新闻报道，对文章的深度理解能力还不能与人类相提并论[23]。因此，当下的机器新闻写作主要应用于财经、体育等容易生成格式化快讯的领域，并且远不能媲美兼具创造力和灵活运用语言能力的人工写作。因此，新闻写作机器人虽然运用到了人工智能技术，但只能称为“MGC”而非

“AIGC”。

AIGC平台在新闻生产和新闻分发等方面给新闻业带来了巨大的变化与挑战，尽管实验结果显示其目前新闻写作能力欠佳，但我们也可以看到，AIGC在信息收集、响应速度和内容广度方面也非人力所能及。由此，我们不应该低估AIGC技术，它为新闻工作者提供一种与过去不同的数据处理方式，可以高效地完成一些机械重复的任务，从而替代记者的一些烦琐工作已是必然。但同时AIGC存在的缺乏价值判断问题，且容易带来“深度伪造”问题，这些问题提高了用户分辨事实与虚假信息的难度，此类挑战也亟须解决。

综上，笔者以为，面对AIGC技术给传媒业带来的机遇和挑战，我们应当持续强调技术的工具属性，加快其在传媒业的落地实践，推进AIGC时代的媒介融合。新闻工作者应坚守人的“主体性”，肩负使命担当，承担起AIGC时代下更加严峻的社会责任，维护新闻“五性”（时新性、重要性、接近性、显著性、趣味性），人机协同生产出有质量、有温度、有态度的新闻。

四、数据新闻：AIGC应用于传媒业的天然载体

大数据时代，数据新闻这一新兴报道形态应运而生，颠覆了传统新闻的生产流程[24]。媒介融合工作的开展，又使技术赋能生产，不断创新数据新闻产品的新形式和新模式。反过来，以技术作为支撑的数据新闻又促进媒介融合进程，赋能传媒业领域。面对AIGC的迅猛发展，数据新闻理应依托天然优势，主动拥抱AI，发挥承接作用，推动AIGC在传媒业的落地实践，服务于国家媒介融合与创新工作。

（一）新技术催生的数据新闻具有承接AIGC的先天优势

数据新闻在传统新闻“5W1H”六要素之外新增的六要素：数据要素、超链接要素、交互化要素、场景化要素、可视化要素、语义化要素[25]，无一不是新闻业受到网络技术和信息技术变革浪潮冲击下的产物。相比于传统新闻，数据新闻由计算机技术辅助生产、由计算机技术和大数据技术处理数据并进行可视化呈现的先天特征，更能贴合AIGC技术，实现与新闻写作的相融共生，推动AIGC在传媒领域的应用与落地实践。

数据新闻的生产，其核心就是在纷繁复杂的数据环境中用敏锐的新闻视角发现数据关系，并挖掘其成为具有特定新闻价值的新闻主题，然后就其相关内容进行数据的抓取、清洗与过滤、分析与挖掘、交互性设计、可视化呈现、故事化讲述。依托于大模型训练的支持和强大的算力基础，AIGC技术将有力地辅助数据新闻的生产、智慧分发与传播，提升数据价值、新闻价值。

（二）数据新闻多模态的表征助力AIGC适应新闻语言的挑战

新闻语言是通过新闻媒介报道新近发生的事实，传播具有新闻价值的信息时所使用的语言[26]。一般而言，新闻语言仅指文字语言，也有学者认为体态、音响、颜色、图像、空间、距离都可称为新闻语言的表现形式[27]。作为一种语言变体，新闻语言在语篇、引语、动词、语法规范等方面形成了独特的语言系统，要求新闻语言清晰、精确、简洁，同时根据不同新闻体裁又做了详细区分。

通过测试结果可以看到，AIGC 在新闻写作表达上程式化、模板化问题严重，更不用说满足硬新闻和软新闻等不同新闻类型的写作要求。可见，面对新闻语言这一独特且具备专业性的语言变体，AIGC 平台还不能够理解和学习运用，生成的“新闻文字”也远不能达到新闻语言的要求。

对于数据新闻这一多模态的新闻报道形式来说，其更注重运用广义的新闻语言，即视觉传达和“用数据说话”，文字篇幅大大减少，叙事逻辑与结构通常由“点击跳转”等交互性操作代替，为 AIGC 攻克新闻语言壁垒降低了难度。因此，笔者认为，从 GPT3.5 到 GPT4.0，短短几个月 AIGC 已经发生了飞跃性、本质性的变革。例如，已有 AIGC 平台嵌入了语音输入功能，如果从数据新闻的交互功能入手，也可支撑 AIGC 提问词的改进，辅助 AI 大模型的训练。

由此，与其被动等待自然语言处理技术和专家系统技术优化提高以攻破语言壁垒，不如抢先将数据新闻作为二者的结合点，同时依托被誉为面向人工智能的“新闻传播语义框架”三项国家标准，提炼新闻元数据构建新闻元话语，以期形成面向中文语义的新闻语料库，促使 AIGC 给新闻传媒领域注入强势动能，推动媒介融合迈上新台阶。

五、依托传媒业国家标准推进业界承接 AIGC

传媒业国家标准将有助于开启新闻传播领域的语义化时代，促进新闻信息领域的技术融合、业务融合和数据融合，方便数据的语义化标注与共享，是面向下一代互联网（语义网）应用的技术标准。

（一）三项国标的实施内容

国内媒体融合实践开展得如火如荼，被誉为面向人工智能的“新闻传播语义框架”的三项国家标准分别于 2018 年 3 月 1 日和 2018 年 4 月 1 日正式实施。其中，《报道策划及新闻事件置标语言》是服务于现代化新闻采编平台的新闻报道管理技术标准。该标准以 W3C 组织的 XML 技术标准为基础，规定了新闻行业中文新闻事件信息的元数据和结构，以实现新闻事件信息的内容描述、交换和再利用。《中文新闻图片内容描述元数据规范》从新闻编辑用图和创意用图两个维度，对中文新闻图片视觉内容和语义信息的元数据项进行了规范性定义，可以满足新闻图片采集、编辑、存储、发布、检索和交换的信息处理需求。《统一内容标签格式规范》是一套对新闻内容信息进行语义标引和管理的内容元数据规范。

三项国家标准的诞生与实施，非常贴合媒体现实的业务流程的多个环节，运用统一的新闻信息技术标准，第一可增强新闻信息的产业属性和产业升级的方向感；第二可增强新闻信息业务生产传播支撑力并助力拓展新的业务空间；第三可增强媒体融合能力、数据链接能力和语义描述能力，提升系统互操作性、新闻报道工作效率和新闻信息用户体验水平。

（二）依托三项国标建构新闻内容的元话语，承接AIGC落地应用

三项国家标准的实施将加速新闻与人工智能的融合，促进数据新闻语义化架构的形成，昭示着新闻2.0时代的到来，数据新闻的实践将会更加普及。结合梵·迪克的新闻格局理论，通过对特定或热点话题进行分析，经过对新闻报道或已有的新闻素材等内容进行采集与分析，结合网络环境下新闻审视话题与新闻用户的关系及彼此构成的传播场域互相影响的关系，形成新闻事件中元话语及各分支话语。

新闻内容元话语，是关于新闻话语的话语。笔者认为，新闻内容元话语是用来表达新闻理念与主旨的角色，这种角色在网络环境下表现出非常大的张力。当前的新闻事件策划与报道中有多个元话语，如事件总结、主要事件、事件背景、事件影响、评论反馈等。

事件总结主要是简要凝练的新闻内容，可分为标题和导语，这一部分起到引领下文的作用，向读者传递新闻的结构信息；主要事件涉及内容复杂广泛，包括事件来源、过程、原因、结果等方面；事件背景或称之为历史与现实环境，主要是激发读者对过去某个场景的回忆并与现状相关联；事件影响是指新闻事件发生后进而引起的事件或行为，由行为反应和言语反应构成，对整个新闻事件具有策略意义；评论反馈是对发生的新闻事件进行公开的评判，主要由预期和评价构成。

（三）国标视域下的新闻内容元话语建构数据新闻语义化的叙事框架

三项国家标准的主要内容就是元数据理论在传媒行业的应用，且这种应用是面向语义网AI技术的，形成了一系列的新闻内容元话语，其中的具体内在逻辑如下：

依托《报道策划及新闻事件置标语言》标准的要求，将数据新闻元数据放置于国家标准的元数据框架中，即将某主题新闻事件的策划报道元数据元素归类，形成符合国家标准的该主题新闻的策划报道元话语体系。涉及的新闻图片则按照《中文新闻图片内容

描述元数据规范》标引，形成与新闻内容密切相关的音视频或图片元话语。将建设性新闻内容与传播语义框架依托《统一内容标签格式规范》要求，形成符合国标的 UCL（统一内容标签）语义标签及编码。其中包含标准化的 UCL 头文件、内嵌了主题语义标签（这服务于内容的语义聚合）与传播语义标签（这服务于资讯的智能传播）。

六、AIGC 视域下数据新闻所需数据语义能力解析

综合上述研究发现：现有数据新闻还不能承载 AIGC 在传媒业的落地与实践。面向人工智能时代的到来，数据新闻的制作更关注新闻的元数据间的语义关系发现、新闻内容的语义关系挖掘、交互化关注、场景化设计与可视化呈现。面向 AIGC 的落地需求，在数据新闻教学中需重点培养以下几种能力。

（一）选题能力：通过揭示数据语义关系，发现纷繁现象背后的新闻线索

大数据背景下的专业记者应当擅长在纷繁的数据中发现有价值的数据，利用 AIGC 对于数据真实性的核查以确保新闻内容真实，并挖掘有新闻价值的“数据”。这个特定选题的新闻价值有无可能成为数据的“引爆点”？在这个“引爆点”后能否激发受众积极参与，形成具有深入挖掘的趋势并引发更多的关注，最终获得很好的社会价值？这就要求在数据新闻的教学中安排一定的实验环节，用专门的课时训练这种信息意识，训练透过数据发现新闻的敏锐意识，并结合传统新闻教学中新闻“引爆点”的选择标准，做好这方面的教学。

（二）多维度数据分析与数据处理的能力

在数据新闻内容生产中，数据分析可划分为描述性统计分析、探索性数据分析以及验证性数据分析。其中，探索性数据分析侧重在数据之中发现新的特征，而验证性数据分析侧重对已有假设的证实或证伪。AIGC 背景下，数据分析必然要依托计算机技术予以实现，研究数据的统计规律，侧重对微观数据本质特征的提取和模型发现。为此，数据新闻教学中需要学生掌握多平台或多维度的复杂数据的分析与建模；掌握一种数据分析的语言；掌握按照实证研究的规范和数据挖掘的步骤进行大数据分析的操作方法。

（三）通过数据语义关系揭示形成多模态新闻叙事的能力

数据语义能力通常是指针对新闻关系的挖掘而发现其内容或描述性数据间内在关系的能力，常规情况下主要通过关系挖掘进行预测。一般情况下，数据新闻制作过程中的数据分析有两种情况：一种是已知的事件或发展趋势的报道叙事，情况相对简单，按一

般话语建构与叙事形成的流程即可；另一种是事先不知道的新模式或涉及未知的关系，这时的叙事策划就需要通过已有信息调用相关知识库、专家系统进行预测，并基于知识增强的机器学习来实现对未知信息的预测和先验知识一致性的核验，形成对缺失信息的预见性叙事策划。如图 2 所示。

图 2　数据语义关系发现

为此需要在面向 AIGC 数据新闻教学的转型中更关注数据语义组织能力的训练。可视化个性化的设计需要构建用户信息行为库，通过个性化语义元素设计达到仅需简单选择与标注制作者就能勾勒出用户新闻信息需求画像的目的，然后植入数据新闻即可完成数据新闻个性化设计。同时教学中场景化设计、交互化设计与个性化设计的教学也应注重。

七、结语

由 AIGC 的测试不难看出，要解决其在传媒领域的落地应用问题，紧紧依托传媒业国家标准，处理框架培养语义数据的组织与处理能力是新闻传播学教学转型的必然。数据新闻的先天特征成为其承载 AIGC 应用于新闻写作的绝佳载体，在教学实践中应关注并加强数据语义化组织能力的培养，进行基于数据语义化的特定主题的语义关系发现及视觉传达的语义表征相关训练。

只有在此基础上，新闻传播学科才能较好面向 AIGC 建立新闻语义框架理论及其数据模型，承接 AIGC 在传媒业的落地应用。后续研究将在此发力。

[1] 仇筠茜，陈昌凤．基于人工智能与算法新闻透明度的“黑箱”打开方式选择[J]．郑州大学学报（哲学社会科学版），2018，51（5）：84–88，159.

［2］赵子忠，王喆，郑月西 . 原子力与平台化：智能媒体的发展理论与模式［J］. 青年记者，2023（1）：12–17.

［3］李白杨，白云，詹希旎，等 . 人工智能生成内容（AIGC）的技术特征与形态演进［J］. 图书情报知识，2023，40（1）：66–74.

［4］WU YH，MOU Y，LI ZP，et al. Investigating American and Chinese subjects' explicit and implicit perceptions of AI–Generated artistic work［J］. Computers in human behavior，2020，104（3）.

［5］BRUZZESE T，DING C，GAO I，et al. Effect of confidence indicators on trust in AI–Generated Profiles［C］. ACM CHI Conference on Human Factors in Computing Systems，2020.

［6］王霜奉 .AIGC 带来内容生产方式变革［J］. 上海信息化，2022（11）：48–49.

［7］王佳航，白映雪 . 后疫情、技术革新与数字调适：2023 年传媒业内容生产创新展望［J］. 青年记者，2023（1）：24–26.

［8］刘晓慧，李嘉莹 .AIGC 背景下传媒产业融合的路径与发展趋势［J］. 传媒论坛，2024，7（20）：9–12.

［9］田香凝，高楠 . 从技术嵌入到人智共生：AIGC 赋能主流媒体融合发展的机遇、挑战与未来趋势［J］. 新闻传播学刊，2024，1（3）：115–123.

［10］任瑞娟，白贵 . 数据新闻的理论与实践：模式、发现与思考［J］. 新闻大学，2015（3）：65–72.

［11］郭钦 . 数据新闻：大数据时代新闻报道新模式［D］. 武汉：华中师范大学，2014.

［12］章戈浩 . 作为开放新闻的数据新闻：英国《卫报》的数据新闻实践［J］. 新闻记者，2013（6）：7–13.

［13］马雪 .AIGC 技术在新闻内容自动化生成中的应用研究［J］. 郑州轻工业大学学报（社会科学版），2024，25（5）：108–114.

［14］谢光玉，秦志希 . 数据共享：数据新闻的一种新兴模式——以卫报和 ProPulica 为例［J］. 新闻与写作，2017（8）：109–110.

［15］罗书俊 . 数智时代数据新闻的创新发展［J］. 传媒论坛，2024，7（6）：3.

［16］赵影杰，侯娟 . 人文与科技的融合：数据新闻伦理问题的后人文主义解读［J］. 中国传媒科技，2023（12）：124–127.

［17］臧博 . 人工智能新闻的可版权性研究［D］. 重庆：重庆大学，2021.

［18］曹杰 . 算法时代数据新闻的法律问题研究［J］. 新媒体与社会，2023，32（3）：289–300，398.

［19］李凌．打破数据主义迷思：数字化转型的新数据观与应用原则——基于马克思主义经典理论的思考［J］．新闻与写作，2023（4）：53–62.

［20］许梦槿，贺梦萍，何静潇．人工智能时代媒介融合发展的多元格局［J］．文化产业，2024（2）：108–110.

［21］闫乃之．情智兼备的媒介平台人机交互演进与价值边界拓展［J］．陕西师范大学学报（哲学社会科学版），2024，53（5）：103–117.

［22］张铮，陈雪薇．从“数据新闻”到“数据传播”——智媒时代新闻传播教育的数据转向及因应策略［J］．中国编辑，2020（5）：74–79.

［23］许志强，汪洋，张森．人工智能时代机器新闻写作的原理、现状与未来［J］．电视研究，2021（1）：66–68.

［24］李岩，李赛可．数据新闻：“讲一个好故事”?——数据新闻对传统新闻的继承与变革［J］．浙江大学学报（人文社会科学版），2015，45（6）：106–128.

［25］任瑞娟．基于数据新闻构建建设性新闻报道框架之可行性研究［J］．当代传播，2020（4）：45–50.

［26］冯美．关于我国新闻语言的研究综述［J］．新闻研究导刊，2017，8（2）：44–45.

［27］金庚星．新媒体环境下新闻语言研究的现状、反思与展望［J］．新闻天地（下半月刊），2010（12）：16–18.

（任瑞娟系上海大学新闻传播学院教授；路琦、李心玉、叶颖、归亦辰和岑雨欣系上海大学新闻传播学院硕士研究生；濮德敏系河北大学图书馆副研究馆员）

智能内容生产与营销策略

智能时代背景下营销平台的构建与生态角色研究

周　艳　赵　轩

【内容摘要】智能时代背景下，技术引发变革，营销正在进行深刻重塑，新的机遇与挑战接踵而至：消费者呈现出新特征，媒体的业务边界逐渐模糊，营销技术服务商和营销个体迅速崛起，各种营销角色都既在适应变化，也在寻求新的增长机会。我们通过拜访品牌方、代理商、媒体、营销技术服务商，并且在此期间做了几次专项的消费者洞察，注意到营销进入一个崭新的平台化时代。营销平台作为营销行业的一种数字化基础设施和场域空间，承载着纷繁多样的营销产品，提供与营销各业务契合、敏捷灵活的营销工具，将营销各方角色连接在一起，为双边或多边提供价值交换、信息互动、商业合作的业务与服务，使营销目标的实现有了更加技术化和系统化的路径，而复杂、多元、不断拓展边界的营销生态也在不断进化中。

【关键词】营销平台，营销产品，营销工具，营销服务，营销生态

Research on the Construction and Ecological Role of Marketing Platforms in the Context of the Intelligent Era

ZHOU Yan，　ZHAO Xuan

Abstract: Marketing is experiencing a significant transformation due to technological advancements in the intelligent era, leading to new opportunities and challenges. Consumers are displaying new characteristics, the boundaries of media businesses are increasingly blurred, and marketing technology service providers, along with marketing professionals, are rapidly gaining prominence. Various marketing roles are adapting to these changes and seeking new growth opportunities. Through visits to brands, agencies, media entities, and marketing technology service providers, along with conducting targeted consumer insights, we have concluded that marketing has entered a new era of platformization. Marketing platforms serve as digital infrastructure and spaces within the marketing industry, offering a wide range of marketing products and agile, flexible tools tailored to diverse business needs. They facilitate connections among marketing roles, enabling bilateral or multilateral value exchanges, information interactions, and business collaborations. This creates a more technological and systematic approach to achieving marketing goals. As a result, a complex, diverse, and ever-expanding marketing ecosystem is emerging.

Keywords: marketing platform, marketing products, marketing tools, marketing services, marketing ecology

2016 年以来，我们团队的“新营销”研究一直持续关注市场环境和技术变革是如何改变与塑造营销的新面貌的。智能时代背景下，营销越来越重视传播和销售的一体化，重视对营销技术的应用，以衡量“人”“货”“场”“内容”的统合运营是否高效。

本次研究，我们借鉴平台和数字平台的理念，从市场和技术两个维度分析营销环境变化，从营销产品（Marketing Products）、营销工具（Maketing Tools）、营销服务（Maketing Services）三个要素来拆解营销平台的构建。为了验证和辅助更好地理解营销平台，我们选择了 10 家互联网媒体，进行深度访谈并对其官网、社交媒体账号的内容进行分析；此外，我们也从营销生态的视角出发，分析营销中角色关系的力量演变，以及关注营销技术服务商和营销个体的迅速崛起。

过去是互联网时代，2C 互联网是外化的，营销者可以借助各种外部互联网产品连接消费者；2B 互联网是内化的，营销者需练内功，将组织结构、生产流通、货与服务、市场与销售等要素升级为数据资产，同时将散落的数字资产聚合勾连起来并确保其稳定持久，与营销环境变化保持同样的节奏。

未来是智能时代，自动推理的“代理人”能力、虚实连接的空间能力、软硬件融合的执行能力，都对营销带来更大的挑战，只有不断把技术嵌入营销业务环节，动态运营各种营销策略，才能助力消费者完成其消费拼图，实现价值传递与交付。

一、营销进入平台化时代

智能时代背景下营销正面临新的挑战和机遇，在营销生态演变、营销技术升级、营销策略优化等重构的推动下，营销进入平台化的时代。

（一）平台、数字平台、营销平台

1. 平台

平台是一个涉及多学科领域的、具有丰富内涵的概念，其可以是现实世界的物理平台，也可以是网络空间中的虚拟平台。

从经济学的视角来看，平台是一种可以连接多方的交易空间或场所，平台的经济学观点将平台本身视为市场，相关研究涉及买方、卖方和第三方。学者徐晋等人提出，平台是一种现实或虚拟空间，该空间可以导致或促成双方或多方客户之间的交易[1]。

从计算机学科的视角来看，平台是将支撑组件生存的容器、组件间的协作规则以及一系列由可复用组件技术实现的服务。佐治亚大学的管理信息系统系教授 Tiwana 等人（2010）最早提出基于可重编程的平台定义，认为平台是“基于数字软件的系统可扩展代码库，该系统具有与其相互操作的模块及共享接口[2]。”

2. 数字平台

随着互联网的发展与普及，“万物皆比特”的信息时代到来，作为“平台”衍生概念的“数字平台”也随之而生。

数字平台是构建新型商业交易关系与模式的一种数字中介。哥本哈根商学院教授 Cennamo 等人表示，“数字平台已经深入经济生活的每个角落，数字平台的快速发展不断激发新业态和新模式的涌现”[3]。数字平台也是集成多种技术方案、促进交易与创新的技术基础设施。IDC 中国副总裁兼首席分析师武连峰认为，“数字平台是融合技术、聚合数据、赋能应用的机构数字服务中枢，以智能数字技术为部件、以数据为生产资源、以标准数字服务为产出物”[4]。由于平台本身天然就具有连接多方的性质，因此基于数字平台所发生的各种经济活动被称为“平台经济”。

3. 营销平台

在持续的研究中我们发现，伴随着技术在营销行业的浸润，以及营销领域不同角色在市场交易中对营销资源和服务方式的需求越发复杂，兼具技术和市场融合属性的平台化成为当下营销的一个鲜明特征。

“营销平台”是平台与数字平台在营销行业中的延展，既体现了平台的经济与技术的基本属性，又作为数字平台的一种具体表现形式，是营销数字化趋势下营销行业积极创新市场交易模式，利用技术推动业务发展的新产物。

一方面，营销平台适应了营销的数字化升级，是技术浸润营销领域成为常态的一种体现。营销平台作为营销领域数字化的基础设施，集成各种营销资源，在数据和算法的驱动下最大化提升营销效率，聚合并促进不同营销角色的联系和互动，成为复杂营销生态的空间场域。

另一方面，营销平台也体现出了技术与市场融合的特性。技术维度上，营销平台具有标签化、工具化和智能化的技术性特征，同时通过技术赋能营销实践；市场维度上，营销平台是品牌方、代理商、媒体、技术服务商、营销个体等多种营销角色进行交易的中介平台，满足了营销市场中多环节、多场域、多角色的深度运营需求。

（二）营销平台是营销技术与市场交融的基础设施和空间

以平台与数字平台的定义为基础，结合对营销环境变化、营销技术升级、营销策略优化等多维度的洞察，笔者对营销平台给出的定义是：营销平台是营销技术与营销市场交融的基础设施和空间。营销平台连接和汇集了营销行业的各种角色与营销资源，通过营销的产品、工具和服务，为角色和资源之间双边或多边的价值交换、信息互动、商业合作等提供支持。营销资源依托营销平台进行高效流转，营销策略与活动借助营销平台进行便捷实施。

我们可以这样理解营销平台：

营销平台是营销各方之间进行交易的场域空间。

营销平台对交易各方均有重要意义。首先，营销平台帮助供应方更高效地售出营销资源；其次，营销平台提供的产品、工具、服务可以帮助需求方最大化提高营销效率、实现营销目标。

在市场维度上，营销平台是支持营销进行多环节、多场域、多角色深度运营的场域空间。营销平台连接了品牌方、媒体方、技术服务商、代理商、营销个体等多种角色，通过工具来聚合利用多方资源，通过服务撮合多方合作；通过洞察需求场，及时跟进市场动态与消费者行为趋势；通过拓展传播场，扩大品牌声量，引流沉淀资产；通过运营与维系渠道场，创造增量，盘活存量；通过打造销售场，完整营销链路，开拓增长机会。

在技术维度上，营销平台是融合了新兴营销技术的基础设施，是技术赋能营销的具体实践。营销平台体现了大数据、云计算、AI 等技术在营销领域的深入渗透，如创意生成、数据资产管理、广告投放、社媒账号矩阵的内容生产与管理、客户关系管理、客户旅程管理、渠道管理、销售与服务运维等营销业务都有了敏捷高效的工具应用，从而让交易各方能够更高效地实施营销活动。

简而言之，营销平台将营销的交易与实施过程变得自动化、规范化、智能化，既承载了当下复杂多变的营销交易环节，又进一步拓展了未来营销生态的边界。

二、营销平台构建的三大要素

营销平台由三个核心要素组成，即营销产品、营销工具与营销服务。供需方在营销平台购买营销产品，借助营销工具来高效实施营销活动，使用营销服务来解决复杂的营销需求。

营销产品、营销工具与营销服务发挥的作用不尽相同，互为补充。

营销平台代表了营销市场的数字化交易空间，不可或缺的是交易对象，即营销产品，营销产品是营销双方或多方交易的标的物，其本质是数字化、产品化、商业化的营销资源。

营销工具深刻凸显了营销平台的技术性，通过新型营销技术促进营销活动的高效实施，赋能营销业务操作与执行，辅助营销产品的购买与使用，使其价值得到最大化利用。

在营销活动中，服务是一种无形的、特殊的要素。当仅靠营销产品与营销工具难以解决复杂的营销需求时，就需要用到营销服务。营销服务一方面可以促进营销产品的采买，是基于产品和工具的整合性解决方案；另一方面可以在营销业务上帮助交易方更灵活地解决较为复杂的营销需求。

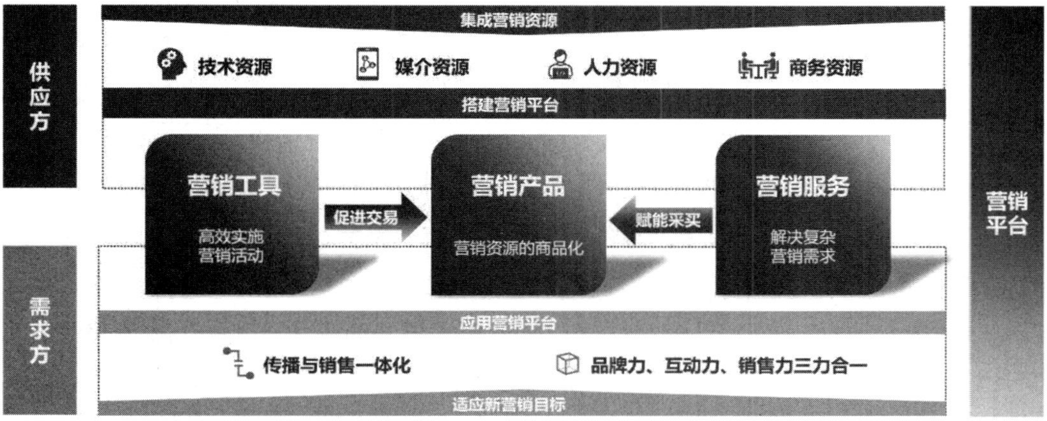

图 1　营销平台的构建示意图

（一）营销产品

“产品”一词，在英文文献中多以“Product”来表示。菲利普·科特勒认为“产品是能够提供给市场以满足需要和欲望的任何东西”[5]。市场营销一般把产品定义为“商品交换活动中企业为消费者提供的能满足消费者需求的所有有形或无形产品的总和”[6]。徐丽萍、程海燕则将数字营销产品的类别详细划分为品牌广告、搜索引擎、网络社区营销、网络游戏植入营销、网络视频营销、IM 营销、电子杂志营销等[7]。国外许多学者则将营销产品称为“Marketing Products”或者“Marketing Offerings”，用以形容数字营销时代的提供营销服务的广告等产品，同时，“Marketing Offerings”一词不仅用来形容营销产品，也常用来形容广义的产品，如 Perusset 等使用“互动制度”理论的后结构符号学框架，将“Marketing Offerings”划分为“商品、娱乐、工作和存在四种宏观产品类型”，并认为体验应该被视为这些产品的共同点[8]。总体而言，营销产品作为一种数字营销时代的新兴产品形态，目前学界尚未对其形成统一规范的定义。对其概念的界定，更多地需要从营销产品所属的类别及其覆盖的具体产品类型出发进行参考。

从营销产品所属的类别出发，作为主要提供营销服务的产品，营销产品的内涵及其相关特点也可以参考服务产品和数字产品。服务产品化是让“服务”更像“产品”，主要强调使无形服务有形化、可视化，以及使服务的生产流程标准化、模块化、系统化并且可以重复[9]。数字产品一般指可以在电子媒介上以数字形式存储和交付的商品[10]。从广义的方面来看，数字产品是指信息内容基于数字格式，能通过电子方式运送的产品。如果从电子商务方面来定义，数字产品又是指在电子商务各种商业模型中，基于计算机网络交易的数字编码。但是不管从哪个方面来定义，数字产品的首要特征就是数字，或者说数字化、数字编码格式等[11]。

从营销产品所包含的具体类别来看，则可参考广告产品、数据工具等概念。丁俊杰提出互联网公司将传统的广告服务功能视为广告产品，产品化意味着标准化，能够在短时间内大量生产和提供，互联网公司之所以将自己的服务称为产品，就在于它能够依托技术优势实现某些服务功能的大量复制，并以较低成本提供给用户[12]。周艳、吴凤颖等人将数据工具定义为具备数据采集、计算、存储、展示和分析应用等功能的工具，并用“数据工具≈数据+处理过程+结果展示+分析应用”来描述数据工具的内涵[13]。这些文献也为笔者对于营销产品的定义和研究提供了重要参考。

综合以上，笔者认为营销产品的本质是营销资源的商业化，是指能够满足品牌方、代理商、营销技术服务商等不同角色营销需求的、以数据形式存储和交换，可应用于营销的各个环节的数字产品。营销产品以数字化为基本形态，具有可复制性、可变性、标准化三个重要特征。可复制性是指营销产品能够依托技术优势实现某些服务功能的大量复制，并以较低成本提供给用户；可变性则是指营销产品的形式和内容随时可变，允许对营销产品进行定制化和个性化的改变；标准化指的是营销产品的功能设计、内容呈现、使用方式等都遵循一定的标准流程。

营销产品作为营销平台的交易对象，让营销各方能够在交易时对各种营销资源的功能与效果达成统一认知，从而实现高效交易。在营销平台的空间和场域，交易各方需要彼此能认同和理解所交易的商品，因此供应方需要将各种可用于营销的资源包装成一种可售卖的商品，供需求方选择与购买，以应对越发多样的营销业务需求和日益复杂的营销流程。

营销平台中的营销产品按类型主要分为媒介资源产品和营销技术产品。媒介资源中的产品包括广告产品、内容产品、IM（Influencer Marketing）产品、效果产品等；营销技术中的产品包括客户旅程管理产品、客户关系管理产品、线索分类和分配产品、社交媒体内容管理产品等。

（二）营销工具

“工具”一词从不同的角度有不同的解释，原指工作时所需用的器具，后引申为达到、完成或促进某一事物的手段。例如，工具“是用来进行或促进手工或机械工作的器具”[14]“是完成操作时使用的东西”“是完成某项工作或干成某件事情的必要某物”“是方法和手段”[15]等。随着社会的发展、科学技术的进步，“工具”一词被赋予了新的内涵，如美国传统词典中的一种解释是“工具是计算机系统中的应用程序”[16]。

工具作为促成目的、辅助执行的功能性手段，代表着生产力和高效率，而营销工具的出现顺应了营销行业需要提高生产、传播与转化效率的需求。学界早期对营销工具的定义倾向于一种基于数字媒介载体进行的营销过程，如凯特·兰伯顿（Cait Lamberton）和安德鲁·斯蒂芬（Andrew T. Stephen）认为消费者通过网络、社交媒体、移动媒体等营销工具参与营销过程的变化构成数字营销发展的主线[17]，刘翠萍从互联网络信息技术和使用特点出发，将网络营销工具定义为以网络技术、信息技术为基础，以互联网为依托，进行营销活动的方法和手段[18]。

随着近年来技术在营销领域的成熟应用，营销工具的使用场景更加多样，应用形态更加完善，功能细分更加全面，如吴殿义和周艳将数字化营销工具定义为在营销的各个业务环节、各个执行部门，应用基于数据管理、分析和挖掘等技术，满足营销管理需求、优化营销运营操作流程的本地或云端软件[19]。国外学者同样关注营销工具的使用，如 Dykha M. 等人讨论了在全球数字化背景下电子商务发展和提升效率的主要营销工具，包括社交媒体营销、搜索引擎优化、上下文和横幅广告、传播营销、视频营销、事件营销等，梳理了数字时代的主要趋势和最具影响力的工具[20]。Yang B. 等人分析了电子商务平台提供的营销工具，开发了相应的理论框架并将其应用于实证环境，使用相应模型以了解企业客户如何在电子商务平台提供的两种服务产品（付费搜索和热店）之间进行选择[21]。

综上所述，笔者认为营销工具是在数据采集、计算和分析的基础上，应用于洞察策划、内容生成、广告投放、效果测量、线索运营、销售转化、渠道运营、服务链接等营销业务和流程中，用以辅助执行、提升效率、拓展能力的各种软件的总和。

营销工具是营销平台的核心组成部分，是营销平台技术性的鲜明体现，促进了营销产品在营销市场各角色之间流转的效率，最终实现营销流程的自动化或半自动化。

传统意义上的营销工具主要围绕着市场洞察和效果测量展开，如在日记卡、测量仪、计算机辅助调查等基础上形成的各种数据分析和策略工具。智能时代背景下，因为算力和推理能力的提高，营销工具呈现出更丰富、更实时、更智能的特征。

在营销平台中，营销工具能够支持营销洞察分析，营销策略制定、执行和优化以及营销效果度量等。营销洞察分析指的是可指导营销活动的各类数据分析，如行业数据、人群数据、内容数据等；营销策略制定、执行和优化指营销人员通过营销平台自定义组合营销策略，并落实到各环节的操作，通过预先测试、实时调整和最终效果评估等方式对营销策略进行完善与提升；营销效果度量指通过埋点技术对营销效果进行归因分析与评估。简而言之，营销工具把数据和流程的管理、分析逻辑和决策模型等尽可能地固化到一个系统或软件中，以更自动化、更准确、更智能的方式来发挥价值。

从使用便利性上，营销工具赋能营销人员使用技术的便利性和自主性，让其可以在营销分析、决策和执行中更加轻量化、低门槛地使用各种技术。轻量化指营销工具占用较少的存储和运算空间，对设备要求更低，对营销人员更加友好；低门槛指营销工具方便营销人员理解、学习和使用，通过点、拽、拖的零代码方式即可使用工具，或者可通过简易手段修改基础代码从而更好地适配自身需求。

Scott Brinker 在《2024 Martech 报告》中对营销技术栈的长尾进行了统计，指出头部互联网平台依然发挥着巨大的行业整合力量，如 Google、Meta、Microsoft 等[22]。根据艾瑞咨询发布的“2023 年中国 Martech 服务商生态图谱”，可以发现腾讯、字节跳动、阿里巴巴、百度等互联网媒体，在几乎所有营销数字化场景中都拥有代表性服务产品[23]，是国内营销工具建设的重要力量。

（三）营销服务

广义而言，服务是指提供特定价值或功能的活动或行为，以满足目标群体的需要。1960 年，美国市场营销协会（AMA）从营销的视角，给出服务的定义：用于出售或者是同产品一起进行出售的活动、利益或满足感。与产品相比较而言，服务本身是无形的，菲利普·科特勒认为“服务（Services）是由活动、利益或满足组成的用于出售的一种产品形式，它本质上是无形的，对服务的出售也不会带来服务所有权的转移”[24]，国内学者曹礼和等人将服务的特征总结为无形性、差异性、不可分离性、不可贮存性[25]。

在营销平台中，营销服务伴随营销产品而生，同样是平台方的市场提供物。营销服务是营销平台所进行的经济活动中不可缺少的部分，往往与营销产品和营销工具组合搭配使用，既可以将其视为一种“无形”的营销产品，又可将“产品＋服务”的组合作为更加完整的商品形式。笔者认为，可以将营销服务理解为在营销活动中所提供的辅助洞察、传播、渠道、销售等营销业务开展，支持营销业务落实的各种活动和行为，从而协助沟通和解决问题，促进和达成营销目标。

营销服务本质上是一种提供给需求方的特殊活动形式，可根据服务性质分为销售服务和业务服务。

营销的销售服务围绕着营销产品和工具的购买展开，包括售前与售后服务。在售前阶段，供应方通常会提供案例服务与咨询服务，为需求方提供购买决策参考；在售后阶段，供应方提供相关培训服务与知识库服务，为需求方在工具使用上答疑解惑，确保营销产品被正确、高效地利用。

营销的业务服务是基于营销流程以及其业务模式所提供的服务。营销业务服务作为一种无形的活动，其形式更加灵活与个性化，可以通过集成营销产品和工具，或者辅以人力的形式弥补营销产品与工具短板，为需求方提供最合适的定制化综合解决方案。

营销业务服务可以根据营销业务需求的不同，分为技术服务、运营服务、行业解决方案服务等。需求方对营销产品体系的认知与选择以及对营销工具的学习及使用都需要一定的时间成本，这就需要营销业务服务来帮助需求方一站式解决复杂的业务需求。

（四）十家媒体的营销平台解析

研究中我们选择了十家媒体：国内的抖音、阿里巴巴、腾讯、B 站（哔哩哔哩）、小红书；国外的谷歌、Meta、亚马逊、苹果、微软。从上述营销平台构建的视角出发，重点梳理和分析它们的营销产品、营销工具和营销服务，以此来呼应和解读复杂多元的营销平台。（见图 2 ～图 4）

媒体	品牌推广类营销产品			用户互动类营销产品					销售转化类营销产品				
	展示性硬广	原生展示广告	影响者内容展示广告	搜索类互动	活动类互动	弹出类互动	定制类互动	创新交互	线索广告	直播带货	应用下载	电商经营	本地生活
抖音	●	●	●	●	/	●	●	/	●	●	●	●	●
阿里巴巴	●	●	●	●	●	●	●	/	●	●	●	●	●
腾讯	●	●	●	●	●	●	●	●	●	●	●	●	●
B站	●	●	●	●	●	●	/	/	●	●	●	●	/
小红书	●	●	●	●	●	●	●	●	●	●	●	●	/
苹果	●	●	/	●	/	/	/	/	/	/	/	/	/
Meta	●	●	●	●	/	●	●	/	●	●	●	●	/
微软	●	●	/	●	/	●	●	/	●	/	●	/	●
谷歌	●	●	/	●	/	●	●	/	●	/	●	/	/
亚马逊	●	●	●	●	/	●	●	/	●	●	●	●	/

注：各行媒体对应列有“●”表示该媒体有此类营销产品，“/”则表示无此类营销产品。

图 2　十大互联网媒体的营销产品版图

媒体	数据工具		创意工具			投放工具				Influencer工具			电商经营工具		品牌营销资产管理工具	
	人群包圈选	行业数据洞察	创意洞察	创意内容生成	素材供应管理	策略制定功能	效果评估	诊断优化	投放报表	影响者交易	影响者内容加热	影响者营销评估	店铺数据分析	店铺运营策略	营销资产整合分析	营销资产激活应用
抖音	●	●	●	●	●	●	●	●	●	●	●	●	●	●	●	●
阿里巴巴	●	●	●	●	●	●	●	●	●	●	●	●	●	●	●	●
腾讯	●	●	●	●	●	●	●	●	●	●	●	●	●	●	●	●
B站	/	●	●	●	●	●	/	●	●	●	●	●	/	/	/	/
小红书	/	●	●	●	●	●	/	●	●	●	●	●	/	/	/	/
苹果	/	/	/	●	/	●	/	●	●	/	/	/	/	/	/	/
Meta	●	●	●	/	●	●	●	●	●	/	/	/	●	●	/	/
微软	/	●	/	/	/	●	●	●	●	/	/	/	/	/	/	/
谷歌	●	●	●	●	●	●	●	●	●	●	●	●	/	/	●	●
亚马逊	●	●	●	●	●	●	●	●	●	/	/	/	●	●	●	●

注：各行媒体对应列有“●”表示该媒体有此类营销工具，“/”则表示无此类营销工具。

图 3　十大互联网媒体的营销工具版图

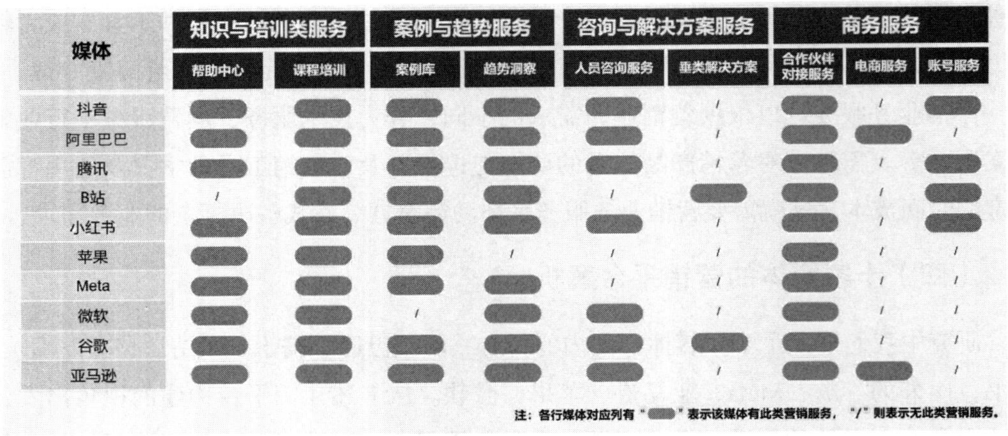

图 4　十大互联网媒体的营销服务版图

三、营销平台的生态角色解析

生态指生物的生存状态，以及生物之间、生物与环境之间的相互关系[26]。生态学的概念发端于生物学，是指一个由不同类型生物种群及其所处环境通过相互支持与制约机制而形成的动态平衡的统一整体。“生态”体现了开放、合作、分享、权益、竞争等价值特征；本次研究将“生态”应用到营销平台，是借用生态学范式来描述营销平台的整体性、系统性及平衡性，来分析营销平台中各角色之间的有机配合和相互作用。

营销平台赋予营销市场以新活力，平台生态角色种类与数量也在迅速扩充。下面我们从核心角色、求变角色和新势力角色三个角度来理解智能时代营销生态中的角色特征以及角色之间的互动博弈。（见图 5）

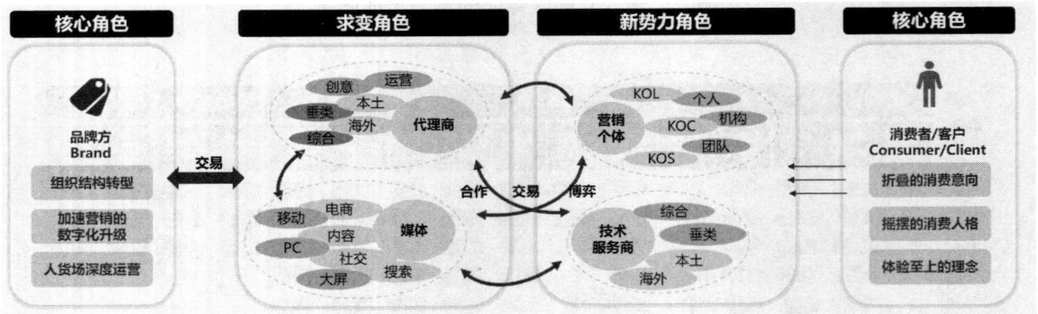

图 5　智能时代营销生态的角色构成示意图

（一）核心角色：品牌方与消费者

品牌方与消费者是营销平台生态中的核心角色，品牌方最终需要把产品和服务传递给消费者，而消费者在营销活动中建立对产品与服务的品牌认知和态度，进行营销决策，最终完成购买。

1. 品牌方：营销数字化升级

数字营销是以数字化技术为基础，通过数字化手段调动企业资源进行营销活动以实现企业产品和服务的价值过程[27]。《2023年中国数字营销趋势报告》[28]中的数据表明，98%的广告主（品牌方）认同“营销数字化转型非常重要”这一观点，69%的广告主表示2023年会增加数字营销投入，超过75%的广告主已在渠道运营、用户运营、广告投放、数据资产管理、产品研发创新等营销领域开展数字化建设，并取得初步成效。

智能时代背景下，品牌方积极践行数字营销。

一方面，品牌方不断进阶自身的营销数字化。在1.0阶段，品牌营销数字化的重心是实现对广告媒体资源的自动化投放；在2.0阶段，品牌营销数字化着重提升营销业务各个环节的数据储备与应用能力；在3.0阶段，品牌营销数字化强调以营销数据和营销技术重塑营销业务流程，把营销工具应用与动态营销环境需求相结合，为实现传播与销售一体化而进行精细化运营。

另一方面，品牌方对自身的人、货和销售场域都进行了数字化升级：不仅积极推进营销人员对营销工具的应用和数字营销技能的掌握，并且把元宇宙的虚拟数字人引入营销业务，还对货（商品）和渠道（货流通的场域）都进行了数字化升级，构建与消费者连接的重要节点，使之成为采集数据、支持数智化的重要基础。

可见，品牌方不仅需要实现生产制造、供应链、财务、人力等方面的数字化，还要对渠道、货品、消费者、传播、促销等营销要素与环节进行数字化。在访谈中，数见管理咨询公司总经理方军说：“从企业的角度来看，数字化要么从业务痛点出发，要么从供应链本身出发。具体到落地层面，企业要么需要个性化解决方案，要么需要平台化、产品化、标准化的工具。”

2. 消费者：折叠的消费意向，拼图式消费路径

智能时代背景下，在智能传播和智能终端的加持下，面对不确定性、多元多变的市场环境，消费者不断调整、适应、创新消费的思维模式与行为模式，一方面获取多方信源以认知、理解商品和渠道，另一方面在体验中不断探寻满足情绪价值的多种途径。

消费者的消费意愿折叠在交错重合的需求情景、媒介场景与消费场景中，曾经泾渭分明的消费者分级标签变得日益模糊，消费者呈现出更加隐蔽且难以捕捉的多面消费人格。消费者在看似相反甚至对立的消费立场上反复跳跃、不断摇摆，其消费意愿隐蔽地折叠在相互交错的、复杂的消费旅程中，其消费旅程不再是线性的，而是在内容、交互和消费触点中流动。

智能时代的消费正在经历从功能导向和品牌导向到参与体验导向的变迁，消费者追求极致化的消费体验，也更加青睐个性化的消费经历，衡量品牌不再只通过表征性的品

牌符号，还更重视品牌与自己消费观、价值观和个性特质的契合程度，凸显出更强的自我掌控力，从对品牌的认知到转化、评估与选择，都有自己的路径和逻辑，自发地拼接完成属于自己的“消费拼图”。

（二）求变角色：媒体与代理商

媒体与代理商属于营销平台生态中的求变类角色，他们会主动探索新的营销趋势，积极寻找新的业务增长机会。媒体角色不断进行边界拓展，在营销生态中呈现出兼容并包的态度，一方面开发差异化的营销产品、利用技术禀赋发展营销业务，另一方面容纳、合作多种营销力量。代理商角色重新明确与突出自身定位，发挥其作为中间商的中立性与灵活性，在积极寻求合作的同时，进行业务与技术创新。

1. 媒体：深化营销业务能力和拓展营销业务范围

智能时代的媒体进入混媒时代。

混媒指媒体混合，具体体现为媒体在产品、广告产品、内容形态、交互方式和商业模式等层面的混合。具有混媒特征的媒介，聚合多种媒体产品及内容形态，广告产品复杂、交互方式多样、商业模式多元，积极开发差异化的营销资源，包括数据资源、广告资源、内容资源、KOL 资源、电商转化资源等，参与营销流程的各环节，帮助实现从内容到转化的营销闭环。

媒体结合自身的平台调性与独特的用户生态，利用技术禀赋积极拓展营销技术板块，为自身增添营销技术服务商的新身份。同时，媒体也广泛开展合作，通过提供工具与服务撮合品牌、代理商和营销个体达成内容创意、广告投放、电商与直播运营上的合作，促进营销角色之间的互动联系。

拥有话语权的混媒巨头垄断信息内容资源和数据资源，高筑“围墙花园”。智能时代的传播和营销的理念与策略，受混媒时代特征的影响要做调整和适配，在新生态中寻找机会。

2. 代理商：重塑“桥梁”力量，深挖新赛道

在媒体生态越发封闭的环境下，代理商亟须明晰自身市场定位，重塑作为营销生态“桥梁”的作用。

一方面，代理商为品牌方提供传播、咨询、体验、销售拓展等各种运营服务，对接技术服务商、达人、直播基地等各种角色需求服务；另一方面，代理商凭借丰富的行业经验与广泛的媒体合作，帮助品牌了解与比较不同媒体的平台特色、营销方法论与体系，进一步打通不同媒体的围墙花园。传立大中华区执行主席林红霞说过：“技术公司是新技术的供应者，媒体方负责搭建舞台，代理公司很多时候起桥梁的作用，把最新的技术、最好的市场机会带到客户面前。”

此外，代理商也不断开拓新赛道，如聚焦直播、社交媒体、投流优化、泛娱乐营销等垂类业务，开拓“三农”“低线城市”“小镇”的下沉赛道以及利用海外资源优势打造品牌出海业务，增强自身在营销生态中的竞争力。

（三）新势力角色：营销技术服务商与营销个体

智能时代背景下，营销技术服务商与营销个体成为在营销生态中崛起的新角色，虽然尚未在营销生态中占据中心地位，但其作用不容忽视与替代。

1. 营销技术服务商：颠覆与迭代中拓展版图

技术是Martech服务商的根基所在。智能时代的营销需要调度大量媒介、内容等资源，与消费者建立和维持连接，实现多重营销目标，对营销工具和解决方案的需求越发迫切，于是Martech服务商迅速崛起。

全球Martech服务机构的数量不断增长，市场规模不断扩大。根据全球数据机构Statista的统计，2023年全球Martech的市场规模达到6693亿美元，较2022年的5089亿美元有显著增长，增长超过31%。[29] 此外，根据Scott整理的2023年全球Martech生态图，Martech服务商数量已达到11038家，同比增长11%，截止到2023年12月，Martech服务商的数量已达到13080家。[30]

营销技术服务商借助技术提供颠覆性的产品与服务，针对营销的痛点给出技术导向的解决方案，并提供工具套件和技术服务。他们在发展中呈现出了精细化运营的趋势，提供灵活和高效的销售渠道运营、社交媒体和客户关系管理、营销内容和客户互动体验等运营支持，并持续优化数据管理能力，提供无代码、易于集成的API优先解决方案。

营销技术服务商也积极扩展和加强其人工智能功能，涉及创意生成、数据分析、客户关系管理、内容创作和个性化营销等多个方面。AI+部署可以降低营销工具的使用门槛，只需要通过简单指令就可以实现工具的调度和使用，这增强了营销的自动化和智能化水平，也提升了营销活动的效率和效果。

2. 营销个体：营销中平权力量的迅速崛起

营销个体在营销生态中已经占据相对重要的地位，在营销活动中，不断出现多样态的营销个体，KOL（关键意见领袖）、KOC（关键意见消费者）、KOS、直播主播、社群群主等营销个体已经成为重要的常规资源。除此之外，消费者也成了重要的营销个体，消费者不再只是营销活动中被动的接受方，而是通过营销内容共创、体验共创、产品定制、需求定制等主动参与到品牌的营销活动中。

营销个体作为生态中的一种平权力量迅速崛起，以价值共创或利益激励为驱动，通过内容创作、评论互动、商业推广、营销创意生产、直播带货等多种行为贯穿从传播到转化的完整营销链路，一方面以极快的速度发酵品牌口碑，另一方面可以通过网络社交关系之间的连接促进商品销售，成为营销生态中的一股重要力量。

四、结语

智能时代背景下，技术引发变革，营销行业也在进行深刻重塑。伴随着技术在营销行业的浸润，营销领域不同角色在市场交易中对营销资源和服务方式的需求越发复杂，兼具技术和市场融合属性的平台化成为当下营销的一个鲜活特征。

营销平台是技术和市场交融的空间，承载着纷繁多样的营销产品，提供与营销各业务契合适用、敏捷灵活的营销工具，为促成营销双方和多方的交易提供服务。营销生态中汇聚着营销领域的核心角色、求变角色和新势力角色，供需方交易营销资源商业化形成的营销产品，借助营销工具完成弹性整合、动态调度，以高效实施营销活动，使用营销服务来解决复杂的营销需求。

［1］徐晋，张祥建．平台经济学初探［J］．中国工业经济，2006（5）：40–47.

［2］TIWANA A，KONSYNSKI B，BUSH A A. Research Commentary：Platform Evolution：Coevolution of Platform Architecture，Governance，and Environmental Dynamics［J］.Information Systems Research，2010，21（4）：675–687.

［3］CENNAMO C. Competing in digital markets：a platform–based perspective［J］. Academy of Management Perspectives，2021，35（2）：265–291.

［4］IDC. 拥抱变化，智胜未来——数字平台破局企业数字化转型［R/OL］.（2024–10–10）［2019–03–14］. https://static.ltdcdn.com/uploadfilev2/file/0/485/199/2023-05/16854271456317.pdf.

［5］［24］科特勒，阿姆斯特朗．市场营销：原理与实践［M］．北京：中国人民大学出版社，2015：227.

［6］张卫东．试论网络营销产品的概念与特点［J］．南通纺织职业技术学院学报，2002（3）：40–43.

［7］徐立萍，程海燕．数字营销产品设计［M］．南京：南京大学出版社，2019：2–10.

［8］PERUSSET A. A reappraisal of the marketing offerings：consumer experience from the perspective of post–structural semiotics［J］.Social semiotics，2024，34（4）：656–670.

［9］简兆权，秦睿．服务主导逻辑视角的互联网医疗服务产品化实现机制研究［J］．管理案例研究与评论，2020，13（2）：216–231.

［10］CHELLAPPA，RAMNATH K. Electronic commerce for digital product companies［D］.Austin：The University of Texas at Austin，1997.

［11］张帆，刘新梅．网络产品、信息产品、知识产品和数字产品的特征比较分析

［J］. 科技管理研究，2007（8）：250-253.

［12］丁俊杰 . 广告的产品化［J］. 中国广告，2018（5）：129-130.

［13］周艳，吴凤颖 . 数据工具在媒体内容运营中的应用研究［J］. 现代传播（中国传媒大学学报），2019，41（2）：14-19，32.

［14］王治东，罗海旗 . 马克思生产工具理论的三重逻辑架构［J］. 哲学分析，2023，14（1）：61-74，197.

［15］刘翠萍 . 网络营销工具及其利用与管理研究［D］. 南京：河海大学，2006.

［16］Houghton Mifflin Company. The American Heritage Dictionary：Fifth Edition［M］. New York：Bantam，2012：536.

［17］兰伯顿，斯蒂芬，刘国华，等 . 数字营销：过去、现在与将来（一）［J］. 公关世界，2017（11）：43-47.

［18］刘翠萍 . 浅议网络营销工具［J］. 江苏商论，2006（2）：64-66.

［19］吴殿义，周艳 . 数字化营销工具在图书营销中的发展与应用研究［J］. 出版发行研究，2021（3）：61-68.

［20］DYKHA M，USTIK，T，KRASOVSKA O，et al. Marketing Tools for the Development and Enhance the Efficiency of E-Commerce in the Context of Digitalization［J］. Estudios de economia aplicada，2021（5）.

［21］YANG B，YANG S，DUTTA S. Platform Service Offering to Business Customers：Strategic Considerations in Engendering Seller Use of Marketing Tools［J］.Marketing Science.2022，41（2）：361-379.

［22］SCOTT BRINKER. 2024 Marketing Technology Landscape Supergraphic – 14，106 martech products（27.8% growth YoY）［R/OL］.（2024-05-01）［2024-12-12］. https://chiefmartec.com/2024/05/2024-marketing-technology-landscape-supergraphic-14106-martech-products-27-8-growth-yoy/.

［23］艾瑞咨询 .2023 年中国 MarTech 市场研究报告［R/OL］.（2023-09-06）［2024-12-12］. https://www.idigital.com.cn/nfs/reports/3839212c715497109d02/52678f6da7d61bc6aff5.pdf

［25］曹礼和，田志龙 . 论服务与服务营销［J］. 理论与改革，2001（4）：65-67.

［26］杜亚丽 . 关于生态与生态课堂的解读［J］. 现代教育科学，2009（2）：15-17.

［27］姚曦，秦雪冰 . 技术与生存：数字营销的本质［J］. 新闻大学，2013（6）：58-63，33.

［28］秒针营销科学院 .2023 年中国数字营销趋势报告 .［R/OL］.（2022-12-22）［2024-12-12］.https://mp.weixin.qq.com/s/TTnRDy8s_4FFv_UsxYU6zA.

［29］STATISTA. Marketing technology（MarTech）market size worldwide in 2022 and 2023（in billion U.S. dollars）.［EB/OL］.（2024–01–03）［2024–12–12］. https://www.statista.com/statistics/1440114/global–marketing–tech–spending/.

［30］CHIEFMARTECH. 2023 Marketing Technology Landscape Supergraphic：11，038 solutions searchable on martechmap.com.［EB/OL］.（2023–05–05）［2024–12–12］. https://chiefmartec.com/2023/05/2023–marketing–technology–landscape–supergraphic–11038–solutions–searchable–on–martechmap–com/.

（周艳系中国传媒大学广告学院教授；赵轩系中国传媒大学广告学院硕士研究生）

“人货场”
——AIGC 背景下的广告营销模式的未来

薛 雯 张国栋 刘诗琳 吴昊禹 余明燎

【内容摘要】ChatGPT 的横空出世，引发世界瞩目，随之而来的 AIGC 模式多领域应用给现代社会各行业带来了巨大的冲击。本文研究 AIGC 技术在广告营销领域的作用、创新应用的可能性以及广告营销的数智化未来。当前学者的研究主要聚焦在 AIGC 自动化内容生成实际应用落地中的高效便捷性，本文旨在探讨 AIGC 技术如何重塑广告营销的策略与执行以及这一变革对消费者行为和品牌策略产生的影响，揭示 AIGC 驱动下的广告营销内在逻辑的嬗变与未来的发展趋势和机遇挑战。

【关键词】AIGC，广告营销，数智化，媒介融合，元宇宙

People, Goods, Fields: The Future of Advertising Marketing Model in the Context of AIGC

XUE Wen, ZHANG Guodong, LIU Shilin, WU Haoyu, YU Mingliao

Abstract: The emergence of ChatGPT has aroused the world's attention, and the subsequent application of AIGC model in various fields has brought a huge impact on various industries in modern society. This paper studies the role of AIGC technology in the field of advertising marketing, the possibility of innovative application and the future of digital intelligence in advertising marketing. Current scholars mainly focus on the efficiency and convenience of the actual application of AIGC automated content generation. This paper aims to discuss how AIGC technology reshapes the strategy and execution of advertising marketing and the impact of this change on consumer behavior and brand strategy, and reveal the evolution of the internal logic of advertising marketing driven by AIGC and the future development trend and opportunities and challenges.

Keywords: AIGC, advertising marketing, digital intelligence, media convergence, metaverse

2024年5月13日，在OpenAI的春季发布会上，ChatGPT plus的迭代产品ChatGPT-4o（“o”代表“omni”，意为“全能”）正式发布，将参数数量提升到了约5000亿，再一次改写了AIGC（Artifical Intelligence Generated Content，人工智能内容生成）领域的基本格局。当前时代背景下，AIGC正全面深入人们的生活，并在广告、传媒、影视、设计等内容产出场景生成一场生产方式、传播方式转型的深刻革新[1]。因此研究该背景下广告业尤其是广告营销模式所产生的变革，对于指导广告行业适应营销模式升级以及未来发展具有深远意义。

一、AIGC动了传统广告营销的哪块蛋糕？

21世纪，人类进入了互联网时代，在大数据、超级计算、传感网等新理论技术及经济社会发展的共同驱动下，广告营销方式呈现数字化模式[2]。在过去二十年间，“大数据+营销”模式开始向“全域营销”模式转变，企业充分利用大数据和人工智能，在数字营销应用场景下对消费者实现更加“精准、效率、生态构建”的营销目标[3]。美国OpenAI推出来的聊天机器人模型ChatGPT作为新一代人工智能，正推动着各领域从数字化、网络化向智能化加速跃升[4]。AIGC与根据现有数据进行提炼、分析、判断、预测，典型应用内容智能推荐的分析式AI不同，得到生成式算法加持的AIGC在学习归纳的基础上延伸出演绎创造的功能价值，完成了从感知、理解到生成、创造的跃迁，能够自动生成文本、图片、音频、视频等学习样本的全新内容，获得了包括数字内容孪生、数字内容智能编辑、数字内容智能创作在内的内容创作力。从内容生产者视角而言，AIGC促使内容生成者从“人”变成了“生成式大模型”[5]。在当前“智能+”背景下，广告营销模式由弱人工智能下大数据信息整合多域传播的数字营销模式向强人工智能下人机互联虚实交融、高仿真强体验式的数智营销模式转变，这已然是一种现实。

毫无疑问，以大模型为核心的AIGC技术可以在“快速创意”“快速匹配”两个层面大幅提升广告制作效率和广告触达效果。在这个赛道上谷歌是最先行动的，不仅在对话式AI产品Bard中直接插入了广告，同时支持实时生成广告文案，还上线了一系列AI工具，如落地页抓取生成文案、AI商品图等[6]；在国内，百度先后上线了AIGC创意平台“擎舵”、营销对话机器人品牌Bot、AI投放平台“轻舸”以及基于AI的底层广告技术架构“扬楫”，从模型到应用都在向原生AI营销靠拢。腾讯2023年9月推出的混元大模型本身就源于广告技术部门，该模型最初的应用出发点核心就是提升广告系统的匹配效率，并已经在广告匹配、意图理解、创意生成等多个环节支撑广告系统的运行；最新的成果是推出了 AIGC 广告创意工具——妙思，且得到了不少广告主的良好反馈，该工具在效率上表现不俗，渗透率在持续走高[7]。其他头部广告平台同样在用不同方式和力度切入 AIGC 赛道。这说明国内外广告营销行业与生成式 AI 技术的结合呈现前所未有的火热态势。

生成式 AI 技术在数智化时代为品牌营销创造了什么样的重要契机呢？一方面，AIGC 技术能够提高其创意产出的效率，通过自动生成广告文案、图像、视频和音频内容，大大提升了效率与水平。自动化生成不仅节省了算力成本，还方便营销人员快速测试和优化广告创意，通过进行 A/B 测试或多变量测试来学习哪些元素最有效，根据测试结果可以很好地优化广告策略。另一方面，AIGC 支持动态创意优化（DCO），即实时调整广告创意元素以匹配目标受众，是一种基于用户信息反馈、用户行为数据还有市场趋势进行测算来提升广告效果的方式。AIGC 带来的虚拟应用提升还可以让品牌驱动聊天机器人模型和 AI 助手等虚拟应用为客户提供定制化的即时服务[8]。另外关键的一点是，AIGC 完全可以做到链路式的广告生成，并且达成广告的精确投放。AIGC 技术还可以帮助品牌在不同平台上保持广告创意的一致性，并根据每个平台的特点进行优化，确保广告效果最大化。

由此，AIGC 技术对广告营销的影响显现在以下几个方面：

第一，AIGC 技术将促使数字营销更加重视个性化及精准营销、智能化运营，大幅提升产业链效率、降低供应链成本。例如，Netflix 平台目前开始运用机器学习算法分析用户的观看历史、评分和浏览行为，来生成用户画像并进行个性化内容推荐，大大提升了用户满意度和留存率；而以往这样的数据分析处理需要大量的算力成本。第二，AIGC 技术可以为品牌营销传播提供有力支持，生成品牌战略与传播优化建议，涉及品牌内涵、品牌形象设计、传播素材和传播路径分析，帮助企业提升品牌形象与知名度。第三，AIGC 技术将促进营销媒介的融合，更好地整合各种媒介形式和营销渠道，实现更有效的营销传播。

二、AIGC 驱动下广告营销模式的转型：融合营销

AIGC 驱动下广告营销模式发生了极大的转变，在广告目标智能洞察、广告为容智能生成、广告投放智能应对三个方面实现了融合营销的模式转型。

（一）广告目标智能洞察

1. AIGC 构建目标消费者：消费者行为数据的整合

AIGC 为消费者洞察提供了新的工具和视角，消费者洞察是广告营销的基础，只有深入理解消费者，才能开展有针对性的营销活动。AIGC 可以帮助企业构建用户画像，刻

画用户特征。AIGC 技术可以从企业积累的用户行为日志、互动记录等数据入手，通过聚类分析、关联规则挖掘等算法，自动发现用户的人口统计学特征（如性别、年龄、收入等）、行为特征（如浏览、搜索、购买历史等）、心理特征（如动机、态度、人格等），并生成结构化的标签体系。当新的用户数据产生时，AIGC 系统还能实时动态更新用户画像，始终保持对用户的深入理解，这一点是人工总结完全无法做到的。

2. AIGC 预测消费趋势：营销手段的整合

AIGC 可以分析当前成千上万种广告营销的手段，并分析和预测用户行为选取对应的营销方式，把握消费趋势。用户行为分析是理解用户的关键，但人工分析往往受限于经验和直觉，难以全面考虑行为背后的复杂因素。AIGC 则可从多维度解构用户行为，运用循环神经网络、注意力机制等系列预测模型，刻画用户行为演化的动态模式，预判用户未来可能的浏览、搜索、购买需求。AIGC 还能够自主学习并存储大量营销模式，并通过算法模拟进行快速的整合优化匹配。系统还能关联商品属性、上下文场景等多源异构信息，从时间、空间、社交、情感等角度整合用户行为和营销模式的匹配度，从而指导企业优化广告设计、制定营销策略、触达消费需求。

3. AIGC 进行市场细分：动态的细分化整合

AIGC 可实现精细化、动态化的市场细分。市场细分是将整体市场划分为若干有差异的消费者群体，是实施差异化营销的前提。传统的市场细分主要基于地域、人口统计等宏观变量，并且很难进行快速的分类调整。但 AIGC 可以将每个用户细分成不同的标签属性，再根据当前的动态市场需求选取每个对应具有该特质的用户形成新的消费者目标群体，这样的工作量是人工无法达到也难以如此快速实现的。AIGC 系统可以在全面刻画用户画像的基础上，运用聚类算法将用户划分为多个有独特特征组合的细分群体，并在聚类过程中综合考虑用户的静态属性和动态行为，平衡各类指标的权重，不断优化聚类效果。根据客户关系理论，AIGC 可以分析 CRM 系统中的数据，以更好地理解用户行为从而进行更加精准的市场细分。结合外部市场环境、用户偏好变化，AIGC 及时重新细分市场，动态调整营销策略。AIGC 的细分和整合让市场细分更加精细化、动态化，具有实时性的可能。

（二）广告内容智能生成

1. AIGC 营销的个性化趋势：个人价值与品牌价值的整合

AIGC 可以自动、快速、有针对性地生成内容和创意，生成个性化和精准的内容，为广告的个性定制化、私域化提供了可能性。可以这样说，广告内容的生成是在数据分析结果后进行创意设计，AIGC 的算法模型因为具有一致性和即时性，可以实现千人千面的定制化服务，可以帮助广告更好地触及用户情感，增强品牌与用户之间的情感联结，尤其是用户通过定制与品牌相关的个人产品，将个人情感和个人价值融入对品牌的理解过程。AIGC 通过个性化将每个消费者的个人需求和品牌价值整合并关联到一起，以提升用户品牌认知度和忠诚度。2024 年可口可乐推出了“龙连你我”AI 定制心愿团纹活动，消费者只需扫描可口可乐罐上的二维码，上传自己的照片并选择新年愿望和语音包，便可以生成独一无二的心愿团纹以及获得丰富的新春奖品。这一案例说明 AIGC 技术可以赋予数字化营销以情感内涵。在此之前，品牌虽也推出过二维码扫码活动用于广告营销传播，但 AIGC 能通过自动生成内容与每一位用户建立起私密的互动通道，实现更深层次的用户关系维护和营销活动展开，增强了品牌与消费者之间的信任和忠诚度，推动了私域化。

2. AIGC 广告营销的消费者参与：流程和身份的整合

在 AIGC 技术的支持下，消费者可以参与广告的制作过程。用户不再局限于屏幕前的观众身份，而是可以反向“定制广告内容”，众多网友变身“导演”，联名“创作”，自己成为内容的生产者。从这个角度来说，AIGC 的自动生成赋予消费者以生产者的权利，整合了其作为产出者和接收者的身份——“产消者”，两者身份的整合可以加强用户的品牌认同感。例如，用户扫码定制专属设计，通过转发实现交流的参与式消费满足了用户“在场介入”的心理需求，通过将广告内容做成可传播的形式在社交中放大参与用户的成就感和体验感，满足消费者需求的同时让广告传播形成裂变式传播，以社交属性激发用户的购买行为。京东推出的【OPEN AD】就是运用了 AIGC 技术，新技术 + 新内容 + 新模式，利用明星超话 # 当肖战遇上 AIGC# 和官微渠道发布活动征集，让用户不再局限于屏幕前的观众身份。京东电器精选并使用 AI 制作的 10 支用户定制视频，所有场景创意皆来自粉丝真挚的心愿，可再次激发粉丝自传播的热情。

3. AIGC 营销场景的虚拟生成：虚拟场景和真实体验的整合

自动化的内容创建流程使得 AIGC 营销成为可以生成大量内容的手段，所以虚拟场景和虚拟数字人开始大量应用于广告营销中，虚拟场景的搭建几乎可以达到以假乱真的地步。比如，AIGC 通过生成商品的 3D 模型和纹理，在线虚拟“看、试、穿、戴”，AIGC 自动生成的“试衣间”和“个人形象”在技术进步下具有真实感与落地效果，这种接近实物的网购体验给予了用户具身的体验，让用户在虚拟世界中进行了“扩展自我”，这种虚拟场景和真实体验的整合很容易促使用户在这一情感体验与场景打造下产生购买欲望。根据认知负荷理论，AIGC 其实是通过简化信息处理过程，通过直观的虚拟体验来减少用户的认知负荷，帮助用户更好更直接地感受商品信息。虚拟主播也是同样的逻辑，为用户提供 24 小时不间断的货品推荐和在线服务，并赋能线上商城和线下秀场加速演变，为消费者提供全新的购物场景。虚拟人的服务在虚拟场景中给予了用户真实的情感触动，增强了用户的现实临场感，让用户更容易融入广告专门打造的营销场景从而实现购买行为。例如，2019 年，Gucci 通过其官方（Gucci App）发布的 AR 服务，为消费者带来一款全新的“试穿”（Ace）系列运动鞋，并且在 2020 年 6 月 29 日，该公司进一步开拓了“品牌 + 社交平台”的合作伙伴关系，以更好地满足消费者的需求。Gucci 和 Snapchat 联袂推出两款全新的滤镜，让消费者能够利用 AR 技术来体验 Gucci 的潮流服饰，并且能够立刻进行网络购买。消费者只需要在 Snapchat 上轻松点击一下鞋子，就能够获得最佳的体验，并且这一切都非常简单易行。

（三）广告投放智能应对

1. AIGC 带来个性化智能投放：媒介的整合

AIGC 通过研究内容语义型媒介、消费者使用型媒介和购买转化型媒介的不同组合，对广告投放触点进行算法模拟，依据实时动态调整的消费者反馈数据，更新并重构广告投放体系[9]。相比于数字化广告投放对消费者生活方式衡量的体系，AIGC 的运用进一步优化大数据神经网络：通过智能推理运算将消费者购买行为、网络足迹、使用信息等大数据整合，研发新型消费者行为渠道指标系统，从而个性化地优选定制广告投放媒介组合；区别于数字化广告的数据追踪，智能广告还能够依托其模型准确识别并构建消费者生活场景，生成新的消费者参与互动、千人千面的广告智能投放策略[10]。

2. AIGC 进行自发性智能应对：数据与案例的整合

AIGC 不仅让广告的“千人千面”成为可能，也让广告的“千时千面”得以实现。“广告智能应对，指的是通过广告投放实时监测相应的广告效果数据，获得准确和及时的广告反馈，并借助机器学习技术，根据不同的反馈主动作出相应的实时应对，及时优化广告效果”[11]。与传统数字广告相比，AIGC 的自主学习模型为其“智能”的及时修改营造了土壤：“人工智能技术可以根据多端（PC 端、移动端、OTT 端等不同来源）异构（图像、声音、文字、数字等不同表达形式）的消费者实时反馈数据，采用机器学习方法（层次聚类、神经网络、主成分分析等方法）抽取并融合数据特征；结合行业经验和相关文献分析，采取综合指标体系测评广告投放效果”[12]。最后，采用强化学习和知识图谱方法，根据抽取的消费者反馈的数据特征，智能选择有针对性的策略主动应对消费者的即时反馈。

三、AIGC 广告融合营销的未来趋势：淡化广告

通过对广告营销的梳理发现，从传统广告到数字广告阶段的发展中，广告主将广告投放的重点从传统媒体的嵌套植入转移到社交媒体的种草推广。也就是说，广告逐渐不再以单独的图文音形式输出广告内容，如平面海报、视频广告的形式，而是逐渐转到社交媒体的软文推广上，让广告“广而告之”的属性弱化，告知说明的意味减少，而是无

形地融于生活之中，用隐形的诱导说服完成促销目的。广告形态的泛化就是为了降低广告的“广告属性”，想用一种润物细无声的、让消费者感到舒服的方式，把广告信息传递给受众。所以从广告主和消费者来看，广告主正在不断学会降低其作为输出方的强势感，而更以一种服务者、陪伴者的姿态，以消费者为主体以达到促销的目的。广告不再是“广告”，而是一种“生活的常态”（社媒的浏览）。

（一）广告形态的泛化

在数字时代，广告的形态和呈现方式都经历了显著的演变。传统的广告，如平面海报、电视广告和广播广告，曾经是信息传播的主要方式。随着互联网和社交媒体的兴起，广告的形态开始泛化，融入消费者日常生活的各个方面。这种泛化不仅改变了广告的外观，也改变了消费者与广告内容的互动方式。

广告形态的泛化表现为以下几个方面：首先，社交媒体的融合。社交媒体平台，如 Facebook（现已改为 Meta）、Instagram 和微博，已经成为广告泛化的主要场所[13]。在这些平台上，广告不再是简单的推送信息，而是以更加隐蔽和自然的形式出现，如朋友圈的分享、微博的推广帖和 Instagram 的故事功能。这种泛化的广告形态使得广告与用户生成内容之间的界限变得模糊，消费者可能在不经意间接触并接收了广告信息。其次，内容营销的急剧需求。内容营销作为一种新兴的广告形式，通过创造有价值的内容来吸引和留住目标受众。这种内容通常以教育、娱乐或启发为目的，而非直接推销产品或服务。例如，许多品牌通过制作长文章与视频来建立品牌权威和信任，间接促进销售。这种泛化的广告形态试图巩固品牌与消费者之间建立的长期关系，而不追求一次性交易模式。再次，个性化和定制化广告将成为广告发展的主流趋势。AIGC 技术可以根据用户的行为、偏好和历史数据生成定制化的广告内容，确保每个用户都能接收到独特的广告信息并获得体验，提高了广告的相关性和有效性。最后，AR 和 VR 让虚拟环境更真实。通过这些技术，品牌可以创建沉浸式的广告体验，让消费者在虚拟环境中与产品互动。例如，家具零售商可以使用 AR 技术让消费者在家中虚拟放置家具，而汽车制造商可以利用 VR 技术提供虚拟试驾体验。这种泛化的广告形态不仅增强了用户的参与度，也为用户提供了更加直观的产品展示。

（二）广告媒介的情感化

广告不再是以单一的投放形式出现，传统的图文音像作为广告投放形式的四大形式是分开的，在此情况下，消费者的五感获取也是分开的，对产品的理解与体验需要经过大脑对这些单独的信息的理解和整合。但是技术的进步融合了这些，如视频就是对图音文的融合，通过视频就可以同时满足视觉和听觉的双重刺激，同时这种技术的辅助融合减少了消费者大脑对广告不同信息处理的烦琐过程，便于直观简单地让产品整体性地触达消费者认知。AIGC 的发展更是在图文音像融合的同时直接融合了消费者的需求、情感、感官、体验等，让产品通过这种整合更好地触达消费者。

（三）广告对象的自主化

传统概念的广告呈现一对多的特点，即一个广告面向多个人，广告具有很明显的“告知”意味，并且植入式广告、户外广告等形式在心理机制上容易让消费者认为自己是“被告知”，因而成为“受众”。但 AIGC 技术让广告的一对一得以逐步实现，广告主在此过程中也逐渐转变并降低强势感，让广告从显性的“告知”逐渐转为隐性的“诱导”，在用户偏好的数据推送下更容易地匹配受众群体，进而让受众群体自发地点击“主动地接受信息”，作为“用户”主动地选择接受广告。这种“主动”一方面是算法机制下消费者对自我浏览页面有了部分主动权，另一方面是广告主借由数字技术降低存在感，为消费者设计自主感，让消费者获得心理优势。

（四）广告作品的“人机一体化”

在广告形态的融合中，消费者的主动性增强了角色赋权。其实广告和消费者的界限已经逐渐模糊了，减弱了机械化的“买方卖方”边界，从广告上融入消费者生活，让消费者感觉自己成了品牌的一员，让品牌广告融入消费者的生活，并通过各种交互加强了品牌和消费者的亲密感、交互感，弱化“买方卖方”阵营，通过界限模糊赢得消费者，实现营销。“机”逐渐成为广告的主体，与消费者进行交互，这也是一种人机交互方向的体现[14]。

四、AIGC 广告营销的重构之路

从最初始的叫卖营销、纸质媒体广告到电视、电子屏幕上的数字化广告，AIGC 广告营销又迈出了一大步。但是，在如今秒速传播的时代，大多数人不再愿意接受广告宣传，甚至愿意支付金钱来为自己创造无广告环境，我们必须去抓住什么来迎接智能时代的洪流。重构广告营销战略的先决条件在于“人货场”转型。

（一）人的转型：虚拟数字人的营销

元宇宙中，虚拟数字人营销主要是利用虚拟用户的大数据。但是，元宇宙中虚拟用户的数据并不是那么容易获得的，因此，虚拟用户数据会变成虚拟世界中虚拟用户的新的价值体现，品牌将与虚拟消费者达成新的交易，而不再是简单地获取数据。可以预见的是，元宇宙这个虚拟世界将能够赋能企业，企业旗下的品牌为了满足虚拟用户的生存需要和个性化表达要求，在一定程度上能够以产品或数字货币的形式奖励虚拟用户。品牌绝不会只是一个标签符号，它将成为虚拟用户在元宇宙世界中的必需品。在品牌以其虚拟形象参与元宇宙的共同创基阶段之后，虚拟数字人营销将正式登场。“虚拟数字人”将为品牌提供新的营销策略，如虚拟发布会等，为品牌活动带来创新和差异化。通过与虚拟消费者进行实时互动，如在线客服、虚拟导购等，提供更加个性化和沉浸式的购物体验。虚拟数字人还可以作为内容创作者，生成独特的视频、文章等，为品牌提供新颖的内容营销方式。在未来，虚拟数字人可能还会具备情感智能，能够自动识别消费者的情感需求，与消费者建立更深层次的情感联结[15]。在跨文化传播方面，虚拟数字人可以轻松地跨越语言和文化障碍，为全球消费者提供服务，扩大国际影响力。虚拟数字人作为虚拟世界和现实世界之间的桥梁，帮助品牌在元宇宙等虚拟空间中建立存在，成为营销当中必不可少的重要环节。随着技术的不断进步，虚拟数字人在营销领域的应用将越来越广泛，它们将为品牌与消费者之间的互动带来新的可能性和创新方式[16]。

（二）货的转型：高端虚拟产品走上历史舞台

元宇宙中的虚拟用户也需要穿衣、吃饭、住房和出行。有人的地方就会有需求，元宇宙世界与现实世界没什么不同，有需求就会存在市场，存在市场品牌营销就有机会。由此可见，货的转型有相当重要的意义。在现实世界中，大多数人都是平凡人，家庭情况和手中的钱包都使得他们无力进行奢侈消费或者全球旅行。但是元宇宙这个虚拟世界是普通人的福音，不可否认的是，虚拟世界也是商业环境，自然也存在高消费，但是相比于现实世界，虚拟世界的奢侈消费和航海跨洋旅游的难度大大降低，可以相当程度地缓解用户在现实世界中的无奈。当你抛开现实世界的枷锁，你就会释放平时压抑已久的欲望，这很好地说明了奢侈品和时尚品牌在元宇宙世界受到追捧的原因。

虚拟世界的用户来自现实世界，凭借这一联系，元宇宙将可以撬动现实世界。数据是可以共享的，假设你在元宇宙中设计了自己想要的车子，创造出来后共享的数据会传给现实世界中的同款车子爱好者。任何东西的存在都必须遵循一定的原则，然而同样的东西，虚拟世界不必与现实世界遵守相同的原则。对于企业而言，元宇宙时代的到来也是巨大的风险挑战，新的事物必将有新的体系和原则束缚，不能适应就会被淘汰。

（三）场的转型：沉浸式场景营销

在可预知的未来，随着元宇宙功能的完善，沉浸式场景营销将成为未来营销战的主战场。目前已经有相当多的企业踏足沉浸式场景营销领域。宜家推出的 AR 应用，就为用户提供了一个在家中可以虚拟放置宜家家具及装饰品的平台，让消费者可以更加沉浸式地体验自己的家庭装修。当真正的沉浸式场景营销时代到来，每个人都不再需要经过一定程度的劳动去选择自己喜欢的事物，而是可以在自己的房间，足够隐私也足够安全的环境下，手指轻点就能够享受到体验喜爱事物的愉悦感。虚拟世界本就是以用户为中心而存在的，一切都应该以用户的感受为第一原则。元宇宙并不是像《头号玩家》中那样是由一个个孤立的绿洲组成的，元宇宙是一个统一的大世界[17]。它基于互联网大数据模型进一步发展，最终实现全球内的互联互通，而沉浸式场景营销将是未来唯一的营销方式。

总之，在探讨 AIGC 在广告营销领域的应用中，我们一方面享受着它给我们带来的效率和便捷，另一方面它也影响和重塑了广告营销的格局。AIGC 技术带来的融合营销在广告目标智能洞察、广告内容智能生成、广告投放智能应对三方面已经超出了广告整合营销的水平。在未来的广告营销领域，必将从用户共生转为私域化人机共生，AIGC 广告营销将带给消费者私人化、定制化的营销体验[18]。随着情感芯片的运用，这种虚拟沉浸式营销最终将形成全方位的情感营销。AIGC 情感营销的诞生之日可能就是广告行业的覆灭之时。因为广告已经泛化为人类浏览的日常形态，人类接触的媒介都以一种更亲人的方式提供“模拟的人类情绪”价值，而人类自主参与的各类活动也将成为品牌的推广活动，每个人都是广告人，而每个人的需求都被 AIGC 技术照顾得面面俱到。

就目前而言，AIGC 还是处于茁壮成长阶段，它与广告营销领域的融合还有相当大一部分不可控的风险，如隐私安全、数据偏见、虚假传播等直观且难以避免的风险，但是在技术更成熟的以后，AIGC 必将会带领着我们进入一个更加人机一体、安全、智能、个性化的时代。

---

[1] 胡正荣，李涵舒 . 颠覆与重构：AIGC 的效用危机与媒介生态格局转化 [J]. 新闻与写作，2023（8）：48–55.

[2] 徐冰涛，林小勇 .AIGC 驱动主流媒体数智化转型的应用现状与实践路径 [J]. 视听界，2024（1）：28–33.

[3] 知萌 .AI 营销正当时:《2022AI 营销白皮书》发布 [EB/OL].（2022–04–12）[2024–12–12] .https://www.sohu.com/a/535321058_407401.

[4] 刘景明 . 从虚拟空间走向现实空间：基于人工智能的数码影像创作 [J]. 公共艺术，2020（3）：70–75.

[5] [18] 新榜，百度 . 知乎 . 王宝臣：AI 重构内容生产营销 [EB/OL].[2023–07–14]. 10

[6] FENGXIAN Y. Application research of AIGC in marketing field [J]. The frontiers of society，science and technology，2024，6（9）：29–34.

[7] 孙守迁，罗凌颖，乔显越 .AIGC 赋能创新设计的新动能和新路径 [J]. 艺术设计研究，2024（2）：69–76.

［8］韩国颖，张科 .AIGC 营销：人机共生式营销模式推动数字营销向数智化跨越［J］. 企业经济，2024，43（2）：111–124.

［9］［11］［12］姜智彬，马欣 . 领域、困境与对策：人工智能重构下的广告运作［J］. 新闻与传播评论，2019，72（3）：56–63.

［10］DANIEL L. HOCUTT1. Composing with generative AI on digital advertising platforms［J］. Computers and composition，2024，71：102829

［13］LU Y，LI B. Research on the application strategy of artificial intelligence empowering media convergence［J］. Journal of humanities and social sciences studies，2024：6（9），69–76.

［14］詹希旎 . 李白杨 . 孙建军 . 数智融合环境下 AIGC 的场景化应用与发展机遇［J］. 图书情报知识，2023，40（1）：75–85，55.

［15］李白杨，白云，詹希旎，等 . 人工智能生成内容（AIGC）的技术特征与形态演进［J］. 图书情报知识，2023，40（1）：66–74.

［16］环球网科技 . 李彦宏：未来十年，AIGC 将颠覆内容生产行业［EB/OL］.（2022–07–21）［2024–12–12］. https://tech.huanqiu.com/article/48ueE8d6sB3.

［17］中科基大数据：新时代开启，元宇宙重构营销变革新模式！［EB/OL］.（2023–3–20）［2024–12–12］. https://zhuanlan.zhihu.com/p/584674208.

（薛雯系上海理工大学出版学院教授；张国栋系上海理工大学出版学院 2024 级研究生；刘诗琳、吴昊禹和余明燎系上海理工大学出版学院 2021 级本科生）

赋能与重构：AIGC 驱动下品牌营销新模式

张雯雯　于婷婷

【内容摘要】大模型的发展开启了 AIGC 时代，AIGC 技术的引入为创新营销模式的发展开辟了新的机遇，激发了产业应用领域的更大活力。这一技术革新打破了传统营销模式的界限，促使其重新构建，使得品牌价值的传递更为明确且高效；同时，传播的渠道和触点也变得更加多元化，从而确保了营销效果的显著提升与全面展现。但是，AIGC 赋能下品牌营销的发展也面临着技术、伦理、法律等方面的挑战，正确审视这些挑战是企业应对数字化营销有效转型的必经之路。

【关键词】AIGC，品牌营销，传播触点

Empowerment and Reconstruction: A New Model of Brand Marketing Driven by AIGC

ZHANG Wenwen, YU Tingting

Abstract: The development of large-scale models has opened up the era of AIGC, and the introduction of AIGC technology has opened up new opportunities for the development of innovative marketing models, stimulated greater vitality in industrial application fields. This technological innovation breaks the boundaries of traditional marketing models, prompting their reconstruction, making the transmission of brand value more clear and efficient. At the same time, the channels and touchpoints of communication have became more diversified, ensured a significant improvement and comprehensive display of marketing effectiveness. However, the development of brand marketing empowered by AIGC also faces challenges in technology, ethics, law, and other aspects. Properly examining these challenges is a necessary path for enterprises to effectively transform their digital marketing.

Keywords: AIGC, brand marketing, communication touchpoints

一、引言

在计算传播时代，科技的日新月异为品牌传播开辟了无限的可能性，而AIGC技术正站在前沿，引领着品牌营销模式的创新潮流。Web3.0时代，AI生成应用不仅是一种展现新质智能技术驱动的内容生产工具，而且是一次内容生产方式的重大转变[1]。作为互联网、AI、大数据等技术多年来共同孕育的产物，AIGC具有数据海量化、内容生产力、跨场景交互、深度学习力等特点。AIGC与其他内容生产方式相比，提供了从应用场景到最终呈现的便捷一体化技术协助与服务。凭借其提供的更为专业化和精细化的传播策略，AIGC技术日益成为破解企业数字化转型核心难题的重要利器。鉴于此，本文旨在深入探索AIGC技术在品牌数字营销领域的创新实践及其所发挥的赋能作用，同时审视AIGC品牌营销所遭遇的挑战。在全球化趋势与数字化浪潮的双重推动下，本文致力于研究如何利用数字化工具，结合AIGC技术，优化品牌营销的生产流程，提升其智能化水平，从而为数字营销的未来发展开拓新的应用场景，并提供有益的参考。

党的二十大报告指出："高质量发展是全面建设社会主义现代化国家的首要任务[2]。"高质量发展体现新的发展理念，在以数字经济发展为高质量发展目标的背景下，我国在AIGC相关技术领域正快速追赶发达国家，并制定了相关国家级规划，为数字产业的发展提供了坚实基础。以底层基础大模型为例，从2019年进入国内至今，经历了萌芽期和快速发展期，到2023年5月为止我国已在大模型数量上追平其他技术发达国家，大数据市场规模达到1.84万亿元。截至2024年3月，"我国10亿参数规模以上的大数据模型已超100个，应用场景覆盖到千行百业"[3]。同时，海量的数据积累和旺盛的互联网使用需求，不断驱动AIGC应用场景快速发展。中国科技类企业通过政策扶持、技术更新等举措，作用于营销模式的探索，进一步加速我国垂类领域AIGC应用场景的落地与迭代，深刻改变数字营销内容生产与传播的生态格局，推动数字经济产业创新发展。

二、AIGC嵌入品牌营销传播的底层逻辑

AIGC技术是品牌营销的"新引擎"，正引领着一场全新的数字营销革命。重塑数字营销的战略蓝图，推动营销向智能化、多元化及个性化的人机协同模式转变，彻底颠覆了以往的品牌营销范式与生态。（图1）

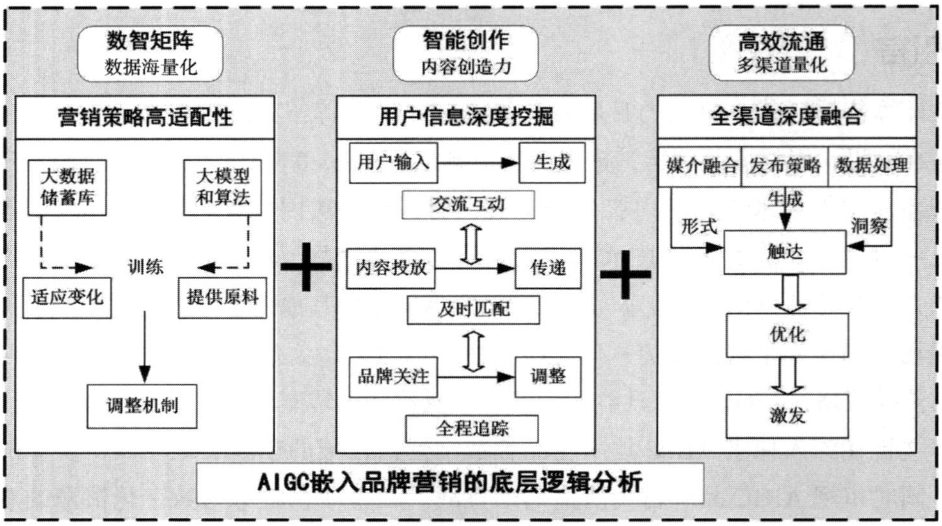

图 1　AIGC 嵌入品牌营销传播的生成逻辑图

（一）数智矩阵驱动品牌营销传播的“泛化”

AIGC 技术以海量数据为驱动，具有快速高效处理生成内容的特点，在品牌营销传播领域的应用主要体现在多主体参与和资源共享，通过巨量数据处理分析和市场前景预测，从而更广泛地占据市场份额。通过赋能新质生产力涌现出崭新特征和应用场景，能充分促进企业价值链功能升级和流程再造，发挥数据蕴含的巨大潜能和经济价值。大量的经验以数据形式被存储和量化，且个性化的服务体验存在很大的价值收益，为生成式 AI 技术在营销行业的落地提供了条件。AIGC 技术的应用推动了传统市场营销方案和策划方式的变革，通过个性化和精准营销、智能化运营，提升营销效率。

AI 大模型元年的到来标志着营销领域新时代的开启，不仅为营销领域带来新的工具和方法，也为营销实践的发展提供新的视野和思考。AIGC 系统通常依赖于大量数据训练算法，进而生成新的内容。大数据提供了丰富的训练材料，使得 AIGC 能够学习和模拟人类的创造力。根据用户的实时反馈和行为数据，动态调整推荐算法的参数和策略，以实现更加精准的推荐。这种实时反馈和调整机制使得推荐算法能够更好地适应用户的变化与需求。因此大数据、推荐算法为品牌传播带来了更多可能性。借助大数据预测模型和优化算法，企业可以采用以数据为核心的营销方法，以深入洞察和准确的预测为基础进行决策，进而提升营销活动的成效，并有效削减供应链成本。一方面，大数据和云计算的协同合作使得 AIGC 区别于传统的 AI 模型，具有更好的泛化性和可拓展性来追溯用户信息。AIGC 技术能够高效地追踪并分析用户的行为路径与消费偏好，从而构建出贴合个人需求的场景化服务，全面升级用户的消费体验。它实时地根据每位用户的独特性生成并推送个性化服务，极大地提升了品牌营销的传播效率。另一方面，得益于大数据与云计算技术的强大支持，企业能够迅速获取并反馈目标用户的相关信息，助力品牌精准预测客户需求。基于此，品牌通过制定部分交互及协同标准，可以更好地实现流程上的协同管理，灵活调整多维度、多方位营销策略，优化广告渠道的投放，进而提升营销转化率，为品牌营销策略带来“泛化”的效果。

（二）智能创作赋能品牌营销传播的“深描”

从内容生成的角度来看，AIGC 能够通过人类输入的指令和概念生成文本、图像、音频和视频等各种类型的内容。不仅大大降低了内容生产和交互的门槛与成本，还能进一步促进用户在社交媒体的互动。AI 技术的突破性进展正在重塑内容生产的生态格局，通过自然语言交互与 AI 生成创意的方式，推动设计软件从“工具类”向“生产力”角色的转变。首先，AIGC 加持体验媒介，通过预测需求提供精准的个性化推荐，以文字、图像、视频等多样化的传播形式生动、全面地展现产品信息，并在实时互动中为用户提供创新的营销体验，使得信息源能够以最短距离传递给潜在客户，从而直接影响其购买决定。其次，AIGC 能够根据企业需求自动适应在对话型营销市场中找到最适配的方式来发声。品牌能借助 AIGC 技术，针对不同社交平台与营销渠道生成关键词相关的用户信息，以此与用户进行互动交流。依据不同的场景需求、目标设定及策划方案，灵活调整产品描述的语言与内容，打破传统框架，主动适应多样化的消费者偏好，优化资源配置。同时，针对风格迥异的平台、渠道及媒体，企业能够灵活关注用户全生命周期，通过全渠道触达、个性化推荐等预热活动在消费前营造出用户期待感，以确保内容紧密贴合各种传播环境，从而创造性地设计出适应性的营销方案。此外，基于用户的行为模式、个人偏好及情感倾向，AIGC 技术能够自动生成个性化的推荐与反馈内容，实现大规模生产中的个性化定制，提升了用户体验与满意度，形成完整良性的智能传播闭环。

AIGC 基于生成式对抗网络（GAN）和控制扩散模型等技术原理，能够基于自然对话方式理解并执行图像识别与生成任务，对用户购买过程中各环节产生的数据进行采集和分析，深入理解用户行为和偏好，设计多样化的购买路径，动态生成个性化的商业交互和内容引导，并进行实时推送和用户个性化沟通。同时，它还能分析影响用户购买决策的各种因素，从而提供更有针对性的品牌营销传播策略，实现精准营销。AIGC 提供的个性化内容能够有针对性地制订符合品牌实际情况的视觉营销方案，提高消费者参与度，有效降低消费者流失率，帮助企业提升品牌形象和品牌知名度。例如，2023 年，美妆品牌 3CE 开启与 AIGC 的共创之旅“春日 AI 花神妆”，AI 小程序对应品牌的五种热门唇釉产品，可以一键切换风格并提供不同的搭配方案，为用户提供 AIGC 试妆体验。深度挖掘用户消费行为及偏好，既能为消费者带来个性化的内容体验、高效便捷的交互体验、创新多样的内容形式，更能为企业提供宝贵的用户反馈和洞察。

（三）高效流通助力品牌营销传播的“深化”

品牌营销效果的重要衡量指标是知名度、市场覆盖率和顾客忠诚度[4]。在品牌营销传播的范畴内，全渠道策略的体现首先在于营销媒介的融合。具体而言，AIGC 技术能够灵活地将品牌内容适配至多样化的媒介形式之中，以确保内容能够符合并满足不同渠道的具体要求与规范，构建更智能的内容处理应用程序，实现更有效的营销传播。其次表现在发布策略中，AIGC 可以自动高效地将营销内容推送到多个渠道上，实现渠道的自动分流。这样一来，品牌在渠道布局上拥有了更多的选项与潜力，能够在不同的渠道上广泛覆盖用户群体，深入理解并满足他们的价值追求与实际需求，从而显著提升品牌的曝光度与影响力。最后在数据处理方面，AIGC 技术通过全面收集并深入分析各个渠道上的数据，包括但不限于文本、图像、音频和视频等多种形式的营销内容与营销方案，使品牌能够清晰洞察不同渠道上的用户反馈与传播效果，进而依据用户在不同平台展现的行为特征，对品牌的营销传播策略进行优化与调整，以确保更精准地触达目标客户群体，有效激发并提升用户的购买意愿与购买力。AIGC 通过特定算法提供营销模型，贯穿在生产流程、生产主体、生产关系各个环节，能够精准管理和优化用户体验，确保每个环节都能提供一致和高质量的体验，使用户在不同接触点和渠道上获得的体验都更加丰富。通过全域交互重塑体验，AI 数字人以“有趣的”灵魂创造独特的虚拟体验，打造品牌创造的独特体验，而非用单纯的产品特性，来吸引消费者的持续关注，加深他们对品牌和产品的理解与感知。虚拟数字人作为虚拟的人格塑造和呈现，带动品牌营销玩法的创新升级，是品牌运营方有意为消费者搭建的沟通桥梁，并通过创造深刻的体验来触动消费者的情感，实现更深层次的连接和忠诚度。在当下“人机”共生的社会，为数字人“注入灵魂”成为未来的主要发力点。随着技术的不断进步，AI 数字人正在成为提升服务效率、优化用户体验和推动营销创新的重要工具。资生堂在新品上市之际，官宣数字人 AYAYI 为首个虚拟代言人，以一则官宣虚拟人动画，展示产品和科技的碰撞；同时在直播中首次引入数字人，让虚拟代言人在直播中与观众零距离互动，为品牌直播创造出直播时段美妆行业第一、停留时间年度新高的好成绩。

三、AIGC 嵌入品牌营销释放新质生产力

新质生产力的涌现体现出数字技术革命所引发生产力跃升的内涵，AIGC 技术作为典型的新兴数字技术融入品牌营销又能有效促进新质内容生产力的涌现[5]。当基于 AIGC 的算法模型与品牌营销相融合时，带来自动化内容生产和交互的革命，AIGC 技术与企业数字营销相辅相成，在更多垂直领域创造营销与传播奇迹。

（一）构建全新内容营销场景

AIGC 技术为营销内容数智化注入强大的动力，随着数智化转型的不断深入对营销策略进行升级，更激发消费者对品牌建立深厚的感情联系[6]。在营销内容生成方面，OPPO 运用 AIGC 技术布置广告营销场景。在球迷的激情世界里，排兵布阵不仅是教练的专利，更是每位球迷心中的战场。每当大赛临近，球迷们总爱聚在一起，热烈讨论并幻想自己成为战术大师，重新排列阵容，力求打造无敌之师。这种“你行你上”的自信与热情，正是 OPPO AI 抠图与消除功能的绝佳创意切入点。OPPO 敏锐地捕捉到了这一球迷文化中的独特现象，将 AI 技术与球迷行为巧妙融合，推出了一场别开生面的“你行你上”创意挑战。球迷们可以利用 OPPO AI 抠图与消除功能，轻松地在照片中重新排布球员位置，甚至创造出只存在于想象中的梦幻阵容。这种新颖的互动方式，不仅展现了 OPPO AI 技术的强大实力，更以轻松幽默的态度，与年轻球迷群体建立了深刻的情感联结。在营销内容展现方面，2024 年 5 月 19 日，中国旅游日，华为利用 AI 技术重温《徐霞客游记》，并通过盘古大模型提炼游记精华，定位到徐霞客西南之旅的终点——云南鸡足山。短片中，华为笔记本结合 AI 空间，将游记文字转化为生动图像，展现传奇旅程。科考揭示长江源头在姜古迪如冰川，寓意难攀的“狼山”。华为 AI 技术让徐霞客“穿越”至此，弥补了他未达的遗憾。这场科技与历史的对话，彰显了人类探索未知的勇气与决心。在营销内容传播方面，2023 年 3 月 15 日，可口可乐发布了一则创意视频广告《Masterpiece》，该广告运用 AIGC 应用还原了世界名画艺术展，并实现了多个世界名画的动态表现，通过切入音乐、艺术、体育、游戏等领域，帮助可口可乐寻找到了新的创意营销突破点。广告片通过现实与虚拟的无缝衔接，以可口可乐瓶作为媒介，让博物馆里的名画展开了“AI 博物馆奇想之旅”。其中包含了特纳的《沉船》、爱德华·蒙克的《呐喊》、梵高的《梵高在阿尔勒的卧室》、歌川广重的《鼓楼和夕阳山，目黑》、维米尔的《戴珍珠耳环的女孩》等名画作品，展现了广告片有趣而不失艺术感的风格。结合实拍、3D 效果和 AI 处理，使得名画里的人物活了起来，给观众带来一次视觉享受的同时，也有效地对品牌进行了宣传。AIGC 应用技术能够成为一个创新性的营销窗口，打磨个性化的营销体验并进行产品赋能。在 AIGC 技术日臻成熟、应用前景广阔的当下，未来营销领域的 AI 技术，更智慧、更准确，它拓展了营销领域的边界，给行业带来更多的想象力。

（二）重塑企业品牌营销体系

AIGC 通过为品牌营销构建一个涵盖体验要素、媒介、用户生命周期和购买行为路径的四维体验矩阵，确保用户体验的连贯性和一致性。利用大模型来驱动智能生成引擎，实现营销方案的智能生成。利用AIGC技术吸收海量用户数据后，快速提供传播方案，智能重塑服务价值，与全场景连接，驱动企业服务效率和质量双提升[7]。在传播内容生成中，AIGC提供了机器“从无到有”的媒体内容生成能力，根据不同场景和渠道特点生成符合用户需求的产品种草文案、产品描述、品牌网站博客、社交媒体帖子创作、红人营销策略。在产品策略和价格策略生成中，AIGC可以根据大数据模型对语料库中的数据信息进行初步筛选、清洗，减少错误和冗余信息，降低企业与消费者的交流壁垒，赋能精准营销、降低沟通成本，输出个性化的价格策略和产品组合，生成品牌战略与传播优化建议。通过分析深入了解目标用户群体的需求和痛点，AIGC可以为企业提供精准的产品市场契合度和营销渠道选择[8]。在AI生成工具的辅助下实现虚拟现实媒介营销方案快速制作和动态优化，打造网状的立体营销，组合实现多平台营销。此外，AIGC通过挖掘企业流程、员工行为及相关信息化知识完成知识库的具象化，智能生成品牌管理和营销框架。通过全时全场景的客户价值挖掘和运营AI驱动的多渠道整合实现个性化用户体验、自动化流程、实时优化、预测分析、增强客户互动和有效风险管理。制定客户关怀策略，更好地规划品牌战略，生成个性化的营销素材，满足用户的价值和实践需求。例如，作为智慧赋能的营销科技公司——蓝色光标，通过打造“AI+内容”的新型生产方式，服务内容涵盖营销传播整个产业链，以及基于营销科技的智慧经营服务，服务地域基本覆盖全球主要市场。

（三）打造消费者社交临场感

AIGC以创新互动体验，提升用户参与度，开辟品牌营销创新路径。通过分析不同渠道上的用户消费行为、消费偏好等数据，精准划分消费者需求。利用数据分析和个性化技术，通过直观感受吸引用户，情感体验建立深厚的品牌联系，思考体验激发用户对产品价值的深入理解，行动体验引导用户做出购买决策。这种互动式的营销策略不仅提高了品牌的可见度和参与度，还促进了用户之间的社区感和归属感。培育竞争优势的同时，数字人通过AI的赋能，拥有更强的人类情感感知能力，为场景化的虚拟现实媒介内容生产提供支撑。例如，白象方便面推出数字代言人南梦夏，以南梦夏为纽带，向大众传递品牌人格化、年轻化的品牌形象。该虚拟人凭借清新元气、具有亲和力的形象，以及热爱国风传统文化的人设，与白象品牌价值观一致，降低了品牌合作代言人的“塌房”风险；并且南梦夏与二次元虚拟偶像相比，其超写实的风格更接近于真人偶像，可以结合数字技术被应用在虚实交互的商业场景。品牌借助数字技术，将南梦夏化身为数字化体验官，在活动中与用户进行互动，带领大众探索白象高汤的奥秘，感受中国传统文化的无穷魅力，丰富消费者对品牌的感知，迎合了Z世代消费者注重沉浸式体验的消费需求。元宇宙为数字营销提供广阔的空间，企业不再仅仅满足于品牌的传统形象，而是寻求与品牌的互动和体验的深度，毕竟人们往往对于体验有较为深刻的记忆。例如，天猫臻品馆和元境博域的跨界联名活动，用户可通过应用页面首页入口进入元宇宙中鉴赏“盛世·大唐文物展”。在元境与西博共同筑造的云端展馆，用户可自主进入唐三彩住宅模型，零距离体验藏品内部的细节与院落构造，在云端展馆虚拟人 Avatar，以“导游身份”带领用户体验完整的历史故事，与用户深入互动。通过“技术 + 文化”的全新玩法，让文物活起来，让中华丰厚的历史文化以更为生动亲切的方式走进年轻人心里，以趣味形式实现与年轻用户的深度联结。AIGC 科技变革，正在引领品牌营销模式的创新。AIGC 让内容生产更贴近用户的交互体验与审美需求，在活动形式、参与模式和创意内容方面促使品牌与用户双向赋能，进而激发用户的消费潜力，实现品牌与用户之间的深层情感联结[9]。

四、AIGC 嵌入品牌营销传播中的风险检视

AIGC 技术的发展颠覆了品牌营销的场域和模式，促进了数字化营销的发展和变革，但也随之带来了一系列伦理道德和社会风险，如用户隐私泄露、算法偏见与歧视、行业恐慌等[10]。这些风险几乎贯穿品牌营销的整个生命周期，涉及管理交互、文档分析、数据识别、体系更新、数据呈现等各个环节。

（一）“全景监狱”诱发的数据伦理

随着技术的不断发展，AIGC 数据库的来源也在不断扩大和丰富，用户的个人信息、行为习惯乃至情感倾向都被转化为数据，成了一种可以被监视、分析和利用的资源，用户在某种意义上生活在“全景监狱”的环境下。在考虑个体主观意识的不确定性时，品牌在内容创作中采用 AIGC 技术可能会增加侵犯客户隐私的风险。因为 AIGC 技术在生成内容的过程中，可能会涉及对用户数据的收集和分析，而这些数据中可能包含敏感的个人信息。当消费者意识到自己的个人信息和行为数据正在被品牌营销者密切监视时，他们可能会感到不安和担忧。这种担忧转化为对品牌营销的不信任感，导致消费者对品牌产生抵触情绪，降低品牌的忠诚度和美誉度[11]。此外，“全景监狱”式的数据处理模式还可能导致品牌营销过度依赖数据，而忽视了对消费者真实需求和感受的关注。在追求数据驱动的市场营销中，品牌营销者可能会过分依赖数据分析和生成的结果，而忽视了与消费者的直接沟通和互动。这种忽视可能导致品牌营销策略偏离消费者的真实需求，无法有效触达目标受众，从而降低营销效果。

（二）“流量至上”催生的信息茧房

AIGC 的生成内容在大数据、算法优化等前沿技术的加持下，为信息的精准推送提

供了前所未有的便利，但数据模型的局限性导致它倾向于对易受用户关注的信息赋予更高权重，从而在“流量至上”的价值导向下，催生并加固了信息茧房现象[12]。当初始数据存在或暗含某些边缘化观念或非主流信息，则会导致所获取的样本数据产生较大的偏差，使受众接触到的品牌信息变得片面和单一，缺乏多元性和深度，导致受众对品牌的认知产生偏差或误解，进而降低对品牌的信任和忠诚度。为后续品牌活动的展开造成阻碍。此外，个性化推荐模式在提升用户体验的同时，也可能无意中加剧了算法偏见。尤其是当系统对用户“个性化”画像的理解出现偏差时，这种高度定制化的信息推送方式便可能成为一种自我循环的信息茧房。在 AIGC 技术的实际应用中，对用户特征的过度简化现象时有发生，这就导致品牌营销传播过于针对特定用户群体，或者形成信息的自我循环，引发消费者对品牌的不满和争议。信息茧房导致品牌只能接触到有限的信息和受众，从而限制了品牌的视野和市场拓展能力，易造成潜在市场挖掘不足。

（三）“AI替代”引发的行业焦虑

历史证明，每次科技革命都改变了人类的工作方式。在市场经济的大环境下，企业始终在追求成本效益的最大化。当 AIGC 技术在品牌营销传播领域展现出强大的智能优势时，它可能会给相关人员和行业带来一系列的不安与挑战。首先，AIGC 技术的快速发展可能加剧大众对就业市场的担忧。随着 AIGC 在品牌营销中的广泛应用，如文案撰写、素材设计等传统的品牌营销岗位可能会受到冲击。这是因为 AIGC 的快速智能化有可能减少这些岗位对人力资源的需求，机器逐渐取代人类在这些内容生成与传播环节中的核心角色。其次，AIGC 的广泛应用可能导致品牌营销传播的内容变得过于一致和标准化。尽管 AIGC 技术在处理数据和生成内容方面展现出了强大的能力，但它始终无法完全替代人类在情感体验和价值判断上的独特优势，这使得品牌传播难以形成有效的内容转化，进而影响品牌的独特性和市场竞争力。随着“人 +AI”的工作模式成为常态，从业人员更需要坚实的技术理解能力和人机协同能力来确保自身岗位不被技术所取代。

（四）“技术脱轨”造成的内容僵硬

作为近年来兴起的一项前沿科技，AIGC 虽然在诸多领域展现出巨大的应用潜力和价值，但其技术成熟度尚存在明显的不足。首先，AIGC 技术在内容生成的精准度和创新性上仍有待提升。尽管 AI 系统能够基于大数据和算法生成丰富的内容，但在某些特定情境下，其内容往往缺乏足够的深度和创意，难以与人类的创作水平相媲美。这限制了 AIGC 技术在高要求创作领域的应用范围。其次，AIGC 技术在处理复杂情感和语境方面的能力仍略显薄弱。人类的情感表达和文化语境是极其复杂且多变的，而当前的 AIGC 技术往往难以准确理解和捕捉这些细微的差别。这导致生成的内容在某些情况下可能显得生硬、不自然，甚至引发误解和争议。此外，AIGC 技术的稳定性和可靠性也面临挑战。由于技术本身的复杂性和不确定性，AI 系统在生成内容的过程中可能会出现各种故障和错误[13]。这不仅会影响内容的质量和效果，还可能对品牌形象和用户体验造成负面影响。

五、结语

随着 AIGC 的不断成熟和应用场景的不断拓展，营销数字化及生成式 AI 快速发展重塑营销行业，创新人机交互的品牌营销模式。通过智能算法和大数据分析，品牌能够更准确地了解消费者的需求和偏好，从而制定出更为精准的营销策略。同时，生成式 AI 的广泛应用使得品牌营销内容更加丰富、多样，能够满足不同消费者的个性化需求。这种创新的人机交互模式不仅提高了营销效率，还增强了消费者的参与感和体验感，为品牌赢得了更多的忠诚度和口碑。在推动 AIGC 技术发展的同时，也需要关注其潜在的风险和影响，以积极的态度来应对，加强数据伦理管理、平衡个性化推送和多样化内容之间的关系、培养员工的数字技能和创新能力等，以推动品牌营销传播走向更为健康和可持续的发展道路。

[1]孙守迁，罗凌颖，乔显越 .AIGC 赋能创新设计的新动能和新路径[J]. 艺术设计研究，2024（2）：69–76.

[2]习近平 . 高举中国特色社会主义伟大旗帜为全面建设社会主义现代化国家而团结奋斗[EB/OL].（2022–10–26）[2024–10–09]. http://politics.people.com.cn/n1/2022/1026/c1024–32551597.html.

[3]刘烈宏 . 中国 10 亿参数规模以上大模型数量已超 100 个[EB/OL].（2024–03–25）[2024–10–15]. https：//www.chinanews.com.cn/gn/2024/03–25/10186743.shtml.

[4]姬德强，蒋效妹，朱泓宇 .AIGC 与视听传播研究新议题[J]. 新闻与写作，2024（4）：113.

[5]解学芳，祝新乐 .“智能 +”时代 AIGC 赋能的数字文化生产模式创新研究[J]. 福建论坛（人文社会科学版），2023（8）：16–29.

[6][8]唐玉生，农冰，刘健 . 品牌营销战略群的内涵、结构与管理[J]. 商业经济研究，2020（7）：75–78.

[7]谭天，汪婷 . 接入、场景、资本：社交媒体三大构成[J]. 中国出版，2018（8）：22–27.

[9]韩国颖，张科 .AIGC 营销：人机共生式营销模式推动数字营销向数智化跨越[J]. 企业经济，2024，43（2）：111–124.

［10］陈俊凯．人工智能生成内容信息披露机制构建研究［J］. 中国科技论坛，2024（3）：160–167，176.

［11］马涛，周艳，聂乃知．内容破局："互联网下半场" 的营销创新［J］. 新闻与写作，2018（2）：43–48.

［12］CHAMOLA V，SAI S，BHARGAVA A，et al.A Comprehensive survey on generative AI for metaverse：enabling immersive experience［J］. Cognitive computation，2024，16（6）：3286–3315.

［13］KNOTT A，PEDRESCHI D，JITSUZUMI T，et al.Correction：AI content detection in the emerging information ecosystem：new obligations for media and tech companies［J］. Ethics and information technology，2024，26（4）：1388–1957.

（张雯雯系河南工业大学新闻与传播学院副教授；于婷婷系河南工业大学新闻与传播学院硕士研究生）

AI+ 新型文化业态的创新路径与发展模式：以互动影游为例 *

张　林

【内容摘要】AI 技术在文化内容创作、生产、分发和消费等环节的应用，推动了新型文化业态的创新与发展。AI+ 新型文化业态背景下，互动影游的创新路径和发展模式主要体现在创作与生产端的叙事灵活多变、分发与推荐端的多模态分析预测、体验与消费端的增强体验独特性、商业模式与市场拓展的新型盈利模式开发以及政策支持与产业协同的整合上下游产业链等方面。互动影游也面临法律伦理风险和版权问题等挑战，需要综合施策。

【关键词】AI，新型文化业态，互动影游，创新路径，发展模式

Innovation Path and Development Model of AI + New Cultural Formats: Taking Interactive Film Games as an Example

ZHANG Lin

Abstract: The application of AI (Artificial Intelligence) technology in cultural content creation, production, distribution, and consumption has driven the innovation and development of new cultural formats. Under the background of AI + new cultural formats, the innovation paths and development models of interactive film games are mainly reflected in the flexible narrative at the creation and production end, multimodal analysis and prediction at the distribution and recommendation end, enhanced experience uniqueness at the experience and consumption end, development of new profit models for business models and market expansion, as well as integration

* 本文为民革上海市委会 2025 年度委托课题“上海发展‘AI+ 新型文化业态’的创新路径与体制机制研究”研究成果。

of upstream and downstream industry chains through policy support and industrial collaboration. Interactive film games also face legal and ethical risks, as well as copyright issues, requiring comprehensive measures.

Keywords: AI, new cultural formats, interactive film games, innovation path, development model

随着AI技术的飞速发展，文化产业迎来了前所未有的变革机遇。AI赋能不仅推动了文化内容创作、生产、分发和消费等各个环节的数字化、网络化、智能化发展，而且催生了新型文化业态的诞生和传统文化业态的升级。党的二十届三中全会指出，要探索科技和文化深度融合的有效机制，提高数字化、网络化、智能化水平。习近平总书记在湖南考察时亦强调，加快发展新型文化业态，形成更多新的文化产业增长点。在这一背景下，互动影游作为一种融合电影叙事和游戏互动性的新型文化业态而崛起，是AI技术与文化产业深度融合的产物，并逐渐成为文化产业创新发展的重要方向之一。

一、转向：从“文化+科技”到“AI+新型文化业态”

曾经，深圳创造的“文化+科技”文化产业发展模式，让深圳的文化产业发展一直走在全国前列，并为全国所借鉴，成为中国改革开放的重要标识和精神财富[1]。2024年，中国政府工作报告中明确提出“开展‘人工智能+’行动”，而这必然包括文化产业与AI的结合。

相对于传统文化业态，新型文化业态是指随着现代科技、数字信息、互联网技术的发展催生出来的新型文化业态，可以被视为跨界融合下的文化产业升级发展与裂变扩张，也可以被理解为新质生产力在文化领域呈现出来的新型产业组织形态。新型文化业态包含全新文化产业的诞生、文化产业的升级、文化同其他产业之间的融合等多种形式，具有典型的广泛性、开放性、复杂性特征，数字化、网络化、智能化趋势显著[2]。数字创意、数字娱乐、网络视听、线上演播、数字艺术展示、沉浸式体验、云旅游、云直播、云演艺等，都属于新型文化业态[3]。我国新型文化业态发展迅猛，2023年，我国新型文化业态实现营业收入52395亿元，比上年增长15.3%，快于全部规模以上文化企业7.1个百分点[4]。

AI是文化产业发展最关键的新质生产力。早在2017年，国务院《新一代人工智能发展规划》就提出要推动AI与文化产业的深度融合，促进文化业态创新[5]。2024年7月，党的二十届三中全会再次提出要加快推动AI与文化产业的结合，强调利用AI技术提升文化产品创造力和市场竞争力，加快培育发展新型文化业态，推动文化产业转型升级。习近平总书记亦指出：“人工智能等新技术是文化产业发展的新动能，要加快培育发展新型文化业态，推动文化产业转型升级。”[6]

基于此，“AI+ 新型文化业态”是指在将 AI 技术与文化产业深度融合，创造新的文化产品和服务形态，推动文化业态的创新和转型——以文化创意为核心内容，以数字技术为依托，以网络化、数字化、智能化、融合化为发展方向的文化创作、生产、传播和服务的新兴产业[7]。AI 技术与文化产业的深度融合，不仅覆盖文化内容创作、生产、分发和消费等各个环节，还包含用户文化体验的全方位升级，呈现出生产数字化、传播网络化、消费个性化等特点。

在文化内容创作和生产方面，一是 AI 技术可以生成各种风格的艺术作品，如 AI 作画、AI 诗歌、AI 剧本等，拓宽了艺术创作边界，满足了公众对新颖、个性化文化内容的需求。二是 AI 可以进行智能辅助创作，如在影视、音乐、文学等领域，AI 可以作为创作工具辅助创作者进行素材收集、灵感启发、初稿编写等工作，提高创作效率和质量。三是 AI 技术能够利用机器学习分析用户偏好，生成定制化、个性化的文化产品和服务内容[8]，满足不同用户的特定需求，并为文化产品的市场推广和定制、体验、智能、互动等消费新模式发展，提供新思路。

在文化内容分发和推荐方面。一是个性化推送。AI 技术能够精准分析用户行为和偏好，根据用户数据提供个性化推荐，助力文化产品精准推送，提高文化传播效率[9]。二是智能审核。在内容发布前，AI 可以自动进行内容审核，识别和过滤掉暴力、色情、仇恨言论等不良信息，确保内容健康合规。三是用户参与和反馈。AI 技术还可以通过分析用户反馈来优化内容推荐算法，使文化内容分发更加贴合用户需求。用户的互动数据，如点击率、观看时长、分享次数等，都为 AI 系统提供了有效的反馈信息，用于调整和优化推荐策略。

在文化内容体验和消费方面。一是交互式与沉浸式体验。随着 5G、AR 和 VR 等技术的应用，AI 打造出了更逼真、沉浸式的文化产品和文化体验[10]，如虚拟现实剧场、互动式数字展览、互动电影和互动游戏等[11]。二是智能导览与解说。在博物馆、景区等场所，AI 可以提供智能导览服务，根据游客的兴趣和位置实时推荐展品或景点，并通过语音解说、AR 展示等方式增强游客体验。三是催生新型消费场景。AI 技术催生出线上演唱会、虚拟旅游等新的文化消费场景，为消费者提供更加便捷多样的文化消费选择。

从“文化 + 科技”模式到“AI+ 新型文化业态”模式，AI 技术在推动文化产业创新和转型升级中发挥了核心作用，尤其是 AI 技术在文化内容创作、生产、分发、推荐、体验和消费全链条上的融合，不仅推动了文化业态创新，也为文化产业的高质量发展提供了新的动力和方向，展现出 AI+ 新型文化业态的广阔前景和深远影响。

二、崛起：AI+ 新型文化业态下的互动影视游戏

技术的飞跃，尤其是 AI 技术的嵌入，推动了互动影视游戏（Interactive Film Games，

以下简称互动影游）这一新型文化业态的崛起。互动影游从互动视频的叙事模式中脱胎，融入游戏机制，形成具有高度参与性和互动性的复合媒介，带来全新的文化体验。

（一）成长脉络：从互动视频到互动影视游戏

20 世纪 80 年代以来出现的互动视频（Interactive Video），是一种通过各种技术手段将交互体验融入线性视频的新型视频，打破了传统影视作品的线性叙事模式，引入了多线程、多结局的叙事结构，使观众能够根据自己的选择体验不同的故事线，丰富了观看体验[12]。互动视频最早以画廊作品、视频游戏和早期 YouTube 视频的形式出现。世界上第一部互动视频是 1984 年美国艺术家林恩·赫什曼（Lynn Hershman）的作品《洛娜》（*Lorna*）。在这部作品中，观众被鼓励为主角洛娜做出“替代性决策”，通过视频光盘的分支设计，导致多个结局以及视频画面的多种处理方式，如加速、减速、回放等。自《洛娜》诞生后的 40 年里，技术尤其是数字技术的发展，使原本不可及的小规模生产转变为任何拥有智能手机和互联网的人都可以进入的大众市场[13]。

在我国，国家广电总局于 2020 年制定并发布了《互联网互动视频数据格式规范》，将互动视频定义为“通过互联网（含移动互联网）向公众提供的具有分支剧情选择、视角切换、画面交互等交互能力，能够为用户带来互动观看体验的一种视频业务。”[14]

近年来，在 AI 等技术的赋能之下，互动视频向游戏业拓展，影视和游戏属性边界逐渐模糊，诞生了互动影游，这是“AI+ 新型文化业态”的新实践。互动影游遵循影视创作和游戏制作规律，具有完整的多线性剧情结构，在保证影视流畅观影体验的基础上，智能化、沉浸式、参与性、个性化体验特点明显，并对非线性剧本创作、后期剪辑制作水平和影游互动环节有着更高要求。

2018 年，法国 Quantic Dream 工作室制作发行了互动影游《底特律：变人》，从角色设计、玩家交互到情感模拟，都体现了 AI 在游戏中的深度整合和复杂应用，如游戏中的 AI 角色，即“变人”，被设计成具有人类样式的机器人，具有情感和意识。这些角色的行为和反应是通过复杂的 AI 算法来模拟的，使得它们在游戏中的表现更加真实和自然。2019 年，我国首款互动影游《隐形守护者》在 Steam 和 Wegame 平台上线。2023 年底，恋爱互动影游《完蛋！我被美女包围了！》发售，作为“爆款产品”连续登顶 Steam 平台中国区畅销榜，总销量达 163 万份，制作成本仅 500 万元，但总收入超过 8000 万元，迅速点燃了我国互动影游行业的发展热情。2024 年，我国互动影游进入新一轮爆发期，截至 2024 年 9 月，已在 Steam 平台上线的中文互动影游数量总计为 44 个，其中继《完蛋！我被美女包围了！》后上线的有 32 个，占总数的 72.7%，我国互动影游行业呈现爆发性增长，更多机构和独立工作室入局。互动影游市场迅速增长，预计是一个百亿级市场[15]。用户画像显示，互动影游的核心玩家群体主要是居住在一线及沿海大城市的90后或00后男性，他们对游戏的剧情、人物塑造和互动设计有较高要求。男性玩家比例高达90%，是互动影游的主要用户群体，女性玩家市场也展现出巨大潜力[16]。

（二）核心要素：虚拟世界的构建与叙事空间设计

互动影游包含几个核心要素，也是互动影游的主要特征[17]。

一是虚拟世界（Virtual Worlds）。首先，虚拟世界对故事的精确描绘取决于要体验的故事类型，如*Dungeons and Dragons*（《龙与地下城》）的角色扮演游戏需要包含地牢和怪物。其次，故事发生的环境需要具备足够的完整性，以使用户感觉到他们在虚拟世界中体验到了自由。许多现有的虚拟世界可以进行互动影游，如*Fallout* 3（《辐射3》）和*Neverwinter Nights*（《无冬之夜》）；虚拟现实环境，如*Second Life*（《第二人生》）；此外，使用开源的3D环境进行互动影游，可以使程序员获得更大的整体控制权。

二是互动对象（Interaction with Objects）。用户应该能够在虚拟世界中自由地行动，包括友好地与角色、对象和场景进行互动。

三是社交互动（Social Interaction）。这涉及在虚拟世界中与其他角色在社交层面的互动，如手势、口头表达和情感交流等，都是社交互动的方式，每个角色都应该能以这些方式与所有其他角色互动。理想情况下，用户应该能够在虚拟世界中自由交流并被理解。

四是本质区别（Fundamental Difference）。在互动影游中，每次用户参与时，他们都应该认为自己所体验的故事本质上是一个全新的故事。为了实现这一点，每次用户参与时主要情节线都需要有显著不同，这要求背景和引发事件发生变化。如果仅仅发生微小变化，如只有结局不同，或者角色进行了不同的琐碎对话是不够的。随着故事展开，也应该有所不同，以至于用户每次参与时都认为这是一个全新的故事。此外，故事的差异需要从影游一开始就显而易见。此外，故事的变化必须对用户的互动高度响应。

（三）理论基础：互动数字叙事、多模态和游戏化

互动数字叙事、多模态和游戏化理论，都为互动影游的发展提供了坚实的理论基础。这些理论支撑不仅促进了互动影游的创新和发展，也为文化产业的智能化转型提供了新的思路和方向。

1. 互动数字叙事：阐释互动影游所建构的新型三元关系

文化和旅游部发布的《“十四五”文化和旅游发展规划》中提到，要推动文化产品的创新，鼓励利用新技术实现叙事方式多样化，促进文化消费升级[18]。

线性叙事是传统电影和电视剧的主要叙事方式，故事情节按照固定的时间顺序展开，

虽然能够有效传达情感和主题，但在吸引力和观众参与感方面存在不足。美国当代电影理论家大卫·波德维尔（David Bordwell）指出，线性叙事的单一性使观众的体验相对被动，缺乏互动和选择的空间[19]。

随着数字技术的发展，非线性叙事逐渐成为一种新的叙事方式。非线性叙事允许观众根据个人喜好选择观看顺序，增加了故事的复杂性和多样性[20]。例如，电影《云图》（*Cloud Atlas*）采用了非线性叙事结构，通过多个时间线和角色交织的方式，增强了观众的参与感和思考深度。

互动叙事则是将观众的选择和行为纳入叙事结构，形成一种动态的、参与式的故事体验。观众不仅是故事的接收者，更是故事的共同创作者[21]。互动电影，如《黑镜：潘达斯奈基》（*Black Mirror*：*Bandersnatch*）展示了互动叙事的潜力，观众可以通过选择影响剧情走向，体验不同的结局[22]。

从叙事角度看，西方学者认为互动影游是“在网络电视（ITV）和在线视频（Online video）等媒介平台上的互动数字叙事（Interactive Digital Narratives，IDN）”[23]。国内学者指出，互动数字叙事涵盖互动文本、互动电视、基于游戏的视频动画和在线视频等，受众通过互动技术可对在线视频的数字叙事内容和进程产生持续性影响[24]。互动影游连接了艺术与技术，其核心是用户参与并体验故事，建构出创作者、动态叙事作品和参与者之间的新型三元关系。互动数字叙事汇集了从可塑的基于屏幕的文本表示到寻求虚拟空间的不同艺术和研究方向，在这些虚拟空间中，人类互动者与创作叙事元素和合成角色一起体验连贯的叙事。

2. 多模态：为设计互动影游体验提供理论框架

多模态是指在叙事中结合多种媒介和表达方式，如文字、图像、声音、视频等，以丰富叙事体验，增强观众的沉浸感[25]。该理论为分析和设计包含多种符号资源的互动影游体验，提供了一个理论框架。

多模态理论指导设计师结合视觉、听觉和触觉等多种感官体验，突破传统的视觉和听觉体验，通过互动元素、游戏机制等增强参与感，创造更具吸引力和沉浸感的互动影游产品。多模态在互动影游中的应用主要包括交互式界面、VR 与 AR 技术等。交互式界面方面，通过触摸屏、手势识别等技术，观众可以直接与故事进行互动，选择不同的情节发展路径[26]。VR 技术与 AR 技术的使用，让观众沉浸式体验故事情节，在虚拟环境中自由探索，增强了叙事的多样性和观众的参与感，引发了情感共鸣[27]。

3. 游戏化：增加互动影游玩家的内在动机和参与度

游戏化（Gamification）理论是指将游戏设计元素、游戏思维和游戏机制应用于非游戏情境中，以增加人们的参与度和动机[28]。互动影游通过引入积分系统、挑战任务和奖励机制等游戏化元素，增强了玩家的互动体验和情感投入，提高了玩家的参与度和沉浸感。此外，引入竞争和合作机制等社交元素，激发玩家的内在动机和关联性需求，使玩家为了达成游戏目标而采取行动，在互动影游中更加活跃，提高了整体参与度[29]。

三、动因：互动影游创新发展的驱动力

（一）技术进步与媒介融合推动

技术发展领域，AI、云计算、虚拟拍摄等技术的进步不断推动电影和游戏产业内容创作形式的革新。AIGC 技术的应用，在特效渲染、场景设计、语音效果等方面助力企业降本增效，实现生产流程的优化[30]。自然语言处理技术的进步，尤其是大模型时代的到来，为互动影游提供了更智能的交互体验，通过理解和处理用户的语言输入，互动影游能够提供更加自然和个性化的互动体验[31]。

媒介融合方面，互动影游作为影游融合的产物，通过将游戏的交互模式融入影视作品，使用户能够通过与视频的互动影响剧情发展，推动用户参与度和沉浸感的提升[32]。

（二）市场需求与用户行为变化

市场需求方面，人口结构变化、创新技术兴起以及对高质量 IP 的需求正推动产业升级。随着数字原住民（Digital Natives）成为主要消费群体，他们对于虚拟世界互动性和参与度的需求日益增长[33]，年轻一代热衷于互动影游，促使影游融合产业迅猛发展，互动影游市场快速增长。

用户互动参与度方面，游戏用户的互动参与度往往更高，许多玩家会花费大量时间沉浸于大型叙事游戏中，这种参与度和沉浸感是互动影游火爆的重要推动力。

（三）国家政策与产业支持

政策支持方面，中国对文化产业的重视为电影和游戏产业提供了战略机遇。知识产权培养成为提高企业核心竞争力的关键，技术进步则为内容创作赋能，推动了电影和游戏的深度融合。

产业增长方面，2023 年中国游戏市场收入达到 3029.64 亿元，首次突破 3000 亿元，同比增长 13.95%，这一数据不仅彰显了国家政策对影游产业的有力支持，也反映了市场规模的快速增长趋势。

（四）商业模式与跨界合作

影游联动方面，深化了跨界合作，宏大叙事的落地成为可能。好莱坞和游戏公司都在寻找可以扩展和盈利的新 IP，通过与电视和电影的合作来扩充 IP 阵容，抵消游戏开发成本。

IP 跨媒体拓展方面，一些引人入胜的故事正在跨媒体拓展，以吸引粉丝、扩大受众范围，并提升特许经营权的价值。

（五）粉丝经济与文化认同

粉丝经济方面，粉丝和粉丝社区可以通过分享他们对新篇章及衍生作品的积极体验，让这些故事经久不衰，不断激发并维持粉丝热情，令优质作品跨越数十年和几代人。

文化认同方面，影游融合产品往往需要尊重和体现原著的独特与意义所在，以迎合粉丝需求，扩大受众范围，同时保留原著的伟大之处。

四、策略：互动影游的创新路径与发展模式

在 AI+ 新型文化业态背景下，互动影游作为一种融合了电影叙事和游戏互动性的新型文化业态，正面临着前所未有的发展机遇。在此背景下，互动影游未来的创新路径与发展模式可从以下几个维度进行深入探索。

（一）创作与生产端：叙事灵活多变 用户参与共创

一是叙事结构需要更加灵活和多样化，以适应不同玩家的选择和互动。通过构建复杂的剧情分支和多样的结局，增加故事的丰富性和不可预测性，使玩家在每次参与时都有新鲜感。二要注重内容的文化内涵，将传统文化元素与现代互动技术相结合，注重文化元素的融入和价值的传承，尊重和体现不同文化的独特性，创造出具有深厚文化底蕴的互动体验。三要鼓励用户参与到互动影游的内容创作和反馈中，构建影游社交互动平台，使用户在影游内外进行交流和分享，利用 AI 技术收集和分析用户的创意与反馈，形成社区文化。开发者通过用户生成内容（UGC）等方式，鼓励玩家参与到故事创作中来，增加玩家之间的互动和影游的可玩性。优化和创新内容，提高用户黏性和社区活跃度。

（二）分发与推荐端：多模态分析预测 跨平台协同分发

一是通过多模态分析影游内容，实现精准化推送。AI 通过计算机视觉和音频分析技术，提取关键帧、场景、角色、情感等多维度特征，丰富内容的标签和分类，提高推荐系统的准确性和多样性，精准推送个性化内容和服务，提升用户体验和内容分发效率。二是交互式营销推荐，如通过社交媒体、直播平台等渠道，让用户参与到互动影游的推广和体验中。利用 AI 分析用户的平台互动数据，优化营销活动，提高用户参与度和转化

率。三是跨平台协同分发。利用AI技术实现不同平台间用户数据的整合和分析，优化内容在多个平台上的分发策略，扩大内容覆盖范围和影响力。

（三）体验与消费端：增强体验独特性 感受物理性反馈

一要进一步整合AI、VR、AR等技术，提升用户体验的个性化、沉浸感和互动性。通过机器学习和数据分析，根据玩家的历史偏好和情绪状态实时调整剧情与演出方式，增加影游的不可预测性和挑战性，使每一次影游都成为一次独特的体验，实现更加精细的交互设计。二要利用自然语言处理技术，提升角色与用户之间的自然对话能力，增强故事的互动性和用户参与感。三是智能NPC（Non-Player Character，非玩家角色）与动态世界方面，使用AI驱动的智能NPC提供更加真实和动态的交互体验，使影游世界更加生动和有趣。四要探索结合视觉、听觉、触觉等多种感官体验的多模态交互方式，整合文本、图像、视频等多种信息源，应用多模态大模型，使玩家能够在影游中感受到更加真实的物理反馈和环境互动，增强用户的沉浸感。

（四）商业模式与市场拓展：开发新型盈利模式 跨媒体IP"出海"

一要开发更多基于AI的新型盈利模式，如虚拟偶像、数字资产交易、订阅服务、虚拟商品销售等，这些新模式将为产业带来新的增长点和商业机会。二要加强IP跨媒体开发与协同。互动影游要加强与影视、文学、动漫等其他文化产品的联动，形成跨媒体的IP开发模式。通过共享故事世界和角色，扩大受众基础，提高品牌影响力。三要鼓励互动影游企业开拓海外市场，参与国际竞争和合作。政府可以提供市场拓展的指导和服务，如国际市场分析、贸易洽谈会等，帮助企业了解国际市场，拓展海外业务；同时，通过国际合作项目，引进国外先进的技术和管理经验，提升国内产业的国际竞争力。

（五）政策支持与产业协同：整合上下游产业链 提高产品兼容性

一要利用好国家政策支持，如文化产业发展基金、税收优惠等，为互动影游的创新和发展提供资金与政策保障。二要产学研用一体化。加强与高校、研究机构的合作，建立产学研用一体化的创新体系，促进技术创新和人才培养，共同开发互动影游的核心技术，加速科研成果的转化，提高产业的技术含量和核心竞争力。三是产业链整合与协同创新。互动影游产业的发展需要上下游企业的紧密合作和产业链的整合。政府和行业协会可以扮演协调者的角色，促进不同企业之间的信息交流和资源共享，推动产业链的协同创新。例如，建立互动影游产业园区，吸引相关企业入驻，形成产业集群，提高整个产业链的效率和竞争力。四是制定统一的技术标准和行业规范，这是促进互动影游产业规范化发展的重要措施。政府和行业协会可以联合企业制定一系列技术标准与行业规范，引导企业按照标准进行研发和生产，提高产品的兼容性和互操作性。

五、结语

AI 技术的飞速发展与文化产业的深度融合，促使互动影游作为新型文化业态迅猛兴起。本研究剖析了 AI+ 新型文化业态的时代背景，阐释了互动影游的发展历程、核心要素和理论支撑，探讨了其创新驱动力，进而提出了 AI+ 新型文化业态背景下互动影游的创新路径与发展模式。

互动影游的出现和发展不仅是技术革新的结果，更是文化需求变迁的产物。从互动视频到互动影视游戏，互动影游不断突破传统叙事的界限，通过多线程、多结局的叙事结构，为用户带来了前所未有的参与感和沉浸体验。AI 技术的赋能，尤其是自然语言处理和计算机视觉技术的应用，使得互动影游能够提供更加个性化和智能化的体验。此外，互动数字叙事、多模态和游戏化理论为互动影游的设计与开发提供了坚实的理论基础，促进了文化产业的智能化转型。AI 技术的融入，为文化产业的转型升级提供了新路径。未来，互动影游需要在创作与生产端、分发与推荐端、体验与消费端、商业模式与市场拓展、政策支持与产业协同等方面进行路径创新和模式变革，为文化产业的高质量发展注入新的动力，为用户带来更加丰富多元的文化体验。

但是，互动影游在快速发展的同时，亦面临着一系列风险和挑战，亟须行业规范和法律支持。首先，互动影游在制作和内容表达上可能出现的传播伦理失范问题，如视觉表达的暴力倾向、题材内容的超娱乐化以及游戏意识形态中的歧视问题。其次，互动影游的社交互动环境可能导致社交道德的边缘化，以及游戏消费行为的劳工化。玩家可能在游戏中过度投入，导致现实生活中的社会和心理问题。此外，互动影游的版权问题也日益凸显，游戏版权的“拿来主义”和宣发模式的诚信缺失可能导致知识产权纠纷。因此，互动影游行业需要在政策引导、平台自律、游戏设计规范以及玩家教育等方面进行综合施策，以促进行业的健康可持续发展。

---

［1］王京生 . 人工智能的文化意义和时代挑战［N］. 中国文化报，2024-05-23.

［2］三中全会关键词｜如何理解新型文化业态的内涵要义与实践模式？［EB/OL］.（2024-10-22）［2024-12-12］. https://www.thepaper.cn/newsDetail_forward_29107336.

［3］文化和旅游部发布《“十四五”文化和旅游发展规划》［EB/OL］.（2021-04-29）［2024-10-19］. https://www.gov.cn/xinwen/2021-06/04/content_5615466.htm.

［4］联播+｜总书记为何要求答好这一“融合命题”［EB/OL］.（2024-10-31）［2024-12-12］. https://baijiahao.baidu.com/s?id=1814405312224980927&wfr=spider&for=pc.

［5］国务院关于印发新一代人工智能发展规划的通知［EB/OL］.（2017–07–20）［2024–10–24］. https://www.gov.cn/zhengce/zhengceku/2017–07/20/content_5211996.htm.

［6］向勇 . 文化和科技融合赋能新型文化业态［J］. 中国党政干部论坛，2024（10）：36–41.

［7］LIU Y T，SONG P Y. Creating Sustainable Cultural Industries：The perspective of Artificial Intelligence and global value chain［J］. Journal of environmental and public health，2022（1），6768388.

［8］QIU Z. Beyond narrative：on the new mode of internet interactive drama narration［J］. Modern communication（Journal of communication university of China），2021，43（9）：87–90.

［9］YU S. From nonlinear narrative film to interactive narrative film［J］. Contemporary film，2012，200（11）：101–106.

［10］XIE B，AND SUN，P. The possibility of interaction and the boundary of reality［J］. Contemporary film，2020，294（9）：119–128.

［11］WANG G. Interactive films，film games and interactive movie games：the investigation based on the user's narrative engagement［J］. New films，2021，2：152–156.

［12］BĂDIN G，GÎRBAN M. Interactive video：a new perspective for online learning［C］. In proceedings of the international conference on interactive mobile communication technologies and learning（IMCL）.2019.

［13］ANDERSON C. Screendance in the wake of screened dance：Moving forward through interactive video［J］. The international journal of screendance，2012：12.

［14］互联网互动视频数据格式规范［EB/OL］.（2020–10–12）［2024–10–20］. https://www.gov.cn/zhengce/zhengceku/2020–10/15/content_5551511.htm.

［15］影游互动，下一个百亿级市场，国内首份报告出炉了！［N/OL］.（2024–06–14）［2024–10–20］. https://www.thepaper.cn/newsDetail_forward_27723753.

［16］2024 互动影游发展报告［N/OL］.（2024–08–13）［2024–10–20］. https://www.sohu.com/a/798127317_121955005.

［17］ARINBJARNAR M，BARBER H，KUDENKO D A critical review of interactive drama systems［C］. In AISB'09 Symposium：AI & Games，Edinburgh，UK.2009.

［18］文化和旅游部发布《"十四五"文化和旅游发展规划》［EB/OL］.（2021–06–04）［2024–10–25］. https://www.gov.cn/xinwen/2021–06/04/content_5615466.htm.

［19］BORDWELL，D. Narration in the Fiction Film［M］. Madison：University of Wisconsin Press，1985.

［20］RYAN M-L. Narrative as virtual reality：immersion and interactivity in literature and electronic media［M］. Baltimore：Johns Hopkins University Press，2015.

［21］PERRON B. Methodological questions in "interactive film studies"［J］. New review of film and television studies，2008，6（3）：233-252.

［22］QIU ZH. Beyond narrative：on the new mode of internet interactive drama narration［J］. Modern communication（Journal of communication university of China），2021，43（9）：87-90.

［23］KOENITZ H，FERRI G，HAAHR M，et al. Interactive digital narrative. History，Theory and Practice［M］. London：Routledge，2015.

［24］郑琪，方爱华．互动视频发展瓶颈和路径优化探析［J］．当代电视，2020（5）：87-90.

［25］KRESS G，VAN LEEUWEN T. Multimodal Discourse：The Modes and Media of Contemporary Communication［M］. Arnold，2001.

［26］DIXON，P. Interactive storytelling：techniques for 21st century fiction［M］. London：Routledge，2015.

［27］SLATER M，WILBUR S. A framework for immersive virtual environments（FIVE）：speculations on the role of presence in virtual environments［J］. Presence：teleoperators and virtual environments，1997，6（6）：603-616.

［28］DETERDING S. Gamification：using game design elements in non-gaming contexts［J］. Journal of intelligent learning systems and applications，2011：2425-2428

［29］SAILER M，HENSE J U，MAYR S K，et al. How gamification motivates：An experimental study of the effects of specific game design elements on psychological need satisfaction［J］. Computers in human behavior，2017，69：371-380.

［30］范志忠，喻文轩．影游改编的跨媒体想象力与叙事机制［J］．上海大学学报（社会科学版），2022，39（3）：46-56.

［31］车万翔，窦志成，冯岩松，等．大模型时代的自然语言处理：挑战，机遇与发展［J］．中国科学：信息科学，2023，53（9）：1645-1687.

［32］杨扬，孙可佳．影游融合与参与叙事：互动剧的发展，特征及趋势［J］．编辑之友，2020（9）：75-82.

［33］蔡竺言，刘楚君．从"追星族"到"饭圈"：中国粉丝研究的核心概念与框架变迁［J］．新闻记者，2022（4）：60-72.

（张林系上海大学新闻传播学院讲师）

征稿启事

一、辑刊简介

《智能传播研究》辑刊由上海大学新闻传播学院和上海大学全球人工智能媒体传播研究院主办，由中国传媒大学出版社出版，是聚焦智能传播领域研究的专业学术辑刊。本刊致力于汇聚多方智慧，推动中国智能传播研究的学科发展与学术繁荣，为全球传播学在智能时代的创新发展贡献力量。

《智能传播研究》辑刊计划于 2024 年和 2025 年每年出版一辑，自 2026 年起每年出版两辑，重点关注智能传播的前沿探索、理论体系构建、创新应用实践、治理与伦理问题、内容智能生产和市场营销的智能化策略等方向，希望为海内外智能传播研究的学者们提供一个严谨求真、开放包容的学术交流与探索平台，多维展现智能传播领域的研究全景。

二、投稿说明

1. 本刊采取电子投稿方式，稿件正文在 8000–13000 字为宜（加中英文摘要、关键词、注释和参考文献后不超过 15000 字）。

2. 稿件须含中英文标题、作者姓名与简介、中英文摘要、中英文关键词、正文、参考文献。

3. 稿件格式与引注需符合学术规范。文章一般在四级标题以内，采用【一、/（一）/1. / ①】标号。参考文献使用尾注形式，以［1］［2］…按引用顺序进行排列，文内引用在句子后、句号前使用上标［1］。若稿件中有需要特别说明的文字，则采用脚注形式加以注释，使用上标阿拉伯数字序号①每页单独编号。

4. 来稿文责自负，稿件须为原创学术成果，且未在其他刊物发表。

5. 必要时本刊有权对来稿做技术性修改。

三、联系方式

1. 稿件请投至电子邮箱：ZNCBYJ@163.com，以附件 word 形式发送。

2. 邮件标题命名为“第一作者名字 – 论文标题”。请作者同时在邮件正文中提供中英文内容摘要和作者简介（姓名、所在单位、职称、电子信箱），如有多位作者，请注明作者顺序。

图书在版编目（CIP）数据

智能传播研究．第一辑 / 刘幼琍主编．-- 北京：中国传媒大学出版社，2025. 9. -- ISBN 978-7-5657-3975-0

Ⅰ. G206.2

中国国家版本馆 CIP 数据核字第 20250MV930 号

智能传播研究（第一辑）

ZHINENG CHUANBO YANJIU (DI-YI JI)

主　　编	刘幼琍		
策划编辑	曾婧娴		
责任编辑	沈刘红		
责任印制	李志鹏		
封面设计	拓美设计		
出版发行	中国传媒大学出版社		
社　　址	北京市朝阳区定福庄东街 1 号	**邮　　编**	100024
电　　话	86-10-65450528　65450532	**传　　真**	65779405
网　　址	http://cucp.cuc.edu.cn		
经　　销	全国新华书店		
印　　刷	唐山玺诚印务有限公司		
开　　本	787mm×1092mm　1/16		
印　　张	19.75		
字　　数	432 千字		
版　　次	2025 年 9 月第 1 版		
印　　次	2025 年 9 月第 1 次印刷		
书　　号	ISBN 978-7-5657-3975-0	**定　　价**	98.00 元

本社法律顾问：北京嘉润律师事务所　郭建平